# CIRCO- -TEATRO

# ERMINIA SILVA

# CIRCO-TEATRO

## Benjamim de Oliveira
## e a teatralidade circense no Brasil

Para Barry Charles Silva – meu pai, vida circense imprescindível (*in memoriam*)

———

Para Alcir Lenharo, que amava circo (*in memoriam*)

———

Para o Emerson, que esta historiadora circense ama

A Europa mandava para cá as suas modas, as suas artes e os seus *clowns*.\*
Machado de Assis, 1850.

―――

Os cavalinhos! A paixão desta terra, a alegria das crianças, o tormento dos amos, os cuidados da polícia, cem mil réis diários para os cofres municipais, eis o que representa esta palavra, os cavalinhos!\*\*
*Correio Paulistano*, 27 de dezembro de 1877.

―――

É um caleidoscópio imenso aquela companhia que trabalha no S. Pedro de Alcântara! Cada dia uma volta; cada volta uma surpresa.\*\*\*
Circo Fernandes, 1894.

---

\*   Machado de Assis *apud* Luciano Trigo – *O viajante móvel. Machado de Assis e o Rio de Janeiro de seu tempo*. Rio de Janeiro/São Paulo: Record, 2001, p. 74.
\*\*  *Correio Paulistano*, 27 dez. 1877 – Folhetim, cronista assina E.P. *apud* Carlos Eugênio Marcondes de Moura – *Notas para a história das artes do espetáculo na Província de São Paulo – A Temporada Artística em Pindamonhangaba em 1877-1878*. São Paulo: Conselho Estadual de Artes e Ciências Humanas (Coleção Ensaio, 90), 1978, p. 144.
\*\*\* *O Paiz*, 17 mai. 1894.

Teatro na porta de casa.
O Rio é muito grande e o povo quer teatro na porta de casa.
Teatro fixo poderá satisfazer uma parte, mas não todos.
Para que, de modo geral, fiquem satisfeitos é necessário
que o pavilhão vá a todos os lugares, em toda a parte.
Daí a nossa instabilidade. Organizar companhia para
um subúrbio apenas, não resolveria de modo algum
o problema de divulgação da arte cênica.
Benjamim de Oliveira, 1940.*

\* *Diário da Noite*, 21 fev. 1894.

A necessidade de dar acesso à memória da arte e da cultura brasileiras é um dos fundamentos do Itaú Cultural. Ela está presente em programas da organização, como a Ocupação Itaú Cultural, o Rumos Itaú Cultural e a Enciclopédia Itaú Cultural de Arte e Cultura Brasileiras, mas também ocorre por intermédio de apoios a diversos artistas e pesquisadores.

Apresentar ao grande público a vida e a obra de um dos mais importantes personagens circenses do Brasil, por meio da Ocupação Benjamim de Oliveira, é um marco na nossa trajetória. É na 54ª edição do programa – depois de celebrar personalidades ligadas à música, ao cinema, às artes visuais, à literatura, ao teatro, entre outras expressões – que o circo figura, pela primeira vez, nesta história. Justamente o palco-picadeiro caracterizado pela diversidade de artistas e multiplicidade de linguagens.

Durante a construção da Ocupação Benjamim de Oliveira – acesse o *site* da mostra em itaucultural.org.br/ocupação –, a presença de Erminia Silva como cocuradora foi sempre acompanhada de enorme aprendizado para as equipes envolvidas. Com ela aprendemos que Benjamim, artista distinto e excepcional, não foi o único. Sua história e trajetória carregam ancestralidade e contemporaneidade. Para quem veio depois, legado. Por isso, apoiar o lançamento da segunda edição deste livro é, sucessivamente, contribuir para a preservação da memória da arte e da cultura brasileiras.

Itaú Cultural

APRESENTAÇÃO 16
APRESENTAÇÃO (2A EDIÇÃO) 22
RESPEITÁVEL PÚBLICO (INTRODUÇÃO DA 1A EDIÇÃO) 26
RESPEITÁVEL PÚBLICO (2A EDIÇÃO) 40

# 1. UM CONGRESSO DE VARIEDADES 46

O ESPETÁCULO CIRCENSE E SUAS ORIGENS EUROPEIAS 49
"POR ONDE QUEIRA QUE TRANSITE" 68
UM ESPETÁCULO CADA VEZ MAIS DIVERSIFICADO 82
"CAMPO DA ACLAMAÇÃO POPULAR" 85
TEATRALIDADE CIRCENSE NO BRASIL 92

# 2. O MOLEQUE BEIJO NO CIRCO 112

MOLEQUE BEIJO 115
"DESTINO DE NEGRO" 122
"EMOÇÕES APOTEÓTICAS" 131
"CORAÇÕES, OLHOS E OUVIDOS" 135
MÚSICA E PICADEIRO 141
HUMOR, SÁTIRA E FILOSOFIA 149
CALEIDOSCÓPIO DE EXPERIÊNCIAS 152
O PALHAÇO E A COROA DE PALHA 155

## 3. "CADA DIA UMA VOLTA, CADA VOLTA UMA SURPRESA!" 174

O PALHAÇO E O MARECHAL 178
"CÓCEGAS À PLATEIA" 192
"ETC., ETC. E ETC." 196
EXPLOSÃO DO ESPAÇO CÊNICO 213
O CIRCO-TEATRO EMBAIXO D'ÁGUA 223
"ORNAMENTO DA PERDIÇÃO SOCIAL" 226

## 4. CALEIDOSCÓPIO INFINITO 240

O *CLOWN* BENJAMIM E SEUS COLEGAS DE PROFISSÃO 244
PALHAÇO-TROVADOR 251
PAIXÃO CEARENSE 255
POETAS DE CALÇADA E SUAS MOXINIFADAS 258
CRIOULOS FACEIROS 277
A MULTIPLICIDADE CIRCENSE NO RIO DE JANEIRO 281
A *VIÚVA ALEGRE* NO BRASIL: "SEMPRE ENCHENTES! SEMPRE ENCHENTES!" 316
A *VIÚVA ALEGRE* NO CIRCO: "ESTUPENDO MILAGRE" 326
E O ESPETÁCULO CONTINUA... 348

## 5. DE MÃOS DADAS COM BENJAMIM: O QUE VEMOS E VIVENCIAMOS? 368

ERMINIA SILVA E DANIEL DE CARVALHO LOPES 369

MEUS APLAUSOS 387
CATÁLOGO DO REPERTÓRIO TEATRAL CIRCENSE 391
CRÉDITOS DAS ILUSTRAÇÕES 421
FONTES E BIBLIOGRAFIA 423

# APRESENTAÇÃO

LUÍS ALBERTO DE ABREU*

O olhar ligeiro e menos atento pode, muitas vezes, classificar o circo como atividade menor no mundo dos espetáculos. Nessa visão, ele seria apenas um decadente modo de produção artística, principalmente se comparado aos poderosos meios visuais e tecnológicos e às linguagens consideradas mais importantes ou qualificadas do ponto de vista cultural. As poucas e pobres lonas coloridas, que nosso olhar passageiro flagra na periferia das grandes cidades, parecem atestar o veredicto: o circo está em extinção, assim como outras manifestações populares, ante o avanço inexorável dos novos meios de produção e veiculação artísticas. O único lugar que lhe resta são as estantes de um museu - é essa constatação que ouvimos repetir-se até adquirir estatuto de verdade.

Erminia Silva, com sua pesquisa, lança um olhar diferente sobre o fenômeno circense. Para isso, focaliza uma época bastante significativa no desenvolvimento do circo brasileiro - de 1870 a 1910, aproximadamente - e

---

\* Autor de quase 60 peças, 15 delas abordam a temática do teatro popular. Entre essas últimas, destacamos *O Auto do Circo*, montada pela Cia. Estável de Teatro, sob a coordenação de pesquisa histórica do circo da autora desta obra. Há mais de 10 anos, é "dramaturgo residente" da Fraternal Companhia de Artes e Malas-Artes (SP) e do Galpão Cine Horto (MG).

recupera uma figura emblemática do período: o artista circense Benjamim de Oliveira. A autora desvenda a nossos olhos um espetáculo distante da decadência, sempre contemporâneo e inovador, agregador de múltiplas linguagens. Um espetáculo feito por artistas polivalentes, fruto de uma formação rigorosa, cuja atividade, mais que profissão, era opção de vida.

Quando guia o nosso olhar para o essencial do fenômeno circense e não para elementos acessórios, Erminia faz uma interessante inversão de foco. O circo é rico em si - a lona colorida; os exercícios de equilíbrio, habilidade e destreza, os números cômicos e melodramáticos -, mas toda essa riqueza é apenas a parte visível de um bem mais valioso: um elaborado processo de produção e transmissão de saberes artísticos que nossos olhos desatentos não conseguem vislumbrar. É isso o que torna a obra de Erminia Silva inestimável.

Esta obra complementa outra, igualmente indispensável: seu trabalho de mestrado. Em *O circo: sua arte seus saberes - O circo no Brasil do final do século XIX a meados do XX*, Erminia nos revela o processo de formação do circo brasileiro e analisa o fenômeno como forma de associação familiar e transmissão de saberes, demonstrando que as produções eram o resultado de um longo processo de formação/socialização/aprendizagem. Ou seja, o espetáculo circense, longe de ser apenas um produto de entretenimento, revelava-se como o resultado visível de um longo, rigoroso e complexo processo de formação artística. Com isso, abre-se nossa percepção não só para os conhecimentos práticos e teóricos desenvolvidos pelos circenses, mas para os valores que organizam sua atividade e para uma verdadeira pedagogia no campo da arte.

No presente livro, fruto de sua tese de doutorado, Erminia aprofunda e amplia esses conceitos, a partir da figura singular de Benjamim de Oliveira. Palhaço, acrobata, cantor, instrumentista, dramaturgo, músico, produtor e ator, Benjamim foi um artista múltiplo, reconhecido e respeitado além dos limites do território circense. No entanto, não se constitui em gênio solitário, produto da genética ou do acaso. A ideia romântica do gênio, bafejado pelo sopro dos deuses, tão cara à cultura burguesa, foi providencialmente afastada neste trabalho. Quando acompanhamos os passos de sua trajetória, fica evidente, sob a pena da autora, que, embora sejam notórios seu talento e suas qualidades individuais, ele é também resultado de um rigoroso processo de formação presente no dia a dia do circo. Os múltiplos talentos que as teorias artísticas contemporâneas buscam e propõem já eram realidade concreta e cotidiana na vida do circo. Quem conhece ou conviveu, mesmo que superficialmente, com esse universo – pelo menos em sua fase mais significativa – pode constatar isso. Portanto, Benjamim de Oliveira não foi *avis rara*. Talvez tenha sido a ave que conseguiu voos longos e graciosos, mas foi um tipo de artista semelhante a outros, de menos fama, mas com iguais talentos e qualidades. Isso não diminui em nada a sua figura, só reafirma o raciocínio geral da autora de que o circo, muito além do espetáculo, muito além da imagem desqualificadora de "melodrama, acrobacia e palhaço" que lhe tem sido atribuída, esconde um processo de formação artística para o qual devíamos olhar mais atentamente.

O livro de Erminia trata também de outro assunto igualmente caro à nossa contemporaneidade: a fusão ou trânsito de múltiplas linguagens num espetáculo. Já se teorizou bastante e muito ainda há de se teorizar sobre a característica da arte contemporânea de extrapolar os limites das linguagens. O modelo que determinava o alcance e os limites de cada uma delas remonta ao Renascimento. Estabeleceu-se como norma e pensamento artístico a partir do século XVIII, foi questionado pelas vanguardas do início do século XX e teve sua solidez esboroada nas décadas seguintes. Fusões e misturas de música, vídeo, teatro, dança e literatura, deram origem à criação de novas linguagens – ou, pelo menos, redefiniram e deram novos nomes a essas associações.

No entanto, se essas ideias de fusão ou mistura de linguagens conseguem inserção e se solidificam no pensamento artístico dominante no final do século xx, elas já estavam presentes, na prática e no cotidiano do fazer artístico do circo, ainda na primeira metade do século.

Se o espetáculo circense além de encantar multidões agregava tantos valores artísticos por que é alvo, desde o século xix até hoje, de tantos preconceitos e incompreensões por parte de intelectuais? Outra vez a autora facilita nossa reflexão, fornece farta informação histórica e desmonta alguns mitos, entre eles o de que o circo era um divertimento grosseiro, apreciado somente pelas camadas mais baixas da população. Erminia nos fornece um quadro de um evento aberto, contemporâneo e múltiplo, caracterizado pelo rigor e qualidade dos profissionais envolvidos, e frequentado por todas as gamas de público, sem distinção econômica, social ou cultural. O preconceito contra o espetáculo circense tem raízes mais amplas e profundas.

Dizer que o circo ainda no início do século xx tivesse procedimentos artísticos que só se tornariam de uso comum contemporaneamente não significa que o espetáculo circense fosse vanguarda ou estivesse interessado em sê-lo. Quer dizer apenas que ele flutua num imenso e antigo caudal artístico, anterior às normas estabelecidas pelo pensamento do século xviii, anterior à própria arte clássica, e se caracteriza por uma fantástica multiplicidade de formas e temas, bem como pelo livre trânsito entre linguagens, gêneros: a cultura popular.

Cultura popular é um termo genérico e impreciso que no século xix passou a designar todo o universo das expressões simbólicas criadas ou abrigadas na tradição das classes ditas subalternas. Foram colocadas em oposição às expressões simbólicas criadas de acordo com o pensamento estético dominante, que não só se nomeou guardião de toda a produção cultural clássica como reinterpretou as normas para a sua época. O surgimento da burguesia trouxe uma cisão nunca antes experimentada no mundo, aprofundando a divisão e a distância entre os grupos dominantes e o restante da população. A interação e a permeabilidade dos grupos sociais, característica em maior ou menor grau dos períodos anteriores, começam a definhar nesse período, delimitando-se, então, dois campos de pensamento e produção de cultura quase totalmente excludentes. A classe burguesa agrega a si os valores da aristocracia e se autodenomina guardiã da herança clássica, ao mesmo tempo que busca diferenciar-se e distanciar-se do corpo social e cultural restante. Estabelece para si um grupo de crenças e valores morais e estéticos. Relega expressões simbólicas que se situem além da órbita de seus valores e interesses a meras e grosseiras diversões do populacho. Considera a produção cultural das classes subalternas como tentativas, às vezes louváveis, mas definitivamente grotescas, de cultivo do espírito. O mundo cindiu-se, então, em dois blocos: a alta cultura ou cultura erudita, que agregava toda a herança clássica, toda produção dentro das normas estéticas e de bom gosto vigentes; e a cultura popular, repositório de crendices, mitos, representações "grotescas", linguagens "espontâneas" sem o rigor necessário para chegar ao ideal artístico, muito distante ainda da perfeição do Belo.

Colocado o mundo nesses termos, parece que a alta cultura optou pelo cultivo do espírito e de tudo o que é refinado, restando à cultura popular tudo o que é corporal e grotesco. É óbvio que esse é um raciocínio raso e nada verdadeiro, mas essa foi a reflexão que empolgou artistas e intelectuais dos séculos XIX e XX e apoiou seus preconceitos contra o circo e seus profissionais.

Erminia Silva situa historicamente a formação do espetáculo circense. Parte das apresentações de habilidades equestres de Philip Astley, ainda na segunda metade do século XVIII, e acompanha seu desenvolvimento com a adesão de trupes de feira, atores de *commedia dell'arte*, malabaristas, acrobatas, instrumentistas, equilibristas e outros talentos populares. Já em seu nascedouro o circo se estrutura como um acontecimento artístico variado e, como tal, sujeito à influência de múltiplas linguagens, uma mistura de drama moral, habilidades físicas, música, comédia e festa, bem ao gosto da cultura popular.

Aliás, como aponta Mikhail Bakhtin, a cultura popular é por definição impura no que diz respeito a temas e linguagens, optando pela mescla e pela fusão de gêneros opostos e extraindo daí a sua vitalidade.

Dada a sua popularidade, o circo fazia grande concorrência com o teatro, tanto no Brasil quanto na Europa. Por esse motivo artistas e intelectuais clamavam por restrições, inclusive legais, ao concorrente. João Caetano, famoso ator trágico, enviou uma petição em que condenava a "ausência de caráter educativo e a diversão descompromissada do espetáculo circense". Para ele, os circos deveriam ser proibidos de funcionar nos dias de apresentação do teatro nacional.

Erminia capta, de maneira sagaz, a tentativa do pensamento burguês de alinhar a produção artística aos seus objetivos e à sua visão de mundo. Como representante da "alta cultura", a arte deveria tomar para si a incumbência de civilizar as "massas incultas" e adotar o compromisso de construir a cultura segundo os padrões burgueses. Esse preconceito contra o popular em geral e contra o circo em particular - já que o circo empolgava o público e esvaziava as plateias dos eventos ditos sérios - permanece vivo até os dias atuais.

*Circo-teatro: Benjamim de Oliveira e a teatralidade circense no Brasil* é obra múltipla como o circo e como o artista que a motivou. Trata-se de contribuição fundamental para o entendimento de um tipo de manifestação cultural ampla, aberta, popular que, por décadas, reinou soberana, reverenciada por enormes plateias. Além de ser uma reflexão sobre um espetáculo em diálogo constante com as inovações técnicas e estéticas de seu tempo, é um saboroso mergulho na biografia de um de seus maiores representantes. Expõe um processo pedagógico rigoroso que consegue formar artistas polivalentes em clara contraposição ao caminho de especialização proposto pela cultura dominante.

É, finalmente, uma obra que pode ser lida com prazer, num só fôlego, ou um livro de estudo precioso, de leitura vagarosa, a que devemos retornar sempre, não pela dificuldade de entendimento, mas pelo prazer de dialogar com o texto e com as inúmeras reflexões que a autora propõe.

# APRESENTAÇÃO (2ª EDIÇÃO)

LUÍS ALBERTO DE ABREU

Este é um livro valioso. É o resultado de um assunto que, por mais de duas décadas, prendeu a atenção e estimulou o trabalho da historiadora Erminia Silva: o circo. No dedicado e amplo levantamento da história do circo no Brasil, a autora revela preciosidades. O foco primeiro de sua investigação é a história de Benjamim de Oliveira, um palhaço de pele negra que não aceitou o papel subalterno reservado a ele pela cultura dominante, branca, nos anos imediatamente após a abolição da escravidão em 1888.

A pesquisa sobre esse fantástico artista e a revelação de sua trajetória, salvando-o do apagamento histórico, por si só justificaria qualificar este livro como precioso, mas a autora vai além. Seu objetivo principal é, a partir da trajetória do artista circense, revelar os processos de construção de uma linguagem complexa, popular, múltipla, aberta e contemporânea, erguida ao longo do tempo por muitas mãos e vozes e plena de sentidos. E, ao fazer isso, a autora, indiretamente, nos permite entender por que a linguagem do circo é tão apreciada por um público amplo e variado, independentemente de posição social, poder aquisitivo ou grau de escolaridade. Há sólidas razões para isso e se situam no rigoroso processo de formação do artista circense, em sua socialização e transmissão de saberes e práticas, segundo a autora. Uma imagem muito distante daquela que, por preconceito ou descaso com essa arte popular, se fixou no nosso imaginário: uma arte dos arrabaldes, tosca e mal-ajambrada como ainda hoje são vistas as construções artísticas distantes dos grandes centros.

Nesse sentido, a autora faz questão de lembrar, o circo não é uma lona nem uma enfiada de números ou atrações. É uma linguagem encantadoramente livre, capaz de reunir as mais inusitadas habilidades humanas e mesclá-las com competência; de justapor ou fundir várias linguagens num espetáculo fluente e empolgante. E, por isso, deveria tornar-se assunto obrigatório, não só para o amante das artes circenses, mas para pesquisadores e artistas de áreas diversas.

A linguagem circense opera na variedade, não busca uma unidade aristotélica - conceito em torno do qual as linguagens artísticas, ditas cultas, tenderam a se organizar a partir do século XVIII, na Europa. E, por consequência, em todo o mundo. Ainda hoje essa unidade é cobrada do artista na elaboração da linguagem e, nesse sentido, o espetáculo do circo tem muito a nos ensinar em termos de liberdade formal. No livro, por exemplo, Erminia coleta muitos programas de espetáculos circenses, publicados em jornais, o que nos permite imaginar a organização dessa linguagem, a coragem e o descomprometimento dos artistas circenses com uma pretensa unidade. E, no entanto, essa unidade está presente no bojo da diversidade de seus números ou atrações.

A trajetória de Benjamim de Oliveira, foco primeiro da atenção da autora, ganha ares de saga. Ainda adolescente, agregou-se ao circo e ali se formou artista de muitas e diferentes habilidades, aperfeiçoadas nos vários circos onde trabalhou depois. Foi acrobata, palhaço, ator, instrumentista, compositor, ensaiador, dramaturgo e empresário. Isso não se explica pelo seu talento individual, mas pelo processo de formação e aprendizado do circense: um espetáculo múltiplo necessita de artistas múltiplos. Todas as habilidades corporais e intelectuais são desenvolvidas na formação do circense.

Por causa de seu sucesso, Benjamim de Oliveira ganhou *status* de mito, mas Erminia não se deixou atrair e dominar por isso. Como ela mesmo diz, embora o mito tenha ajudado a preservar a memória do artista para a posteridade, também reduziu, em muito, o seu alcance. Acertadamente, a autora traz Benjamim de Oliveira para o campo histórico e assim nos apresenta o homem Benjamim. Para tanto, precisou traçar a história do espetáculo circense desde seus primórdios, no século XVIII, com organização do espetáculo equestre de Phillip Astley, na Inglaterra. Debruçou-se sobre o desenvolvimento e a maturação dessa linguagem através de inúmeras famílias circenses que aportaram no Brasil a partir da primeira metade do século XIX. A autora relata também o impacto das inovações tecnológicas como a luz elétrica, o fonógrafo e o cinema sobre a linguagem circense e como, rapidamente, os circenses as inseriram em seus espetáculos. E ressalta, ainda, o papel pioneiro das companhias circenses na transmissão de múltiplas linguagens artísticas ao público de cidades e lugarejos nos mais distantes pontos do país. Como afirma textualmente: "Não se pode estudar a história do teatro, da música, da indústria do disco, do cinema e das festas populares no Brasil sem considerar que o circo foi um dos importantes veículos de produção, divulgação e difusão dos mais variados empreendimentos culturais."

Dentro desse contexto histórico, a figura de Benjamim de Oliveira torna-se ainda mais relevante e engrandecida. O mito encontra o homem, e ambos têm a mesma estatura. A figura mítica ganha realidade histórica e, mais importante, perde sua característica de exemplar único, de indivíduo genial, fruto do acaso ou de um talento inexplicável. Erminia, em sua pesquisa, nos revela outros "Benjamins", outros palhaços cantores negros, artistas de talentos múltiplos. Eduardo das Neves e Baiano foram também artistas circenses múltiplos, negros, inventivos e empreendedores e, se não tiveram a projeção de Benjamim de Oliveira, se deve a fatores outros que não o potencial criativo.

A estatura intelectual e artística de Benjamim de Oliveira se deve, sem dúvida alguma, ao seu esforço e seu talento, mas também ao processo de formação da grande escola de artes que foi o circo. Rigor, dinamismo criativo, abertura a inovações, liberdade na construção do espetáculo e responsabilidade absoluta na relação com o público parecem ter sido os princípios norteadores da criação e do desenvolvimento da linguagem circense.

E, se tudo isso não bastasse, é um livro que se lê com imenso prazer. O leitor mergulha nas imagens do Brasil em transformação no começo da República, nos espetáculos, nos debates intelectuais da época. O grande autor teatral Arthur Azevedo protagonizou, em vários artigos nos jornais da época, uma polêmica sobre a função da arte, nos quais defendia o teatro como função civilizadora em contraposição ao circo. É delicioso acompanhar esse acirrado debate até o momento no qual o dramaturgo se rende aos espetáculos do Circo Spinelli, onde Benjamin de Oliveira era o artista principal. O quadro histórico pintado por Erminia salta vivo das páginas do livro, que, em seu último capítulo, escrito juntamente com o pesquisador Daniel de Carvalho Lopes, traça uma espécie de legado de Benjamim de Oliveira. Legado que transcende a herança artística deixada por ele e ilumina questões do debate contemporâneo sobre gênero e etnias. Foi um artista verdadeiramente múltiplo que ganhou contornos de símbolo. E Erminia o situa no tempo e no espaço para sabermos que um grande artista vai além de suas limitações, individuais e sociais.

Enfim, é um livro rico de informações, pleno de reflexões, sensorialmente prazeroso com imagens e trajetórias de tantos artistas, elaborado com a leveza e o rigor de um bom espetáculo circense. O leitor senta-se "na geral" e vibra com o espetáculo propiciado pela leitura. Depois sai ao luar, satisfeito e feliz, como nas velhas noites de circo.

# RESPEITÁVEL PÚBLICO
# (INTRODUÇÃO DA 1ª EDIÇÃO)

Este trabalho é uma versão da minha tese de doutorado, defendida no Departamento de História Social da Unicamp, em fevereiro de 2003, com o título *As múltiplas linguagens na teatralidade circense. Benjamim de Oliveira e o circo-teatro no Brasil no final do século XIX e início do XX.* A proposta inicial da pesquisa era investigar uma parte – tão essencial quanto controvertida – da história do circo no Brasil. Trata-se do processo de produção e organização do espetáculo circense e, especificamente, de uma teatralidade própria que se expressou na organização do circo-teatro. Para ancorar meu estudo, adotei como fio condutor a figura polivalente de Benjamim de Oliveira, no período aproximado de 1870 a 1910. Sem pretensão de fazer uma história de sua vida, mas sim recortando-a para dar visibilidade ao processo, pude entrar em contato com a vida de vários outros artistas da época e observar como aqueles que assistiram, criticaram, trabalharam e fizeram o circo construíram um espaço rico em produção e invenção artísticas.

Aqui, o conceito de teatralidade circense engloba as mais variadas formas de expressão artística constituintes do espetáculo do circo. Qualquer apresentação, seja acrobática, entrada ou reprise de palhaço, representação teatral, entre outras, é expressão e constitui a teatralidade circense, pois é composta do ato de conjugar controle de um instrumento, gestos, coreografia, comunicação não verbal (facial e corporal) com o público, roupa, maquiagem, música, iluminação, cenografia e relação com as outras representações no espetáculo.

Acompanhando os passos de Benjamim, compreendi o circo como um ofício que abria um leque de atuação dos artistas, convertendo-os em verdadeiros produtores culturais. Ser conduzida pela mão do artista, de seus mestres e parceiros permitiu-me observar características significativas que compunham o conjunto do trabalho circense e acabaram por orientar este estudo: a contemporaneidade da linguagem circense, a multiplicidade da sua teatralidade, o diálogo e a mútua constitutividade que estabeleciam com os movimentos culturais da época. É possível, assim, lançar novos olhares e questões sobre as complexas relações entre os agentes envolvidos na construção do espetáculo: os circenses, os artistas não circenses que se apresentavam nos picadeiros, o público e os empresários da comunicação.

Tudo isso está mais interligado do que se imagina. Não se pode estudar a história do teatro, da música, da indústria do disco, do cinema e das festas populares no Brasil sem considerar que o circo foi um dos importantes veículos de produção, divulgação e difusão dos mais variados empreendimentos culturais. Os circenses atuavam num campo ousado de originalidade e experimentação. Divulgavam e mesclavam os vários ritmos musicais e os textos teatrais, estabelecendo um trânsito cultural contínuo das capitais para o interior e vice-versa. É possível até mesmo afirmar que o espetáculo circense era a forma de expressão artística que maior público mobilizou durante todo o século xix até meados do xx.

Dentro desse processo, Benjamim de Oliveira foi um dos personagens cruciais. Do fim do século xix à década de 1910, ele atuou como ginasta, acrobata, palhaço, músico, cantor, dançarino, ator e autor de músicas e peças teatrais, assim como vários outros artistas da época. Nas diversas reportagens sobre Benjamim, publicadas em jornais e revistas, principalmente das décadas de 1930 e 1940, é quase unânime a ideia de que ele foi o verdadeiro introdutor do teatro popular no circo nacional. Também a produção acadêmica sobre o circo no Brasil admite que ele teria sido o primeiro circense a associar palco e picadeiro, estabelecendo como marco o ano de 1910. Na verdade, o que se verá é que o mérito de Benjamim foi consolidar uma tendência que já existia.

Este livro busca mostrar que, mesmo antes de Benjamim, a inserção do circo-teatro já ocorria, pois desde o início do processo histórico do circo como organização de espetáculo e como categoria profissional, no fim do século xviii, a produção da teatralidade fazia parte da formação dos diversos artistas que a constituíram.

Entretanto, é importante assinalar que Benjamim de Oliveira particularizou e ampliou de tal maneira a teatralidade circense que não há como não reconhecê-lo como um dos grandes protagonistas desse processo. Por isso, sua história revela outras histórias de outros artistas (circenses ou não), que também produziram e consolidaram o circo-teatro, bem como as relações de intercâmbio entre os vários tipos de manifestação cultural urbana, em particular o teatro e a música, no Brasil, do fim do século xix e início do xx.

A trajetória desses artistas do período fez parte da então emergente indústria do disco e do cinema. Observa-se, porém, certo silêncio sobre essa presença circense na maior parte da bibliografia que estuda e pesquisa a história das distintas expressões culturais da época. O fato de o espetáculo circense ser catalogado ou classificado como "tipicamente popular", voltado "apenas" para a diversão e o entretenimento "descomprometido e sem caráter educativo", que não assumia nenhuma "função social" significativa nem "missão civilizadora" alguma, deve ter influenciado a visão de que seus artistas não eram partícipes desse processo, permanecendo ausentes das memórias sobre essas manifestações culturais.

Aqui, ao contrário, veremos que os circenses brasileiros do período disputavam tanto a construção de novas linguagens culturais urbanas quanto o público dos diferentes setores sociais das cidades. Na sua forma de organização, apreendiam, recriavam, produziam e incorporavam referências culturais múltiplas e eram assistidos por trabalhadores em geral, negros e negras escravos ou alforriados, intelectuais, artistas e a população mais abastada. Assim, o circo não será analisado a partir de conceitos como popular/erudito, pois esses conceitos não dão conta da multiplicidade e do intercâmbio de relações culturais, sociais e artísticas que envolvia.

Mas aqui cabe fazer um esclarecimento. Quando se fala em espetáculo circense, geralmente se pensa em uma atividade artística detentora de uma linguagem universal, ou seja, que pode ser entendida dentro de qualquer cultura. O espaço físico onde o espetáculo ocorre, tão característico, ajuda a disseminar essa ideia, que, entretanto, não é exata. Na verdade, só a partir do início do século XIX o circo passou a ser identificado como um espetáculo com apresentações de animais, ginastas, acrobatas e cômicos, realizado em um espaço cercado por uma plateia pagante, sentada em cadeiras e arquibancadas dispostas em círculo - a princípio, em uma estrutura fixa de madeira (os chamados hipódromos ou pavilhões fixos) e, depois, móvel e coberta por tecido.

De um ponto de vista mais abrangente, os conceitos de circo, espetáculo e artistas circenses devem ser problematizados. Entre as heranças culturais dos circenses, a dos lugares para onde migraram, cruzamentos ininterruptos, resultou em continuidades e inovações na construção dos espetáculos. Os circenses, ao se apresentarem aqui e ali como acrobatas, ginastas, mágicos, domadores, cantores, músicos, autores e atores, vão realizando trocas de experiências e ressignificações com outros modos de produções artísticas, que, por sua vez, também são múltiplos.

É preciso, portanto, pensar o circo com base em épocas e sociedades concretas. No Brasil, ao mesmo tempo que os circenses mantiveram alguns padrões próprios de sua tradição, eles renovaram, criaram, adaptaram, incorporaram e copiaram experiências de outros campos da arte.

No período de 1870 a 1910, a linguagem circense era realizada nas ruas, nas feiras, nos tablados, nas tendas, nos pavilhões e nos palcos teatrais. Além das apresentações em espaços fixos, particularmente no Brasil, observam-se adaptações tecnológicas utilizadas na construção de suas estruturas arquitetônicas. No início do século XIX, o país começou a fazer parte da rota das turnês de circos estrangeiros, que desembarcavam em portos como Salvador, Belém, Recife e Rio de Janeiro, ou vinham de países latino-americanos, especialmente do México, do Chile, da Argentina e do Uruguai.

Entre os artistas que aqui chegaram, uma parte vinha contratada por proprietários ou empresários ligados aos circos estrangeiros, outros chegavam com pequenos utensílios de trabalho - alguns animais, como cachorros ou ursos adestrados -, ou apenas com o próprio corpo como instrumento de trabalho, sendo na maioria saltimbancos e apresentando-se em praças públicas, feiras e festividades.

Os artistas desses grupos que não retornavam ao país de origem deparavam-se com um lugar que não tinha o que já havia na Europa e nos Estados Unidos, ou seja, espaços cobertos para suas apresentações: teatros, hipódromos e circos. Esses imigrantes tiveram, então, de desenvolver adaptações à realidade local, tendo como referência o conhecimento técnico de tais estruturas, que traziam de fora da América Latina. Pelos relatos, quando aqui chegaram, as primeiras formas de apresentação, em recintos fechados, eram denominadas de circo de tapa-beco, circo de pau a pique e circo de pau fincado[1].

As mudanças nas estruturas e as adaptações tecnológicas são importantes para este estudo. Mas elas por si sós não explicam sua constituição e formação, pois vale salientar que, em qualquer dos modelos arquitetônicos de circo, o pressuposto básico era a organização do grupo circense. As relações culturais, coletivas e familiares configuravam a base de sustentação e transmissão de saberes e práticas que possibilitaram o desenvolvimento das relações sociais e de trabalho na construção e na reconstrução do artista circense brasileiro.

Alguns agentes produtores do circo - entre os quais incluímos artistas, empresários e o próprio público - constituem uma janela para o resgate da história do espetáculo circense.

———

Quando se conversa com artistas circenses ou se tem acesso aos textos dos memorialistas, percebe-se que, ao mesmo tempo que se reconhece a existência do circo-teatro, acaba-se por responsabilizá-lo pela distorção do que seria um espetáculo circense "puro".

Tal controvérsia não é recente. Já existia no início do século XIX. Naquela época, "puro" era o espetáculo que apresentasse somente números ginásticos, acrobáticos e de animais, com palhaços realizando mímicas, sem falas. O debate não se dava apenas na esfera circense: cronistas, letrados, jornalistas e teatrólogos também apontavam que, quando os artistas incorporavam "elementos diferentes", comprometiam o espetáculo de circo típico e tradicional. No interior dessa discussão, procurava-se diferenciar os circenses tradicionais dos chamados aventureiros.

Os que se denominavam representantes do circo tradicional partiam da ideia de que eram os descendentes dos primeiros artistas saltimbancos ou circenses a chegarem ao Brasil. Em meu estudo, no entanto, constatei que a origem não era suficiente como critério para separar os tradicionais dos aventureiros. Estes, quando entravam para o circo, necessariamente passavam, como Benjamim de Oliveira, pelo ritual de aprendizagem ministrado pelas famílias que o compunham. Com o tempo, os ditos aventureiros se transformavam em autênticos artistas circenses, constituíam família e corroboravam a mesma forma de transmissão de saberes e práticas. Portanto, a certa altura tornavam-se eles próprios referência para os mais novos. Tradicionais e aventureiros confundiam-se nos espetáculos circenses. As linhas divisórias não eram bem definidas, assim como em relação aos vários artistas dos teatros, dos cafés-concertos, dos *music halls*, dos cabarés e dos pagodes, que sempre tiveram no circo espaço de trabalho.

O tema das fronteiras entre manifestações culturais atravessa toda a elaboração deste livro. Considero inadequadas as análises que procuram discriminar o artista tradicional do aventureiro. Não aceito a ideia de um circo "puro", ou a noção idealista de que palco não é picadeiro.

Qualquer que fosse seu modelo - de madeiras e chapas, a céu aberto ou com cobertura -, o circo tinha como lugar de exibição o centro, que passou a ser denominado de arena ou picadeiro. Estabeleceu-se, então, que picadeiro seria característico do circo por estar associado a apresentações de acrobacias, ginástica e animais, enquanto o palco a ele acoplado seria o local destinado à representação teatral propriamente dita. No entanto, como nem todos os circos possuíam palco, o picadeiro acabou se tornando o espaço de realização de ambas as apresentações constituintes do conceito de teatralidade circense. Por isso, uso a expressão "palco/picadeiro" para me referir a tal espaço.

Assim, ao tratar dessas questões, considero que, ao se falar de circo e de circenses, é necessário fazer referência a um complexo modo de organização do trabalho e da produção do circo como espetáculo, permitindo o reconhecimento da multiplicidade das produções culturais, que por diversas vezes se confundiam e tinham coisas em comum. Esse modo de organização pressupunha certas características definidoras e distintivas do grupo circense, como:

- o nomadismo;
- uma forma familiar e coletiva de constituição do profissional artista, baseada na transmissão oral de saberes e práticas, que não se restringia à aquisição de um simples número ou habilidade específica, mas se referia a todos os aspectos que envolviam a produção e implicavam um processo de formação, socialização e aprendizagem, bases de estruturação dos modos de ser circense. Mesmo que o artista circense resolvesse seguir carreira individual e fora do circo, seu processo de formação acontecia nesse modo de organização e de transmissão do saber coletivo;
- um diálogo tenso e constante com as múltiplas linguagens artísticas de seu tempo.

Os circenses devem ser entendidos como um grupo que articulava uma estrutura, a princípio entendida como um núcleo fixo com redes de atualização, envolvendo matrizes e procedimentos em constante reelaboração e ressignificação[2]. Produziam um espetáculo para cada público, manipulando elementos de outras variantes artísticas disponíveis. Geravam, assim, novas e múltiplas versões da teatralidade. Mesmo que seja possível identificar diversos elementos gerais - o teatro, por exemplo, também podia ser por vezes flexível e itinerante -, o modo de organização do trabalho, a produção do espetáculo circense e seu processo acabavam por diferenciá-lo de outras formas de espetáculo, inclusive na sua capilaridade.

––––––

Outro tema do qual não podemos nos furtar é o da "decadência e crise" do circo. Historiadores europeus que escreveram sobre o circo já analisavam, em 1930, a decadência ou a perda da "pureza". Em pesquisa na biblioteca da Funarte do Rio de Janeiro, localizei uma pasta, com vários recortes de jornais, etiquetada com os dizeres: "Circo Problemas/Crises"; tais recortes eram de jornais de várias cidades brasileiras, que datavam de 1964 a 1997, somando quase 70 textos, com reportagens cujos títulos expressavam a "agonia" ou a "extinção" do circo. Segundo parte da bibliografia sobre o circo[3] e alguns relatos de circenses[4], a introdução de uma nova técnica é responsável pela alteração ou pela deformação do que deveria ser o "típico" espetáculo do circo.

Outra parte desses estudos[5] sobre o circo no Brasil trabalha com informações históricas sobre a produção do espetáculo circense, priorizando o circo-teatro. Sob alguns aspectos são estudos importantes, pois, além de situarem uma possibilidade de amplo leque de pesquisa sobre o tema, localizam historicamente o diálogo que os autores estão realizando com seu tempo e com as várias correntes do pensamento. Isso ocorre, sobretudo, em estudos sobre os processos culturais a partir dos anos 1960, particularmente em relação ao circo.

Chama a atenção nessa produção acadêmica o fato de o circo ser utilizado como recurso para o estudo de outras temáticas. A proposta é que, a partir da investigação sobre o circo, seria possível conhecer como se conforma e se veicula o poder (econômico, social e cultural) no lazer da periferia; ou como o circo representaria a "ruralização" do urbano, pela migração; ou, ainda, como se pode, através do circo, estudar e compreender a cultura popular *versus* a cultura dominante ou o circo *versus* os meios de comunicação de massa. Para esses estudiosos, a questão era o "popular", o "rural" e o "espontâneo", que foram e estariam sendo "aniquilados" e "invadidos" pela "indústria cultural urbana". Portanto, o circo oferecia elementos para se analisar as relações conflituosas do "homem comum" da periferia urbana e do campo, nos entretenimentos populares e da cultura de massa.

Enfim, o circo era usado como um "analisador", um objeto mediador e instrumento de investigação para a compreensão das diferentes dimensões do social. Concordo com algumas dessas análises porque a linguagem circense, de fato, no seu desenvolvimento histórico, está presente na produção de todas as representações sociais, culturais, artísticas e políticas, dos diversos lugares onde homens e mulheres circenses estiveram. Entretanto, o problema está em analisar os processos culturais de uma visão centrada na determinação econômica, caracterizando polos antagônicos como: elite e popular, centro e periferia, rural e urbano, cultura popular e cultura de massa. Essas divisões conceituais refletem, em parte, um período em que os intelectuais procuraram distinguir o que era ou não popular na sociedade.

Ao considerarem o centro da cidade como o espaço da elite e das camadas mais ricas da população, e a periferia como o espaço de moradia, circulação e consumo de pobres, operários e comerciantes, esses autores se permitiam definir o circo como "aristocrático" ou "popular". Se a cidade pode ser dividida entre "lugar de trabalhadores *versus* lugar da burguesia", ou como expressão da disputa entre "popular *versus* erudito", o circo, dependendo do lugar em que se apresentava, era analisado a partir dessas concepções. Para eles, era através do espaço territorial/social que o circo ocupava, centro ou periferia, que se definia sua conformação. Em última instância, essas linhas determinavam o circo como produção pura ou não da manifestação popular.

Há de se observar que todos esses autores, voltados para o estudo das manifestações populares dos trabalhadores e suas relações com as produções circenses, ao analisá-las sob essa ótica, aprisionam a arte circense e as manifestações no universo teórico desses esquemas, perdendo assim sua singularidade. Procurando chegar aos trabalhadores, por outras formas de análise que não se restringem ao espaço social do trabalho, escolhe-se o lazer e, dentro da rede de lazer, escolhe-se o circo. Este não é apreciado como resultado de um trabalho que pressupõe a construção de saberes e práticas, a partir de mudanças, transformações, permanências e trocas com as realidades em que se situam, mas sim como um simples resultado de influências externas. Ao se estudar as transformações históricas pelas quais o circo passou, percebe-se que uma reflexão que parta da ênfase em dualidades, como os embates entre cultura massificada e cultura popular, não é suficiente para tratar das peculiaridades desse objeto.

Outra característica dessa bibliografia é priorizar o circo-teatro nas análises. Tais pesquisadores, ao se valerem de conceitos antagônicos, permeados pelo embate entre cultura popular e cultura de massa, ao tomarem como pano de fundo uma suposta oposição dominantes *versus* dominados, procuram demonstrar o quanto as manifestações populares e as relações sociais foram "invadidas" e "aniquiladas" também pelas relações econômicas dominadoras da "cultura de massa" e da "indústria cultural".

Procurei entender o processo de massificação da cultura que se vivia no período estudado. Isso me interessa mais do que discutir e adotar um conceito específico de cultura de massas. Além disso, nos estudos apontados, o circo aparece tratado de modo estático, tomado em si mesmo. É preciso, ao contrário, vê-lo de modo articulado com o processo de constituição dos circenses como grupo social e histórico.

Não endosso, por exemplo, a perspectiva do estudo de José Cláudio Barriguelli. Discordo de sua análise do teatro popular rural que, no Brasil, seria veiculado por meio do circo-teatro. Partindo disso, Barriguelli sustenta que esse tipo de espetáculo seria um "processo alienador" que mistificaria as relações conflitantes entre cidade e campo[6]. Do mesmo modo, pouco me iluminam as afirmações de Maria Lúcia Aparecida Montes. Ela vê o circo como uma "arte profissional de palhaços, acrobatas e domadores" que se encontrava em decadência, pelo desdobramento que teve a representação teatral da comédia e do drama. Estes, ao conviverem com a arte do picadeiro, teriam acabado "quase que por eliminá-la do espetáculo, dando origem aos circos-teatro que se especializam unicamente nesta forma de apresentação"[7].

Certos trabalhos sobre a história do circo no Brasil descortinam outras possibilidades, como os de Regina Horta Duarte e José Guilherme Cantor Magnani. Regina, em seu texto, traz um recorte temporal e uma abordagem teórica e metodológica diversos dos estudos anteriores. Ao considerar os espetáculos circenses como manifestações importantes da vida cultural mineira do século xix, a historiadora não os analisa como manifestações populares ou eruditas, recusando conceitos prefixados relativos à vida cultural. Ela propõe que os circenses devem ser vistos segundo suas práticas e significações, para que não se percam a riqueza e a complexidade de suas realizações. Entretanto, quando se volta à introdução do circo-teatro, ela afirma que este havia se tornado, no fim do século xix e início do xx, uma saída para a crise econômica que as empresas circenses enfrentavam, sobretudo quando se tratava de arcar com gastos com animais. Ao contrário dos autores anteriores, Regina Horta Duarte pensa o circo-teatro como solução para possíveis crises econômicas e não como responsável pela decadência do circo tradicional; porém, como eles, também identifica o início do circo-teatro com a presença de Benjamim de Oliveira, a partir de 1910[8].

José Guilherme Cantor Magnani, embora não tenha como objetivo discutir a história do circo-teatro, levanta questões pertinentes para seu entendimento. Ele não vê a introdução do teatro no circo pelo viés econômico ou pelas influências "nefastas" dos meios de comunicação de massa; ao contrário, analisa uma série de vínculos entre eles que precisam ser levados em conta. Para Magnani, interpretar qualquer transformação apenas como resultado da "influência descaracterizadora do sistema capitalista sobre um costume tradicional constitui, indubitavelmente, uma simplificação do fenômeno"[9].

Sua análise sobre a constituição dos espetáculos circenses é realizada a partir de seu processo de produção e circulação. Assim, a estrutura do teatro circense não pode ser vista como "réplica anacrônica ou sobrevivência grotesca" de qualquer gênero teatral, bem como não se pode pensar o circo "como ponto final e desfigurado na evolução de alguma forma de teatro em particular". Bricolagem, para ele, seria o termo que mais se ajustaria ao resultado de um processo que, "com fragmentos de estruturas de diferentes épocas e origens, elabora um novo arranjo no qual são visíveis, no entanto, as marcas das antigas matrizes, e de algumas de suas regras". É esse caráter de bricolagem que permite ao circo "transformar-se e ao mesmo tempo conservar, em meio a sucessivas e aparentemente destruidoras influências, seu estilo característico"[10].

No conjunto dessas análises, considero importante pesquisar as artes circenses nas tramas dos vários sujeitos implicados. O que se vê é que artistas, empresários, autores do teatro e da música encontraram nos palcos/picadeiros um excelente meio de se tornar visíveis para o público.

## A PESQUISA

Jornais e revistas foram fontes valiosas para este trabalho. Foram analisadas dezenas de periódicos do início do século XIX a aproximadamente a metade do século XX. As propagandas dos circos informavam em que lugares eles estavam, as datas das apresentações, os preços dos espetáculos, os programas, o encadeamento das atrações, a composição do elenco, entre outros. Resolvi concentrar a pesquisa em jornais de cidades pelas quais Benjamim de Oliveira passou, como Campinas, São Paulo e, principalmente, Rio de Janeiro, onde permaneceu com o Circo Spinelli de 1905 à década de 1910. Sua figura adquiriu nessa época uma grande visibilidade, permitindo-me localizar outros circenses, circos e tramas de relações nas quais estiveram implicados, pelo Brasil; fato relevante, considerando-se que em razão do nomadismo desses grupos não é tarefa fácil mapeá-los, em particular 100 anos depois, sem ter "certo ordenador" – atividade que Benjamim tornou mais fácil de realizar.

Até a década de 1880, os circos quase só apareciam nos órgãos de imprensa na forma de propaganda. Eram raros os textos de cronistas e críticos que registravam e analisavam os espetáculos circenses. Isso começa a acontecer um pouco mais tarde, conforme se avança para o fim do século.

Para completar as informações obtidas em entrevistas com artistas circenses, somamos outras de publicações de memorialistas e folcloristas contemporâneos. Obras literárias nos permitiram compreender melhor certos espetáculos da época de Benjamim de Oliveira que, em alguns casos, eram adaptações de livros. Folhetos musicais, nos quais foram publicadas letras de canções veiculadas pelos palhaços-cantores, contribuíram para a compreensão da produção circense.

Entre 1930 e 1950, a trajetória de Benjamim de Oliveira é esmiuçada em numerosas entrevistas publicadas em jornais e revistas do Rio de Janeiro. Confrontando tais informações com a documentação recolhida nos cartórios de Pará de Minas (antiga Patafufo), onde ele nasceu, e com os jornais da época, pude elucidar vários pontos importantes, corroborados pelas preciosas informações de seus netos, Jaçanan Cardoso Gonçalves e Juyraçaba Santos Cardoso. Na realidade, a maioria dessas reportagens tinha como objetivo recuperar a história de vida de Benjamim de Oliveira, "o introdutor do teatro popular" no circo brasileiro, no sentido de denúncia das "condições de vida" do artista, sem nenhum amparo governamental, como a ausência de aposentadoria por não ter conseguido provar seu tempo de trabalho. Vários esforços foram realizados nesse sentido, resultando na aprovação, pela Comissão de Educação e Cultura, da Câmara Federal, no período de 1946 a 1948, de diversos projetos que concediam pensões vitalícias, entre as quais a de Benjamim de Oliveira. Jorge Amado, deputado federal e membro da Comissão, junto com um grupo de artistas, como Maria della Costa, Cacilda Becker, Ziembinski, Graça Melo, Labanca, entre outros, redigiu um projeto de lei que obteve unanimidade das assinaturas dos membros da Comissão. Na plenária, o deputado defendeu na tribuna a figura de Benjamim, e o projeto foi aprovado[11].

Além disso, pude examinar 19 peças nas quais Benjamim de Oliveira consta como autor, adaptador ou parodista, tanto dos textos quanto das músicas. Diversos são os gêneros cultivados por ele: farsas fantásticas e dramáticas, peças de costumes, revistas do ano, operetas, burletas (farsas musicadas, de origem italiana) e até um melodrama policial. Os dados informados nos inúmeros registros contemporâneos transportados para o enredo, bem como a participação de artistas circenses ou não, maestros, coreógrafos, cenógrafos, a descrição da estrutura cênica e dos vestuários deram uma ideia mais ampla da complexidade que envolvia essa produção.

## ESTE LIVRO

Este livro divide-se em quatro capítulos, um catálogo de Repertório Teatral Circense e um encarte com anúncios impressos nos jornais da época. No primeiro capítulo, retrocedo ao período anterior à chegada do circo no Brasil. Procuro mostrar como se deu o desenvolvimento circense na Europa, conformando um espetáculo múltiplo que continha uma variedade de expressões artísticas da época, como *music hall*, variedades, teatro (cenas cômicas, pantomimas, operetas), ginástica, acrobacia, pirotecnia e números com animais. Foi com essa diversidade que o circo migrou para países mais distantes, identificando-se como companhia equestre ou circo de cavalinhos. A partir do início do século XIX, na América Latina, registra-se a chegada de famílias europeias compostas de circenses ou saltimbancos. Depois, analiso a chegada dessas famílias ao Brasil. Descrevo a maneira como produziam um espetáculo que preservava parte do modelo europeu, mas também incorporava novos elementos. Chego a 1882, quando Benjamim de Oliveira, com 12 anos de idade, fugiu com o Circo Sotero.

No segundo capítulo, trato da entrada de Benjamim na atividade circense. Examinando o período de 1882 a 1890, mostro o que os homens e as mulheres circenses realizavam, integrando diversas expressões artísticas. Estas serviram de patamar para que os diversos "Benjamins" pudessem estabelecer continuidades e inovações na construção dos espetáculos, ampliando os horizontes do circo-teatro.

O ano de 1889, o da Proclamação da República, marca também a iniciação de Benjamim como palhaço, instrumentista e cantor. Ele se torna um dos responsáveis pela divulgação da produção musical e teatral no Brasil, nos espaços em que trabalhou, abrindo novas possibilidades para a teatralidade circense.

No terceiro capítulo, que compreende o período de 1890 a 1900, retrato a consolidação de Benjamim de Oliveira como palhaço, cantor, instrumentista e ator. Nessa época, ele estreita relações com outros atores, autores, músicos e empresários, que aparecem como parceiros e protagonistas da produção do espetáculo circense.

No quarto capítulo, vemos o reconhecimento do palhaço Benjamim de Oliveira como compositor, ator, músico, instrumentista, adaptador, parodista, autor e diretor do espetáculo circense. O período enfocado vai de 1900 à década de 1910. Nesse capítulo, mostro que os artistas como ele, para levar avante seus projetos, precisavam articular, ter conhecimentos e formação sobre teatro, literatura, cinema, música, coreografia, cenografia, entre outros. O que circenses e não circenses transportaram para o palco/picadeiro resultava de sucessivas reelaborações. Esse procedimento acabava gerando sempre novas versões para esse espetáculo, que, pelo menos até a década de 1970, ficou conhecido pelo nome de circo-teatro.

# NOTAS

1 Para melhor entendimento do processo de desenvolvimento histórico desses tipos de arquitetura circense no Brasil, ver minha dissertação de mestrado publicada em livro pela Funarte: Erminia Silva. *Respeitável público... O circo em cena*. Rio de Janeiro: Funarte, 2009. Disponível em: https://www.circonteudo.com/livraria/respeitavel-publico-o-circo-em-cena-2/.

2 Parte dessa análise foi estimulada pelas reflexões de Beti Rabetti (Maria de Lourdes Rabetti) sobre as pesquisas "em torno do chamado 'teatro popular' no Brasil" sob sua coordenação, realizadas no Projeto Integrado de Pesquisa na Universidade do Rio de Janeiro. Ela apresentou suas ideias no texto de abertura do Grupo de Trabalho: Teatro e Brasilidade, no I Congresso Brasileiro de Pesquisa e Pós-Graduação em Artes Cênicas/Abrace, realizado em São Paulo, em setembro de 1999.

3 Ver: José Cláudio Barriguelli. O teatro popular rural: o circo-teatro. *Debate e Críticas*, São Paulo, n. 3, 1974; Maria Lúcia Aparecida Montes. *Lazer e ideologia: A representação do social e do político na cultura popular*. Tese (Doutorado) - Faculdade de Filosofia, Letras e Ciências Humanas, Universidade de São Paulo, São Paulo, 1983; e *Cultura popular/ Fronteiras de conhecimento: espetáculos populares, formas de teatro, dramas e danças dramáticas*. Palestra proferida em 10 jul. 1978, por ocasião da XXX Reunião da Sociedade Brasileira para o Progresso da Ciência (SBPC), *apud* Paulo Ricardo Meriz. *O espaço cênico no circo-teatro: caminhos para a cena contemporânea*. Dissertação (Mestrado) - Universidade do Rio de Janeiro, Rio de Janeiro, abr. 1999; Roberto Ruiz. *Hoje tem espetáculo? As origens do circo no Brasil*. Rio de Janeiro: Inacen, 1987; Henry Thétard. *La merveilleuse histoire du cirque*. Paris: Prisma, 1947. 2 v., n. 931; Roland Auguet. *Histoire et légende du cirque*. Paris: Flammarion, 1974, p. 97.

4 Ver: Antolin Garcia. *O circo: A pitoresca turnê do circo Garcia através à África e países asiáticos*. São Paulo: DAG, 1976 (escrito em 1962); Waldemar Seyssel. *Arrelia e o Circo: Memórias de Waldemar Seyssel*. São Paulo: Melhoramentos, 1977; Dirce Tangará Militello. *Picadeiro*. São Paulo: Guarida Produções Artísticas, 1978.

5 J. C. Barriguelli, *op. cit.*; M. L. A. Montes, *op. cit.*, 1983; Pedro Della Paschoa Jr. "O circo--teatro popular". *Cadernos de Lazer 3*. São Paulo: Sesc-SP: Brasiliense, 1978. pp. 18-28.

6 J. C. Barriguelli, *op. cit.*, p. 118.

7 M. L. A. Montes, *op. cit.*, 1978.

8 Regina Horta Duarte. Noites circenses. *In: Espetáculos de circo e teatro em Minas Gerais no século XIX*. Campinas: Editora da Unicamp, 1995, pp. 203-04.

9 José Guilherme Cantor Magnani. *Festa no pedaço. Cultura popular e lazer na cidade*. São Paulo: Hucitec: Unesp, 1998, p. 33.

10 *Id., ibid.*, p. 67.

11 Conforme transcrição de entrevista dada por Jorge Amado a Verônica Tamaoki, respondida e assinada por fax, em 18 dez. 1994.

# RESPEITÁVEL PÚBLICO (2ª EDIÇÃO)

Foi há mais de 25 anos, quando da minha graduação em história e depois na pesquisa para meu mestrado, que conheci um circense chamado Benjamim de Oliveira. Tomei o maior susto: como assim, eu nunca tinha ouvido falar dele? Como alguém com uma história de vida tão rica não me era familiar, logo eu que havia nascido no circo, quarta geração circense no Brasil?

Com meus estudos descobri que havia pesquisas, entrevistas de artistas circenses, jornalistas, intelectuais que o conheceram ou sabiam de sua história (relacionados no final deste livro). Mas essa minha "descoberta" revelava o quanto nossa geração havia se afastado das nossas próprias histórias.

O meu não saber sobre Benjamim, de suas histórias, evidenciava, por um lado, o modo como o dito passado nos chega, por outro, o quanto as memórias produzidas de certo "passado morto" são disputas que se fazem cotidianamente levando à produção do esquecimento de alguns mundos e à permanente construção do "passado vivo", como recorte de certos interesses sócio-históricos que se impõem.

Há 25 anos eu iniciava as pesquisas do doutorado pegando nas mãos de Benjamim de Oliveira e caminhando com ele numa das aventuras mais importantes de minha vida. Nesses percursos fui sendo informada e descobrindo os protagonismos de homens, mulheres e crianças circenses nas produções culturais da América Latina. Ao iniciar a pesquisa, mais sustos.

Encontrei uma quantidade enorme de circos memorizados por diversas fontes dos séculos xix e início do xx; ao pegar na mão de Benjamim, pude conhecer as distintas formas de espetáculos circenses.

Na dissertação de mestrado, já havia "descoberto" que não se podia tentar definir o que era e é circo ou espetáculo circenses com conceitos representações que acreditam dar conta de tudo. Porém, com a pesquisa sobre o circo-teatro e Benjamim, tudo isso explodiu em intensidades e qualidades: fui guiada por fontes que me mostravam espetáculos teatrais, musicais, mímicos, acrobáticos, equestres, coreográficos etc., incrivelmente lindos compondo o mundo circense.

Quando se tem contato com as várias fontes que "falam" de Benjamim de Oliveira, há a impressão de se estar diante de alguém muito original, o que não deixa de compor de fato sua existência tão instigante, mas muitas fontes chegam a apontar uma narrativa mítica sobre ele: "o primeiro palhaço negro do Brasil", "criador do circo-teatro", "único negro a ter um papel artístico tão relevante no começo do século xx", e por aí vai.

Quem ler este livro perceberá que a vida de Benjamim é de fato bem atraente e há muito ineditismo em vários de seus feitos, entretanto não verá nada que se aproxima daquela visão mítica, mesmo reconhecendo que, sem essa construção, talvez a vida dele não tivesse vindo do passado até nós.

O mito tem esta grande vantagem: abre o passado para podermos ocupá-lo em sua multiplicidade, refazendo o que nos compõe no presente, ao mesmo tempo recolocando a construção mítica sob suspeição.

Sem o mito, por exemplo, Zumbi não teria chegado até nós e não suscitaria a enormidade de novas questões que são provocadas sobre a luta ancestral dos povos negros no Brasil; além disso, desafia a memória que vai se oficializando, permitindo visibilizar novas fontes, novos registros, novas narrativas, construindo um mundo que antes não havia.

Este livro, no caso de Benjamim de Oliveira, vai por esse caminho enfrentando o eterno desafio de sempre novos registros e novos visíveis emergirem, para além dele próprio, exigindo novas narrativas do que já se tinha contado e produzido como memória "oficial".

Benjamim não foi o único nem o primeiro palhaço negro, mas foi um artista negro que trouxe elementos novos para a consolidação da arte circense por estas paragens, inclusive na luta contra a "escravidão" praticada na própria República, depois de 1889, como sua luta em defesa do Almirante Negro, na década de 1910.

---

Há 18 anos defendi o doutorado. Há 12 anos publiquei meu primeiro livro, partindo desse doutorado: *Circo-teatro: Benjamim de Oliveira e a teatralidade circense no Brasil*. E agora estou diante do lançamento desta segunda edição com a parceria do Itaú Cultural e da Editora WMF - Martins Fontes. Uma edição revisada e ampliada que incorpora períodos históricos que antecedem e sucedem o recorte temporal da primeira edição e fortalece debates de "ontem e hoje" sobre as produções circenses no Brasil.

No início de 2021 fui convidada pelo Itaú Cultural a ser cocuradora do projeto Ocupação - Benjamim de Oliveira. Esse convite foi um agenciamento em mim. Nunca deixei de falar, escrever e, principalmente, dar aulas em diversos processos formativos para alunes de várias idades, graus distintos de inserção escolar: dos fundamentais, médios ao chamado "superior"; mas também para inúmeres alunes de escolas de circo, circo social, ONGs circenses, grupos de formação nos mais longínquos lugares brasileiros, formações em palhaces (como a Eslipa - Escola Livre de Palhaços), festivais, encontros, seminários - e tantos outros.

Ao ser chamada para compor a equipe do Itaú Cultural para construirmos juntes a Ocupação, dei continuidade à pesquisa das fontes sobre Benjamim a partir de 1912, pois o meu recorte temporal, quando do doutorado, foi até 1910-1911. Tratava-se de um trabalho hercúleo de pesquisa a ser realizado, e para isso convidei o dr. Daniel de Carvalho Lopes, atualmente um dos mais importantes pesquisadores dos processos históricos circenses, além de meu parceiro na coordenação do *site* Circonteudo – portal da diversidade circense (www.circonteudo.com), junto com a dra. Giane Daniela Carneiro.

Após esse processo intenso e múltiplo, vimos-nos diante do desafio de aprofundar algumas novas fontes e revisitar outras já trabalhadas. Nesta direção, levantamos periódicos na Hemeroteca Digital da Biblioteca Nacional e agenciamos bibliografia dos últimos dez anos, visando à ampliação de informações e debates sobre as produções circenses do início do século XIX às primeiras décadas do século XX. Se antes o registro das primeiras companhias circenses no Brasil localizava-se na década de 1830, com o avanço das pesquisas no campo da história do circo, do teatro e das práticas corporais, contemplamos nesta edição a década de 1810, na qual temos registros de companhias circenses a partir de 1818. Ainda, como exemplo, constam nesta edição a revisão e a ampliação de algumas atuações/produções, como sua parceria com o *sportsman* circense Zeca Floriano e propagandas do Circo Spinelli, divulgando atrações como capoeira em seus espetáculos.

Ademais, nesse levantamento de fontes, também contamos com a presença, o apoio e a generosidade de pessoas como Jaciara Gonçalves de Andrade, bisneta de Benjamim, que tanto nos acolheu nos processos de revisão da pesquisa para esta edição e na elaboração da proposta do Itaú Cultural no projeto Ocupação – Benjamim de Oliveira. Com esse apoio, seguimos guiados por diversas fontes e de mãos dadas com Jaciara, que tanto abrilhantou e fortaleceu os percursos traçados.

Assim, temos para nós uma visão-chave para dialogar com as pesquisas sobre os circenses e o circo de que não podemos nos ater apenas nas redes "formais explicativas" do que se chama de passado e presente, sem considerar a contemporaneidade circense no seu fazer rizomático, bem como a polifonia e a polissemia de seus processos históricos.

Nesse sentido, a teatralidade circense para nós sempre se mostrou rizomática e contemporânea a cada período histórico vivenciado. Os artistas circenses construíram e constroem novos percursos, desenhando novos territórios que operam como resistências e alteridades a cada ponto de encontro, com os quais essa linguagem dialoga de modo polissêmico e polifônico, engendrando e inventando diferentes configurações nesse campo de conhecimento de saberes e práticas[1].

Não ter um conceito único para definir o que é circo, o que é artista circense, foi uma das lições mais fortes em toda a minha pesquisa, principalmente depois que eu e Benjamim, ao caminharmos juntos, nos encontramos com muitos outros "Benjamins". A multidão de anônimos que produziu uma forma de espetáculo artístico que se denominou circo, do final do século XVIII e início do XIX ao século XXI, foram e são os artistas desse modo de produção artística herdeiro de outras multidões[2].

Assim, assumimos a perspectiva de que estudar, pensar, levantar fontes das histórias dos artistas circenses não é só acessar o "passado morto", é o ir fazendo aqui e agora perante um passado reinventado na disputa. Todos nós somos protagonistas, fazedores de história, e todos somos sabidos, temos um diálogo/disputas/tensões/imitações/cópias/misturas constantes com os saberes já produzidos e em produção.

Não ter conceitos únicos faz a pesquisa ser mais diversificada em termos de fontes e, portanto, mais complexa. Novas fontes, perguntas, olhares, acúmulos de 25 anos trocando, dialogando, incorporando; mas principalmente aprendendo que sempre há afecções, transversalidade e atravessamentos constituídos dos encontros e das conexões com as diferenças.

Uma das elaborações que experimentamos nos encontros e acontecimentos está no campo das experiências do corpo-mundo. Nesse sentido, para nós qualquer corpo multidão artístico sempre vivenciará um lugar aberto à experiência; e como tal, no estar em aberto, é que se tem de inventar soluções que não estavam dadas.

Vivemos nos nossos corpos essas várias afecções que transformamos em experimentações na direção do exercício de produção de conhecimento, que por sua vez também se constrói como provisório, como de passagem, além da sua própria permanência, pois ao mesmo tempo que nossos corpos produzem marcas que ficam também nos encontros nos abrimos para o imprevisível que as reconstituem como saberes.

Deixamo-nos levar pelos encontros, viver as experiências dos encontros no mundo e com os outros: pessoas e fontes diversas. Cada aula dada nesses anos, cada novo artigo/texto escrito, com cada um dos inúmeros grupos circenses que queria saber mais desse "menino Beijo", e o nosso próprio encontro, Daniel e Erminia, resultou em reviravoltas importantes.

Nessa nova etapa, com a Ocupação Itaú Cultural e o convite para publicar uma segunda edição deste livro pela Editora WMF - Martins Fontes, mesmo já tendo formulações importantes sobre os processos históricos circenses, passamos a vivenciar novos encontros e acontecimentos com nós mesmos, com as novas fontes, novos encontros com o passado vivo da produção da diversidade de circenses. Esse percurso de 25 anos está carregado de infinitas dúvidas, ansiedades, aprendizagens, reformulações, e os "Benjamins" foram sendo engravidados, adquirindo outros corpos multidões.

Por tudo isso, não poderia deixar de relatar pelo menos parte do que foi gerado nos encontros e nos agenciamentos. Assim, em parceria com Daniel de Carvalho Lopes, elaboramos um último capítulo intitulado "De mãos dadas com Benjamim: o que vemos e vivenciamos?, no qual tratamos das reverberações da vida e da obra do "menino Beijo" nas várias produções artísticas, culturais e sociais da atualidade. Essa produção consiste em um olhar expandido para o quanto Benjamim de Oliveira habita corpos e fazeres artísticos e sociais e o quanto esse artista vem ganhando visibilidade e significado para a cultura brasileira. Nesse sentido, esse capítulo também apresenta os amplos, diversos e complexos cenários das produções circenses atuais nas suas continuidades e transformações polissêmicas e polifônicas. Se pudéssemos nos encontrar fisicamente com Benjamim de Oliveira hoje e trocar com ele "um dedo de prosa", com certeza perguntaríamos: "Quem diria, hein Benjamim, que hoje haveria tantos e tão diversos fazeres circenses e sociais inspirados em ti?"

Enfim, convido as multidões a mais uma vez caminhar de braços dados com Benjamim de Oliveira por percursos que nunca cessaram, mas permanentemente se alargaram de pessoas, destinos, idas e vindas.

# NOTAS

1   Erminia Silva. *Circo-teatro: Benjamim de Oliveira e a teatralidade circense no Brasil.* 1ª edição. São Paulo: Altana, 2007; e Daniel de Carvalho Lopes e Erminia Silva. *Um Brasil de circos: a produção da linguagem circense do século XIX aos anos de 1930.* Fundação Nacional de Artes, 2022 (no prelo).

2   Erminia Silva (2007).

# 1

# UM
# CONGRESSO
# DE
# VARIEDADES

## O ESPETÁCULO CIRCENSE E SUAS ORIGENS EUROPEIAS[1]

No fim do século XVIII, as apresentações equestres gozavam de prestígio em toda a Europa. Os volteios equestres, de origem militar, tiveram alterações significativas do que se ensinava nas casernas, ou mesmo de sua utilização nos campos agrícolas, quando os que os praticavam fora das relações militares e de plantio passaram a montar cavalos. Paralelamente às apresentações de montarias, caças e combates de animais, acompanhadas de cavalgadas e de fanfarras, e às corridas hípicas, em particular na Inglaterra, tiveram início demonstrações de acrobacias equestres de egressos das fileiras militares. Por não estarem vivendo situações de combate, ao mesmo tempo que desenvolviam cursos de hipismo para nobres, alguns grupos de ex-cavaleiros militares saíram dos "muros aristocráticos" das exibições particulares para a nobreza, organizando espetáculos ao ar livre, em geral nas praças públicas.

Em 1755, em Viena, um francês de nome Defraine fundou o Hetz Thêâter, um tipo de anfiteatro a céu aberto destinado a apresentações de caças montadas a cervos e javalis, bem como a combates de animais com acompanhamento de cavalgadas e fanfarras. Em Londres, além dos "*music-hause*" [sic], como eram chamados na época o Nicolet em Paris e o Sadler's Wells Theatre[2], foram fundados o Waux Hall e, em Paris, o Colisée, espaços nos quais também se apresentavam espetáculos análogos, mas com enredos e quadros imponentes; no último, havia inclusive uma vasta piscina para apresentação de torneios náuticos. Sobretudo na Espanha e na Inglaterra, paralelamente ao desenvolvimento de cursos hípicos, foram criadas companhias de equestres saltadores que se apresentavam, também, a céu aberto.

As praças e as feiras há muito eram ocupadas por companhias ambulantes que se apresentavam ao ar livre, em barracas cobertas de tecido ou madeira, palcos de pequenos teatros estáveis ou fixos - teatros de variedades e em todos os espaços citados acima. Eram homens e mulheres: acrobatas, equilibristas, malabaristas, manipuladores de marionetes, atores, cantores, músicos, dançarinos, coreógrafos, cenógrafos, figurinistas, adestradores de animais.

Ao sair do reduto exclusivo aristocrático, o cavalo ficou mais disponível no mercado, com preços acessíveis, possibilitando que os grupos ambulantes os adquirissem, dessem origem a hábeis cavaleiros e disputassem os mesmos espaços com os ex-cavaleiros militares, tornando-se comuns a ambos o repertório de exercícios equestres e a rotina dos saltimbancos[3]. As agilidades corporais no chão, no ar e em cima do cavalo, denominadas acrobacias equestres, eram realizadas ao som de fanfarras militares e paradas espetaculosas.

Por volta de 1760, em Londres, três entre as várias companhias que se formaram, mesclando os muitos artistas da época e exibições equestres, se tornaram referência, em quase toda a historiografia europeia, como as que deram origem ao que se denominará artes circenses: a de Price, a de Jacob Bates e a de Philip Astley[4]. Dos vários grupos, os pesquisadores dão destaque à companhia de Astley, que, após ter se desligado de seu regimento em 1766, iniciou com alguns companheiros apresentações públicas a céu aberto. Em 1768, alugou um campo próximo de Westminster Bridge e, dois anos depois, mudou-se para outro terreno vago a poucos metros do anterior, onde construiu tribunas de madeira em frente a uma pista circular, ainda sem cobertura, que implantou para maior desenvoltura dos exercícios a cavalo.

Para grande parte da bibliografia que trata da história do circo, Astley é considerado o inventor da pista circular e criador de um novo espetáculo. A composição do espaço físico e arquitetônico, onde ocorriam as apresentações, era em torno de uma pista de terra cercada por proteção em madeira, na qual se elevavam em um ponto pequenas tribunas sobrepostas, semelhantes a camarotes, cobertas de madeira, como a maior parte das barracas de feira do período, acopladas a pequenos barracões. O resto do cercado era formado por arquibancadas ou galerias, bem próximas à pista. Esse espaço foi construído de modo semelhante aos lugares já mencionados e aí também se adestravam cavalos e se ensinava equitação (Astley usava a pista para aulas, no período da manhã, apresentando-se ao público à tarde); era semelhante, também, às construções de alguns teatros, nos quais o tablado era cercado por algum tipo de arquibancada de madeira, parecida com tribunas, sem pista para animais, mas com espaço para assistir em pé.

Com relação ao espetáculo, de fato Astley teria sido criador e inovador. No início, oferecia aos londrinos acrobacias equestres sobre dois ou três cavalos e os maneava com sabre. Quando começou a se apresentar no espaço cercado por tribunas de madeira, não realizava apenas jogos ou corridas a cavalo, como a maioria dos grupos do período. A uma equipe de cavaleiros acrobatas, ao som de um tambor que marcava o ritmo dos cavalos, associou artistas de ambos os sexos que eram dançarinos de corda (funâmbulos), saltadores, acrobatas, malabaristas, hércules e adestradores de animais. Entre os artistas que Astley incorporou ao espetáculo, vale mencionar o destaque que Henry Thétard dá a uma companhia de dançarinos de cordas, acrobatas e saltadores – os Ferzi, que estavam se apresentando no Sadler's Wells.

O autor menciona que foram encontrados programas datados desde 1775, que mostram as diversas modalidades artísticas que se tornaram características dos espetáculos de pista. Essa associação de artistas ambulantes de feiras e praças públicas aos grupos equestres de origem militar é considerada a base do "circo moderno". Com a dificuldade de se apresentar a céu aberto, por causa das variações climáticas, em 1779, Astley construiu um anfiteatro permanente e coberto de madeira, o Astley Royal Amphitheater of Arts, que também comportava uma pista cercada por arquibancadas[5].

Após a estreia desse tipo de espetáculo e de espaços criados por Astley, um cavaleiro de nome Hughes, que tinha feito parte de sua primeira trupe, montou sua própria companhia, Royal Circus, em 1780, e pela primeira vez esse modelo de espetáculo produzido em tal espaço aparecia com o nome de "circo". Hughes construiu um lugar que tinha um palco, como nos teatros, e uma pista colada a ele[6]; nesta se apresentavam os cavaleiros e os saltadores, naquele os funâmbulos e as pantomimas. Plateia, camarotes e galerias foram colocados em andares superpostos, inclusive camarotes no proscênio, e não mais em arquibancadas. Essa combinação permitia promover espetáculos maiores do que pantomimas de pista, e o público podia assistir plenamente às apresentações, considerando a disposição ao redor e lugares de cima a baixo, ao lado da pista e do palco. Quando, em 1794, o anfiteatro de Astley pegou fogo, ele o reconstruiu aos moldes do de Hughes, ou seja, com pista e palco.

Nessa fase do circo, a acrobacia, a dança, o funambulismo e os intermédios cômicos[7] eram realizados quase na sua totalidade sobre o dorso dos cavalos. Considerado o "templo do cavalo", o espetáculo circense, com seus ginetes acrobatas e amazonas, tornou-se grande sucesso de público, além de figurar como tema de romances, poesias e pinturas. Os exercícios alternavam-se entre os volteios chamados "galopes livres" e os da "alta escola". Nos primeiros, o artista demonstrava suas habilidades tanto no manejo de cavalos em liberdade, galopando sem cavaleiros, como cavalgando com selas ou no cavalo em pelo. Nos segundos, cavaleiros e amazonas montavam "elegantemente cavalos soberbos treinados com rigorosa precisão"[8], diferenciando-se da acrobacia equestre por ser realizada apenas por um(a) jóquei, que fazia "diversas evoluções e passos artificiais, ditos de escola"[9].

Ao aliar as apresentações equestres aos artistas ambulantes, Astley não produziu apenas demonstrações de habilidades físicas e da capacidade de adestrar o animal. O modo de produção do espetáculo pressupunha um enredo, uma história com encenação, música e uma enorme quantidade de cavalos e artistas. Eram chamadas de pantomimas de grande espetáculo.

1. Anfiteatro Astley, cerca de 1810.
2. Circo Royal de Hughes, cerca de 1785.

Neste momento, é importante uma breve introdução à pantomima, que não pode ser vista apenas como uma forma "não falada" de expressão cênica e gestual, pois o mimo muitas vezes falou[10]. Robson Corrêa de Camargo, em sua pesquisa, apesar de não ter se proposto a estudar as origens circenses, acaba nos auxiliando quando descreve e analisa a produção da pantomima como um gênero teatral. Mostra que, por seu modo de apresentação não ter no texto a única base de ação, até recentemente foi desconsiderada por certa visão oficial como uma forma de "teatro". Como texto espetacular, não baseado somente no escrito, caracterizava-se "por ser uma forma híbrida, amalgamada não apenas do cruzamento dos gêneros diversos, entre os quais se apresentava", mas porque se destinou, também, à apropriação de culturas distintas.

Na história do teatro a pantomima possui uma larga tradição, tendo sido nos séculos XVII e XVIII um gênero muito em voga na Europa, particularmente nas feiras francesas e nos teatros ingleses. Nas descrições das atuações dos artistas das feiras desse período, encontramos diversas características que estarão presentes nos grupos responsáveis pelo processo de constituição dos circenses, no fim do século XVIII: exibiam uma variedade de números, como trapézio, equilíbrio, engolidores de fogo e de espada, ilusionismo, animais treinados, pernas de pau, música, histórias, performance, "tudo misturado e construído ao mesmo tempo"[11].

Alguns estudos indicam o aumento da produção nos teatros denominados de *boulevards*, os quais permitem construir um paralelo entre os gêneros encenados nesses teatros e os que estavam sendo produzidos nas pistas e nos palcos. Dentre os gêneros representados nos teatros de *boulevard*, dois eram particularmente interessantes para estabelecer a relação entre essa produção e os espetáculos circenses: o *vaudeville* e o melodrama, que se entrecruzavam no palco. O primeiro era a "comédia musical ou, mais exatamente, a comédia com canções interpoladas, que deve ser incluída entre as predecessoras diretas da opereta". O segundo, uma forma mista, que compartilhava "com o *vaudeville* seus acessórios musicais", mas com outros gêneros, sobretudo com o drama e a peça de exaltação histórica, "seus enredos sérios e frequentemente trágicos"[12].

Assim, de todos os modelos apresentados pelo melodrama, o mais importante era a pantomima, que no fim do século XVIII era do tipo *"pantomimes historiques et romanesques"*. Tratavam de "temas mitológicos e dos contos de fadas, como *Hércules e Ônfale*, *A bela adormecida* e *O máscara de ferro*", e posteriormente também de temas contemporâneos. Essas pantomimas consistiam usualmente em agitadas e tempestuosas cenas reunidas à maneira de revista,

> e visam à criação de situações em que o elemento misterioso ou milagroso, fantasmas ou espíritos, masmorras e sepulturas, desempenha um papel de destaque. Com o correr do tempo foram inseridos pequenos comentários explicativos e diálogos em cada cena e, desse modo, converteram-se, durante a Revolução, nas curiosas *pantomimes dialoguées* e, finalmente, no *mélodrame à grand spectacle*, que perde gradualmente seu caráter espetacular e seus elementos musicais para transformar-se na peça de intriga, de fundamental importância na história do teatro do século XIX.[13]

O espetáculo teatral, na sua forma pantomímica ou melodramática, não se constituiu como "unidade" genérica coerente. "O pantomimeiro agia sempre sobre a música, usasse ou não a palavra. O mimo sabia recitar e declamar, assim como mimicar o monólogo cantado pelo coro."[14] É preciso levar em conta que a pantomima sempre foi produzida para uma plateia fundamentalmente oral, em um mundo quase iletrado, e, dessa forma, "fica mais claro o porquê da existência desta cena com predominância de gestos", e a intensa absorção pela plateia.

> O elemento visual desses espetáculos era dominado pelo pitoresco da decoração, dos truques cênicos e pela *mise-en-scène*, na qual a alusão ao escatológico, em todos os seus sentidos, era uma constante. Este tipo de espetáculo originado nas feiras, dentro do espírito comercial do "deixa fazer, deixa passar", não buscava uma forma pura, ao contrário, propunha a mistura de gêneros ou um gênero das misturas, de épocas, de tons, com audácia de linguagem, transgressão calculada, utilizando a irreverência cotidiana, os *lazzi*, as acrobacias, o jogo de palavras, a sátira, os sarcasmos, as ironias e piadas a granel.[15]

Nesse tipo de espetáculo teatral, a assimilação explícita das estruturas dos outros gêneros existentes, como as músicas repetidas de operetas ou das comédias musicais ou da paródia contínua, traziam não apenas a introdução dessas estruturas ou elementos desses outros estilos dramáticos, mas também implicitamente uma crítica aos limites preestabelecidos dos gêneros e formas teatrais contemporâneos. O teatro da pantomima, mesmo emudecido ou gestual, estava sempre em diálogo.

Quando da introdução do palco e da pista – primeiro por Hughes e depois por Astley –, o espetáculo passou por outra alteração, sob a influência mais presente ainda do teatro de mímica no circo, realizado pelos próprios artistas ambulantes, que também apresentavam habilidades equestres. Estes, que já dominavam formas de teatros de variedades e da mímica nas feiras, tinham a capacidade de desenvolver números rápidos, pois o público da rua tinha de ser impactado logo nos primeiros minutos.

Essas características estavam presentes nos artistas que foram incorporados aos espetáculos e, como se verá neste livro, os elementos constituintes da pantomima estarão na base da formação dos circenses até pelo menos a década de 1930, no Brasil.

Na década de 1770, Astley iniciou uma turnê pela Europa, apresentando-se em pistas circundadas por madeira e alguns lances de arquibancadas. Em Paris, construiu em um terreno baldio essa mesma estrutura e, em 1783, inaugurou um anfiteatro. Após a Revolução Francesa e as guerras subsequentes, foi impedido de se fixar ao mesmo tempo em ambos os países, estabelecendo-se em Londres.

A estrutura que Astley havia deixado em Paris, no Boulevard du Temple, foi recuperada por Antonio Franconi, italiano que, devido ao envolvimento em um duelo, fugiu de sua cidade natal para a França, tornando-se, em Lyon, cuidador de animais de um grupo ambulante e especializando-se em adestrar pássaros e cavalos. Em 1783, apresentou-se no anfiteatro de Astley em Paris, tornando-se seu sócio e substituindo-o quando ele estava em Londres. Quando o cavaleiro inglês foi proibido de permanecer na França, Franconi, por meio de autorização especial do comitê revolucionário, estreou com seu próprio espetáculo e companhia, no mesmo local, em 1793, como Amphithéâtre Franconi, que, após várias mudanças de estruturas e lugares, tornou-se, em 1807, o Cirque Olympique[16]. O espetáculo produzido por ele, como o de Astley, tinha a maior parte das atrações que os circos na Europa levaram até praticamente a segunda metade do século XIX: funambulismo, adestramento de animais, saltos acrobáticos, danças e pantomimas e exercícios equestres. Aliás, Henry Thétard afirma que foi Franconi que introduziu em seus espetáculos a técnica de equitação chamada "alta escola", aprendida por ele na Itália, e seus filhos seriam, posteriormente, os artistas europeus de destaque na apresentação desse número.

55

O tipo de espetáculo recriado por Astley, ao unir em torno de si as famílias de saltimbancos, grupos dos teatros de feiras, ciganos dançadores de ursos, artistas herdeiros da *commedia dell'arte*, unia também o cômico e o dramático; associava a pantomima e o palhaço com a acrobacia, o equilíbrio, as provas equestres e o adestramento de animais em um mesmo espaço. Nesse momento, não se criava apenas um modelo de espetáculo, mas a estrutura de uma organização. O espaço foi delimitado, cercado, e o público pagava para assistir ao espetáculo, que, cuidadosamente planejado, alternava exibições de destreza com cavalos, exibição de artistas que criavam jogos de equilíbrio, representação de pantomimas equestres e acrobáticas[17].

Peter Burke afirma que, apesar de ser difícil dizer até que ponto o entretenimento popular urbano se transformou entre 1500 e 1800, é possível observar a existência de novas ofertas organizadas mais formalmente que se utilizavam, cada vez mais, de anúncios para informar ao público o que estava sendo apresentado. Para o autor, o exemplo mais significativo foi o caso do circo, em particular de Philip Astley, que reuniu artistas já tradicionais das feiras, mas com uma novidade: a "escala de organização, o uso de um recinto fechado, em vez de uma rua ou praça, como cenário da apresentação, e o papel do empresário". Embora não concorde com o autor quando afirma que o circo foi o "caso mais notável de comercialização da cultura popular" do fim do século XVIII, o importante aqui é ressaltar a ideia de que Astley teria criado uma "nova forma" de organização do trabalho artístico[18].

Quando Astley, Hughes e Franconi, entre outros, introduziram nos espetáculos circenses, definitivamente, a pantomima, chamando para isso artistas ambulantes de praças, tablados de feiras e teatros fechados, o modelo de espetáculo construído tinha sinergia com a própria produção cultural contemporânea. Era eclético e variado, fortemente marcado pelo militarismo, com encenações representando contos de fadas, quadros históricos épicos, campanhas militares históricas ou da época. Roland Auguet informa que nenhuma campanha ou batalha deixou de ser mostrada ao público[19]. No século XIX, na França, as representações da lenda napoleônica e suas "glórias militares" eram particularmente populares, ao passo que na Inglaterra e, depois, na América do Norte a batalha de Waterloo manteve-se no repertório dos circos por muito tempo. A partir de 1807, em Paris, os Franconi tornaram-se especialistas na produção de "grandes pantomimas" no Cirque Olympique, unindo pista e palco, modelo adotado então por todos os circos do período[20]. Uma das primeiras, *A lanterna de Diógenes*, era em homenagem a Napoleão, consolidando as representações grandiosas ou, como Arnold Hauser definiu, *mélodrame à grand spectacle*[21].

Outra maneira de denominar esses espetáculos, muito comuns naquele período, era mimodrama. Variante também do melodrama, tomava emprestado seu nome pelo fato de que a ação falada às vezes era interrompida e suprimida, se não por uma ação mímica propriamente dita, ao menos por cenas mudas, compostas de combates, desfiles, marchas guerreiras e equestres[22]. Na forma de mimodrama, no fim do século XVIII, os autores dirigiram suas produções a serviço desse gênero, tanto para as representações dos tablados de feiras e pequenos teatros quanto para os circos. Nestes últimos, em particular, tornou-se quase uma marca do espetáculo. Posteriormente, toda e qualquer peça representada em pistas e palcos circenses europeus, fossem elas mudas, faladas ou cantadas, seria denominada pantomima equestre ou circense, abundantemente explorada pelos diretores de circo.

Roland Auguet afirma que a introdução da pantomima no espetáculo teria sido concebida "apenas" para engrossar, reforçar ou, simplesmente, alongar os números nos quais a destreza física não era muito rica ou exigida[23]. Essa é uma das explicações possíveis. Entretanto, se observarmos a descrição da diversidade artística disponível, o que se vê é que as representações teatrais, particularmente as do gênero da pantomima, eram uma realidade entre os artistas teatrais da época, os mesmos que fizeram parte da composição dos espetáculos circenses. É difícil analisar a presença das representações teatrais, como querem alguns pesquisadores e historiadores do circo, entre eles Auguet, como algo que não era constitutivo do modo de representação artística do período. Se assim fosse, como explicar o fato de que ela se tornou a principal atração circense em todo o século XIX e início do XX, tanto na Europa como nos países para onde migraram os artistas? Os circenses a transformaram de um "reforço" do espetáculo em um *grand spectacle*, como definiu Arnold Hauser, e seus recursos residiam nos esplendores da *mise-en-scène* e na riqueza dos desdobramentos visuais.

Os números acrobáticos, de solo ou aéreos, não deixaram de compor o espetáculo como números isolados ou como parte do enredo das pantomimas. Entretanto, a introdução cada vez maior da representação e da fala contrariava alguns circenses do período, críticos, produtores e artistas teatrais. Ducrow, artista da primeira companhia de Astley e depois empresário circense, impacientava-se com o que ele considerava "diálogos tortuosos" das pantomimas. Essa posição é interessante, pois sua família vinha de artistas ambulantes, e ele, além de saltos e acrobacias, tinha formação de ator mímico em uma escola de atores em Londres. A junção de destreza física com a mímica fez com que ele participasse ativamente nas pantomimas apresentadas naquele circo, fazendo parte da origem dos primeiros palhaços circenses. Com sentido parecido, Théophile Gautier, poeta francês do século XIX, afirmava que o circo era um espetáculo essencialmente visual, uma *opéra de l'oiel*, e devia isso não somente a seus uniformes cintilantes, ao esplendor de seus cenários, mas sobretudo ao fato de que sua essência era a "ação". A atração do circo consistia precisamente na ausência ou, antes, na insignificância da palavra[24].

Ação significava ginástica, sem representação cênica, inclusive para os artistas que fizeram parte do processo de formação do que se denominou circo moderno, que terão como "especialidade" ser palhaços de circo. Entretanto, estes eram herdeiros diretos dos cômicos que frequentavam os lugares públicos, os teatros de feira, os de arena e os fechados, as festas profanas ou religiosas, passando pelas "*soties*", os jograis, as comédias de Atelana, bufões ou bobos da corte, os farsantes das vilas, funâmbulos, paradistas dos bulevares, bem como da *commedia dell'arte*: zanni, Arlequim, Scaramouche, Pulcinella, Pierrô. Todos uniam teatralidade, destreza corporal, dança, música, mímica e a palavra. Esses cômicos foram introduzidos nos intermédios dos números equestres, desempenhando as funções de ginastas e atores. Tratava-se de um tipo cômico desenvolvido pelos artistas herdeiros de todo o conjunto de saberes que Astley, dentre outros empresários, astutamente levou para dentro do espetáculo e depois foi retomado por Antonio Franconi, que, a princípio, realizava pequenas peças burlescas, pensadas e produzidas por Astley, inseridas entre os números com o intuito principal de descansar os animais.

Como na maior parte das representações cômicas, os temas eram escolhidos das mais variadas fontes, tomando situações ou pessoas locais como alvo, a fim de suscitar o riso, demonstrando que a paródia era a base de inspiração, arremedando personagens típicos ou célebres. Dentre estes, dois personagens tornaram-se fontes principais para a criação dos primeiros cômicos de circo. Um deles foi o alfaiate que, dentro dos regimentos de cavalaria, era o foco das brincadeiras por ser considerado "frágil" ou covarde e com grandes dificuldades de lidar com cavalos e de aprender a montar.

Vladimir Propp, quando discute as conceituações do que seja cômico, ou a falta delas, em particular no capítulo "A ridicularização das profissões", menciona que a figura do alfaiate fazia parte dos gracejos e das jocosidades da população. Com maior frequência, afirma ele, é justamente a arte popular que oferece material evidente e significativo que não pode de modo algum ser ignorado:

> O trabalho do alfaiate não é nem um pouco apreciado pelos camponeses que reconhecem apenas o trabalho físico bruto da terra. O camponês tem consideração pela força física. Por isso a figura descarnada e leve do alfaiate fraco é alvo de zombaria em todo o folclore europeu. É tão leve que o vento leva. Os lobos o perseguem, mas ele é veloz e ágil e se põe a salvo em cima de uma árvore. Mesmo com todos os seus defeitos ele é engenhoso e às vezes é representado como corajoso. Quando os lobos sobem um em cima do outro para alcançá-lo na árvore, ele grita: "O de baixo vai conseguir mais do que todos". O lobo da base se assusta, sai correndo e toda a pirâmide de lobos desmorona. O conto maravilhoso dos Grimm "O alfaiate valente" pertence ao rol dos contos maravilhosos mais populares e preferidos dessa coletânea. [...].[25]

Nesse sentido, para o autor, a "comicidade surge do contraste entre a debilidade física do alfaiate e sua engenhosidade e sagacidade, que lhe substituem a força", o que nos sugere uma semelhança com o que os palhaços circenses estão realizando em seus picadeiros.[26]

O outro personagem constantemente tido como fonte para os cômicos foi o camponês, que já fazia parte dos chistes dos grupos de teatros de rua e feira e foi transportado para o circo, identificado como *clown* a cavalo ou grotesco a cavalo. Durante o espetáculo, sentado no meio do público, vestido como um simples camponês, chamava a atenção do mestre de pista, querendo, ele também, arriscar-se sobre o cavalo. Dirigia-se ao picadeiro de forma cômica e acabava por demonstrar ser um exímio cavaleiro e acrobata, além de ator cômico, qualidades obrigatórias para um *clown* de qualquer empresa circense no fim do século XVIII.

A denominação de *clown* para determinada forma de comicidade já estava presente nas peças e nas pantomimas inglesas, desde o século XVI. Dario Fo chega a afirmar que nas comédias de "Aristófanes as *gags clownescas* estavam na ordem do dia", com quedas, saltos mortais, *lazzi* obscenos. Para esse autor, o arlequim usava em sua origem a maquiagem do *clown*, mas também do *pagliaccio* (palhaço), "que não é nada mais do que uma máscara da primeira *commedia* (de 1572, da companhia de Alberto Ganassa)". Afirma que o *pagliaccio* "aparece com o rosto pintado de branco e, posteriormente, irá transformar-se no *Gian-farina* (João-farinha), aludindo ao branco do rosto, até virar o Pierrô"[27].

É comum encontrar a explicação de que a palavra "palhaço", escrita em castelhano *payaso*, é derivada do italiano *pagliaccio*, com a qual será designado o *clown*, e o *tony* é uma palavra mais representativa da ideia de "homem palha" ou "feito de palha", do que a inglesa *clown*, ou seja, o fatigado, o espancado, o que recebe os golpes. *Clown*, em troca, leva mais a ideia de grosseria, a imagem do aldeão[28].

Alice Viveiros de Castro nos relata que as primeiras referências ao *clown* são do século XVI, quando, na Inglaterra, "os espetáculos de Mistérios e Moralidades, que se baseavam na vida dos Santos e em histórias livremente adaptadas da Bíblia", incorporaram um personagem cômico: o rústico. A comicidade desse tipo de espetáculo estava a cargo do Diabo e do Vice, "personagem recorrente que representava todas as fraquezas humanas. O Vice era um camponês velhaco, canalha, pecador incorrigível, fanfarrão e covarde que, por algum motivo, deparava-se com o Diabo". A partir dos anos 1550, o Vice ganhou um companheiro, o rústico, camponês ingênuo, medroso e supersticioso. A palavra *clown*, derivada de *colonus* e *clod*, que significava os que cultivavam a terra, nas peças entre 1580 e 1890, e definia o personagem, muda a forma de ser denominada de "um *clown* para o *clown*"[29].

Na realidade, esses personagens vão adquirindo denominações quase *a posteriori*, pois no período em que estavam se desenvolvendo como cômicos nos espetáculos circenses traziam consigo toda a comicidade contemporânea. Outro grupo de artistas cujas características encontramos nos *clowns* são os *zanni*, que em geral trabalhavam em dupla, e um deles era astuto, rápido, faceto, arguto, capaz de embrulhar, decepcionar, zombar e enganar o mundo. O outro era tolo, pateta, insensato, a ponto de não saber de que lado ficava a direita ou a esquerda. Desde o século XVI, grupos pobres que foram expulsos do campo e engrossavam a massa de pedintes nas vilas e nas cidades, que falavam mal a língua da cidade e morriam literalmente de fome, tornaram-se bode expiatório de todo mau humor, ressentimento e desprezo, transformando-se em alvo de ironias e gozações. Em Veneza, no fim desse século, esses camponeses foram apelidados de *zanni*[30].

Para Dario Fo, o arlequim já seria "o resultado do incesto do *Zanni* da região de Bérgamo com personagens diabólicos farsescos da tradição popular francesa". Nessa tradição, o personagem é descrito como um endemoniado torpe, arrogante, zombeteiro, exímio elaborador de troças e trapaças. Independentemente de esses personagens usarem ou não as "tradicionais" máscaras da *commedia*, o modo como representavam suas "personalidades" estava presente em vários outros cômicos, que se apresentarão em outras companhias e lugares[31].

Nos espetáculos circenses do fim do século XVIII e do XIX, essas figuras também estarão presentes com diversos nomes. Como se verá, o arlequim ou as arlequinadas serão tema de várias pantomimas circenses até o início do século xx. Além das características descritas presentes nos *zanni* e no arlequim, este último era conhecido como um personagem que os atores usavam como recurso de provocação; entravam em cena "já agredindo o público com obscenidades e gestos inacreditavelmente vulgares". Outros arlequins usavam da sátira para criticar ou atacar políticos, aristocratas, camponeses, polícia etc.

Para Thétard, o bufão nada mais era que o "*paillasse*" descendente dos teatros de feira, identificado na Inglaterra como "*merryman*", na Alemanha como "*loustic*" (soldado engraçado, farsista que diverte seus camaradas) e na França como "grotesco"[32].

Se quisermos identificar um modo de desempenhar e de pintar o rosto, parece haver consenso entre os autores que Giuseppe Grimaldi foi, bem antes do surgimento do circo equestre, cômico das pantomimas inglesas como arlequim, além de bailarino. Para uma parte da bibliografia, ele teria provocado a fusão da máscara branca e plácida de pierrô com a "agressividade avermelhada e pontiaguda de arlequim"[33]. Seu filho, Joe Grimaldi - herdando a fantasia do pai e acrescentando seu gosto pelos trejeitos afetados, extravagância dos acessórios, dos truques -, foi quem de fato teria criado (ou aperfeiçoado) a máscara do *clown*, segundo afirmação enfática de Cervellati. Apesar da origem italiana, tornou-se "o maior mímico inglês da época", completando a obra do pai. Desde sua infância, Joe trabalhou no Sadler's Wells, tendo como parceiros "Billy Sanders (dançarino de corda, malabarista e equilibrista) e Alexandre Placido (acrobata e dançarino de corda)"; depois desse teatro, foi trabalhar como *clown* em diversos circos, começando pelo Astley, em Paris. Acrobata notável e um apreciado dançarino cômico, Joe Grimaldi punha no ridículo os temores e as alegrias de seu tempo, com suas transformações e invenções. Suas canções cantadas com voz estrídula e chocante contribuíram para torná-lo famoso na Inglaterra. As faces brancas, manchadas de vermelho, a peruca de careca decorada com estranhos tufos de cabelos e a roupa colorida, ricamente enfeitada, se tornariam, para parte dos historiadores, o símbolo do *clown*.

Outros cômicos buscaram se especializar na arte do gesto, criando novos tipos, como o *clown*-cantor e o *clown*-músico, este último sendo também identificado no linguajar circense, inclusive no Brasil, como "excêntrico". Um novo personagem criado ou adaptado para o circo, identificado como "*jester Shakespearian*" - talvez pela longínqua semelhança com os bufões de Shakespeare -, recitava, por vezes, tiradas emprestadas dos textos desse autor, além de seus ímpetos bizarros.

Cavaleiro burlesco ou acrobata para fazer rir, o *clown* não demorou a descer do cavalo e juntar a seu repertório de costume gracejos grosseiros, bofetadas e pontapés, utilizando toda a agilidade acrobática para saltos e cabriolas. Criando no chão várias outras caracterizações, apimentando-as de bufonarias ou de fingimentos de imperícia, o *clown* continuará encarregado de assegurar os intervalos entre os números equestres e ginásticos, no espetáculo circense. Desde o teatro de Aristófanes, o artista que representava o personagem falastrão – aquele que vomita as palavras em grande velocidade, contando lorotas, gracejando ininterruptamente, realiza saltos acrobáticos, dança, canta – atuava para proporcionar um "respiro", ou seja, com "sua intervenção, permitia que os outros atores recuperassem o fôlego"[34]. Esses intervalos serão chamados pelo linguajar circense de reprises. Aliás, é interessante observar que essa forma francesa de escrever "reprise" é a mesma falada e escrita pelos circenses brasileiros.

Até então, o personagem valia-se mais dos gestos e, às vezes, de alguns monólogos. Durante três quartos do século XIX, as prerrogativas dos teatros proibiam os cômicos dos circos de falar no picadeiro. O mesmo constrangimento ocorreu praticamente em todos os países europeus. Na França, somente a partir de 1865 foram criadas disposições sobre a liberdade dos espetáculos, permitindo aos *clowns* trocarem réplicas e representarem, enfim, cenas com dois ou três personagens[35]. Antes disso, portanto, o personagem utilizava a linguagem da mímica e espalhava suas intervenções, sobretudo visuais, de gracejos atrevidos nas reprises e nas pantomimas cômicas. Assim como as pantomimas iam adquirindo cada vez mais importância, o cômico também passaria por mudanças dentro do espetáculo circense. Com a diminuição dos cavalos no programa e o aumento das representações com acrobacias e danças, a fala e o diálogo também se ampliariam nos números dos palhaços. Alguns estudos que tratam das origens desse personagem analisam que é a partir de então que se iniciaram as apresentações de duplas ou trios cômicos; com isso, as atividades do *clown* se alteraram, diferenciando o trabalho em parceria, distinguindo suas funções, transformando-os quase em "especialistas". Além de *clown*, esses cômicos serão identificados como augusto ou *tony*.

Farei uma breve apresentação das análises que trabalham com essa divisão por uma questão didática, pois acredito que na prática, como se verá, um mesmo cômico representava as várias funções, ou seja, extrapolava, em muito, essa visão de um universo binário.

Quando o artista que representava o cômico ganhou também direito à pantomima falada, tornou-se o que se costuma chamar de *clown-parleur*, personagem que, para alguns autores, começou a se posicionar com um ar de "superioridade" entre os *clowns* saltadores. Associou-se a seus serviços um augusto, a quem eram reservados os papéis considerados "indignos" de sua figura. Esse é o tom com que as mudanças do *clown* são tratadas por Pierre R. Levy, que diz, por exemplo, que o papel do augusto se afirmaria graças ao abandono progressivo das prerrogativas cômicas do *clown*. Por oposição à elegância coberta de lantejoula deste, o augusto se tornaria rapidamente um malvestido, com roupas ou muito largas ou muito apertadas, às vezes adotando a maneira de se vestir do vagabundo em farrapos.

O *clown* e o augusto conquistaram sua identidade. Apesar de sempre parceiros, suas funções e seus perfis os transformaram em personagens distintos. Os artistas que os representavam (e representam) vestiam-se e se maquiavam de formas diferentes; na explicação de Levy, o *clown* "abandona então ao augusto a maquiagem matizada do grotesco, para adotar ele mesmo a face branca do pierrô"[36]. O *clown* vestido com garbo e com o rosto muito branco será identificado como "*clown* branco", cabendo a ele dar a réplica ao augusto, mas com aspiração à aparência brilhante, à autoridade absoluta, aquele que comanda a cena e domina o acontecimento. O *clown*, a partir de então, passa a ser a autoridade social, evocando as restrições; e o augusto, a explosão dos limites. Este interpretará as partes grotescas e ingênuas, continuará sendo acrobata e especialista em chutes violentos seguidos de pantomimas, com abuso de cambalhotas, quedas inesperadas e saltos mortais. Pode-se notar que a presença desses personagens circenses na formação de Carlitos, O Gordo e o Magro, apenas para citar alguns, é bem marcante.

Houve a ascensão do *clown* que falava e da força de sua equipe no espetáculo, conquistando um espaço no programa igual ao dos outros números, denominando-se "entradas de palhaço", que se diferenciavam das reprises por serem cenas cômicas, gênero de representação permeado pela paródia e pela sátira, muito comum nos teatros. Dario Fo informa que os *zanni* e/ou Pulcinella também desempenhavam essa função, e o termo usado era "entrada" para indicar os *intermezzi* dos *clowns*.

Adaptadas e reelaboradas para o espaço do circo, as entradas deveriam ser bem construídas e rápidas. O diálogo muda de um dia para o outro, em cada país, cidade ou bairro, dependendo das reações dos espectadores, da memória do *clown*, do ambiente geral, da atualidade e dos casos de improvisação. O diálogo breve, discordante, deve ser repetido pelo ator para os espectadores que estão diante dele, mas a quem seu parceiro dá as costas. A entrada de palhaço tomou a forma que lhe impôs a acústica do circo, assim como as pantomimas e as peças teatrais faladas representadas entre palco e pista.

A produção de um espetáculo diversificado que continha acrobacias, equestres ou não, representação cênica, música, dança, magia, doma de animais, equilibrismos, pirofagia e excentricidades, ou seja, uma combinação que misturava pista e palco, provocou protestos e contrariedades. Durante o século XVIII e início do XIX, principalmente na França, a Comédie Française possuía o monopólio da "expressão dialogada" e interditava o uso por todos os seus concorrentes, em particular os teatros de feira, "que só conseguiram sobreviver utilizando um grande número de *trucs*, sempre renovados e sempre engraçados para contornar a interdição"[37]. Na Inglaterra, segundo análise de Roland Auguet, diante do sucesso do tipo de espetáculo criado por Astley, os teatros preferiram incorporá-lo a combatê-lo.

Apesar disso, Astley e Hughes deparavam-se com constantes litígios com autoridades em relação às autorizações, até mesmo para o uso de instrumentos musicais, prolongamento de turnê e permissão para os artistas terem algum diálogo na representação de cenas cômicas, burletas e farsas. A este último conflito juntavam-se os protestos dos teatros, que censuravam o modo de fazer o espetáculo que, provavelmente, representava uma forte concorrência[38].

As pantomimas de circo, portanto, tornaram-se peças em que se falava como no teatro, o que era considerado um problema, tanto que um panfleto da época, segundo Roland Auguet, afirmava que o palco era para o "teatro" e não podia ser "violado" por cavalos e acrobatas. Esse autor informa que certas peças da época, como *Lion de Gisors*, foram construídas sobre o tema da rivalidade entre trupes de comediantes e grupos de artistas de pista, que testemunhavam a inquietude experimentada "pelo mundo do teatro diante de um concorrente que se afirmava terrível"[39].

Houve protestos e contrariedades também daqueles que defendiam "o circo puro", alegando que no espaço circense os artistas só deveriam apresentar suas habilidades físicas e destrezas com animais na pista. A presença das pantomimas faladas e as entradas de palhaços, também faladas, mesmo convivendo com as equestres e acrobáticas, eram entendidas como causas da "decadência" do "circo puro" por alguns críticos e circenses europeus da época, pois a "ação" disputava lugar com a palavra, a dança e a música. Essa análise é partilhada também por alguns historiadores europeus do circo. Para Roland Auguet, a "arte clownesca", que se transformava em uma espécie de teatro, havia perdido as características próprias do *clown*, ou seja, a acrobacia, a música e o monólogo divertido. As entradas de palhaços, que eram pequenas comédias, para Thétard nada tinham em comum com os "atos acrobáticos" do cômico circense. A consolidação do *clown* que falava, das pantomimas e, depois, a produção também de operetas, para ambos os autores, não fizeram mais que acelerar a decadência do "verdadeiro circo", dando cada vez mais aos circos estáveis o aspecto de *music halls*, teatro mais que circo, com a diferença da pista no lugar do palco.

No século XIX, os espetáculos circenses proliferaram por toda a Europa, aumentando o número de companhias que se apresentavam, na maioria, em instalações estáveis, construídas em estruturas de madeira ao ar livre, em anfiteatros ou em teatros adaptados. Nas duas primeiras décadas, como resultado da união dos egressos militares e famílias de artistas ambulantes, saltimbancos, apresentadores de marionetes, prestidigitadores, ilusionistas, ciganos, atores dos teatros de rua e feiras, nômades por excelência, consolidava-se um novo grupo de artistas que emigrou do continente europeu.

As companhias que se mantiveram na Europa continuaram construindo seus espaços de apresentação em madeira, chamados de "circos estáveis", pois, quando terminava a temporada, a estrutura montada nos terrenos permanecia. Muitos teatros de cidades grandes eram alugados e passavam por reformas e adaptações para receber os circos. Na Inglaterra, por exemplo, em 1847 e 1848, o empresário circense Dejean alugou o anfiteatro de Liverpool, realizando uma transformação total do palco. Em Londres, esse mesmo empresário alugou o Teatro Drury Lane, efetuando também reformas significativas para permitir a entrada de vários cavalos a galope[40]. Alguns grupos ambulantes, que já trabalhavam nas ruas sob tendas ou barracas, ao se constituírem em companhias equestres mantiveram essa arquitetura viajando pelas cidades europeias. O circo ambulante ou circo sob tenda, na Europa, era considerado estabelecimento de segunda categoria, em comparação aos fixos de madeira ou aos teatros adaptados.

Dentre os vários países para onde esses artistas migraram, foi nos Estados Unidos que a consolidação das tendas ou barracas aconteceu. No fim do século XVIII, Bill Ricketts, um cavaleiro da trupe do Cirque Royal de Hughes, construiu um anfiteatro de madeira na Filadélfia, apresentando o mesmo programa criado por Astley, inclusive pantomimas equestres[41]. Em 1836, o diretor inglês Thomas Cooke realizou uma turnê no país, porém não em espaços fixos, e sim se apresentando em uma tenda. Os artistas, ao mesmo tempo que construíram estabelecimentos permanentes nas grandes cidades norte-americanas, viajavam pelas pequenas cidades do país em barracas e apresentavam-se em estruturas desmontáveis e itinerantes, pois já dominavam diversas tecnologias que favoreciam essas viagens e circulações pelo interior.

3. Circo ao ar livre. Estampa alemã, cerca de 1840.

Tudo o que dizia respeito ao circo era armado, desarmado e transportado, não ficando nada nos terrenos. Portadores que eram da tradição nômade, conseguiram viver por séculos em consequência de sua capacidade de integração e, em particular, da funcionalidade de seus instrumentos, da essencialidade e da praticidade de seus conhecimentos. Aos poucos, as tendas foram ampliadas e aperfeiçoadas, principalmente graças à invenção dos mastros centrais que possibilitavam, além de suporte do tecido, dos aparelhos aéreos e da iluminação, aumentar o espaço do redondel. As coberturas mudaram de panos de algodão para lona simples e, depois, impermeável. De início, os espetáculos eram realizados de dia, até que, por volta de 1845, os diretores de circo sob tenda começaram a se apresentar à noite, iluminando o espaço com tochas de resina e velas de sebo; posteriormente, é claro, foi iluminado a gás, acetileno e eletricidade. O transporte do material era feito com carroças puxadas por animais e, depois, através de rios e ferrovias. Como tudo e todos eram transportados juntos, o circo ambulante americano transformou as pequenas passeatas de uns poucos artistas – que eram realizadas na Europa para propaganda da estreia, em particular na Inglaterra – na "grande parada" composta de todos os artistas e animais da companhia, acompanhada de grande fanfarra. O espetáculo explorou também, com bastante intensidade, o chamado *side-show*, que reunia, além de alguns "monstros" trucados, os considerados "fenômenos assustadores", ou seja, pessoas que nasciam com determinadas características físicas ou mesmo integrantes de outras culturas, que não a europeia ou a norte-americana, e eram exploradas de forma brutal e desumana em função de suas particularidades. Como exemplo, vale citar integrantes de comunidades africanas, povos originários, obesos, mulheres portadoras de hipertricose (vulgo "mulheres barbadas"), nanismo ou gigantismo. Essa forma de espetáculo, a título de curiosidade, não ocorreu no Brasil de maneira sistemática, apesar de em alguns poucos casos companhias circenses terem exibido pontualmente um número ou atração com essa proposta no século XIX.

Quando esses artistas retornam à Europa, no fim da primeira metade do século XIX, o circo sob tenda vai sendo incorporado pelos circenses europeus e se torna, junto com as estruturas fixas, um espaço importante

para tal espetáculo. Com a possibilidade de adquirir maior mobilidade, aliada à incorporação de artistas dos vários países por onde passava, o circo consolidava-se como um espaço de múltiplas linguagens artísticas que pressupunha todo um conjunto de saberes definidores de novas formas de produção e organização de espetáculo: animais, mistura de nacionalidades, acrobacias, números aéreos, magia, *shows* de variedades, representações teatrais com pantomimas e entradas de palhaços com ou sem diálogo. Para os defensores do "circo puro", era um espetáculo eclético demais, que mais parecia *music hall*, um teatro de variedades, do que circo. Apesar das críticas e dos debates em torno dos espetáculos circenses, a montagem e a produção deles continham as principais formas de expressões artísticas contemporâneas, apresentando um resultado que misturava *music hall*, variedades, teatro (cenas cômicas, pantomimas, operetas), ginástica, acrobacia e animais.

    As diversas formas pelas quais eram nomeados os primeiros cômicos estavam presentes nos espetáculos de circo no fim do século XVIII e início do XIX. As sucessivas transformações, adaptações e reelaborações originaram o palhaço/*clown* de circo que, por sua vez, se transformaria em diversas outras caracterizações e nomes. Nessa época, não havia ainda uma única forma de escrever seu nome; na França, na Itália e no Brasil, encontramos: "*claune*", "*cloon*". No futuro bem próximo, todos os países passariam a grafar *clown*.

Foi com essa diversidade que o circo se apresentou nos vários países para onde migrou, identificando-se como companhia equestre e, no Brasil, também como circo de cavalinhos, organizando diferentes circos, marcando relações plurais com as realidades culturais e sociais de cada região ou país. E é com essa base que, a partir do início do século XIX, na América do Sul registra-se a chegada de famílias europeias compostas de circenses ou saltimbancos.

**"POR ONDE QUEIRA QUE TRANSITE"**

Muitas famílias circenses consideradas "tradicionais" são assim referidas por sua "origem" estar ligada às que vieram da Europa em fins do século XVIII e início do XIX como saltimbancos ou como parte de grupos circenses. A maioria das informações orais sobre como e quando chegaram e quem eram esses artistas foi obtida de circenses brasileiros[42], cujas famílias teriam migrado para o Brasil no período acima, e pode ser confrontada com descrições feitas por historiadores europeus e latino-americanos, assim como outras fontes do período.

Por esses relatos, sabe-se que a maioria dos circenses desembarcou em grupos familiares, quase todos oriundos do continente europeu, mas vários deles têm dificuldades de precisar as nacionalidades, pois, como nômades, apresentavam-se em vários países, vinculando-se de maneiras distintas aos locais por onde passavam. Em alguns casos é possível chegar próximo a uma origem; entretanto, os vários filhos, netos e sobrinhos nascidos em cidades e países diversos acabam por definir o próprio grupo familiar como referência importante, mais do que os locais de nascimento.

Alguns informam que seus antepassados saíram da Europa por causa de guerras, perseguições e proibições de se apresentar em praças públicas. Não há dúvida de que em muitos casos esses fatos foram importantes, porém, como se verá, o próprio modo de se constituírem como grupo e como artistas, itinerantes na forma de vida e trabalho, era o principal motivo que os movimentavam. Se em determinado local eram impedidos de entrar, mudavam-se para outro, indo à procura do espaço urbano e de seu público.

Parte deles não tinha nenhum tipo de vínculo ou contrato de trabalho nem exibições em locais definidos, chegando no fim do século XVIII e início do XIX ao Brasil para se apresentarem em ruas, esquinas e praças, exibindo habilidades físicas e destrezas com animais.

> Então eles dançavam, saltavam, tocavam, faziam acrobacias e dançavam os ursos. Quando meu avô veio para o Brasil, também dançava o urso, e tinha um macaquinho que tocava o pandeiro. Então, quando vieram para cá, fizeram o circo de praça pública depois passavam o chapéu. Eram os saltimbancos.[43]

Para alguns descendentes desses "pioneiros", os saltimbancos e o circo faziam parte de um mesmo processo de constituição:

> Na França, a minha avó dizia que domava bichos na rua; na época dos bichos na rua, eles tinham um carroção na Europa. E trabalhavam em qualquer lugar, saltimbanco, né? Quando começaram mesmo lá. Depois foram para o circo. A minha avó trabalhou em grandes teatros [...] E depois ela veio para cá mocinha, ela veio com treze anos e a minha tia [...] veio com quinze, elas faziam um número maravilhoso de quadrante e contorção.[44]

Mônica J. Renevey apresenta vários desenhos e pinturas dos séculos XVI ao XVIII nos quais grupos de pessoas se exibiam saltando, equilibrando-se em cordas, jogando malabares, cantando e dançando nas ruas, mas também em cima de carroças e tablados. Nas várias figuras e quadros veem-se diversos animais, principalmente macacos, cachorros e ursos, dançando ao som de tambores. As descrições das atividades desses grupos definidos como saltimbancos vêm ao encontro dos relatos acima. Pode-se afirmar que a maioria dos que desembarcaram por aqui era de herdeiros dos grupos que se apresentavam artisticamente nas praças e nos teatros europeus e fizeram parte da constituição do espetáculo circense, como já visto anteriormente, entre eles, os saltimbancos e os ciganos[45].

Os artistas circenses que migraram no fim do século XVIII e em quase todo o século XIX para a América Latina percorreram vários países antes de passar a viver como nômades preferencialmente em um deles. E, mesmo quando isso ocorria, as turnês eram frequentes, possibilitando trocas de experiências. Rio de Janeiro e Buenos Aires eram as principais cidades do período a receber constantemente trupes estrangeiras. Entretanto, cidades como Porto Alegre, São Paulo, Recife, Belém, Salvador, Montevidéu, Santiago, Assunção e Lima também faziam parte da rota de artistas, de modo geral, e dos circenses. Devido ao total intercâmbio e circulação dos grupos, foi possível conhecer a movimentação desses artistas e o que realizavam, através da produção de pesquisadores, memorialistas e historiadores do circo de alguns desses países latino-americanos e do Brasil.

Desde 1757 registraram-se na Argentina os passos de *volatineros* (como são denominados em castelhano os saltimbancos e os funâmbulos) vindos da Espanha para exercer seu tradicional ofício no Novo Mundo, como o acrobata Arganda e o volatim Antonio Verdún, que teria vindo do Peru para Buenos Aires e Brasil. Beatriz Seibel informa que a "arte de volatim" consistia especialmente no equilíbrio sobre arame tenso e corda bamba, e a atuação do "gracioso", às vezes chamado "arlequim", mesclava acrobacia e comicidades em uma paródia de volatim. A essas atividades somavam-se outras, como bonecos, uma pequena banda de música e cantos, bailes ou pantomimas para o final[46].

No fim da década de 1780 começaram a chegar ao Brasil, através da Argentina, imigrantes já denominados circenses pelos historiadores desse país. É o caso de Joaquín Duarte que, em 1776, se apresentou como funâmbulo, jogral, acrobata e prestidigitador e, em 1785, em Buenos Aires, solicitou licença para realizar espetáculos públicos de "habilidades de mãos e física, equilíbrios, jogos de mãos e bailes"[47], à frente de um conjunto circense. Assim como Joaquín Oláez que, a partir de 1791, após várias apresentações com bonecos, pantomimas e acrobacias na Plaza de Toros, cruzou o Rio Grande e se dirigiu ao Rio de Janeiro. Através de alguns documentos protocolares conservados, Raúl H. Castagnino traçou o que poderia ser a vida e as atividades dos volatins do século XVIII e, em particular, de Joaquín Oláez.

Assim, em um convênio formalizado em 30 de março de 1799 – ante Pedro Núñez, escrivão público –, no qual Joaquín Oláez contratava a Diego Martinez e José Castro por seis anos, observam-se atividades artísticas, já definidas como circenses pelo autor, com provas de destrezas acompanhadas de bailes e pantomimas, pois Martinez se comprometia a seguir Oláez:

> [...] por onde queira que transite exercendo a nomeada arte de volatim, servindo-lhe de gracioso, como também a dar toda espécie de pantomima nos dias que dito Oláez achar por conveniente, como também a instruir, ensinando manhãs e tardes, a comparsa que haveria de trabalhar nas expressadas pantomimas, sendo assim mesmo de minha obrigação ensinar o baile da terra um filho do expressado Oláez chamado Juan José,

como também a seus escravos [...], como igualmente a ajudar a trabalhar em armar e desarmar o comboio de expressada arte, e a preparar o teatro ou pátio para exercê-lo, não recusando fazer qualquer serviço que seja pertencente à mencionada arte.[48]

Oláez concorda em pagar 30 pesos por mês ao madrileno Martinez, assumir os gastos de viagem e dar uma função anual em seu benefício. Os espetáculos em "benefício" ou "festival a favor" constituíam uma prática realizada pelos teatros e circos, cuja renda se destinava a artistas escolhidos pelos donos das próprias companhias. Era muito comum que esse acordo, mesmo que verbal, fizesse parte do contrato de trabalho entre o empresário e o artista. Ou seja, além do valor do salário contratado, era acordado que a renda obtida com esses espetáculos também fazia parte do ganho salarial – como é o caso entre Oláez e Martinez.

Nos espetáculos "benefícios" em favor de um artista, geralmente se alterava a programação e outras companhias eram convidadas para chamar a atenção do público. Quando essas apresentações eram realizadas por companhias teatrais, os circenses que estivessem se apresentando na cidade eram convidados para compor o espetáculo, tendo em vista que a maioria da população comparecia pois conhecia o circo e, principalmente, seus artistas.

Os benefícios não eram apenas para os artistas, mas também para entidades religiosas e civis, órfãos, viúvas, igrejas, vítimas de calamidades públicas etc., já que os circos, em particular, os realizavam como forma de estabelecer vínculo com a população local. Alguns benefícios em favor de pessoas deixavam claro o vínculo político. De qualquer maneira, a população conhecedora dessa prática em geral comparecia aos espetáculos para contribuir. Além disso, era um momento de medida do quanto o circo ou o teatro tinha agradado, ou do quanto o artista beneficiado era reconhecido. É claro que os empresários sempre escolhiam artistas, adultos ou crianças, homens ou mulheres, que tinham maior prestígio ou sucesso junto ao público.

São distintos, porém, os termos do contrato entre Oláez e José Castro. Nele, Castro se obriga a servi-lo por seis anos e "para que dentro do fim de três anos me ensine dita arte, como também a aprender dançar em tablados, comprometendo-me não recusar fazer qualquer serviço que seja concernente à arte de volatim". Reciprocamente, Oláez deverá proporcionar a Castro:

uma roupa completa em cada um ano, e nos três restantes para o completo dos seis não será obrigado a vesti-lo, nem dar-lhe roupa alguma para o exercício da arte, e cumpridos que sejam os três primeiros anos lhe deverá abonar a Castro dez pesos correntes cada dia que se fizer função, entendendo-se tais dez pesos nos dias que trabalhar na arte de volatim.[49]

Raúl ressalta que Oláez tinha uma preocupação em sintonizar seus números com os gostos do público local. Martinez, madrileno, bailava, representava em pantomima, era volatim, armava e desarmava o espetáculo, e também ensinava a dançar "o baile da terra", sem dúvida preferido pelas pessoas que rodeavam seu picadeiro, agradando ao público pela originalidade.

Depois não há mais notícias de Oláez em Buenos Aires e em 1802 sabe-se que estava em Santiago do Chile, atuando com êxito, exercendo diversões públicas de maroma e demais habilidades associadas ao exercício de volatim. Como assinala o autor, é importante registrar aqui os primeiros indícios de trocas e incorporações artísticas nos locais onde se estabeleciam, produzindo antigos/novos espetáculos. Além disso, é preciso realçar o fato de que Martinez estava sendo contratado para também ensinar uma pessoa que seria sua parceira na pantomima, o filho do proprietário e os escravos artistas. A maior parte das características observadas na relação do contrato de trabalho entre Oláez, Martinez e Castro, incluindo o papel de mestre, estará presente no modo de organização do espetáculo e do processo de formação dos artistas circenses: homens, mulheres, crianças, livres ou escravos, proprietários ou não, com permanências e transformações, durante o século XIX e até pelo menos a década de 1950. Essa questão estará presente ao longo de todo o livro.

Ao longo do século XIX, registra-se a presença desses grupos de artistas, segundo cruzamento de fontes latino-americanas e brasileiras, e a partir da década de 1810 encontramos companhias que já se denominavam de circo equestre[50]. Esse é o caso da família Southby, que chegou ao Rio de Janeiro vinda de Buenos Aires entre fim de outubro e começo de novembro de 1818: "Há chegado a esta Cidade do Rio de Janeiro, Guilherme Southby, mestre de uma das Companhias de Dançarinos e equilibristas de Cavalinhos."[51] Há registros da atuação da família Southby com números de variedades em feiras londrinas, a exemplo da feira de São Bartholomeu, datados dos anos 1790, e também na Espanha, se apresentando como uma trupe inglesa em 1816 e 1817. Na temporada no Rio de Janeiro em 1818, a trupe de Guilherme William Southby e Maria Southby, sua esposa, executou apresentações semelhantes às da Europa, compostas de dança, música, pirotecnia e exercícios equestres em uma grande arena que havia sido construída no Campo de Santana (atual Praça da República) para a celebração da aclamação de D. João VI e do casamento de D. Pedro I. Segundo Oliveira Lima, citado por Victor A. de Melo e Fábio de Faria Peres, a trupe de artistas era integrada por acrobatas e funâmbulos, "acudindo a população a rir estrepitosamente com os trejeitos dos palhaços, aplaudir os maravilhosos exercícios equestres de Mr. Southby e extasiar-se diante da corda bamba e dos equilíbrios de Mrs. Southby"[52].

Outro exemplo de uma companhia equestre na América Latina no início do século XIX é o Circo Bradley em Buenos Aires em 1820, de propriedade de um cavaleiro inglês do mesmo nome que no ano seguinte se uniria a um compatriota, instalando um "circo olímpico" equestre, onde se apresentava como ginete, palhaço, aramista e *expert* em fogos de artifícios[53]. Segundo Teodoro Klein, esse artista, por ter sido forjado "na escola dos antigos *clowns*, dominava tanto o cômico como o sério em acrobacia e equilíbrios. Sua arte de fazer rir se baseava no gesto e no movimento, além de um vestuário e maquiagem chamativos"[54]. Um dos possíveis integrantes desse circo seria um artista luso-brasileiro, Manuel de Costa Coelho, que se destacava por suas danças e equilíbrios sobre a maroma. Durante o espetáculo, os artistas principais representavam uma cena cômica, *Palhaço o bobo de uma mulher ou As chocarrerías del saco*, que acabava com uma dança que não possuía nem música nem coreografia próprias, tomava as melodias e os bailes conhecidos pelo público para fazer rir através do recurso da paródia. Bradley encerrava o espetáculo com uma das mais frequentes pantomimas equestres do circo de Astley, *O rústico bêbado*.

Apesar de as informações orais indicarem que alguns desses artistas imigrantes se apresentavam, na maior parte das vezes, ao ar livre, em praças ou tablados, as primeiras referências localizadas nas fontes sobre as exibições no Brasil registram também uma apresentação equestre, no fim da década de 1820, do acrobata Manoel Antonio da Silva, na residência de um certo capitão Moreira, "a fim de efetuar ali umas danças sobre um cavalo a galope e pular uns pulos sobre o mesmo, além de outras dificultosas passagens", por ter sido proibido de se apresentar na Casa da Ópera de Porto Alegre[55].

Além desse teatro, em agosto de 1827, o Teatro Imperial de São Pedro de Alcântara[56] anunciava no jornal a apresentação de "M. e Ma. Rhigas", que encenariam uma "peça italiana" e "uma dança", seguidas pela mulher executando um "concerto de piano-forte", depois do qual M. Rhigas faria "diversos exercícios de equilíbrio, de destreza e de força"[57]. Os Rhigas atuaram nos Estados Unidos em meados da década de 1820 e também em 1850, e em 1825 realizaram espetáculos no Lafayette Amphitheatre em Nova York com números de força e acrobacias[58]. Em suas apresentações no Teatro São

Pedro de Alcântara, Mr. Rhigas possivelmente se exibia também cantando e realizando números de malabarismo, pois um colunista do jornal *Gazeta do Brazil* que assinava como Melomano criticou a "cantilena do Sr. Rhigas quando vai lançando pelos ares seus pratos ou suas bolas"[59]. Ao finalizarem a temporada no São Pedro de Alcântara, o sr. Rhigas passou a anunciar que estava disponível para "dar divertimentos em casas particulares, sendo avisado três dias antes", e que a "Madama Rhigas propõe-se a dar durante o tempo que ficar no Rio de Janeiro lições de piano, e convida as Senhoras a aproveitarem-se do seu préstimo"[60].

Esses artistas aparecem alguns meses depois, em fevereiro de 1828, no Teatro Coliseo de Buenos Aires, anunciando sua chegada do Rio de Janeiro, e são mencionados por Teodoro Klein como artistas circenses. Nessa referência, sabe-se um pouco mais do que faziam. O homem, apresentando-se como francês com o nome "Righas Hércules", não era especialista apenas em números de força, como sugeria o nome artístico; era hábil também "como engolidor de espada e destro em jogos de mão com bolas, pratos e adagas. Sua esposa intervinha no programa executando concertos de piano e o elenco teatral completava o sarau com divertidas pequenas peças"[61].

No ano de 1832 tem-se o registro da chegada ao Brasil do circense Giuseppe Chiarini, referenciado como "mestre das Arlequinadas" (posteriormente, em 1869, chegará ao Brasil outro Giuseppe Chiarini, pertencente à mesma família e denominado de "o Franconi da América"[62]). Pode-se, através de uma observação mais detalhada dele, fornecida por distintas fontes, utilizá-lo como uma janela importante para conhecer como se deu o processo de encontro entre os circenses europeus, suas relações com os artistas e as experiências locais, produzindo um espetáculo que, se por um lado deixa clara a preservação de grande parte do modelo europeu de fazer circo, por outro opera mudanças na produção do espetáculo, na sua organização ou na representação dos vários gêneros artísticos, pela incorporação, pela assimilação e pela mistura de novos elementos vivenciados.

Considerada uma das maiores dinastias italianas de circo, segundo Henry Thétard, essa família tem registros datados de 1580, na França, apresentando-se na feira Saint-Laurent como dançadores de corda e mostradores de marionetes; em 1710, o autor localiza-os no Funambules du Boulevard du Temple como mímicos coreográficos; e, em 1779, Francesco Chiarini apresentava paradas de ombro chinesas no Kneschke's Theater de Hamburgo[63].

Os Chiarini - dominando assim diversos ramos das expressões artísticas em feiras, ruas e tablados - tornaram-se, posteriormente, artistas de circo: em 1784 no circo de Astley e, depois da Revolução, foram para Paris trabalhar com Franconi.

Em fins de 1829, os Chiarini já haviam estreado no Teatro Coliseo Provisional de Buenos Aires, depois de uma temporada por Montevidéu, Uruguai, e inauguraram um circo em 1830 no Vaux-Hall ou Parque Argentino, um hotel tipo francês, com salões de baile, um pequeno teatro e um circo com acomodação para 1.500 pessoas, inaugurado no fim da década de 1820, tido como um dos primeiros circos de caráter "estável" da América Latina, no qual atuaram vários grupos circenses[64]. Chamado de teatro-circo, não era coberto e seus espetáculos eram vespertinos. Contemplava uma pista para as provas circenses e um palco para as representações teatrais; o público sentava-se circundando o palco/picadeiro, em estrados e arquibancadas, além de uma área para os espectadores em pé.

José ou Pepe Chiarini, filho de Giuseppe, apresentava-se como "mestre da escola ginástica de agilidade", e sua esposa, Angélique, como bailarina e malabarista na corda bamba, bem como seus filhos, Maria e Evaristo; tinha também na programação pantomimas e os "bailes *criollos*", com alguns "volatins nativos". Como o palco do teatro-circo ainda não havia sido terminado, constava no programa apenas uma breve pantomima, *O boticário enganado*. Já para o repertório anunciado em Montevidéu é possível observar criações mais desenvolvidas, como *O arlequim protegido do mágico ou Os espantos do moleiro*; *O amante industrioso ou A estátua imóvel*; *O amante fingindo cachorro*; *O Arlequim fingindo esqueleto*[65].

Mário Fernando Bolognesi menciona que os artistas Hanlon-Lee, acrobatas e jogadores de icários, que faziam sucesso com a exploração dessas habilidades de maneira cômica, às vezes com humor sinistro, em 1865 aventuraram-se pela pantomima e, a partir de um roteiro de Deburau, criaram entradas denominadas *Arlequim estátua* e *Arlequim esqueleto*. Giuseppe Chiarini, considerado especialista na máscara de arlequim, por isso referendado como "mestre das Arlequinadas", também criou inúmeras produções com esse tema. Esse gênero de pantomimas, conhecido como arlequinadas, consistia em peças curtas que faziam parte das diversas transformações pelas quais havia passado a *commedia dell'arte* e foram, após releituras e ressignificações, adaptadas para o espaço circense por Astley e Franconi, enriquecidas pelas experiências de artistas como os Chiarini.

As pantomimas cujos temas eram baseados no personagem Arlequim adquiriram os mais diversos complementos nos títulos, que eram apresentados pelos circos e pelos grupos teatrais. Mesmo mantendo estrutura e personagens, as histórias variavam numa multiplicidade de enredos, característica comumente encontrada nas representações tanto das ruas quanto de palcos e picadeiros. Teodoro Klein transcreve uma chamada de jornal cubano de 1800, da pantomima *Arlequim esqueleto*, que é interessante para se ter noção de uma das versões em torno desse tema:

> Arlequim, mordomo de Pantaleão, velho tutor de Colombina, intenta roubá-la, auxiliado da mágica de um astrólogo. Pantaleão o surpreende no ato do roubo e o mata, com um tiro de escopeta. Para dissimular esta morte, trata o velho com um cirurgião a fim de que faça uma dissecação do cadáver. Feita esta revive Arlequim, depois de alguns joguetes mágicos sem graça, recobra a vida; casa-se com Colombina e tenha os senhores muitas boas noites.[66]

Nos locais em que se apresentavam, como na América Latina, as montagens dessas arlequinadas foram enriquecidas pela presença de artistas e experiências locais.

A partir de 1832 esses membros da família Chiarini iniciaram uma temporada pelo Brasil, e em julho desse ano estavam com espetáculos no Teatro Constitucional Fluminense, no Rio de Janeiro. Na Corte, estiveram em diferentes momentos até o ano de 1840, quando embarcaram para o Rio Grande do Sul[67], e em 18 de junho de 1834 foi registrada no *Livro de Receita e Despesa da Comarca Municipal de São João d'El-Rey*, Minas Gerais, a entrada de um requerimento de "José Chiarini pedindo licença para um espetáculo de dança no Theatrinho da Vila e pagou $ 400 réis"[68].

Chiarini, assim como outros circos, já utilizava jornais para divulgar seus espetáculos, já que, com a expansão do jornalismo e das atividades publicitárias nas páginas dos periódicos, os anúncios sobre eventos culturais nas cidades, teatro, ópera, concerto e agora circo, tornavam-se cada vez mais presentes e eram referências para uma elite culta e, principalmente, alfabetizada. Em 19 de junho de 1834, por exemplo, aparece no jornal *Astro de Minas* um anúncio de propaganda do espetáculo que ocorreria no domingo, dia 22, às 19 horas, no teatro. No requerimento apresentado à Comarca de São João del Rei, José Chiarini pedia licença para um espetáculo de dança. Já no anúncio, ele se apresentava como "mestre da arte ginástica, e equilibrista e dançarino de corda, com sua família na mesma profissão", detalhando as atividades que seriam realizadas pelos artistas, dando o nome a cada etapa de "ato"[69]. É possível que o texto tenha sido escrito por um secretário, pelo empresário do Theatrinho da Villa que o contratou ou mesmo pelo próprio editor do jornal. Entretanto, seja como for, como diz Regina H. Duarte, "é difícil pensar que não proviriam da expectativa circense quanto ao que deveria ser um anúncio, da adequação das mensagens principais a serem veiculadas e da ressonância dos apelos emitidos"[70].

Vale lembrar que na biografia artística da família Chiarini consta que eles praticavam muitas atividades dos saltimbancos: dança de corda, pantomima, dança acrobática, marionetes, sombras chinesas e, além dessas, quando no circo, acrobacias equestres. A variedade do que se exibia nos espetáculos, com forte mistura de ginástica, teatralização e dança, unindo picadeiro e palco, permitia que se lançasse mão das várias "especialidades", até para o pedido formal de licença.

Com o espetáculo em São João del Rei iniciando-se às 19 horas, deduz-se que já havia iluminação dentro do teatro, provavelmente de lamparinas ou candeeiros, alimentados por óleo, com mecha ou camisas incandescentes. O programa apresentado diferia dos de Buenos Aires e Montevidéu, talvez pela capacidade dos teatros construídos, em particular em Buenos Aires, em contraste com os "theatrinhos", que eram um "mal-ajeitado barracão" feito de madeira. Entretanto, o espetáculo manteve a mesma estrutura, anunciando que o "jovem Chiarini" (José, filho de Giuseppe, "mestre das Arlequinadas"), sobre uma corda estirada, dançaria executando "várias atitudes no meio de sua dança"; a seguir, seu pai faria "conhecer as melhores danças, e provas, que se podem executar", dançando "o solo inglês sobre a dita corda", e saltaria por cima de "16 luzes", além de Madame Chiarini, que dançaria a "Escocezza" e, no "meio de sua dança", executaria várias passagens sobre uma cadeira colocada de diferentes maneiras sobre a corda, a fim de dar o "dificultoso salto mortal para trás". Segundo esse relato, durante todo o tempo o palhaço entreteria o público com suas jocosidades, encerrando essa parte da corda dançando "uma grande marcha do célebre Rozini", jogando duas bandeiras ao compasso da música para depois passar seu corpo dentro de um arco[71].

Os vários movimentos corporais descritos como realizados por esses artistas compunham uma coreografia singular e faziam parte da formação dos saltimbancos; o domínio corporal permitia dar um salto mortal como um movimento rítmico da dança. Nos cartazes que continham desenhos, e posteriormente fotos, as artistas que realizavam os números a cavalo – as *écuyères* – ou no arame estavam sempre retratadas vestidas com saias de *tutu* e sapatilhas de ponta.

O programa dos Chiarini em Minas Gerais ainda anunciava que o casal José e Angélique dançaria o "fandango a estilo Espanhol acompanhando-o com castanholas". O fandango era um nome genérico que englobava muitas danças de difícil precisão, mas que sempre se referem a um bailado popular realizado em qualquer tipo de festa particular, civil, religiosa ou nas ruas, "podendo ser considerado uma dança espanhola de origem árabe, conhecida em Portugal no século XVIII"[72]. Chama a atenção essa dança, e várias outras, nas apresentações circenses e nas produções do teatro, transformando artistas desses espaços em autores e divulgadores dos produtos culturais do período. Isso pode ser constatado pela programação do Teatro Imperial de São Pedro de Alcântara, principalmente nos benefícios, quando se apresentavam pequenas peças - farsas, burletas, dramas ou cenas cômicas ou jocosas -, as "melhores danças em cena" e um baile[73]. No *Jornal do Commercio* do dia 16 de janeiro de 1829, por exemplo, anunciava-se uma companhia italiana após a representação da "nova e engraçada comédia em prosa no idioma francês *Adolpho e Clara ou Os esposos encarcerados*", e que a noite seria arrematada com "um novo baile cômico ornado de elegantes e engraçados dançados, por todas as primeiras partes do baile intitulado *O pai logrado ou A festa campestre*".

Dentre os gêneros representados nos teatros argentinos, Teodoro Klein menciona os "bailes de ação ou pantomímicos", geralmente compostos dos mesmos atores que representavam os dramas e as comédias, ou mesmo os que eram cantores de ópera. Desenvolviam uma breve trama do tipo sainete, peça jocosa em um ato, alinhavando "danças nobres e populares", alcançando, segundo o autor, maior êxito que os "balés neoclássicos - de mímica mais plástica que expressiva"[74].

Bailes e danças também faziam parte do encerramento da programação dos circos nos países de língua espanhola, os quais eram anunciados como "bailes da terra" (uma das principais diversões de todos os segmentos sociais)[75], mas também como bailes pantomímicos, bailes cômicos ou às vezes bailes jocosos. Neles, os elementos da unidade de pista e palco - acrobacias/bailes/dança -, que já faziam parte das experiências dos artistas migrantes, matizavam-se com as experiências de artistas, ritmos e danças locais, inclusive de escravos e libertos. O palco teatral (e também o picadeiro/palco circense) não poderia ficar alheio ao gosto do público. O baile era formado em parte por sainetes hispânicos e *criollos*, mas com significativas diferenças, como aponta Klein: "as exigências do palco obrigavam a uma acentuação de sua espetacularidade para brilhar virtuosismos e novas figuras, como também a destacar a intenção picaresca no galanteio amoroso ou a imitação paródica de certos clichês dançantes para criar comicidade". Fazia parte também dos programas de bailes, como número especial, o lundu, que Teodoro Klein define como de origem afro-brasileira. Ficou conhecido em Buenos Aires num espetáculo em benefício de uma casa de crianças abandonadas, em 1821, para o qual se anunciava que, logo após a "comédia nova *O amor e a intriga* de Schiller", seria apresentada uma "graciosa invenção o Hondum Brasileiro, que o compositor nomeia *Pela Boca Morre o Peixe*"[76].

Os intercâmbios e as trocas entre os ritmos e os estilos de músicas e danças, com permanências, incorporações e transformações, estavam presentes nos vários espaços urbanos. Eram tocados e dançados em festas particulares, festas religiosas e lugares públicos, de onde ficavam conhecidos os dobrados, as quadrilhas e os fandangos[77]. Tendo em vista o que se mostrou de algumas das produções artísticas do período, os circenses também haviam transformado o circo num espaço de produção e divulgação desses ritmos; assim, não é de estranhar que, quando Chiarini veio ao Brasil, com as pantomimas, arlequinadas e bailes *criollos*, fizesse parte da programação o casal dançando também um "*pas de deux de carácter*", o "fandango a estilo espanhol acompanhando-o com castanholas", assim como no fim do espetáculo se apresentassem as mesmas pantomimas e arlequinadas, como *O boticário enganado*, *O amante fingindo estátua* e *Doutor burlado*, gênero que os grupos de teatro amadores brasileiros, em particular nas cidades que tinham os "teatrinhos", frequentemente apresentavam[78].

Outro exemplo de que a todo momento diversificados ritmos musicais eram tocados e dançados pelos circenses, em uma incorporação permanente, é dado pelo Circo Olímpico Francês, da família Fouraux, que, em 1852, no Rio de Janeiro, apresentou uma "polca brasileira" sobre a corda e a "cena cômica e muito divertida" em que se dançou o "Lundu brasileiro" sobre pernas de pau pelos artistas "Srs. Joanny Fouraux, Henrique Geltzer e os dois pequenos gêmeos"[79].

Vários outros circos europeus chegaram no período, mantendo a mesma base de produção e organização do espetáculo, mas também introduzindo, assimilando e incorporando aos poucos os artistas locais. Um que chama a atenção é o circo de Alexandre Lowande (também registrado como "Luande", "Loande", "Lauande" e "Luand"), por ter trazido a apresentação equestre circense e por mostrar a presença de artistas brasileiros nas companhias estrangeiras ao ter se casado com Guilhermina, considerada no período a primeira cavaleira brasileira.

Em 1842, também na cidade de São João del Rei, encontrou-se a primeira referência a um circo equestre de propriedade do "ator Alexandre Luand"[80]. Em um espetáculo em benefício dele, divulgou-se que o beneficiado, "para satisfazer ao peditório" de algumas pessoas da cidade, executaria uma "Alemandra em dois cavalos com sua esposa Guilhermina Barbosa"[81].

Lowande teria sido um dos primeiros proprietários de origem norte-americana que chegaram ao Brasil, onde se casou com Guilhermina, "natural de Goiás", considerada a "primeira de sua nação que se dá ao perigoso exercício desta arte [a equitação]"[82]. Do matrimônio de Lowande e Guilhermina nasceu uma filha, Alice Guilhermina, que teria se casado com o poeta brasileiro Fagundes Varella[83].

Segundo Cárdenas (2010), os Lowande formavam uma das famílias mais prolíficas que se dedicaram às acrobacias equestres nos Estados Unidos e se expandiram ao longo da segunda metade do século XIX e princípios do XX, criando e aperfeiçoando números equestres. A família formava parte das maiores e mais reconhecidas trupes equestres, trabalhando por nações de todo o continente americano por mais de sete décadas. Um dos iniciadores dessa dinastia foi Alexandre Lowande (também mencionado como Alexander), que viajou por muitos anos através do Brasil com sua própria companhia, razão pela qual nasceram diversos membros da família no país[84].

Essas informações permitem supor que o circo de Lowande já perambulava por terras brasileiras antes mesmo de 1842, que já havia brasileiros nativos trabalhando como artistas em circos e que, mais do que uma sociedade profissional, migrantes e brasileiros já trabalhavam juntos, ligando-se pelo casamento.

O jornal *A Ordem* registrou que o circo de Lowande havia sido armado, portanto não se apresentou em praça pública nem no "Theatrinho da Villa", como Chiarini, "mestre das Arlequinadas". Provavelmente armou uma tenda ou mesmo um barracão de madeira ou pau a pique. O jornal mineiro não acrescentou mais informações. Pelo livro de Teodoro Klein, que fala especificamente dos "cirqueiros brasileiros", sabe-se que na década de 1850 do Rio Grande do Sul chegava a Montevidéu uma companhia equestre de "36 pessoas e 20 cavalos", dirigida por "Alejandro Luande", que levantou seu "Teatro Hipódromo"[85]. O nome "hipódromo" faz referência ao período dos circos romanos. A estrutura que começa a ser construída no início do século XIX, na Europa, se assemelhava ao hipódromo, que possuía uma pista oval mas teria acrescentada a ele também uma pista circular. Nos hipódromos parisienses do período, conciliaram ambas as pistas: as circulares eram indispensáveis aos cavaleiros acrobatas e mais favoráveis aos cavaleiros saltadores, valorizavam o trabalho artístico individual de todos os acrobatas e permitiam aos *clowns-parleurs* se comunicar com o público. A pista oval, ao contrário, destinava-se às grandes paradas, aos espetáculos de conjunto, que valiam sobretudo pelo grandioso da apresentação. De fato, em fevereiro de 1857, em Porto Alegre foi construído um "barracão para cavalinhos" e, em maio, o circo de Lowande, agora denominado O Grande Circo Olímpico, estreava no local[86].

Athos Damasceno não descreve como era esse "barracão para cavalinhos", mas pode-se supor que fosse rodeado de madeira com pista circular e um pequeno tablado com uma cobertura de lona. O autor apenas localiza a parte da cidade em que estava situado e que não podia ser pior: "Baixo, alagadiço e fedorento, prestar-se-ia para tudo, menos para um centro de diversões." Apesar disso, o toldo foi muito útil, pois o Teatro D. Pedro II estava em péssimas condições, tanto em relação aos grupos que nele se apresentavam quanto ao perigo de desabamento. Chamado de "corcunda, gaiola, galpão, trapizonga", o teatro era de "construção tão ordinária que, além da falta de conforto, não oferecia a menor segurança aos seus frequentadores"[87]. A despeito dos maus cheiros do lugar, o espetáculo oferecido pelo Circo Olímpico parece ter sido um sucesso de público, permitindo inclusive aos que se exibiam no "corcunda" entrar em férias. A programação era composta de provas de equitação, equilibrismo, acrobacia e malabarismo. Embora o autor não mencione, faziam parte das atividades de Lowande as pantomimas, arlequinadas, como *O arlequim esqueleto*, e pequenas cenas cômicas. Talvez por isso, no espetáculo de benefício a seu favor, em Minas Gerais, Lowande tenha sido apresentado como ator.

A novidade dessas expressões artísticas reunidas em um só espetáculo já se mostrava como presença marcante no cotidiano das cidades brasileiras. Rapidamente, os estalos dos chicotes dos circos de cavalinhos estavam nas ruas dos pequenos lugarejos, nos teatros das cidades e, principalmente, na maioria das festas locais. A introdução de todo um mundo gestual, dos desafios dos corpos, da habilidade com os cavalos, da representação cênica, da dança, da música e do riso vai, aos poucos, fazendo-se conhecer pelo público nos lugares nos quais não chegava nenhum outro grupo artístico. Um novo linguajar também passa a fazer parte do vocabulário: equestre, equilíbrio, corda bamba, palhaço, acrobata, salto mortal.

Os circos de cavalinhos estariam presentes, a partir da segunda metade do século XIX, na maior parte das cidades brasileiras, tornando-se, em alguns casos, a única diversão da população local.

## UM ESPETÁCULO CADA VEZ MAIS DIVERSIFICADO

O circo estava presente nas várias festividades do período, procurando sempre estabelecer um roteiro que coincidisse com as festas. Martha Abreu, ao analisar a Festa do Divino na cidade do Rio de Janeiro, no período de 1830 a 1900, fornece importantes informações sobre a presença circense no evento. Quando aborda o tema das solicitações de autorização para se armarem barracas no campo da Aclamação (posteriormente campo de Santana), para a Festa do Divino nas festas da coroação de D. Pedro II, em 1841, encontra um pedido de João Bernabó, que "anunciava exercícios equestres, dança de corda tesa, jogos chineses e até uma pantomima jocosa, intitulada *O amante protegido pelo mágico*"[88]. Em propaganda publicada no *Jornal do Commercio*, ele acrescentava que apresentaria uma "companhia de teatro, ginástica e equestre em um anfiteatro". Pela descrição, observa-se a mistura de ginástica e teatro, que estava presente nos grupos que migraram para a América Latina. A referência a um anfiteatro (localizado no campo de São Cristóvão) sugere um espaço que, provavelmente, era constituído de edifícios usados para vários tipos de apresentação artística - teatros, concertos, palestras. Construção circular ou oval, ao ar livre ou não, no seu interior dispunha de degraus usados como assento, em torno de um palco que deveria ter junto a ele uma arena, o que faz lembrar os anfiteatros europeus, também construídos para circos, em particular o Amphitheater of Arts, de Astley, e posteriormente o de Hughes.

Os diversos circos que já realizavam turnês pelo Rio de Janeiro, no início do século XIX, passando principalmente por cidades como Buenos Aires e Montevidéu, frequentemente armavam seus anfiteatros ou barracas ao lado das habituais barracas de comidas, bebidas e bailes das festas religiosas e patrióticas desses países[89]. Entretanto, como já se viu, os registros dos artistas vão de fato começar a aparecer nos anos 1820. Talvez por isso a autora afirme que vários divertimentos estavam invadindo a cidade em diversos outros locais e períodos do ano. As apresentações dos circos de cavalinhos ocorriam não só num espaço identificado como tal, pois vários outros artistas não vistos como circenses trabalhavam em palcos e tablados diversos, utilizando-se do que se poderia conceituar de um linguajar circense.

Entre as várias barracas que se apresentavam na Festa do Divino, em 1846, o viajante Thomas Ewbank destacou uma que se "denominava 'teatro de bom-gosto', onde se apresentavam também artistas italianos e franceses e muitas outras atrações: 'o famoso cão do norte' [...] mágicas [...], acrobacias, elevação de pesos e estátuas vivas", além das atividades teatrais[90]. A programação dessa barraca continha as mesmas atividades que as companhias circenses apresentavam, apesar de não fazer referência a circo. Acontece que, durante todo o século xix, os limites entre os espaços e as atividades artísticas não eram tão definidos. Muitas apresentações nos teatros, que se queria fossem de elite, ou naqueles que apresentavam os gêneros de *music hall*, os cafés-concertos e os cabarés, eram espetáculos de variedades que continham números já identificados como circenses propriamente ditos. Vale lembrar que muitos artistas europeus que fizeram parte da formação do circo trabalhavam nos diversos teatros das principais cidades da Europa e, mesmo depois que se consolidou o espetáculo circense, o intercâmbio permaneceu. Na prática, artistas das várias áreas ocupavam os mesmos espaços e atraíam o mesmo público; não havia como negar a contemporaneidade entre o espetáculo circense e as outras produções artísticas, em particular as teatrais e as musicais, e o quanto o linguajar e a prática circenses estavam presentes nas atividades de outros artistas "não circenses". O próprio Joaquim Duarte Teles, dono da Barraca das Três Cidras do Amor, na Festa do Divino, em 1851, apresentava-se como um fazedor de mágicas, "engolindo fogo e espadas e representando comédias". O anúncio publicado no jornal dizia que a companhia estava bem ensaiada "nos seus trabalhos ginásticos, música e lindos dramas ornados de cantoria e sobretudo o interessante teatrinho de bonecos, com cenas jocosas e honestas"[91].

Embora a maioria de artistas e diretores das companhias, naquele período, fosse composta de estrangeiros, como se viu até aqui, pode-se afirmar que a presença de brasileiros que se incorporaram aos circos já era bem marcante. Aliás, na própria companhia dirigida pelo sr. Bernabó, em um benefício anunciado no anfiteatro do campo de São Cristóvão promovido por F. G. Maigre Restier, constava no programa um artista identificado como "Hércules Brasileiro". Não é demais supor que essa companhia tivesse artistas brasileiros brancos e negros trabalhando em seus espetáculos. Desde o início do século xix, sabe-se que alguns diretores e artistas de circo compravam ou alugavam negros e mulatos escravos, que faziam parte do quadro dos artistas da companhia. Nesse sentido, esse espetáculo de benefício, que seria realizado pela companhia com a presença de um brasileiro e tinha a intenção de arrecadar fundos para a liberdade de um escravo, pode ser visto como resultado da interação dos circenses estrangeiros, como Martha Abreu sugere, com a cidade, suas diversões, crenças e lutas. Havia, assim, uma influência mútua dos próprios "brasileiros", que, com suas diversas crenças, lutas e cores, já faziam parte da rotina do picadeiro havia algum tempo.

O espetáculo promovido pelo mesmo F. G. Maigre Restier, no Anfiteatro, e desempenhado pela companhia ginástica e equestre de Bernabó, tinha como objetivo reverter a renda em benefício da "liberdade de Florentino, homem de cor, escravo do capitão J. M. de Menezes". Com um programa repleto de exercícios equestres, forças musculares, "cena do cossaco guerreiro", gladiadores, volteios aéreos pelo palhaço "procedidos de algumas passagens jocosas", o "infeliz" beneficiado, "cuja liberdade" dependia "da proteção do Público", agradecia, esperando que fosse o dia "de sua felicidade", não perdendo a ocasião de "louvar a generosidade de tantas pessoas distintas, que por ele se interessaram, compadecidas de sua infeliz sorte"[92]. Talvez, para o público da época, deparar-se com um espetáculo feito para livrar um escravo da "'atrasada' instituição que começava a ser duramente condenada nos principais centros da civilização europeia", sendo realizado por essa mistura de estrangeiros e brasileiros livres e escravos, em um picadeiro circense (porque em outros espaços isso já ocorria com certa frequência) não fosse totalmente novo.

A contemporaneidade do espetáculo circense não se dava apenas com relação à questão artística, mas também com relação aos temas presentes no cotidiano social do país e de homens e mulheres que o vivenciavam. O intercâmbio com o espetáculo teatral e os ritmos permitia que Joaquim Teles, em sua Barraca das Três Cidras do Amor, realizasse a variedade que os próprios circenses já apresentavam no picadeiro, assim como nas salas dos teatros de *music halls* e de *vaudevilles*, que também misturavam a música, a dança, o circo e os sainetes cômicos.

Os locais de exibição, o espetáculo e os artistas se misturavam a ponto de um circo de origem francesa, o Hénault, quando de sua estreia no Teatro de San Felipe y Santiago de Montevidéu, em 1856, advertir ao "ilustrado público da culta capital" que as funções eram "um tanto diferentes" das exibidas nos circos com que o público estava acostumado. Está claro que se tratava de um recurso de propaganda, tendo em vista que a cidade já havia recebido várias outras companhias equestres em seus teatros desde o início do século XIX. Entretanto, chama a atenção na advertência, mesmo considerando a utilização de recursos propagandísticos, que as funções eram diferentes pois as tinham acertado "conforme às já executadas 'nos teatros do Brasil, Chile e Buenos Aires'"[93].

Apesar dos problemas que essa mistura de artistas e gêneros provocava na época entre intelectuais e letrados, era sucesso total de público. E se dava tanto nos palcos pensados para serem usados por artistas de "gabarito" e para públicos "civilizados" quanto nos palcos nos quais as apresentações não eram consideradas tão "honestas", como o caso do Café-Concerto Alcazar Lírico, que foi inaugurado no fim da década de 1850 pelo empresário francês Monsieur Arnaud, em cujos espetáculos o público, na grande maioria homens, encontrava desde "números de orquestras, representações de paródias, bailados, operetas e números de cantos, até pequenas representações de ginástica, interpretados por um belo elenco de atrizes francesas" a um preço único de 1$000 réis, "com direito a fumar e beber cerveja durante as representações"[94].

Não é de estranhar que vários artistas identificados por uma parte da bibliografia apenas como atores e autores teatrais acabavam por realizar uma multiplicidade de atuações nos palcos de então, como foi o caso, entre muitos do período, de Francisco Correa Vasques, que teria sido "um destes atores que conheceu intimamente a arte de comunicar-se com o público". Iniciando a carreira na companhia de João Caetano, apesar de não haver referência direta sobre sua participação em companhias circenses, a descrição de suas atividades artísticas, assim como de Teles e outros, acaba por confirmar que havia um convívio e intercâmbio entre artistas, palcos e gêneros. Como analisa Silvia Cristina Martins de Souza, Vasques teria herdado uma dupla tradição dos seus tempos do Teles, "a de representar para um público heterogêneo, e a de estar preparado para atuar em diferentes gêneros", pois fazia "desde peças de Martins Pena até cantorias, mágicas, imitações, números de ginástica, dançados e teatrinho de bonecos". A presença (ou influência?) circense nas suas atividades não pressupunha só saber fazer exercícios acrobáticos, engolir espadas ou comer fogo (o que já não era pouco), mas também a forma de combinar e unir tudo isso em espetáculos capazes de atender a "plebe e a burguesia, o escravo e a família, o aristocrata e o homem de letras"[95]. Os circenses, no seu nomadismo, ocupavam, então, diversos espaços, desde praças até variados palcos teatrais - público heterogêneo que frequentava a Festa do Divino na cidade do Rio de Janeiro e na maioria das cidades visitadas pelos circos.

### "CAMPO DA ACLAMAÇÃO POPULAR"

Como aumentava o número de companhias circenses (estrangeiras ou não) pelo Brasil, à semelhança da Europa, em todos os locais em que o circo se apresentava causava também polêmicas, estimulando debates sobre a mudança de composição do público, além de chamar a atenção para a ausência de pretensões artísticas da população que frequentava os teatros. Em 1862,

4. Charge publicada em 1876 que retrata o esvaziamento do teatro em face do sucesso de público do Circo Chiarini, de Giuseppe Chiarini, conhecido como o "Franconi da América".

a presença de uma companhia circense no Rio de Janeiro, o Circo Grande Oceano[96] – que contou com um número expressivo de público, inclusive com a presença do Imperador e da Imperatriz (ou como se escrevia na época s.s.m.m.i.i.) pelo menos duas vezes –, revelou a importância do circo no circuito cultural. Os diretores da companhia, Spaulding e Rodgers, recém--chegados dos Estados Unidos em um navio próprio, comprado exclusivamente para suas turnês, tornaram-se conhecidos tanto por transportarem seu circo por via fluvial e, depois, por terem inaugurado o transporte do circo por via férrea, em 1856, nesse país, quanto por o primeiro ter inventado, por volta de 1850, os "*quaderpoles ou mâts de corniche*", que no Brasil se chama de mastaréu – mastros colocados de forma oblíqua sustentando o tecido da tenda, auxiliando e aliviando o mastro central[97]. Esse invento permitiu que os circos ampliassem de um para dois o número de mastros, para logo em seguida chegarem até oito, podendo estes últimos conter de 10 a 15 mil espectadores. A partir desse caso, é possível entender por que os espetáculos circenses começavam a aparecer em jornais e revistas, não apenas nas páginas dedicadas às propagandas, mas também nos espaços destinados às críticas. O empreendimento havia crescido.

Para o cronista do *Correio Mercantil*, a curiosidade "excitada pelas promessas e anúncios foi plenamente satisfeita", agradando a cerca de 2.500 pessoas que se aglomeraram para assistir à estreia, o que teria deixado os teatros "em dieta rigorosa"[98], explicitando que a convivência e a disputa pelo público entre os diversos tipos de espetáculo, especialmente teatro e circo, estavam se acirrando, acrescentando-se que o circo de fato estava se tornando uma opção a mais de trabalho para vários artistas do período nas diversas regiões do país.

A esse debate acrescentou-se – além do fato de o público estar dando preferência aos espetáculos circenses, esvaziando as salas teatrais – um grave problema que era a "invasão" dos circos nos palcos, tanto pelas companhias propriamente ditas quanto por atores e autores do teatro, que estariam representando e escrevendo aos moldes de tal gênero artístico.

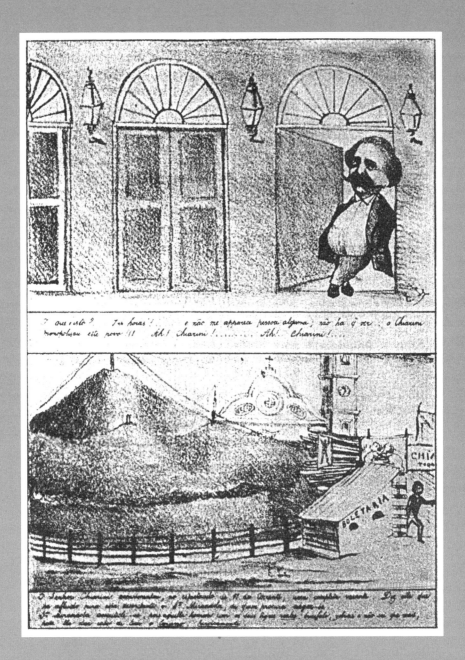

Assim, não é por acaso que Vasques, trabalhando no Teatro Ginásio Dramático, tornou-se mestre em cenas cômicas, que, como já se viu, também faziam parte da estrutura do espetáculo circense, fartamente representadas com vários nomes, recebendo críticas, algumas favoráveis e outras dizendo que os atores daquele teatro estavam se "esmerando para virar saltimbancos parodiadores insuportáveis". E isso era um problema, pois o teatro, que se pretendia "o reduto da dramaturgia 'séria' da Corte e o lugar de onde poderia surgir um teatro nacional", estava sendo "invadido" por gêneros e artistas "menores", não só teatrais, como "prestidigitadores, mágicos e imitadores, ainda que nessas ocasiões a imprensa se apressasse em afirmar que tais espetáculos eram superiores aos similares apresentados nos outros teatros, já que seus protagonistas vinham diretamente da Europa"[99].

Vasques escreveu, três meses depois da estreia daquele circo, uma cena cômica intitulada *Viva o Grande Circo Oceano!* e, quando o circo deixou a cidade, encenou *Adeus Grande Circo Oceano*, no Teatro Ginásio Dramático, lançando mão de um velho conhecido das pantomimas e das arlequinadas circenses e de alguns teatros, a figura dramática de Pantaleão, além de recursos cênicos, música, jogos de palavras, linguagem burlesca e chistosa, acrobacias, mágicas, que se assemelhavam às apresentações circenses, em particular às representações cênicas que tinham no palhaço sua principal referência. Ao ser acusado de ter escolhido o circo como fonte de inspiração por sua popularidade, afirmava que esta se dava porque o circo se mostrava como uma novidade e porque havia uma "má qualidade dos espetáculos teatrais que estavam em cartaz na ocasião"[100].

Naquele mesmo ano de 1862, João Caetano, aderindo totalmente ao discurso de que o circo, como "diversão descomprometida e sem caráter educativo, afastava as pessoas dos teatros"[101], dirigiu uma carta ao marquês de Olinda, apresentando sugestões para a "'regeneração' de um teatro nacional considerado em franca decadência", indicando a necessidade de "resguardar o teatro dramático de companhias volantes, de espetáculos de animais ferozes ou domesticados, não podendo estas companhias trabalhar nos dias de teatro nacional"[102], além de solicitar que fossem obrigadas a pagar um imposto caso fizessem "por onde queira que transite o espetáculo"[103]. O ator finalizava afirmando que tais medidas já estavam ocorrendo na França e na Inglaterra, o que o tornou conhecedor do debate do fim do século XVIII e início do XIX, na Europa, em particular na França, do perigo que representavam a "violação" dos palcos teatrais pelos circenses e o formato de seus espetáculos, a rivalidade entre trupes de comediantes e grupos de artistas de pista, provocando uma inquietude diante do que se considerou um "concorrente terrível".

Entretanto, se as medidas na Europa não impediram que os circenses, mesmo sofrendo constantes proibições, continuassem produzindo um espetáculo que continha fala, música e instrumentos musicais, na América Latina, em particular no Brasil, nenhum tipo de legislação chegou a ser produzido. O máximo que João Caetano sugeriu foi que os circos não trabalhassem nos dias de "teatro nacional".

Os circenses não desconheciam esses debates sobre a preferência do público pelos picadeiros. A partir de 1869, com a vinda ao Rio de Janeiro de outro membro da família Chiarini também chamado Giuseppe Chiarini, mas conhecido como o "Franconi da América"[104], pode-se observar uma mudança na forma de utilizar a imprensa como veículo de diálogo com esses debates, sem perder, no entanto, sua intenção explícita de propaganda.

———

Num formato de cartaz um pouco mais elaborado que a maioria dos criados pelos circos até então, Giuseppe Chiarini, ou quem quer que o tenha produzido, utilizava recursos que criavam, no "provável espectador, a sensação da variedade", comprometendo-se com a diversidade[105], como dizia uma estrofe publicada em um de seus cartazes:

O núcleo da boa sociedade do Império
A reunião das mais formosas mortais da capital
A fonte de notícias para periodistas ou jornalistas
A surgente de veleidades mundanas
O depósito da hilaridade
O armazém de notáveis artistas
O congresso de variedades[106]

Além disso, utilizou recursos textuais de propaganda com bom humor e sabendo aproveitar o cotidiano da cidade e suas mazelas, como a epidemia de febre amarela do verão de 1875-76[107]. Os jornais teciam críticas severas à municipalidade e ao governo, responsáveis "pelas péssimas condições higiênicas", e à "classe" médica que, no dizer do cronista, *coletivamente*, nada, absolutamente nada" tinha feito "para adiantar um passo, um só, ao que há muito se sabia"[108]. Lançando mão do calor desses acontecimentos e do discurso dos higienistas

5. Giuseppe Chiarini, 1876.

do período com relação aos problemas vividos pela cidade, quando o ambiente urbano, o calor e a umidade eram tidos como características importantes do ponto de vista das considerações de morbidade[109], e afirmando ser "o centro da sociedade mais fascinadora da Corte, seu polo positivo", o Circo Chiarini publicou um cartaz de propaganda no formato de bula de remédio, sugerindo ser o medicamento, mesmo que paliativo, para aquele mal:

O Circo Chiarini é o lugar mais fresco da corte.

O Circo Chiarini é a concentração da mais brilhante sociedade da cidade.

O Circo Chiarini é o antídoto para todas as doenças epidêmicas. Poderoso contra o flagelo atual.

O Circo Chiarini é o lugar mais higiênico da época onde há um espetáculo altamente interessante para todas as classes da comunidade.

O Circo Chiarini recomenda-se a todas as crianças da capital para que em união de seus pais e mães venham admirar os lindos meninos e meninas que formam parte desta companhia, que são verdadeiros portentos na arte da educação física.

30 minutos de divertimento no Circo Chiarini equivale por 30 meses de boa saúde!

O circo é por excelência o mais barato espetáculo pois está ao nível de todos os bolsos.[110]

E, quem sabe, para aqueles que diziam que circo não tinha função educativa, ou antes, tinha um descompromisso com valores morais, respondia de maneira bem-humorada afirmando que: "O povo quer pão e divertimento. O pão acha-se na padaria. O divertimento no Circo Chiarini"[111], reforçando que o compromisso do espetáculo circense seria com outro tipo de resultado esperado, ou seja, considerava que o espaço era de um "delicioso pagode, aonde toda a boa sociedade da Metrópole vai para neutralizar o recreativo com os gozos sociais"[112]. Assim, além de se autonomear "campo da aclamação popular" e "fonte de saúde produzida de uma diversão inocente e variada, com animais raros associados com cenas cômicas", enumera vantagens que as pessoas ganhavam indo ao circo:

Uns 25% na aparência pessoal e prolonga a vida;

As crianças aprendem mais, observando os surpreendentes trabalhos de todos os artistas, e o incrível grau de perfeição física dos extraordinários meninos e meninas da companhia, como também estudam os famosos animais ali apresentados, de todas as raças;

As moças tornam-se mais encantadoras e ganham mais pretendentes;

Os homens tornam-se menos belicosos e ganham mais amigos;

As velhas perdem as rugas e ganham os dentes;

Os magros ganham carne, e os gordos diminuem do corporal.[113]

Como se procurou mostrar, a empresa de Giuseppe Chiarini, o "Franconi da América", não era apenas mais um circo europeu em solo brasileiro. Os intercâmbios e as assimilações tinham constituído um circo que, mesmo mantendo a base de organização conformada na Europa, criou novas situações para o espetáculo, com o diálogo que fez com as experiências locais, incorporando vários artistas brasileiros. Como tal, foi lugar de encontro e formação de muitos artistas e famílias circenses que por aqui foram se "fixando".

## TEATRALIDADE CIRCENSE NO BRASIL

Se Chiarini trouxe inovações importantes, outros grupos no mesmo período produziram um variado espetáculo continuador do que faziam antes de migrarem, porém se destacaram em um aspecto significativo para as mudanças ocorridas no fim do século XIX, no campo da teatralidade circense.

Independentemente do lugar onde se apresentavam, o que se observa é que, com a permanência de alguns circos ou algumas famílias no território brasileiro, mesmo continuando com turnês em países da América Latina, a produção do espetáculo vai se tornando cada vez mais "ousada", particularmente em suas montagens de representações. No início de 1875, estreava em Porto Alegre o circo da família Casali, que havia vindo da Europa para o Brasil, mais especificamente Pernambuco, no início de 1870[114]. Devido às várias associações que essa família realizou com companhias argentinas, os historiadores desse país tendem a descrevê-la como uma família de acrobatas "assimilados às modalidades do circo *criollo*"[115]; no entanto, parte dos Casali também se fixou no Brasil. Em agosto de 1875, o circo estava armado na Corte na rua do Espírito Santo e no mês seguinte mudava-se para São Cristóvão; o público tinha a garantia de que haveria bonde, da Companhia

S. Cristóvão, à hora que terminasse a seção, ainda que chovesse, lá permanecendo até um mês antes da estreia de Chiarini na cidade[116].

Em ambas as cidades[117], além dos ginastas, bailarinos, equilibristas, bailarinas mímicas, malabaristas, o maior chamariz dos espetáculos eram as montagens das "portentosas pantomimas históricas", como *Fra Diávolo* ou *Os salteadores da Calábria*, na qual tomavam parte cerca de 60 figurantes – o número de participantes variava dependendo da companhia e da capacidade de impressionar nas propagandas, indo de 20, às vezes, até perto de 100[118]. Não há menção de quem seria o autor de tal pantomima, possivelmente baseada na opereta *Fra Diávolo*, do compositor francês Daniel François Esprit Auber, com libreto de Eugène Scribe, encenada tanto como peça cantada e falada quanto como pantomima em vários teatros brasileiros no período[119]. Teodoro Klein informa que as tramas das anunciadas "grandes e espetaculosas ações mímicas" se aproximavam cada vez mais, na década de 1870, dos folhetins melodramáticos e do herói-bandido, tornando-se populares nos circos, "entre outras, *Os bandidos de Serra Morena* e *Os brigantes da Calábria*". Este último constava de "dois atos e três quadros, com 'bailes, marchas, jogos de armas, e combates de infantaria e cavalaria, terminando com o terrível salto a cavalo da ponte quebrada"[120], como na descrição feita em um dos cartazes do Circo Casali no Rio de Janeiro, que dizia que haveria

> grandes combates entre a tropa e salteadores, finalizando-se com o grande duelo de espada, entre a condessa de Forjas e o chefe Fra Diávolo do que resulta a morte deste chefe de bandidos, sendo este último quadro iluminado à luz de bengala.[121]

Variações sobre o mesmo tema, ou seja, combates entre tropas e quadrilhas de bandidos, vão ser a tônica da maior parte das representações de circo, nesse momento.

Aproveitando não só temas dos folhetins, mas também tendo um senso de "oportunidade", montavam pantomimas com questões importantes para a localidade onde estavam; por exemplo, em comemoração ao Sete de Setembro, os Casali produziram *O defensor da bandeira brasileira no alto Paraguai ou Os dois irmãos feridos*, executada "pelo diretor e vários artistas da companhia"; o enredo, já conhecido, era "combate dos dois oficiais brasileiros com uma emboscada paraguaia, tendo os ditos oficiais obtido o triunfo"[122]. Mas não só os temas próprios da localidade eram assimilados, como também os artistas locais. Em quase todos os espetáculos,

6. Os Casali, 1875.

em particular os de benefícios, a música nos intervalos era tocada pelo I Batalhão de Infantaria, o que provavelmente esquentava as emoções das lutas de mocinhos e bandidos.

As experiências anteriores e o modo como os circenses estabeleciam suas relações de trabalho, espaços empresariais e incorporações culturais foram consolidando a iniciativa de construir lugares fixos que permitiam apresentações teatrais e ginásticas. Dentre os que foram construídos naquele período para servir também de circo de cavalinhos, chama a atenção a construção do Circo Olímpico da rua da Guarda Velha[123] que, depois de reformado, em 1871, recebeu o nome de Teatro D. Pedro II, em 1875, Teatro Imperial D. Pedro II e, após a Proclamação da República, passou a ser denominado de Teatro Lírico. Em seu interior, continha um palco projetado para mover-se, descobrindo um picadeiro[124], o que garantia a ele uma ótima acústica, pois, quando o picadeiro estava recoberto por tábuas, elas vibravam gerando a ampliação do som, garantindo a esse espaço a alcunha de "teatro caixa de violino", segundo Francisco Vieira[125].

Visto como um "edifício feio, acaçapado, sem beleza arquitetônica" no artigo de Max Fleiuss de 1955[126], ao contrário da descrição de um diplomata francês da época que afirmava ser "o melhor equipado e o mais rico" da Corte[127], externamente era um "sobradinho medíocre", entretanto internamente era "o mais vasto dos nossos teatros"[128]. Apresentava duas ordens de camarotes, uma galeria superior, uma varanda em torno da plateia, duas tribunas para a família imperial e seis camarotes no arco do proscênio, além de possuir "uma rampa por onde entravam animais de grande porte, jaulas e carruagens"[129]. Conforme indica Ângelo Lazary, desde sua fundação o Circo Olímpico da Guarda Velha possibilitou a vários artistas que produziam cenários (ainda não havia a denominação de cenógrafo) a oportunidade de exercitarem suas atividades e seus salões de pintura eram procurados e disputados.

Com essas características, seu projeto arquitetônico nos remete aos modelos dos teatros fixos construídos por Hughes e Astley, e aos já em funcionamento, desde as décadas de 1810-20 em Buenos Aires, que, combinando palco e picadeiro, permitiam a apresentação de cavalos, animais ferozes, acrobatas, saltadores e pantomimas.

7. Circo Olímpico da rua da Guarda Velha de propriedade do artista e empresário Bartholomeu Corrêa da Silva.

A construção e a direção do Circo Olímpico da rua da Guarda Velha foram realizadas pelo artista e empresário Bartholomeu Corrêa da Silva, que nasceu no arquipélago de Açores (pertencente politicamente a Portugal) e foi aprendiz de ginástica, trapézio e equilibrismo na Grande Escola de São Francisco. Segundo Vieira, com 14 anos de idade Bartholomeu já havia trabalhado como artista equestre em alguns circos europeus e decidiu partir para o Brasil para trabalhar no comércio, mas logo passou a dirigir uma companhia de artistas circenses[130]. Depois de excursionar com sua companhia por Niterói e várias localidades da Corte, Bartholomeu se instalou na rua da Guarda Velha aproximadamente em 1858 e começou a edificação de seu circo estável, que em plena atividade recebeu grupos teatrais e dezenas de outras companhias circenses, a exemplo do Circo Chiarini em 1869 e da Cia. Equestre do diretor e artista Luiz Ducci em 1890, até o ano de 1934, quando foi demolido com a denominação de Teatro Lírico[131].

Vale mencionar que o tipo de espetáculo produzido a partir do fim do século XVIII, que teria tido como "modelo" o circo olímpico romano, fez com que "olímpico" passasse de adjetivo para substantivar o nome de vários circos, sendo o primeiro de que se tem registro o de Franconi, que, a partir de 1805, passou a se chamar Cirque Olympique, o que indica também ter acontecido com o espaço da Guarda Velha.

Em 10 de junho de 1876 estreava no Circo Olímpico da Guarda Velha, já com a denominação de Teatro Imperial D. Pedro II, a Companhia de Fenômenos, dirigida pelo sr. Schuman, que, vinda de uma excursão no México, passando possivelmente por Argentina e Uruguai, apresentava engolidores de facas e baionetas, harpista, malabarista, tocador de rabeca que, não possuindo os braços, tocava-a com os pés, trapézio a grande altura do tablado, prestidigitadores e, para terminar os espetáculos, toda a companhia apresentava uma pantomima[132].

Esses espetáculos diversificados, que às vezes eram também anunciados pelos empresários culturais da época como teatro de variedades, intercambiavam números e artistas ou uniam-se frequentemente às companhias circenses propriamente ditas. Em 20 de junho do mesmo ano, a companhia organi-

8. Bartholomeu Corrêa da Silva.

zou um espetáculo com vários artistas que trabalharam no circo de Giuseppe Chiarini, o "Franconi da América", quando este se apresentou na Corte até abril daquele ano, contando, na plateia, com a presença de "ss.aa. Imperiais"[133]. Dentre os números contratados pelo Chiarini que faziam parte da Companhia de Fenômenos, estavam: "*Deslocações* executadas pelo *Homem Borracha*", o engolidor de espadas, sr. Leopoldo e sra. Geraldini no *doublé*-trapézio[134].

Algum tempo depois da edificação do Circo Olímpico da Guarda Velha por Bartholomeu Corrêa da Silva, Albano Pereira, diretor do Circo Universal ou Circo Zoológico Universal, iniciava, em 1875, a construção de um "pavilhão" estável na cidade de Porto Alegre, inaugurado no mesmo ano[135]. Nascido em 1839 em Portugal, casado com Juanita Pereira, de origem espanhola, realizaram várias turnês pela Europa e pelos Estados Unidos, antes de chegarem à América do Sul, provavelmente contratados pelo Circo Irmãos Carlo, em Nova York. Em 1871, durante a estada de Chiarini em Porto Alegre, tanto a família Pereira quanto os irmãos Carlo faziam parte do elenco do espetáculo, e todos já haviam trabalhado, anteriormente, nos vários teatros *Politeamas* de chapa ou de madeira, construídos em algumas províncias argentinas, inclusive chegando a ter uma sociedade, naquele país, com o então equitador brasileiro Martinho Lowande (descendente de Alexandre Lowande).

Essa rápida biografia permite afirmar que Albano Pereira e sua família eram conhecedores das apresentações circenses que se faziam em teatros, toldos e politeamas[136], o que teria facilitado a construção, em quatro meses, do pavilhão descrito por Athos Damasceno, segundo suas fontes, como um circo que

media 32 metros de circunferência, além de dois salões de entrada, com 8 metros de comprimento por 5 de largura, cada um. Lateralmente ao frontispício erguiam-se lances suplementares de 4 x 5, destinados à instalação de salas de bebidas e café. Para a representação de pantomimas, dispunha o circo de um palco colocado do lado oposto à entrada, medindo dez metros por sete. Contiguamente, havia uma cavalariça com capacidade para 30 animais, dispondo de entrada para o circo e medindo 30 metros de diâmetro. O madeiramento era sustentado por 36 colunas de madeira, sendo 12 internas, de 10 metros cada uma, e sobre as quais assentava a cúpula. A cumeeira perpendicular, de 4 metros de altura, sustinha-se por 24 arestas de força, com 11 metros cada uma e apoiadas todas nas 12 colunas internas. Havia duas ordens de vidraças, para a devida ventilação, e a cobertura era de telha francesa - 24 mil aproximadamente. No alto da cumeeira, via-se uma gaiuta semicircular com vidros de cor para o farol. As paredes externas eram de tábuas - 400 dúzias exatamente - colocadas em sentido vertical e medindo 5 ½ metros de altura. Contava o circo com três ordens de cadeiras, uma de camarotes com 32 divisões e cinco assentos por unidade e, em plano suspenso, com as arquibancadas em 7 ordens, comportando mais de mil pessoas. Interna e externamente, o Pavilhão era pintado ao gosto chinês e a obra - propriedade exclusiva de Albano - custara mais de oito contos de réis![137]

No dia 13 de agosto de 1875, data da inauguração do circo, a imprensa noticiou o evento, informando que na América do Sul não existia outro "Circo-teatro do gosto e proporções deste que embeleza a praça. Na América do Norte também, que nos conste, não existe igual"[138]. Pelo que já se viu até aqui, sabe-se que em ambas as Américas já havia construções desse tipo[139]; entretanto, há um ponto a considerar: essa é uma das primeiras referências a esse tipo de espaço e espetáculo como circo-teatro, a exemplo do que já havia sido mencionado na Argentina com o nome "teatro-circo". Além da programação ginástica e de animais com cavalos amestrados e cachorros sábios, a companhia anunciava as pantomimas que aumentavam em quantidade e, dependendo do tempo que o circo ficasse na cidade, era possível não repeti-las[140].

Para uma parte dos memorialistas circenses[141], Albano Pereira é considerado o primeiro a colocar o palco junto do picadeiro no Brasil. Isso pode ser verdadeiro, visto que ele parece ter sido um dos primeiros a construir um pavilhão com essas características. Entretanto, se considerarmos os vários espaços em que os circos se apresentavam, inclusive os palcos dos teatros, assim como as experiências artísticas já existentes no século XIX, não há como nem se pretende definir origens. Albano Pereira fazia, sim, parte de um processo dessa produção, aproveitando-se dos saberes e das práticas histórica e culturalmente disponíveis.

Albano Pereira, depois de algumas turnês, retornou a Porto Alegre e, associando-se a algumas pessoas, ousou ainda mais e inaugurou, em 14 de dezembro de 1879, um novo teatro - o Teatro de Variedades, destinado a companhias líricas, dramáticas, de cavalinhos e, na falta delas, até a pistas de patinação e salas de baile[142].

O Pavilhão tornou-se o espaço onde os vários circos e as companhias teatrais se apresentariam na cidade, como o de Chiarini, em 1877[143], que pôde usufruir das acomodações para seu zoológico. Outra companhia foi o Circo Inglês, que desde o fim de 1876 já se apresentava no estado de São Paulo e chegou com a Real Companhia Inglesa, cuja programação principal eram as pantomimas. Além de uma orquestra, incorporava a seu elenco pelo menos 80 crianças da cidade para encenar a pantomima *A gata borralheira* ou *Cendrillon*, que fazia parte do rol de temas mitológicos e dos contos de fadas, presentes nos programas circenses e teatrais europeus. Quando esse circo se apresentou em 1877 na cidade de Pindamonhangaba, um cronista do jornal local fez uma descrição da montagem dessa pantomima. Nela, os quadros e os papéis não obedeciam a nenhuma periodização histórica, misturando épocas e personagens, "colocando lado a lado o imperador do Brasil, John Bull da Inglaterra, D. Luís, rei de Portugal, Napoleão I, Garibaldi, Cavour, Vitor Emanuel, rei da Itália, Guilherme da Prússia e por último... nada menos que o maestro Carlos Gomes". O cronista escreveu ironicamente que, apesar do sucesso, mesmo elevando-se o preço a 2$000, "o entusiasmo às vezes" não dava lugar para "certos reparos", e a plateia batia "palmas estrepitosas" ao entrar em cena "aquele 'D. Pedro II', na verdade mais inocente que o outro, aos últimos sons da 'Marselhesa'", não havendo por parte do público nenhuma reação contra "aquele hino revolucionário tocado perante reis e imperadores 'crianças'"[144].

A reelaboração do texto expressava, como vimos, a maneira pela qual os circenses incorporavam elementos das situações locais, gerando novas versões para o espetáculo. *Cendrillon* foi, também, a principal atração da Companhia de Fenômenos que se apresentou no Teatro Imperial D. Pedro II (antigo Circo Olímpico da rua da Guarda Velha fundado pelo circense e ginasta Bartholomeu Corrêa da Silva), no Rio de Janeiro, anunciando que seria executada por 100 crianças de ambos os sexos. O destaque da propaganda era para os cenários novos, confiados ao "pincel do distinto cenógrafo G. Micheri", os vestuários e a música, que seria toda da "sublime ópera 'Cenerentola' do imortal Rossini", "instrumentada e ensaiada pelo professor Cerroni, diretor da orquestra". O espetáculo terminava com uma zarzuela em um ato, dirigida por um sr. Galvão[145]. Na programação dessa companhia constavam também trapézio a grande altura, engolidor de espada, saltador, barristas, homem borracha, homem sem braços etc., mesclando os espetáculos culturais oferecidos no período e que permaneceriam durante pelo menos três décadas do século xx: habilidades físicas, representação teatral, música, que ia desde Rossini até as zarzuelas.

Os circenses não deixavam de incorporar o que de mais recente havia em experimentos tecnológicos, a exemplo do Circo Casali, armado em São Paulo nos anos 1877-78. Ao apresentar uma "jocosa paródia cômica, burlesca intitulada *Uma viagem à lua, por um balão*", informava que encheriam o balão dentro do circo, e o aeronauta, o "destemido ginasta fenômeno Limido Giuseppe", estaria em um trapézio acoplado ao balão e, durante a ascensão, haveria um desastre no ar e ele saltaria com um paraquedas, tudo isso com a presença da banda de músicos do Corpo de Permanentes que tocava nos espetáculos[146].

Os artistas das mais diferentes origens e experiências – homens e mulheres –, com suas representações teatrais, gestuais e musicais, ao trabalharem no espaço que combinava picadeiro e palco, consolidavam o intercâmbio de saberes e técnicas que esboçavam um novo tipo de atuação. A interação das técnicas espetaculares entre o teatro e o circo – a crescente busca pelo domínio e pela utilização da mímica pelo ator da época; a pista circular que aproximava a ação do espectador; o palco unido ao círculo por rampas laterais, que se levantavam como uma plataforma e todo o maquinário necessário para isso; o pano de boca, que permanecia fechado durante as apresentações das provas circenses e, quando iniciava a pantomima com um quadro no picadeiro, descobria uma cenografia, que "respondia a cânones ilusionistas do momento: fortalezas, bosques, lagos, marinas etc., pintados sobre a tela e iluminados por lamparinas"[147]. Os mesmos artistas saltando no solo ou em cavalos e representando as pantomimas, intercalando arena e palco, esboçavam a formação de um novo campo de trabalho e um novo tipo de profissional. Na maioria das propagandas e cartazes pesquisados e em algumas crônicas destaca-se a informação de que todos os artistas da companhia tomavam parte nas encenações das pantomimas. Retomando, como exemplo, a encenação de *O terror do século XIX, Cypriano La Galla ou Um episódio de brigantes na Calábria*, pelo Circo Universal dos Casali em sociedade com a família Borel, vemos: o sr. Hypolito Borel apresentado como "compositor de pantomimas e ginasta" representando o "bandido" Cypriano La Galla, o sr. Ozon "pulador e ginástico" no papel do "mocinho-herói" Arthur, o "equestre e pulador" sr. Antonio Borel no papel do "Bobo (ordenança de Arthur)", e Mlle. Marietta Borel "artista equestre, ascensionista, bailarina, ginasta e mímica" no papel de personagem feminino principal de Luiza, a filha do general governador.

Denominações como Circo Olímpico – Companhia Brasileira Equestre e Ginástica, dirigida por Cândido Ferraz de Oliveira[148] – começavam a aparecer não só identificando a nacionalidade de alguns artistas do elenco, mas a própria companhia e seu diretor. Algumas delas já eram vistas como sendo formadas somente por artistas brasileiros, como o Circo Paulistano, que, apesar de ter um espetáculo muito modesto em relação aos números ginásticos, conseguia enriquecê-lo por causa das pantomimas e dos sainetes, que apresentavam diálogos e cantos em português[149].

O convívio e o intercâmbio entre artistas, palcos e gêneros no fim do século XIX, como se observa na própria forma de se apresentarem - "Companhia Equestre, Ginástica, Acrobática, Equilibrista, Coreográfica, Mímica, Bailarina, Musical e [...] Bufa"[150] -, resultaram em permanências e transformações dos espetáculos, nos quais homens e mulheres circenses copiaram, incorporaram, adaptaram e criaram as experiências vividas, transformando-se em produtores e divulgadores dos diversos processos culturais já presentes ou que emergiram nesse período, contribuindo para a constituição da linguagem dos diversos meios de produção cultural do decorrer do século XX. O espaço circense consolidava-se como um local para onde convergiam diferentes setores sociais, com possibilidade para a criação e a expressão das manifestações culturais presentes naqueles setores. Através de seus artistas, em particular os que se tornaram palhaços instrumentistas/cantores/atores, foi se ampliando o leque de apropriação e divulgação dos gêneros teatrais, dos ritmos musicais e de danças das várias regiões urbanas ou rurais, elementos importantes para entender a construção do espetáculo denominado circo-teatro.

Para a maioria dos estudiosos, esse tipo de produção circense somente ocorreria a partir da década de 1910; porém, na prática, todas aquelas atividades já faziam parte das experiências circenses. Através da trajetória de alguns artistas que fizeram parte do processo de formação do circo no Brasil, durante o século XIX e que perpassaram o XX, é possível entrar em contato com o debate das produções culturais e conformação da teatralidade circense. Nesse sentido, será acompanhada a vida artística de Benjamim de Oliveira, por entender que seu percurso, iniciado em 1882, permite conhecer como os homens e as mulheres circenses vivenciaram as permanências e as mudanças.

# NOTAS

1. Em virtude da importância de conhecer como ocorreu a constituição dos diversos grupos artísticos que migraram para as várias partes do mundo, no fim do século XVIII, em particular para o Brasil, a proposta é fazer uma breve descrição do processo de desenvolvimento histórico das artes circenses, na Europa, durante esse período. Como se trata de um recuo temporal, as informações e as análises subsequentes foram extraídas, em quase toda sua totalidade, de pesquisas baseadas em bibliografia estrangeira consagrada. A partir do segundo item deste capítulo, todo o estudo foi fundamentado numa extensa pesquisa realizada diretamente por mim, em fontes diversas.

2. "Pequeno teatro inglês que era palco preferido de dançadores de corda, acrobatas e domadores de macacos", H. Thétard, *op. cit.*, p. 65.

3. Mônica J. Renevey. Troupes ambulantes et théâtres fixes. *In*: Renevey Mônica J. *Le grand livre du cirque*. Genève: Edito-Service S.A.: Bibliothèque des Arts, 1977. v. I, p. 71. A autora cita, entre eles, a família Chiarini.

4. Henry Thétard, *op. cit.*; Pierre Robert Levy. Les clowns. *In*: Renevey Mônica J. *Le grand livre du cirque*. Genève: Edito-Service S.A.: Bibliothèque des Arts, 1977. v. I, pp. 81-138; Anthony Hippisley Coxe. No começo era o picadeiro (Reino Unido). *O Correio da Unesco*, Rio de Janeiro, ano 16, n. 3, pp. 4-7, mar. 1988; Denys Amiel. *Les Spectacles à travers les âges. Théatre, cirque, music-hall, cafés-concerts, cabarets artistiques*. Paris: Cygne, 1931. pp. 198-233; Jamieson David e Sandy Davidson. *The love of the circus*. Londres: Octopus Books; Mandarin Publishers, 1980; Beatriz Seibel. *Historia del circo*. Buenos Aires: Biblioteca de Cultura Popular: Ediciones del Sol, 1993; Alessandro Cervelatti. *Questa sera grande spettacolo: storia del circo italiano*. Milão: Avanti!, 1961. (Coleção Mondo Popolare).

5. H. Thétard, *op. cit.*, p. 41.

6. *Id., ibid.*, p. 43. Esse circo, criado por Hughes junto com o poeta e empresário Dibden, autor de *Poor Jack*, deixa de existir em 1795.

7. Usa-se o termo "intermédio" como referência à conceituação teatral para os entreatos. Posteriormente se verá que o linguajar circense dará outros nomes para essas atividades artísticas que eram realizadas entre um número e outro, para seus entreatos ou intervalos, sem, no entanto, eliminar a ideia de intermédio.

8. Lucien-René Dauven. A arte do impossível. Artistas corajosos e versáteis fazem o circo sempre jovem. *O Correio da Unesco*, Rio de Janeiro, ano 16, n. 3, pp. 11-13, mar. 1988.

9 Segundo glossário de Thétard, as evoluções que definiriam a *"haute école"* seriam: "balancer, passage, piaffer, pás et trot espagnol, galop sur trois jambes, galop sur place, galop en arrière, etc.", H. Thétard, *op. cit.*, p. 314.

10 Ver: Dario Fo. *Manual mínimo do ator*. 3. ed. São Paulo: Senac, 2004; e Robson Corrêa de Camargo. *A pantomima e o teatro de feira na formação do espetáculo teatral: o texto espetacular e o palimpsesto. Fênix: Revista de História e Estudos Culturais*, ano III, v. 3, n. 4, out.-nov.-dez. 2006. Disponível em: https://www.revistafenix.pro.br/revistafenix/article/view/786. Acesso em: set. 2021.

11 R. C. de Camargo, *op. cit.*

12 Arnold Hauser. *História social da arte e da literatura*. São Paulo: Martins Fontes, 1998, pp. 699-700. (Coleção Paideia).

13 *Id., ibid.*, p. 701.

14 R. C. de Camargo, *op. cit.*

15 *Id., ibid.* O termo *mise-en-scène* será melhor tratado posteriormente.

16 H. Thétard, *op. cit.*, p. 67.

17 A. Cervelatti, *op. cit.*, pp. 223-29.

18 Peter Burke. *Cultura popular na Idade Moderna. Europa, 1500-1800*. São Paulo: Companhia das Letras, 1989, pp. 270-71.

19 Roland Auguet. *Histoire et légende du cirque*. Paris: Flammarion, 1974, p. 98.

20 Teodoro Klein. *El actor en el Rio de La Plata II: de Casacuberta a los Podestá*. Buenos Aires: Ediciones Asociacion Argentina de Actores, 1994, p. 129.

21 H. Thétard, *op. cit.*, p. 76; A. Hauser, *op. cit.*, p. 701. Títulos mencionados de algumas pantomimas: *Malborough, Don Quichotte, Montauciel, L'arrivée de Nicodème dans la lune, Frédégonde, Robert le Diable, Geneviève de Brabant, Fra Diavolo, La prise de la corogne ou les anglais en Espagne, Le pont infernal, Le soldat laboureur, Poniatowski ou le passage de l'Elster, Le cuirassier ou La bravoure récompensée, La bataille de bouvines, Le chien du régiment, La prise de la Bastille*.

22 22. André Boll. *Thèâtre, spectacles et fêtes populaires dans l'histoire*. Bruxelles-Paris: Sablon, s/d, p. 71.

23 R. Auguet, *op. cit.*, p. 97.

24 *Id., ibid.*, p. 129. Théophile Gautier (1811-72): escritor francês que se tornou conhecido como poeta, autor de contos fantásticos e crítico de arte. Autor do romance de capa e espada *Le capitaine fracasse* (1863), entre outros.

25 Vladimir Propp. *Comicidade e riso*. São Paulo: Ática, 1992, pp. 79 e 81-82.

26 *Id., ibid.*

27 D. Fo, *op. cit.*, pp. 304-05 e 375. Aristófanes (*c.* 446 a.C.-385 a.C.): dramaturgo grego, autor de comédias que conservam resíduos dos ritos dionisíacos da fertilidade. Nos dois polos de sua comicidade estão situados os instintos humanos e a sátira política.

28 Raúl H. Castagnino. *El circo criollo: Datos y documentos para su historia 1757-1924*. 2. ed. Buenos Aires: Plus Ultra-Clássicos Hispanoamericanos, 1969, v. 18, p. 156.

29 Alice Viveiros de Castro. *O elogio da bobagem: palhaços no Brasil e no mundo*. Rio de Janeiro: Família Bastos, 2005, p. 51.

30 Flaminio Scala. *A loucura de Isabella e outras comédias da commedia dell'arte*. Org., trad., intr. e notas de Roberta Barni. São Paulo: Fapesp: Iluminuras, 2003, p. 25; A. V. de Castro, *op. cit.*, p. 45; D. Fo, *op. cit.*, p. 75.

31 D. Fo, *op. cit.*, p. 80.

32 "O vestuário de corte grotesco, nós o sabemos, era um vestuário de Arlequim feito de peças produzidas de cores gritantes. O 'claune' de Franconi era [...] vestido a camponês [...]", H. Thétard, *op. cit.*, p. 243.

33 Mário Fernando Bolognesi. *Palhaços*. São Paulo: Editora Unesp, 2003, p. 64.

**34** D. Fo, *op. cit.*, p. 45.

**35** Para aprofundar essas questões, ver: M. F. Bolognesi, *op. cit.*; P. Robert Levy, *op. cit.*, p. 90; Kátia Maria Kasper. *Experimentações clownescas: os palhaços e a criação de possibilidades de vida.* Tese (Doutorado) – Faculdade de Educação: área de Educação, Sociedade, Política e Cultura, Unicamp, Campinas, fev. 2004.

**36** P. R. Levy, *op. cit.*, p. 95.

**37** R. Auguet, *op. cit.*, p. 95. "O ator, por exemplo, imediatamente ao fim da réplica, precipitava-se para os bastidores, deixando seu companheiro lhe responder sozinho no palco [...]." Ver também: M. F. Bolognesi, *op. cit.*

**38** A. D. Hippisley Coxe, *op. cit.*, p. 90. O circo de Hughes deixa de existir em 1795. Até então se estabeleceu entre ele e Astley uma relação de competição e conflitos permanentes. As disputas entre os dois na tentativa de se superar na produção de seus espetáculos fizeram com que se encontrassem diante das autoridades carcerárias, pois haviam aumentado o diálogo de seus artistas.

**39** R. Auguet, *op. cit.*, p. 96.

**40** H. Thétard, *op. cit.*, p. 240.

**41** *Id., ibid.*, p. 167.

**42** Ver: E. Silva, *op. cit.*

**43** E. Silva, *op. cit.*, pp. 90-91. Entrevistado: Barry Charles Silva.

**44** *Id., ibid.*, p. 91. Entrevistada: Alice Donata Silva Medeiros.

**45** Mônica J. Renevey. Banquistes et Romanis. *In:* Renevey, M. J., *op. cit.*, v. 1, pp. 53-70.

**46** B. Seibel, *op. cit.*, 1993, p. 14. Além dessa autora, trabalharemos com os autores: R. H. Castagnino, *op. cit.*; Teodoro Klein. *El Teatro de Florêncio Sánchez. Los Podestá.* Buenos Aires: Acción, 1976; Teodoro Klein, *op. cit.*, 1994.

**47** R. H. Castagnino, *op. cit.*, p. 18. Segundo o autor, a licença é concedida, mas o município fixa uma taxa de oito pesos por noite. B. Seibel, *op. cit.*, 1993, p. 15.

**48** R. H. Castagnino, *op. cit.*, pp. 19-20.

**49** *Id., ibid.*

**50** Suas apresentações misturavam exercícios equestres, saltos em trampolim (realizados por J. Southby, G. Southby e outros integrantes da companhia), truques de corda bamba pela sra. Southby (esposa de William Southby) e exibições de fogos de artifício dirigidos por William Southby, que, além de ator, palhaço, artista equestre e acrobata, era considerado um grande pirotécnico na Europa. Há também registro de suas apresentações como palhaço e com pirotecnia no Anfiteatro de Philip Astley entre 1821 e 1824 e no Vauxhal Gardens em Londres em 1822 e 1823. Ver: Daniel de Carvalho Lopes e Erminia Silva. *Um Brasil de circos: a produção da linguagem circense do século XIX aos anos de 1930.* Rio de Janeiro: Fundação Nacional de Artes, 2022 (no prelo).

**51** *Gazeta do Rio de Janeiro*, 4 nov. 1818, p. 4.

**52** Oliveira Lima (1996), citado por Victor Andrade de Melo e Fábio de Faria Peres. *A gymnastica no tempo do Império.* Rio de Janeiro: 7 Letras, 2014, p. 39. Para mais informações sobre os Southby, ver: D. de C. Lopes e E. Silva, 2022 (no prelo).

**53** T. Klein, *op. cit.*, 1994, p. 46. O autor frisa que "olímpico" era um adjetivo e não um nome do circo. A denominação alude à origem do gênero na Antiguidade. Independentemente dessa explicação do autor, vários circos no futuro se denominarão Circo Olímpico.

**54** *Id., ibid.* As descrições das atividades do artista foram retiradas pelo autor de *El Argos*, Buenos Aires, 1821, p. 124.

**55** Athos Damasceno. *Palco, salão e picadeiro em Porto Alegre no século XIX: contribuições para o estudo do processo cultural do Rio Grande do Sul.* Rio de Janeiro: Globo, 1956, p. 11.

**56** Inaugurado em 1813, com o nome de Real Teatro São João, com capacidade para 1.200 pessoas, veio substituir a Casa de Ópera do Rio de Janeiro, que havia se tornado insuficiente para receber dom João e sua Corte. Em 1824 sofre o primeiro incêndio, sendo reconstruído e reaberto com o nome de Imperial.

**57** *Jornal do Commercio*, 1º out. 1827.

**58** William L. Slout. *Olympians of the Sawdust Circle: A Biographical Dictionary of the 19th Century of American Circus.* Clipper Studies in the Theatre, n. 18. California: Borgo Press, 1998. S. L. Kotar; J. E. Gessler. *The Rise of the American Circus 1716-1899.* North Carolina: McFarland & Company Publishing, 2011.

**59** *Gazeta do Brazil*, 29 set. 1827, p. 4.

**60** *Jornal do Commercio*, 15 out. 1827, p. 3.

**61** T. Klein, *op. cit.*, 1994, p. 45.

**62** Sobre a produção artística da família Chiarini, ver: Daniel de Carvalho Lopes; Erminia Silva. Trajetórias circenses: a produção da linguagem circense por membros da família Chiarini na América Latina nos anos de 1829 a 1840, Revista *Ensaio Geral*/ edição especial, Belém, v. 3, n. 3, 2014, pp. 43-64; Daniel de Carvalho. *A contemporaneidade da produção do Circo Chiarini no Brasil de 1869 a 1872.* Dissertação (Mestrado em Artes Cênicas) - Programa de Pós-graduação em Artes, Instituto de Artes, Universidade Estadual Paulista "Júlio de Mesquita Filho", São Paulo, 2015.

**63** H. Thétard, *op. cit.*, p. 30.

**64** R. H. Castagnino, *op. cit.*, p. 23; T. Klein, *op. cit.*, 1994, p. 123; D. de C. Lopes e E. Silva, *op. cit.*, 2014, p. 45.

**65** T. Klein, *op. cit.*, 1994, pp. 124-25; D. de C. Lopes e E. Silva, *op. cit.*, 2014, pp. 44-52.

**66** T. Klein, *op. cit.*, 1994, p. 126.

**67** D. de C. Lopes e E. Silva, *op. cit.*, 2014 e 2022 (no prelo).

**68** Guerra. *Pequena história de teatro, circo, música e variedades em São João del Rei – 1717 a 1967.* s/ed., c. 1968, p. 28. No fim do século XVIII e início do XIX, no Brasil, havia pequenos teatros que "ficaram logo conhecidos como Casa da Ópera" ou "teatrinhos", apesar da lotação em torno de 350 lugares, construídos na Bahia, no Rio de Janeiro, em Vila Rica, Recife, São Paulo e Porto Alegre, entre 1760 e 1795. Décio de Almeida Prado. *Teatro de Anchieta a Alencar.* São Paulo: Perspectiva, 1993, p. 64. Para J. Galante, o aumento de construção desses "teatrinhos" foi reforçado por alvará do governo, em 1771, que aconselhava "o estabelecimento dos teatros públicos bem regulados, pois deles resulta a todas as nações grande esplendor e utilidade, visto serem a escola, onde os povos aprendem as máximas sãs da política, da moral, do amor da pátria, do valor, do zelo e da fidelidade com que devem servir aos soberanos, e por isso não só são permitidos, mas necessários", *apud* D. de A. Prado, *op. cit.*, p. 64. Regina H. Duarte afirma que o alvará teria atuado no sentido de "incrementar o 'teatro regular em edifícios apropriados' com desestímulo aos tablados de madeira em praça pública"; R. H. Duarte, *op. cit.*, p. 109. No entanto, Athos Damasceno nos informa que eram, na maioria, construções precárias, com problemas de comodidade, ventilação e iluminação. No Rio de Janeiro, a primeira Casa da Ópera de Manuel Luiz foi edificada no Terreiro do Paço (atual Praça XV) em 1776, durante o governo do marquês do Lavradio, segundo Evelyn Furquim Werneck Lima. *Arquitetura do espetáculo: teatros e cinemas na formação da Praça Tiradentes e da Cinelândia.* Rio de Janeiro: Editora UFRJ, 2000, p. 36.

**69** A. Guerra, *op. cit.*, p. 28; Regina H. Duarte. *O circo em cartaz.* Belo Horizonte: Einthoven Científica, 2001, p. 6.

**70** R. H. Duarte, *op. cit.*, 2001, p. 6.

**71** A. Guerra, *op. cit.*, p. 28.

72 Martha Abreu. *O império do Divino: festas religiosas e cultura popular no Rio de Janeiro, 1830-1900*. Rio de Janeiro: Nova Fronteira; São Paulo: Fapesp, 1999, p. 55.

73 *Jornal do Commercio*, 1º out., 3 e 10 nov. e 6 dez. 1827, 16 jan., 5 e 17 dez. 1829; 2 jan., 30 ago., 14 set., 27 nov. e 18 dez. 1830.

74 T. Klein, *op. cit.*, 1994, p. 42.

75 Dentre os vários ritmos tocados e dançados considerados da "terra" ou *criollo*, os que mais se destacavam na América Latina espanhola, em particular na Argentina, eram *el gato* e *el estilo*. Segundo a bibliografia, é difícil precisar a origem de ambos, mas parece que *el gato* veio da Espanha para Lima no século XVIII. Passou por várias transformações até tomar as características próprias de expressão musical e coreográfica *criolla*, tornando-se uma das coreografias mais antigas do *Cancionero Criollo*. Devido à sua grande difusão, adotou diferentes nomes: *gato punteado, con relaciones, cordobés* etc. Os versos sempre são coplas de sentido picaresco que se intercalam entre uma e outra figura. Na Argentina se denomina *el gato* tanto ao baile popular como à música que o acompanha. Quanto ao *el estilo*, apesar de ser essencialmente cantado, é comum que alguns violeiros *criollos* executassem versões puramente instrumentais. Canções tocadas ou cantadas que passavam de violeiro a violeiro, transformando muitas delas em produções populares anônimas. Carlos Gardel cantou muitos *estilos*. Ver: Lázaro Flury. *Historia de la música argentina*. Pequeño Larousse Ilustrado. Buenos Aires: Ediciones Colmegna, 1967.

76 T. Klein, *op. cit.*, 1994, pp. 40-41. O autor informa que lundu também era chamado de *hondum* ou *londú*.

77 "Os dobrados eram uma imitação do toque de tambores, um tipo de marcha militar. [...] as quadrilhas são vistas como uma surpreendente apropriação popular da grande dança de salão europeia do século XIX", M. Abreu, *op. cit.*, p. 55.

78 A. Damasceno, *op. cit.*, p. 21.

79 *Correio Mercantil*, 7 ago. 1852, p. 4.

80 A. Guerra, *op. cit.*, p. 31.

81 A. Guerra, *op. cit.*, p. 35. Desconheço o que seja "Alemandra", mas, segundo o *Dicionário Houaiss* (2001), existe "Alemanda": uma dança de origem alemã, aproximadamente século XVI-XVII, em compasso quartenário e andamento moderado, ou composição instrumental rápida e floreada que integra as suítes como primeiro movimento.

82 *Id., ibid.*

83 No livro de Arruda Dantas, *Piolin* (São Paulo: Pannartz, 1980), há um capítulo dedicado a esse tema com o título "O caso de Fagundes Varella (Fagundes Varella e o circo)", pp. 89-96. O autor cita outro livro que trata da vida do poeta, o de Vicente de Paulo Vicente de Azevedo. *A vida atormentada de Fagundes Varela*. São Paulo: Martins, 1966.

84 Julio Revolledo Cárdenas. *El siglo de oro del circo en México*. Colección Javier Sáinz Moreno. Barcelona: Más difícil todavía, S. L., 2010; D. de C. Lopes e E. Silva, *op. cit.*, 2022 (no prelo).

85 T. Klein, 1994, *op. cit.*, p. 203.

86 A. Damasceno, *op. cit.*, p. 36.

87 *Id., ibid.*, p. 35.

88 M. Abreu, *op. cit.*, p. 225.

89 T. Klein, *op. cit.*, 1994, p. 50. Quanto às barracas de baile acompanhado por violão, o autor se refere a um espetáculo, pelo menos diferente, que era o baile que os negros organizavam em seus "candombes" de alguns bairros situados ao redor de Buenos Aires. "As famílias brancas se dirigiam nos dias de festa pela tarde para presenciar as diversões preparadas por seus serviçais em suas respectivas 'nações'. Integradas de acordo com sua

origem tribal africana, as Sociedades de Congos, Benguelas, Cambundás, Mozambiques etc. desenvolviam suas danças ao compasso de tambores, marimbas e outros instrumentos de percussão, tal como ocorria em outras partes da América."

90 M. Abreu, *op. cit.*, p. 72.

91 *Id., ibid.*, p. 74.

92 *Id., ibid.*, pp. 232-33.

93 T. Klein, *op. cit.*, 1994, p. 203. De fato, esse circo já havia se apresentado no Brasil nos anos de 1850-51, em Porto Alegre, no Teatro D. Pedro II, com o nome de Companhia Francesa de Variedades, de propriedade da família Henauld.

94 Silvia Cristina Martins de Souza. *As noites do ginásio. Teatro e tensões culturais na Corte (1832-1868)*. Campinas: Editora da Unicamp: Cecult, 2002, p. 112.

95 *Id., ibid.*, pp. 234-42.

96 *Id., ibid.*, p. 246; H. Thétard, *op. cit.*, pp. 171-72.

97 Em 1851, o dr. Gilbert R. Spalding, um ex-farmacêutico de Albany, Nova York, e o equestre inglês Charles J. Rogers se juntaram para organizar o Spalding and Rogers Floating Palace Circus, circo zoológico flutuante com capacidade para 3.400 lugares nos dois decks da embarcação. Para mais informações sobre esse circo e sua atuação no Brasil, ver: D. de C. Lopes e E. Silva, *op. cit.*, 2022 (no prelo).

98 S. C. Martins de Souza, *op. cit.*, p. 246.

99 *Id., ibid.*, pp. 245-48.

100 *Id., ibid.*, p. 247.

101 R. H. Duarte, *op. cit.*, 2001, p. 141.

102 S. C. Martins de Souza, *op. cit.*, p. 248; R. H. Duarte, *op. cit.*, 2001, p. 141; Edwaldo Cafezeiro e Carmem Gadelha. *História do teatro brasileiro: um percurso de Anchieta a Nelson Rodrigues*. Rio de Janeiro: Editora UFRJ: Eduerj: Funarte, 1996, pp. 118-23, nas quais consta o documento transcrito.

103 E. Cafezeiro e C. Gadelha, *op. cit.*, p. 121.

104 Este Giuseppe, empresário e cavaleiro, nasceu em 1823 em Roma, Itália, visitou o Brasil pela primeira vez em 1869 e faleceu no Panamá em 1897, depois de muitas turnês mundiais com sua gigantesca companhia equestre, ginástica e zoológica. Vale retomar que seu parente homônimo, conhecido como "Mestre das Arlequinadas" era considerado um senhor de idade avançada em 1832, quando esteve no Brasil, e justamente por isso assumiu os papéis de figuras idosas nas pantomimas que encenava. Para mais informações sobre esses dois artistas e empresários, ver: D. de C. Lopes e Erminia Silva, *op. cit.*, 2014; D. de C. Lopes, *op. cit.*, 2015; e D. de C. Lopes e E. Silva, *op. cit.*, 2022 (no prelo).

105 R. H. Duarte, *op. cit.*, 2001, p. 14.

106 *Gazeta de Notícias*, 21 fev. 1876.

107 Sobre o debate da febre amarela, foram retiradas do jornal a *Gazeta de Notícias* dos dias 21 fev. e 11 e 25 mar. 1876. Neste último, há uma estatística que, segundo a "junta central de higiene pública", haviam falecido na Corte, entre 1º e 15 mar. 1876, "1.066 pessoas, sendo de febre amarela 536. Nacionais falecidos 588, estrangeiros 468 e 10 de nacionalidade ignorada".

108 *Gazeta de Notícias*, seção "Assuntos do Dia", 21 fev. 1876. No dia 29 mar. 1876, saiu uma nota da Higiene Pública, dizendo: "Contra febre amarela sopa de tartaruga."

109 Sidney Chalhoub. *Cidade febril: cortiços e epidemias na Corte imperial*. São Paulo: Companhia das Letras, 1996. O tema é tratado pelo autor em todo o livro, mas, particularmente para esse período, ver o capítulo 2.

110 *Gazeta de Notícias*, 13 mar. 1876.

111 *Gazeta de Notícias*, 1º abr. 1876.

112 *Gazeta de Notícias*, 19 mar. 1876.

113 *Id., ibid.*

114 Para mais informações sobre os Casali, suas atuações no Brasil e a produção

de Vicente Casali, artista e importante mestre de ginástica em instituições públicas e privadas no Rio de Janeiro, ver: D. de C. Lopes, *op. cit.*, 2020; e D. de C. Lopes e E. Silva, *op. cit.*, 2021.

**115** R. H. Castagnino, *op. cit.*, p. 45.

**116** *Gazeta de Notícias*, 8 e 9 set. e 24 nov. 1875.

**117** As informações sobre as apresentações do Circo Casali foram baseadas em: *Gazeta de Notícias*, ago.-dez. 1875; *Diário de Campinas*, 2 e 21 dez. 1881 e 4 jan. 1882; R. H. Castagnino, *op. cit.*, p. 45; A. Damasceno, *op. cit.*, p. 160; A. Guerra, *op. cit.*, p. 45; Beatriz Seibel. *El teatro "barbaro" del interior. Testimonios de circo criollo y radioteatro. Teatro popular.* Tomo I. Buenos Aires: La Pluma, 1985, p. 108; Daniel de Carvalho Lopes. *Os circenses e seus saberes sobre o corpo, suas artes e sua educação: encontros e desencontros históricos entre circo e ginástica.* 196 f. Tese (Doutorado em Educação) - Faculdade de Educação da Universidade de São Paulo, São Paulo, 2020.

**118** A. Damasceno, *op. cit.*, p. 160.

**119** Particularmente em Porto Alegre, no Teatro São Pedro, A. Damasceno, *op. cit.*, p. 238. Cabe ressaltar que em nenhum dos cartazes anunciando essa opereta nos teatros havia complementação como: "Os salteadores da Calábria", feita pelos circos.

**120** T. Klein, *op. cit.*, 1994, p. 201.

**121** *Gazeta de Notícias*, 2 dez. 1875. Destaque do cartaz.

**122** *Gazeta de Notícias*, 7 set. 1875.

**123** Ângelo Lazary. "A cenografia antiga e atual, no teatro brasileiro", *in Revista da Casa dos Artistas – vigésimo aniversário.* Rio de Janeiro, s/edit. 24.08.1938, sem número de página. Ângelo Lazary era considerado referência entre os pintores dos telões cenográficos dos principais teatros do Rio de Janeiro e do Teatro Municipal de São Paulo. No capítulo 4 deste livro, volto a trabalhar a relação entre Lazary e as produções teatrais circenses.

**124** S. C. Martins de Souza, *op. cit.*, p. 245.

**125** F. Vieira, *op. cit.*, 2015, p. 47.

**126** Max Fleiuss. Evolução do teatro no Brasil. *Revista Dionysos*, Órgão do Serviço Nacional de Teatro do Ministério da Educação e Cultura, ano VI, n. 5, pp. 13-50, fev. 1955, p. 40; L. Trigo, *op. cit.*, p. 136.

**127** Gustave Aymard. *Le Brésil nouveau. Mon dérnier voyage.* Paris: E. Dentu Éditeur, 1886, p. 128, *apud* E. F. W. Lima, *op. cit.*, p. 79.

**128** M. Fleiuss, *op. cit.*, pp. 13-50.

**129** S. C. Martins de Souza, *op. cit.*, p. 245.

**130** F. Vieira, *op. cit.*, 2015.

**131** *Id., ibid.* Na revista *Anuário da Casa dos Artistas* 1941/1942, do Rio de Janeiro, p. 89, numa reportagem sobre "Teatros desaparecidos...", consta uma foto com a legenda "Circo Olímpico da Guarda Velha", com datas e informações sobre suas mudanças e demolição, como Teatro Lírico, em abril de 1934. Para mais informações sobre o Circo Olímpico da rua da Guarda Velha, ver: D. de C. Lopes e E. Silva, *op. cit.*, 2022 (no prelo).

**132** *Gazeta de Notícias*, 10 jun. 1876. Desde o dia 8 de junho de 1876, quando começou a anunciar sua estreia para o dia 10, e em todo o período que a companhia se apresentou nesse teatro, em torno de quatro meses, ela apareceu quase diariamente em propagandas no setor de anúncios da *Gazeta de Notícias*.

**133** *Gazeta de Notícias*, 22 jun. 1876.

**134** *Gazeta de Notícias*, 22 jun. 1876; e S. C. Martins de Souza, *op. cit.*, p. 245.

**135** As informações sobre Albano Pereira foram extraídas de: R. H. Castagnino, *op. cit.*; T. Klein, *op. cit.*, 1994; A. Damasceno, *op. cit.*; B. Seibel, *op. cit.*, 1993; Paulo Noronha. *O circo.* São Paulo: Academia de Letras de São Paulo, 1948. v. I. (Cena: Brasil); R. Ruiz, *op. cit.*; Julio Amaral de Oliveira. Visões da história do circo no Brasil. *Última-Hora-Revista*, São Paulo, reportagens publicadas de 1º a 16 jun. 1964 (sobre a família Albano

Pereira, ver: dia 12 jun. 1964, p. 4. Para mais informações sobre a família Pereira, ver: Lara Rocho. *Para além do picadeiro... O circo universal e o uso dos espaços urbanos pela arte circense em Porto Alegre no século XIX*. Trabalho de conclusão de curso - Departamento de História da Universidade Federal do Rio Grande do Sul/UFRG, Porto Alegre, 2011; Lara Rocho. *Senhoras e senhores, com vocês: Albano Pereira e seus circos estáveis em Porto Alegre, 1875-1887*. Dissertação (Mestrado em História) Instituto de Filosofia e Ciências Humanas do Programa de Pós--graduação em História da Universidade Federal do Rio Grande do Sul/UFRG, Porto Alegre, 2018; e Lara Rocho. *Senhoras e senhores, com vocês: Albano Pereira, seus circos estáveis e o Magnífico Circo Praça*. Porto Alegre: Libretos, 2020.

**136** Sobre a produção de Albano Pereira no Rio Grande do Sul, ver: Lara Rocho, *op. cit.*, 2011, 2018 e 2020.

**137** A. Damasceno, *op. cit.*, p. 161. Para ter ideia do valor despendido, os valores cobrados pelos ingressos nos circos ou quando estes se apresentavam nos teatros, na década de 1870, eram: camarotes variavam de 15 a 12$000, cadeiras 5$000 e geral ou arquibancadas 1$000.

**138** *Id., ibid.*

**139** Outro exemplo que pode ser citado é o circo estável construído em madeira por Giuseppe Chiarini, o "Franconi da América", no México, em 1864. Essa construção é considerada, segundo o historiador mexicano Julio Revolledo Cárdenas (2010), o primeiro circo-teatro ou circo estável da Cidade do México, e teria sido utilizado por diversas outras companhias, principalmente em 1865, ano em que Giuseppe retornou para Cuba.

**140** A. Damasceno, *op. cit.*, p. 162. Dentre elas: *O baile de máscaras*, *O contrabandista*, *O sargento Marques Bombo*, *O macaco africano, morto e vivo*, *O Marquês e o amor no gabinete* e *O recrutamento sem proveito*.

**141** P. Noronha, *op. cit.*, p. 47; J. Amaral de Oliveira, *op. cit.* (sobre a família Albano Pereira, ver dia 12 jun. 1964, p. 4.)

**142** A. Damasceno, *op. cit.*, p. 163. O Teatro de Variedades permaneceu com esse nome até agosto de 1890, quando mudou para Teatro América, e Albano Pereira se mantinha como um dos proprietários.

**143** A. Damasceno, *op. cit.*, p. 172. Como registro, nesse momento, junto com Chiarini estavam trabalhando as famílias Ozon, Serino e os já mencionados Ceballos e Casali. Uma parte dessas famílias permaneceu no Brasil, atuando em circos, e posteriormente fez parte de teatros, da implantação do rádio, da TV e de escolas de circo.

**144** *Diário do Norte*, Pindamonhangaba (SP), 26 ago. 1877, *in* C. E. Marcondes de Moura, *op. cit.*, p. 113.

**145** *Gazeta de Notícias*, 18 maio 1876. Gioacchino Rossini: compositor italiano que, dentre suas várias óperas, produziu *Cenerentola* a partir de *Cendrillon*, em 1814.

**146** C. E. M. de Moura, *op. cit.*, p. 42. O autor retirou essas informações do *Correio Paulistano*, dez. 1877 e jan., jul., nov. e dez. 1878.

**147** T. Klein, *op. cit.*, 1994, p. 131.

**148** A. Damasceno, *op. cit.*, p. 145.

**149** *Id., ibid.*, p. 188. Entre elas: *O negro logrado*, *A rosca*, *O novo modo de pagar as dívidas* e *Os aventureiros de Paris*.

**150** *Id., ibid.*, p. 233. Essa foi a maneira como se apresentaram no Teatro de Variedades, de Porto Alegre, Albano Pereira e Candido Ferraz, que se associaram na década de 1880.

O
MOLEQUE
BEIJO
NO CIRCO

Uma pequena caravana de artistas se locomovia em carros de boi e carroças, pelas estradas montanhosas e esburacadas da região ao sul de Curral del Rey (atual Belo Horizonte), em direção à cidade de Pará de Minas, antiga Vila do Patafufo, nas Minas Gerais. Era o ano de 1882 e o grupo fazia parte de uma modesta companhia circense cujo diretor era o artista Sotero Villela (Sotero Ricardo Ferreira Villela). Após o percurso pelas difíceis estradas da região, usadas na maior parte do tempo apenas por tropeiros, ao som do ranger lamentoso das rodas, o circo chegou à cidade, alterando o ritmo e o cotidiano de seus habitantes[1].

Exemplos como esse são encontrados em vários jornais mineiros e de outras cidades brasileiras do século XIX[2], assim como em relatos de memorialistas e romancistas, circenses ou não[3]. Independente da condição modesta da companhia, os circos tornavam-se, para a maioria dessas cidades, as únicas atrações, mexendo com as fantasias e as expectativas das pessoas de todas as condições sociais, idades, cores e credos. Dentre as inúmeras pessoas que vivenciaram os espetáculos circenses, como público e depois como artistas, e tiveram a oportunidade de relatar essa experiência, destaca-se a figura de Benjamim de Oliveira. É com ele que procuraremos, ao longo do livro, reconstituir as trilhas percorridas em sua trajetória para mostrar os vários sujeitos que, ao mesmo tempo, mantiveram uma certa forma de produzir o espetáculo, o renovaram e inovaram.

### MOLEQUE BEIJO

A chegada desses grupos nas localidades já era sua própria propaganda. No caso da cidade de Pará de Minas, que não contava ainda com a circulação de um jornal local, entravam anunciando os espetáculos e se dirigiam a um lugar previamente escolhido pelo secretário da companhia Sotero e liberado pelas autoridades, ou seja, o largo do Chico Torquato[4], a algumas quadras da matriz da Paróquia Nossa Senhora da Piedade do Pará.

Durante o século XIX e antes da Proclamação da República, os municípios, por meio da Câmara Municipal, é que legislavam sobre a realização de festas, diversões e jogos, incluindo aí autorização para funcionamento de espetáculos teatrais e circenses. Conforme Martha Abreu, em 1828 havia sido aprovado o

"Regimento das Câmaras Municipais do Império", no qual ficavam estabelecidas as funções administrativas desses órgãos. Dentre as funções, destacava-se a de responsabilizar pela criação das novas posturas das cidades [...] As posturas, verdadeiras leis municipais [...], visavam à manutenção da ordem pública e atendiam a uma ação de sentido preventivo. Geralmente eram codificadas, mas periodicamente confirmadas, ou renovadas em editais, por estarem muito vinculadas aos costumes. O não cumprimento de uma postura caracterizava em contravenção, "um quase delito".[5]

Apesar de haver algumas normas protocolares codificadas, iguais para a maioria dos municípios, os circenses, no seu nomadismo, enfrentavam as variações regionais quanto à forma como as autoridades locais "interpretavam" o que seria considerado "ordem pública" associada a "medidas preventivas". Era comum, entretanto, as autoridades civis locais não dificultarem a entrada das companhias, o que não acontecia com as autoridades religiosas. Mesmo possuindo a licença das Câmaras, quando o padre não autorizava, o circo não estreava[6].

Nos carros e carroças puxadas por animais de carga – bois, burros e cavalos – eram transportados todo o material necessário para a produção do espetáculo, instrumentos de trabalho – aparelhos e vestuário – e utensílios domésticos, além dos artistas[7]. A funcionalidade dos instrumentos, a essencialidade e a praticidade de seus conhecimentos de locomoção, moradia e trabalho já faziam parte do conjunto de saberes que esses nômades vivenciavam na Europa. O modo como aliaram seus conhecimentos com as realidades locais resultou no desenvolvimento de uma série de adaptações tecnológicas na construção de estruturas físicas do circo, dos instrumentos de trabalho, bem como na forma de transporte do conjunto dos equipamentos.

Como eram os grupos circenses? Semelhantes ao Circo Sotero, que percorria as estradas (ou até as construíam)? Que adaptações realizavam? As alternativas e as soluções encontradas eram orientadas pelas referências culturais presentes no conjunto dos saberes trazidos e nas condições materiais, sociais e culturais da região por onde passavam, mas, principalmente, por onde foram se "fixando".

Para além das ruas, feiras e palcos teatrais variados, alguns circenses que tinham condições financeiras de adquirir tecidos e ferragens construíam, eles próprios, seus circos de toldo[8], que eram revestidos por uma cera que os impermeabilizava (protegendo mais do sereno do que propriamente da chuva)[9]. Uma das formas de construção do espaço de apresentação era um tipo de estrutura chamada circo de pau a pique[10], caso do Circo Sotero[11] e da maioria dos circos durante a segunda metade do século XIX e início do XX. Ao chegarem aos terrenos escolhidos, em meio ao burburinho das crianças que os acompanhavam e da curiosidade dos habitantes adultos, todos os artistas da companhia davam início à construção: mulheres, crianças e homens. Pelos relatos de circenses e memorialistas, é possível fazer uma reconstituição desse processo. No centro do terreno, cravava-se uma estaca na qual se amarrava um fio de barbante com uma medida de 13 metros, demarcando o espaço onde seria o picadeiro ou arena. Isso feito, com uma medida maior do barbante, construía-se um círculo no qual eram fincadas madeiras, dispostas lado a lado, que eram cortadas no mato, doadas ou compradas de fazendeiros da região. Essas madeiras eram amarradas ou pregadas, e delas saía uma estrutura para sustentar lances de bancadas suportadas por cruzetas, que formariam o que normalmente se denomina geral ou arquibancadas[12]. No centro da arena instalava-se o mastro de eucalipto, jacarandá ou ipê, em cujo topo era colocado um travessão formando meio T, chamado escandalosa ou caranguejeira, na ponta do qual se prendiam roldanas, das quais desciam as cordas para os números aéreos.

Quando a companhia deixava a cidade, ou a madeira era vendida ou a estrutura permanecia no local, não sendo raro que outros circos a utilizassem[13]. O que se observa, nesse processo, é que construções de madeira já faziam parte do conjunto de saberes desses artistas, transmitidos oralmente[14]. Com o conhecimento que tinham tanto da edificação dos circos fixos como dos circos volantes, tendo em vista as dificuldades para encontrar matéria-prima apropriada ou mesmo quem soubesse processá-la para confeccionar os equipamentos, os próprios circenses fabricavam todos os instrumentos, adaptando-os. Assim, estruturaram um circo de madeira - que era chamado, além de pau a pique, de "rancho de taipa" -, que dava conta de suas apresentações e do transporte para qualquer local, independente da distância. Essa flexibilidade na organização do trabalho exigia tudo o que o processo qualificador circense era capaz de realizar.

No relato de Benjamim de Oliveira, o circo de Sotero Villela era um "rancho de taipa", possuía um mastro central e não tinha cobertura completa, apenas o círculo de madeiras era coberto por uma forração de algodão[15]. Durante a construção, que levava pelo menos de três a quatro dias, um cartaz de propaganda era afixado no terreno, anunciando que haveria espetáculos às quintas-feiras, aos sábados e domingos, se fizesse bom tempo. Na tarde do dia da estreia, e em todos os outros dias, movimentava-se mais ainda o cotidiano da cidade, enlouquecendo a garotada, quando saía o "palhaço com a cara sarapintada, cavalgando um bucéfalo abundante de ossos e falto de carnes". Formava-se um verdadeiro cortejo, tendo o palhaço à frente "ladeado por dois molecotes" que empunhavam tabuletas "com dizeres bombásticos", anunciando que a função teria o "homem que engolia fogo e comia espadas, o cavalo que adivinhava". Os seguidores do "el-rei palhaço" eram "obrigados a responder, em coro", os chistes da chula de palhaço, e os que gritassem mais alto recebiam uma marca com tinta no braço de um dos casacas de ferro, para que entrassem sem pagar[16]. "Casaca de ferro" é um dos nomes dados aos trabalhadores que montavam e desmontavam os circos. Vários outros foram e são usados pelo linguajar circense - "peludo", "peão", "diarista", "amarra cachorro". Este último ficava quase exclusivamente vigiando as cercas. Muitos deles entravam nos circos ou fugiam com eles realizando essas tarefas e, com o tempo, tornavam-se artistas.

Algumas horas antes de iniciar o espetáculo, em frente ao circo era formada uma fila de "criados e mucamas", carregando "cadeiras de madeira tosca" e moringas com água, que colocavam nos lugares que lhes eram determinados, ou seja, no espaço vazio entre o picadeiro e as arquibancadas[17]. Mesmo em alguns circos de toldos, que eram transportados e montados em cada local, não havia cadeira, garantindo-se apenas as gerais e o lugar reservado para as pessoas que desejassem uma melhor acomodação. A fabricação e o transporte de cadeiras encareciam e dificultavam a locomoção dos circenses. Essa prática de o público levar seu próprio assento permaneceu, principalmente nos pequenos circos, até a primeira metade do século xx. Pode-se observar em dois relatos de circenses - Antenor Alves Ferreira, que nasceu em 1915 na cidade de Brodowski e José Wilson Moura, nascido em 1949 no circo do tio, que somente viajava nas regiões Norte e Nordeste - a descrição dessa experiência. Ambos relatam que, principalmente em programações com "grandes peças" ou "dramas", o público levava as cadeiras de casa. Quando se realizava a propaganda de rua do circo de José Wilson, as pessoas eram avisadas para que levassem suas cadeiras se quisessem ficar bem acomodadas, ou como no relato de Ferreira, que se assemelha ao feito por Benjamim:

> então fazia aquela fila na bilheteria, cada um com a sua [cadeira] na cabeça. Comprava entrada, entrava, punha a cadeira e sentava. Termina o espetáculo, punha a cadeira na cabeça, mulher e criança, tudo, e iam embora com as cadeiras.[18]

Entretanto, isso não se dava apenas nos circos, mas também em alguns "teatrinhos", inaugurados na primeira metade do século XIX, como foi o caso do Teatro São Carlos, da cidade de Campinas, inaugurado em 1850. Modesto na sua concepção arquitetônica e nas instalações internas, com pouca infraestrutura, seus espectadores eram obrigados a levar as próprias cadeiras se desejassem um mínimo de conforto durante o espetáculo. Os camarotes, mesmo alugados para os mais abastados, também não possuíam cadeiras. Até a década de 1870 o teatro ainda não possuía mobiliário, apenas alguns bancos de madeira[19].

Ao cair da noite, iluminava-se o circo com "candeias de flores de flandres, alimentadas a querosene, com pavios de algodão". Caso se apagassem por uma rajada de vento, os "casacas de ferro eram obrigados a acendê-las" novamente, em meio a um "berreiro ensurdecedor do pessoal que bradava: 'luz, olha a luz'"[20].

Um pouco antes de o circo se iluminar e o público começar a entrar, já estavam a postos os vendedores e os quituteiros, com seus tabuleiros repletos de doces, sucos, bolos e broas. Entre estes estava o moleque Beijo, aos 12 anos de idade. Como tinha poucas possibilidades de "entrar como espectador" e como não podia fazer parte dos que acompanhavam o "palhaço-cartaz", vendia as broas feitas pela mãe na porta do circo e aos artistas, o que lhe permitia ter uma maior aproximação deles[21].

Quem era, afinal, aquele moleque?

Benjamim de Oliveira nasceu em 11 de junho de 1870, na Fazenda dos Guardas, que pertencia à cidade de Pará de Minas. Era o quarto filho de Malaquias e Leandra; segundo seu relato, a mãe, por ter sido uma "escrava de estimação", teve todos os filhos alforriados ao nascer. Pelo que consta nos Livros de Batizados da Cúria Diocesana de Divinópolis[22] - nos quais foram registrados o nascimento e o batizado dos nove filhos do casal, de 1864 a 1890 -, até o registro de Benjamim, os pais eram denominados "crioulos escravos" ou, simplesmente, escravos de Roberto Evangelista de Queirós e Maria Madalena de Jesus.

A principal atividade econômica da Fazenda dos Guardas e da região era a pecuária; entretanto, o "sinhô" era também vendedor de escravos, que andava "pelo interior com levas de negros, cem, duzentos, tangidos como gado"[23]. Malaquias era um "negro hercúleo, enorme" que, além de "amansar burro bravo", gozava de um "certo prestígio", sendo "uma espécie de capataz", frequentemente incumbido de capturar os negros fugidos[24]. Era um homem terrível, relata Benjamim, que lhe "dava surras tremendas quase que diariamente"[25]. Beijo, aos 12 anos, teria exercido "todas as profissões possíveis" para quem era filho de escravos e morador na fazenda, afirmando que seu primeiro emprego foi o de "madrinha de tropa", depois carreiro, candeeiro, que "ia à frente do carro de boi com lampião para alumiar o caminho", guarda-freio e ainda ajudou o pai a "amansar burro bravo"[26]. Além de tudo isso, narra que estudava na escola do mestre João Pereira Coelho, e nas "horas vagas" é que vendia bolo na porta dos circos que, de tempos em tempos, passavam pelo Arraial[27].

O fascínio que o circo exercia nas pessoas, nos seus desejos de se tornarem artistas, de pertencerem a um grupo que percorria o mundo, além das possíveis imagens de que a vida nômade seria oposta ao trabalho fixo e às pressões da vida cotidiana familiar, fazia com que muitas delas, de várias idades, fugissem com as companhias circenses[28]. Pelo menos o modo como Benjamim e outros relatam suas fugas nos permite depreender essa ideia. A combinação dessas emoções com o desejo de fuga, da conflitante figura do pai, de sua ocupação e do modo como era tratado encorajava Benjamim a enfrentar as consequências de possíveis punições para um negro fugido, filho de um caçador de escravos.

Benjamim expressa isso em seus relatos, quando diz que as recordações daquele tempo eram "muito ruins", não por causa do "sinhô, que afinal não era mau para seus escravos", nem pela "sinhá, que era uma santa", mas pelo pai "caçador de negros fugidos". O tema da fuga, então, estava permanentemente colocado, tanto pelas experiências de escravos que fugiam e eram caçados pelo pai quanto pela possibilidade de sua própria fuga, como se pode observar em um diálogo que Benjamim simula entre o sinhô e o pai:

- Malaquias peão - dizia o meu senhor - traga-me este negro de qualquer modo.
- De qualquer modo, meu senhor?
E sublinhava com um ar terrível este "qualquer". Meu pai se embrenhava pelo mato e quase sempre trazia o negro... morto.
Aquela vida não podia continuar. Era preciso fazer alguma coisa.[29]

É interessante observar que várias experiências semelhantes aconteciam, mesmo para quem não era escravo, mas trabalhador branco pobre, como o caso de Avelino Fóscolo. Regina H. Duarte, ao relatar um momento da vida de Avelino, quando ele vai embora de sua cidade, Sabará (MG), com um circo, diz:

120

A passagem do grupo de Keller pelas proximidades da mina de Morro Velho, em meados da década de 1870, deve ter agitado a vida dos que ali habitavam e trabalhavam. Para Avelino, então, foi decisiva. Fascinado pelas apresentações, cansado do dia a dia na mina, sem perspectivas de melhoria, o menino aproxima-se dos artistas. É aceito pelos membros da companhia, parte com eles, convive com pessoas de várias nacionalidades e acaba aprendendo outras línguas.[30]

Por isso, fugir com o circo possibilitava ir em direção às fantasias de uma nova vida, mas antes de tudo recusar a que vivia e os temores gerados por ela. Não era só uma aventura romantizada que buscava, era a chance de sobreviver de uma nova maneira. Assim, aproveitando a ausência do pai, que tinha ido a outro sítio "amansar uns burros novos", coincidindo também com o dia que o circo estava partindo, saiu de casa com o tabuleiro e fugiu com a companhia. Daí em diante, em todas as outras entrevistas em que contou sua história de vida, Benjamim raramente voltou a falar explicitamente de seu pai, de sua condição de filho de escravos ou da escravidão propriamente dita. Na entrevista dada em 1940, ele explicita isso, dirigindo-se a Clóvis de Gusmão dizendo: "Mas essa questão do emprego do meu pai será preferível que V. não conte. Basta que diga o lugar onde eu nasci."[31] Em nenhuma fonte pesquisada há menção, por exemplo, de que seu pai tenha saído à sua procura. Há apenas uma referência em um programa da Rádio Nacional do Rio de Janeiro, de 7 de agosto 1942, com o nome de "Honra ao Mérito", que contava a vida de artistas, políticos etc., no qual foi dramatizada a história de vida de Benjamim de Oliveira. Nele é relatado que oito meses após a fuga Malaquias estava na cidade de Itatiaia, onde também estreava o Circo Sotero. Foi ao circo e lá viu que Benjamim se apresentava no trapézio, quando então teria gritado da arquibancada: "Beijo, seu moleque safado", ao mesmo tempo que invadia o picadeiro. Depois de uma confusão que se formou, Benjamim conseguiu fugir novamente, mas não se explicita no relato como e para onde. Da mesma maneira, poucas vezes mencionou, como se verá, as dificuldades que teve na sua trajetória pelo fato de ser negro.

Registrando-se, futuramente, com o sobrenome Oliveira em substituição a Chaves, o de seus pais[32], os relatos de Benjamim possuem todas as riquezas e problemas de fontes registradas oralmente, destinadas a ser publicadas em veículos dos meios de comunicação de massa: jornais, revistas e, depois, o rádio. Há silêncios e até informações nas quais explicita uma ocultação consciente, como na fala sobre o pai. A partir do dia da fuga, todos os seus relatos voltam-se para a descrição do seu processo de formação como artista, que, cotejados com as informações de outras fontes, permitem percorrer a trajetória do moleque Beijo tornando-se artista no circo feito escola.

## "DESTINO DE NEGRO"

O temor que relacionava grupos nômades a roubos de crianças esteve presente no imaginário dos habitantes das cidades no o século XIX. Muitos relatos descrevem crianças que foram roubadas por ciganos ou por circenses, grupos frequentemente confundidos pela população e pelas autoridades. Há de se reconhecer que os temores não eram infundados. Houve, inclusive, vários casos de denúncias contra grupos de ciganos que roubavam, além de objetos de valor e dinheiro, "crianças e adultos", se isso lhes "aprazia"[33].

Em relação ao circo em particular, em nenhum dos relatos de circenses - entrevistados ou que deixaram registros escritos sobre sua vida -, há menção de que tenham sido "roubados", mas sim de que fugiram com ele. Mesmo nos casos contados de moças raptadas por homens de circo, suas histórias de vida permitem observar que de fato eram seduzidas por eles e acabavam fugindo com o circo na esperança de se casar com os artistas. O que, em muitos casos, acontecia[34]. Entretanto, eram notórios os casos dos que fugiam e se tornavam artistas, o que aumentava o fascínio de seguir as companhias e era suficiente para que a fuga e o roubo de crianças significassem a mesma coisa, fazendo aumentar a vigilância tanto dos pais quanto das autoridades. A partir da década de 1880, a vigilância transformou-se em legislação dos municípios, que passaram a se preocupar com a movimentação de crianças, penalizando os atos de "procurar perverter a mocidade, ainda incauta por sua minoridade" e "seduzir os pupilos dos outros para tê-los consigo". Assim, os donos de circo que "levassem consigo crianças ou adolescentes estavam, sem dúvida, incluídos como infratores"[35].

Apesar de Benjamim não mencionar como era a organização da companhia com a qual fugiu, a maioria dos circos era constituída de grupos familiares - proprietários e artistas -, o que faz supor que o de Sotero também o fosse. Para ser integrado como membro de qualquer circo, o aprendizado era uma das condições de permanência, pois todas as atividades - desde armar ou desarmar o circo, cuidar da cerca, pintar, cuidar da manutenção, confeccionar o toldo de cobertura e de roda, tratar e cuidar dos animais, ser ferreiro, pintor, ferramenteiro, até ser artista - tinham como objetivo produzir o circo como espetáculo e reproduzi-lo como organização. Esse estilo de vida, que pressupunha praticidade e funcionalidade, não permitia que alguém vivesse no circo como "apêndice" ou "agregado".

O que se observa em quase todos os registros de artistas que fugiram com o circo é a imediata entrada no processo de formação e aprendizagem do cotidiano circense, independente da origem[36]. Em uma das entrevistas, Benjamim relata o começo de sua vida profissional no circo, dizendo que para "fazer jus a um prato de comida" ele lavava cavalos e às vezes fazia atividades de copeiro na casa do empresário Sotero[37].

A princípio, parece que sua entrada no circo se mostrou como uma mera extensão de sua vida na Fazenda dos Guardas. Entretanto, logo em seguida acrescenta que pela manhã fazia exercícios de "bambu" - técnica de acrobacia aérea na qual um bambu é colocado nos ombros de um portô ou aparador, enquanto artistas acrobatas realizam exercícios aproveitando a flexibilidade do material para tomar impulso, também conhecido como percha. O termo "portô" é um abrasileiramento circense para a palavra *porteur*, com o mesmo significado usado pelos franceses. Às vezes, é também utilizado o termo "forte" para designar a pessoa que fica no solo sustentando o aparelho e a demonstração do outro artista, e "portô" ou "aparador" para a mesma função nos números aéreos. Além desses, Benjamim conta que iniciou os primeiros exercícios para saltar, o que é bastante significativo, já que a base dos ensinamentos, para todos, era aprender esse exercício: "a mãe da arte de todos os números feitos em circo é o salto", como afirmava Barry C. Silva. Para o circense, aquele que não tivesse aprendido a saltar estaria restrito a realizar números que não exigissem habilidades acrobáticas. É por meio do salto que se adquire o equilíbrio, o "tempo certo do corpo", aprende-se a cair. Esses são os aspectos fundamentais para qualquer número de circo, até mesmo para os palhaços e os atores dos dramas circenses[38]. Todo esse primeiro aprendizado foi orientado por Severino de Oliveira, artista da companhia, de quem se supõe que Benjamim adotou o sobrenome.

É provável que, pelo fato de Benjamim ser negro e ter vivido no período da escravidão, houvesse formas diferenciadas no trato. Inclusive, a bibliografia geralmente ressalta apenas esse aspecto. Entretanto, proponho outro olhar. O processo de formação e aprendizagem para aqueles cujas famílias já estavam no circo, até pelo menos a primeira metade do século xx, tinha início no seu nascimento. Para os que se juntavam às companhias, independente da idade, o processo iniciava-se quase de imediato. A criança, em particular, representava aquele que portaria o saber. No ensinar e no aprender estava a chave que garantia a continuidade do circo, estruturado em torno dos grupos familiares; e, no circo-família, o ensino era de responsabilidade de todos. Mesmo que perdesse os pais, uma criança não era abandonada, sendo absorvida pela "família circense": o que faz pensar que não havia como fugir do "destino" de ser circense.

Nem todas as crianças, porém, se sentiam aptas ou queriam aprender números que implicassem risco; havia no circo as que não podiam executá-los por problemas físicos ou simplesmente por não quererem aprender. Não era a maioria, até porque a chance de escolha era muito reduzida. Mas, nem mesmo nesses casos, deixavam de trabalhar em outras atividades, menos exigentes de destreza corporal. Entravam em esquetes, atuavam nas peças teatrais, participavam da organização do circo, trabalhavam na armação e na desarmação, na bilheteria. Era muito comum para essas crianças e jovens aprenderem a tocar instrumentos, cantar e dançar. Enfim, os números de risco não eram os únicos apresentados, sempre havia o que aprender e apresentar no espetáculo.

O mesmo ocorria com aqueles que não haviam nascido no circo, "gente da praça" que fugia com ele ou simplesmente a ele se incorporava. Esse "estranho" poderia até se tornar um formador de uma "tradicional família circense", desde que passasse pelo ritual de aprendizagem dado por uma das "famílias tradicionais". Qualquer pessoa poderia ser aceita pelos circenses, mas para isso tinha de aprender sua arte, não bastava se agregar para ser figurante ou participar de uma grande aventura[39].

As técnicas, aprendidas por meio dos ensinamentos de um mestre circense, eram a preparação para o número, mas continham, também, os saberes herdados dos antepassados sobre o corpo e a arte. A transmissão oral das técnicas pressupunha um método, ela não acontecia por acaso, mesmo que não seguisse nenhum tipo de cartilha. A dimensão tecnológica era indissociável da dimensão cultural e ética, e revelava como o grupo construía sua relação com o contexto social no qual se inseria. As alternativas e as soluções tecnológicas encontradas eram orientadas pelas referências culturais específicas dos grupos circenses; pois, em última instância, a tecnologia se inscreve, antes de tudo, como um saber. Não é demais recolocar a ideia de que no circo nada é apenas técnico.

A criança seria não só a continuadora da tradição, mas também um futuro mestre. Para ser um circense tinha de assumir a responsabilidade de ensinar à geração seguinte. Ao longo de sua aprendizagem, a criança "aprendia a aprender" para ensinar quando fosse mais velha. O "ritual de iniciação" - aprendizado e estreia - era um rito de passagem, a possibilidade de tornar-se um profissional circense. O contato com a geração seguinte era permanente, havendo um envolvimento direto na aprendizagem.

Por isso, Benjamim, ao ser iniciado nos primeiros passos acrobáticos para a realização de um número, o bambu, ministrado por um artista do circo, já estava integrado ao modo de organização circense no período e, como tal, era um partícipe de uma tradição oral, entendida não apenas como oralidade, mas como o conjunto das memórias gestuais, sonoras, de relações sociais e culturais, da qual faziam parte também os afazeres domésticos e o cuidado dos animais. Ele tinha, então, acesso à aprendizagem de saberes e técnicas que lhe permitiam tornar-se um artista de circo.

É interessante lembrar, dentre os vários registros de circenses sobre o cotidiano no circo[40], o de Ferdinando Seyssel, pertencente a uma família de origem francesa que chegou ao Brasil na década de 1870[41]. No livro escrito por seu filho, Waldemar Seyssel - o palhaço Arrelia -, tem-se a descrição das atividades de Ferdinando, que nasceu circense na Europa e se fixou no Brasil, no mesmo período em que Benjamim entrava para o circo.

> [...] Levantávamos às quatro da manhã [...] Chegávamos ao circo às seis horas e fazíamos uma limpeza rápida nos cavalos que iriam ser ensaiados. [...] Terminados esses treinos, reconduzíamos os cavalos à cocheira, onde tornávamos a limpá-los. [...] Nossa manhã era assim, dura e trabalhosa. [...] Além de tudo isso, ainda tínhamos o dever de arrumar a casa e, às vezes, até de limpar a cozinha... e sem nenhuma queixa! Aquele que reclamasse, coitado, ia dormir com o traseiro bem quente... mas o castigo só era administrado depois do espetáculo, a fim de não estragar o entusiasmo artístico do rapazinho ou da mocinha. [...][42]

O que se pode observar pela descrição acima é que, em contato com o cotidiano circense, as "fantasias" encontram-se com uma realidade que pressupunha trabalho, disciplina, responsabilidades, hierarquias, conflitos e dificuldades. Benjamim relata uma rotina não muito diferente da que as crianças que já viviam ou tinham nascido no circo experimentavam. Tanto que, além das tarefas e do aprendizado dos primeiros saltos e acrobacias, ele tornou-se o "palhaço-cartaz" do circo: montado a cavalo, saía com a cara enfarinhada anunciando o espetáculo e cantando chulas[43].

Após um período de aprendizagem, chegou "finalmente o grande dia" da estreia de Benjamim: foi em Morro Mateus Leme, uma localidade próxima à cidade de Pará de Minas, o que sugere, por um lado, que o tempo desde a fuga até então não deve ter sido muito longo, e indica, por outro, a possibilidade de algumas pessoas de sua cidade terem informação de onde ele estava. Entretanto, como não menciona nada a esse respeito, interessa neste momento que, independente do lugar e do tempo, ele foi preparado desde o início da fuga e logo incorporado como artista. Anunciado seu número com percha, apresentou-se "modestamente vestido" em um calção de cetim vermelho, "muito ordinário e uma blusa branca de algodãozinho"[44] que, se não fez grande sucesso, também não desagradou. A partir da estreia, aprendeu e executou vários outros números de acrobacia, corda indiana, trapézio, além de se manter como "palhaço-cartaz"[45].

Depois de quase três anos trabalhando no Circo Sotero, percorrendo o sertão mineiro, fugiu pela segunda vez na vida. Duas razões distintas são relatadas por ele para essa fuga: a primeira, porque o dono o espancava muito, e a segunda era uma "suspeita infundada" de Sotero de que sua mulher o estivesse traindo com Benjamim[46]. Ambas as versões eram plausíveis, sendo a do espancamento a mais citada quando a história de sua vida é mencionada[47].

Não é minha intenção desconsiderar o relato de Benjamim ao falar das dificuldades por que passou na sua trajetória de vida e de formação artística, justificando que a fuga, as surras e a suspeita de traição eram devidas às perseguições que sofria pela sua condição social e racial. Havia, de fato, uma suspeição contra escravos e libertos, ou melhor, contra todas as pessoas que traziam na cor da pele a marca da escravidão.

Além do mais, casos de maus-tratos e espancamentos de crianças circenses aconteciam e eram noticiados nos jornais. Dois exemplos são citados por Athos Damasceno. O primeiro se deu em 1873, na Real Companhia Japonesa, que se apresentava no Teatro São Pedro, na qual o "prodigioso menino All Right", de origem inglesa, fugiu do hotel onde se hospedava indo para a casa de um morador local se queixar de maus-tratos. Encaminhado ao Juizado de Órfãos, após exames, foram "constatadas diversas e sérias contusões disseminadas pelo corpo do queixoso", sendo retirado dos japoneses e entregue a um curador. O autor somente informa que o circo sumiu da cidade. O segundo foi em 1875, no Pavilhão que Albano Pereira construiu em Porto Alegre, tratado no capítulo anterior, no qual trabalhava a família Nelson. Segundo o autor, espalhava-se, na cidade, que se infligiam maus-tratos ao menino Eduardo Nelson. Em uma noite de espetáculo a polícia interveio, invadiu o picadeiro, avançou contra cadeiras e galerias e dispersou o povo. O autor apenas diz que a atitude da autoridade policial foi deplorável, desmoralizando o circo e a cidade[48]. Os circenses chegam a ser considerados "bárbaros"[49], que chicoteavam seus aprendizes, submetidos a dolorosos exercícios. E mesmo esses exercícios eram vistos como excessivos, por um saber científico que começava a se afirmar[50].

Mas o que se pretende relativizar aqui é a ideia comumente aceita de que, pelo fato de ser filho de escravos, justificavam-se os maus-tratos. Retomando o relato de Ferdinando Seyssel, apanhar e ser castigado não eram "privilégios" de alguns, mas de todas as crianças dentro do circo, filhos ou não dos proprietários, "rapazinhos ou mocinhas". Barry Charles Silva afirmava que seu pai ou quem ensinava batia nas crianças como seus pais e avós faziam. A família de Barry veio da Europa como saltimbancos e circenses e chegaram ao Brasil por volta da década de 1870. Ele, que nasceu em 1931, acrescentava:

> naquela época se apanhava para aprender, meu pai era enérgico. Quer dizer, enérgico demais para ensinar a gente, batia e ensinava fazer os números com perfeição. Por exemplo, para você fazer uma carreira de *flyflap* - aquele salto que você bate a mão no chão depois volta em pé - para não entortar para um lado e para outro, ele punha uma carreira de cadeira de um lado e do outro, para não sair da linha, se pegasse as pernas, azar.[51]

Segundo ele, o pai estava apenas repetindo o modo como seu bisavô e seu avô aprenderam e ensinaram.

No segundo relato, Benjamim diz que, silenciosamente, desapareceu, afirmando o que poucas vezes foi encontrado em suas inúmeras entrevistas: "Meu destino era fugir. Destino de negro..."[52] Dessa vez incorporou-se a um grupo de ciganos, não explicando como e por que isso se deu, nem quais foram suas atividades enquanto permaneceu entre eles, apenas dizia que eram ciganos caldeireiros, o que, segundo Benjamim, era uma profissão que procurava "encobrir a verdadeira, que era de ladrões de cavalos"[53].

Sabe-se da presença de grupos ciganos em terras brasileiras desde o século XVIII[54]. No século XIX, os "ciganos nacionais" (para se diferenciarem dos "estrangeiros", quase sempre provindos das regiões balcânicas) tinham como atividade o "comércio" de animais - cavalos, burros e gado. Aquele "comércio" frequentemente aparecia nos documentos da época como denúncias policiais de trocas ou venda de cavalos roubados[55].

José B. d'Oliveira Cunha afirma que, além de "negociantes" de animais, os ciganos no Brasil tornaram-se fortes traficantes e comerciantes de escravizados. No início do século XIX, sua presença na cidade do Rio de Janeiro é relatada como aqueles que "serviam os revendedores de escravos africanos" e negociavam os cativos com particulares[56]. Na década de 1880, espalhando-se por quase todo o território nacional, vários grupos embrenharam-se pelos sertões, onde podiam transportar e negociar melhor escravos e cavalos, mantendo certa distância dos controles praticados nas cidades grandes e na capital do império[57]. Particularmente o sertão de Minas Gerais teria sido, "desde os tempos coloniais", uma das regiões que mais receberam esses grupos. Em 1885, "um bando de cento e tantos ciganos" teria entrado pelo estado de São Paulo, vindo dos sertões de Minas, e acampado na cidade de Caçapava. Segundo o jornal *O Paiz*, uma tropa cercava a "'povoação' dos ciganos, que, parece, têm enriquecido com o negócio de animais", e na qual havia "vinte e tantos cativos", que "lavavam, lenhavam e coziam"[58]. Mesmo que Benjamim não fale como era seu cotidiano entre os ciganos, é de supor que tenha vivenciado uma relação escrava, pois descobre, por uma moça do grupo, que iriam vendê-lo, ou melhor, trocá-lo por um cavalo. Mas ele consegue, por meio de uma combinação com a menina, fugir dos ciganos, fato na época, segundo a bibliografia, tão ou mais difícil e perigoso do que fugir de proprietários não nômades.

O grupo estava tão embrenhado pelo sertão mineiro adentro que Benjamim teve de andar umas "sessenta léguas a pé para atingir uma vila em que pudesse viver"[59]. No trajeto, foi preso por um fazendeiro que o julgou fugido de alguma fazenda próxima. Era comum homens e mulheres negros forros serem presos, tanto na cidade quanto nos campos, e terem que provar a condição de libertos, geralmente através do documento de alforria. Benjamim disse ao fazendeiro que, além de não ser fugido, possuía uma profissão, era circense. Sem nenhum documento que comprovasse tal alegação, fez uma demonstração das habilidades acrobáticas aprendidas e realizou alguns saltos. Talvez porque a presença negra não fosse incomum nos espetáculos circenses, sendo do conhecimento da população do interior do Brasil, Benjamim conseguiu um bom resultado em sua demonstração e foi autorizado a continuar seu caminho. Era o acervo técnico, aprendido no circo, que utilizava para se "safar" de uma situação como essa.

Benjamim diz que, após caminhar por várias vilas mendigando, conseguiu chegar ao estado de São Paulo, à cidade de Mococa, entre 1885 e 1886, onde encontrou trabalho em um circo de pau a pique dirigido por um norte-americano chamado Jayme Pedro Adayme, que já circulava por São Paulo e Rio de Janeiro desde pelo menos 1860 com uma companhia equestre e zoológica[60]. Não há muitos detalhes do que apresentava em seus espetáculos nesse período, sendo apenas mencionado que Adayme fazia mágicas e Benjamim, acrobacias, mas, tomando por base as exibições dessa companhia em anos anteriores, é possível aventar que as funções continham variados números equestres, ginásticos e com animais selvagens. Pela primeira vez, há referência quanto à remuneração pelo trabalho de Benjamim: o diretor lhe pagava 2$000 réis por espetáculo, o que, conforme seu comentário, "naquele tempo era um bom dinheiro".

Para ter uma ideia, o preço médio de licença de funcionamento, cobrado pelas Câmaras Municipais, girava em torno de 10$000 réis. Além disso, cobravam-se 2$000 réis a mais por noite de espetáculo, valor que consta do Código de Posturas e Regulamento Interno da Câmara Municipal de São João del Rei[61]. Apenas como comparação, o Circo Chiarini, de Giuseppe Chiarini, "mestre das Arlequinadas", pagou à mesma Câmara dessa cidade, em 1834, $400 réis de licença. Apesar de o valor de cobrança depender das Posturas Municipais de cada cidade, não há muita diferença entre as cidades no período, como se pode observar, por exemplo, em Porto Alegre[62]. Os mesmos 2$000 réis eram pagos pelos espectadores pelo ingresso nas cadeiras (pagavam também os que levavam seus próprios assentos), e as gerais ou arquibancadas custavam 1$000 réis.

Durante todo o século XIX não se encontrou grande alteração nos preços de cadeiras e nenhuma nos preços para gerais e galerias, tanto para os circos quanto para os teatros. Nas várias fontes pesquisadas desse período, é mencionada a presença de escravos nas gerais, o que denota que o valor de 1$000 réis tornava o espetáculo acessível à maior parte da população das cidades. O mesmo preço das gerais e, geralmente, das cadeiras era cobrado quando se apresentavam em teatros, como no Teatro Imperial D. Pedro II do Rio de Janeiro; na apresentação da Companhia de Phenomenos do sr. Schumann, as cadeiras de segunda classe custavam 2$000 réis e as galerias, 1$000 réis[63]. Dezoito anos mais tarde, anunciava-se o Circo de Frank Brown no Teatro São Pedro de Alcântara (hoje João Caetano) com os mesmos preços de cadeiras e gerais[64].

Considerando que, na maioria, os circos no interior trabalhavam às quintas-feiras, aos sábados e domingos, se não chovesse, um artista como Benjamim poderia receber em torno de 24$000 réis por mês. Em pesquisa realizada no cartório de Pitangui (MG), o genealogista Guaraci de Castro Nogueira encontrou o Processo nº XI-4 - ano 1878 em nome de Cornélio Evangelista de Queirós[65], que tratava de pecúlio feito "pelo escravo Malaquias", pai de Benjamim, que teria pagado 23$000 réis para comprar sua liberdade. Apenas como comparação, a princípio, parece que Benjamim recebia por mês mais do que seu pai havia juntado para comprar sua liberdade.

O aprendizado de Benjamim no Circo Sotero, onde aperfeiçoou as técnicas circenses, permitiu-lhe, mais tarde, ser contratado por outras companhias, como o circo de Manoel Barcelino, que estava em Nazareth, um lugarejo próximo a São João del Rei (MG). Segundo Benjamim, esse teria sido seu "grande mestre", aquele que lhe havia passado o "verniz" e possibilitado "criar asas"[66]. Benjamim trabalhou com Barcelino até aproximadamente 1888, mas só em 1892 o localizamos apresentando-se na cidade de Campinas, já anunciado como "afamado artista popular brasileiro"[67]. Os elementos ali referidos são constantes em vários circos do período – o que permite ter uma ideia das atividades artísticas que Benjamim teria vivenciado, aprendido, de que teria participado ou mesmo aperfeiçoado nesse espaço. Esse circo ocupou diferentes lugares em suas exibições – tanto armando seu toldo na praça Carlos Gomes quanto no teatro da cidade, o Rink-Campineiro. Esse teatro foi inaugurado em 1878, ao som da Banda Carlos Gomes, além de ter sido referência para o esporte da patinação, espécie de coqueluche da época. Nas duas décadas seguintes, abrigou os mais variados tipos de atividade e expressão artística: operetas, dramas, comédias e circos[68].

A maneira como a companhia de Barcelino se apresentava nos jornais confirma a presença da mistura de gêneros artísticos: equestres, ginásticos, acrobáticos, bailarinos, zoológicos e, principalmente, mímicos. Não se tratava de um grupo pequeno, pois era composto de "25 artistas de 1ª ordem", entre os quais 12 de uma única família, os Almeida, além de "3 *clowns*, 1 palhaço, 12 cavalos, 2 porcos sábios, 1 anta amestrada, grande coleção de cachorros de diversos países". No mesmo anúncio, o circo acrescentava que a companhia realizaria poucas funções, pois estava se preparando para estrear no Politeama de São Paulo, que estava em reparos[69].

Em Poços de Caldas, no fim de 1888, Benjamim foi visto ainda com Barcelino por um empresário vindo do sul[70], o artista e diretor circense Fructuoso Pereira, que, tendo gostado de sua exibição, contratou-o, segundo ele, com seu primeiro salário fixo mensal, no valor de 50$000 réis[71].

No circo de Fructuoso, Benjamim desenvolveu outras habilidades e potencialidades, além das que realizava até então. Criar asas como artista permitiu-lhe aumentar os trajetos percorridos, que anteriormente restringiam-se a Minas Gerais, e, com ambos os circos, percorreu todo o estado de São Paulo.

Antes, porém, de continuar viajando com ele, e recuando um pouco no tempo, é interessante perguntar como eram as relações que Benjamim encontrou. O que permaneceu e o que mudou nas produções dos espetáculos circenses desde sua entrada até o fim dos anos 1880, período de sua formação? O que se manteve ou foi incorporado das linguagens artísticas, entendidas como os diversos gêneros teatrais, musicais, danças e habilidades físicas acrobáticas? Como se constituiu a relação entre circo e público, não somente como espectador, mas no sentido ampliado do termo - crítica, jornais, revistas, intelectuais etc.? A partir desse momento, passaremos a focalizar mais de perto a convivência e os intercâmbios de homens e mulheres circenses com as diversas expressões culturais do período que serviram de patamar para que os vários artistas, como Benjamim, pudessem estabelecer continuidades e inovações nos espetáculos, e para a consolidação desses artistas como produtores e divulgadores de diversas manifestações culturais do período.

## "EMOÇÕES APOTEÓTICAS"

As décadas de 1880 e 1890, no Brasil, foram de intensa movimentação cultural, sobretudo nas grandes cidades, com ampliação e construções de novos espaços de apresentação como teatros, circos, cafés-concertos, *music halls*, pavilhões, politeamas, variedades, feiras e exposições, choperias, tablados, salões e clubes carnavalescos. Esse aumento foi acompanhado pela chegada de grupos de artistas estrangeiros, pela formação e consolidação de grupos nacionais, assim como por uma proliferação dos gêneros de espetáculos artísticos teatrais, musicais e danças em todas as formas desenvolvidas pelos artistas locais ou não; consequentemente, aumentou também o número de agentes produtores de todas as origens sociais, como autores, atores, cantores, maestros, instrumentistas, proprietários dos espaços artísticos, empresários e produtores culturais, técnicos, diretores, cenógrafos, coreógrafos e a crítica.

Os autores que tratam das atividades culturais do período, desde os seus contemporâneos, têm destacado o teatro - como forma de apresentação artística e como espaço físico - como referência importante para a maior parte da população urbana, lugar de manifestações políticas e artísticas[72]. As produções artísticas ocorridas nesse espaço eram temas de discussões entre políticos, literatos, críticos e intelectuais, que tentavam analisar como era ou deveria ser o gosto do público, como e quais deveriam ser os gêneros, os textos, as encenações a serem produzidas, e como elas contribuiriam para a formação de um "povo" que se desejava educado e civilizado. Ter público nos teatros era algo ambicionado. Entretanto, apesar de sua afluência, isso não significava, necessariamente, no entender de alguns desses analistas, que o que estava sendo escrito, encenado, cantado e dançado fosse ao encontro do que se almejava para o "povo" e a "nação". Mesmo que os espaços teatrais estivessem vivenciando e criando novas formas culturais, uma parcela do público, em particular a dos letrados e intelectuais (assim como uma parte dos historiadores do teatro brasileiro), analisava o período como de vazio e decadência do teatro nacional[73].

Afinal, o que estava sendo produzido e onde?

A historiografia do teatro aponta que no século XIX se desenvolveram na maioria das grandes cidades da Europa e das Américas, incluindo o Rio de Janeiro, os gêneros teatrais denominados ligeiros, havendo, a partir da década de 1880, uma ampliação e consolidação de sua produção. Esse teatro ligeiro, segundo Fernando Mencarelli, distinguia-se dos "outros gêneros teatrais ditos 'sérios', e da maior parte da literatura realista e naturalista que então estava em voga, por dizer-se totalmente voltado para o público, dirigido para agradá-lo, anunciando estar desvinculado de qualquer outra pretensão", fosse literária, filosófica ou política[74].

Nos repertórios das companhias teatrais, o conjunto denominado teatro ligeiro seria composto de comédias musicais, operetas, revistas, *vaudevilles*, *music halls* e mágicas. Tanto os contemporâneos quanto os historiadores do teatro elegeram o palco um lugar privilegiado para suas análises. Porém, várias outras manifestações artísticas aconteciam nas ruas, como o carnaval, as diversas festas, religiosas ou não, as várias formas de rodas de música e dança, as serestas, os salões, os prostíbulos, os cabarés, os cassinos, os picadeiros. E, de fato, o teatro - que, a despeito dos analistas, era mais do que texto teatral e dramaturgia - trazia também, para seu espaço, multiplicidade de ofertas culturais que a população do período vivenciava. Durante o período identificado como a *Belle Époque*, na maioria dos gêneros citados, as influências das exibições de feiras e ruas dos saltimbancos e dos espetáculos circenses estavam presentes como elementos constitutivos do teatro.

A revista do ano, mesmo considerando as várias formas desenvolvidas em diversas épocas e países, pode ser definida como uma "sucessão de quadros bem distintos, a atualidade, a espetacularidade, o tom cômico satírico, a tendência a ter um fio condutor e o ritmo veloz"; o *music hall* é um "herdeiro direto dos espetáculos das feiras e ruas dos saltimbancos", com números circenses, em quadros dramáticos, piegas, comoventes, combinados a números de música e dança, acrobacias e apoteoses, cívicas ou mitológicas, com um enredo composto de "diversos elementos espetaculares tomados de empréstimo ao circo, às exibições de feira, ao teatro mambembe, à pantomima, à fantasia, e mesmo ao bailado operístico"; a mágica também surgiu dos "tablados das feiras e seu recurso fundamental era o dos efeitos", com grande importância na cenografia empregada mais do que na própria história contada[75]. O *vaudeville* combinava "texto, mímica e música", apresentando um enredo "brejeiro com uma sequência de equívocos e situações imprevistas"[76].

As misturas e as influências mútuas entre os vários gêneros, espaços e agentes culturais acabavam por gerar, no teatro, segundo os analistas, uma "produção espetaculosa" com a finalidade, apenas, de diversão e entretenimento. No caso específico da identificação circense, na constituição daqueles gêneros, como era tendenciosamente visto como um espetáculo que não se pretendia educador, não assumia nenhuma função social ou missão civilizadora[77] e não exigia de sua plateia um comportamento sério, as críticas desqualificavam o que era produzido, bem como os próprios artistas que trabalhavam em teatro, mas tinham nos picadeiros um espaço de trabalho ou eram influenciados por eles. Era o caso do ator Xisto Bahia, que, em sua descrição do teatro no fim dos anos 1880, afirmou que este havia se transformado em uma "feira de novidades" em que a imprensa se fazia de "arlequim à porta da barraca, anunciando e pufiando as sumidades, conforme a gorjeta dos contratadores", e que por isso, para sobreviver, teria sido "necessário agitar os guizos de palhaço, afivelar o cinto de lantejoulas e dar o grande salto mortal da opereta"[78]. Apesar de em sua biografia não constar que tivesse trabalhado em picadeiros circenses, esse é um dos exemplos de como um artista - que era ator, compositor e cantor de lundus, que deu vida a inúmeros personagens de Arthur Azevedo, "extraordinário nos papéis em que imitava roceiros, capadócios e outros tipos populares do Brasil"[79] - estaria incluído nos gêneros ligeiros tanto musicais quanto teatrais, inclusive se autodesqualificando ao assumir que realizava nos palcos atividades circenses.

Ainda nos anos 1880, também se tornava um problema o palco servir para apresentações de espetáculos heterogêneos que combinavam música, dança e canções de modo espetaculoso, festivo, breve e ligeiro, presentes no melodrama, no *vaudeville*, na farsa, na mágica, na revista do ano e na opereta, diversidade de que os espetáculos de feira e/ou circos eram constituídos. Para a Europa, Arnold Hauser, concordando com analistas do período, afirma que estavam certos quando profetizaram que o circo, o espetáculo de variedades e a revista desalojariam o teatro[80].

No Brasil, Machado de Assis, em 1873, ao analisar o teatro, lamentava que o gosto do público houvesse tocado o "último grau da decadência e perversão", ao se voltar para a "cantiga burlesca ou obscena, o cancã, a mágica aparatosa" que falava "aos sentidos e aos instintos inferiores", presentes nos espetáculos de feira que invadiam o teatro. Entretanto, nem tudo estava perdido, pois esses espetáculos não haviam invadido tudo, ainda se representavam, mesmo que nada novo ou original, o drama e a comédia[81].

Todavia, aqueles gêneros insistiam em permanecer, conforme se pode observar em uma crítica que Sousa Bastos - autor e empresário teatral do século XIX - alguns anos depois teria dirigido ao ator João Machado Pinheiro e Costa (Machado Careca) porque, para ele, este representava a comicidade brasileira, de modo geral. Afirmava que o ator estaria se deixando levar pela "onda de loucura" que invadia os teatros do Rio de Janeiro, em cujas casas de espetáculo o gênero predileto era a "revista levada ao extremo da libertinagem e a pochade desbragada" e, nesse sentido, os artistas estariam se transformando "na sua maioria em *clowns* e bailarinos", o que, apesar de não perder seu mérito, perdia seu "valor por transigir demais com as plateias ávidas de cambalhotas e ditos mais do que equívocos"[82].

E o que os circos estavam produzindo na década de 1880 que influenciava as realizações das companhias teatrais, seus autores, atores e empresários?

A rapidez e a capacidade de adaptação dos artistas circenses eram demonstradas pela incorporação, ao repertório, de temas que o público preferia e pela fluida circulação por diferentes estilos de atuação e diversas variantes dos espetáculos[83]. Mas, além da adaptação, incorporação e absorção, os circenses produziam, criavam, ressignificavam e divulgavam diversas formas e expressões presentes em espetáculos contemporâneos, incluindo as teatrais[84]. Não é por acaso que a maior parte dos circos se apresentava, no fim do século XIX, como companhias equestres, ginásticas, acrobáticas, equilibristas, coreográficas, mímicas, bailarinas, musicais e bufas.

O próprio Albano Pereira já incorporava essas formas desde 1875, quando inaugurou seu Pavilhão, chamando a atenção para a junção de palco/picadeiro. Na década de 1880, após uma reforma, o reinaugurou com o nome de Teatro de Variedades destinando-o a apresentações líricas, dramáticas, cômicas, cavalinhos e, na falta delas, à patinação e aos bailes, à semelhança das companhias teatrais, que também tinham um repertório heterogêneo[85]. Décio de Almeida Prado reconhece a existência dessa diversidade, afirmando, porém, que era apresentada por companhias teatrais nacionais devido à concorrência com as estrangeiras, pois restavam àquelas as peças de "qualidade reputada inferior e de grande heterogeneidade: o dramalhão, a comédia tendente à farsa, a opereta traduzida e adaptada, a revista do ano, a mágica"[86]. Entretanto, não é o que temos visto neste trabalho, pois não é possível dicotomizar nacionais e estrangeiros por tipos de espetáculo.

O grande número de gêneros produzidos e apresentados pelos artistas dos circos era compatível com a multiplicidade de ofertas culturais do período. O espetáculo circense se constituía de uma produção que encarnava a própria ideia dos espetáculos de variedades. As pantomimas permaneciam como elemento principal, usadas para finalizar os espetáculos com "emoções apoteóticas", explicitando cada vez mais a presença da mágica em suas montagens. A teatralidade circense explorou abundantemente essa variedade (não só nas pantomimas, como em outras representações teatrais), durante todo o fim do século XIX; seguindo ainda, em parte, a herança europeia, dava ênfase aos temas heroicos, a grandes batalhas e combates entre tropas e quadrilhas de bandidos.

## "CORAÇÕES, OLHOS E OUVIDOS"

No correr da década de 1880, algumas propagandas circenses nos jornais começaram a descrever essas montagens e representações. Por essas descrições é possível ter uma noção da construção da trama e do cenário, do conjunto de conhecimentos que aqueles artistas detinham na produção do espetáculo, da maneira como se dava a criatividade do trabalho circense na construção do espaço de representação, na forma e nos gestos. Um desses casos foi a pantomima *O terror do século XIX, Cypriano La Galla ou Um episódio de brigantes na Calábria*. Anunciada para ser representada no Teatro Rink-Campineiro em 1882, pelo Circo Universal - sob direção dos Casali associados aos Borel -, o anúncio informava ser uma "pantomima histórica" mostrada "em importantes cidades da Europa e da América". Só na cidade de São Paulo tinha sido exibida "30 vezes consecutivas no ano de 1876", e o diretor, agradecido que estava ao público de Campinas, resolvera reapresentá-la sem "poupar despesas". A história passava-se na Calábria, no ano de 1862, e seria executada por 50 pessoas, dentre as quais se destacava a presença de nove artistas que representariam os papéis de destaque. O elenco principal era composto dos mesmos artistas da primeira parte do espetáculo, no qual eram exibidos acrobacias de solo e aérea, animais, reprises e entradas de palhaços. Essa característica é fundamental, pois será a marca do conjunto que constituiu o circo-teatro e permaneceu com esse formato até por volta da década de 1970 e, em alguns poucos grupos circenses, até hoje.

Naquele espetáculo, os papéis obedeceram à seguinte distribuição[87]: o papel do vilão Cypriano La Galla foi confiado a Hypolito Borel, que, além de ser um dos diretores-proprietários, era anunciado como "compositor de pantomimas"; o herói Arthur foi desempenhado por Henrique Ozon, que era "equestre e pulador" (ou saltador); os dois papéis cômicos, do ajudante do vilão e Bobo, ordenança do herói, couberam, respectivamente, a João Maria Ozon, que era ginástico e aramista, e Antonio Borel, também equestre. Ambos, entretanto, eram palhaços da primeira parte do espetáculo. O papel da mocinha Luiza ficou a cargo de Marietta Borel, artista equestre e ascensionista; o pai da mocinha, o general governador, foi desempenhado pelo ginasta e mímico Agostinho, e Maria Galla, mulher do vilão, representada por Maria Cândida, equestre, saltadora, mímica e dançarina. O restante do elenco era composto dos outros artistas da companhia, inclusive dez empregados do circo, que representaram os papéis de brigantes, soldados, cavaleiros e serviçais.

As cenas se passavam nas montanhas da Calábria, e combates de fogo e armas brancas, cavalaria e bailes faziam parte do enredo. Pela descrição das cinco cenas, pode-se ter uma ideia de como se desenvolvia a trama:

> cena 1 - Reunião dos brigantes - chegada do chefe - ordem do mesmo.
> cena 2 - passeio do General - morte do mesmo pelos brigantes - roubo da filha Luiza por Cypriano.
> cena 3 - chegada de Arthur e suas tropas - descoberta das bebidas envenenadas - um aviso terrível - tudo para a vida.
> cena 4 - a vingança - a descoberta de Luiza por Arthur.
> cena 5 - ferimento de Arthur - fuzilamento de Luiza - chegada de Arthur em socorro dela com suas tropas - grande combate entre os militares e os brigantes - morte de Cypriano La Galla.[88]

Como já se viu, no século XIX, muitos teatros tinham uma estrutura preparada para receber circos, ou mesmo eram reformados para essa finalidade. Neles havia um palco onde se desenvolviam as cenas compostas somente de atores e músicos, nas quais se pressupõe já houvesse diálogo, além dos cantos e das danças. Em frente ao palco, uma pequena arena, onde os combates e as tropas de animais faziam suas apresentações. Quando se realizavam em circos de pau a pique ou com toldos - como o circo do norte-americano que Benjamim encontrou após a fuga dos ciganos -, usualmente também era construído um pequeno palco acoplado ao picadeiro; em outros, toda a encenação acontecia no picadeiro, fosse ele forrado de madeira ou direto na terra. Nesse caso em particular, a apresentação ocorria em um teatro, o Rink-Campineiro.

Nos jornais campineiros pesquisados para este trabalho, *Diário e Correio de Campinas*, nas três últimas décadas do século XIX e nos primeiros anos do XX, são poucos os períodos em que não se apresentavam circos na cidade, armando seus toldos em vários terrenos. O Teatro Rink-Campineiro também se tornou um espaço privilegiado para circos intercalados com companhias teatrais e de variedades, além de ser referência para os bailes em geral e os carnavalescos, em particular[89].

Mesmo não havendo um detalhamento de como era montado o cenário da pantomima, é possível supor que havia montanhas, pontes e precipícios construídos, procurando-se imitar ou se aproximar dos moldes de como se realizavam essas pantomimas nos teatros e nos circos da Europa, conforme dados e relatos de pesquisadores circenses[90].

Para além dos cenários, das lutas e dos combates, ressalta-se o enredo com todas as características do melodrama, gênero amplamente debatido e criticado, desde quando surgiu em fins do século XVIII[91]. Tanto seus autores quanto os artistas e as plateias que o apreciavam foram acusados, muitas vezes, de serem os responsáveis pelo "atraso" da formação de um teatro e uma literatura com função social, civilizadora e educativa. Como já visto, esse foi um dos gêneros mais explorados pelos teatros dos *boulevards* e circos europeus e brasileiros durante todo o século XIX e boa parte do XX, desde a pantomima *historique et romanesques* até os melodramas dialogados, musicados e cantados. É bom ressaltar que as representações teatrais, as de cunho melodramático, entre outras, estarão presentes no repertório dos circos brasileiros até pelo menos o início da década de 1980, sempre, é claro, com diversas adaptações, variações, incorporações de temas contemporâneos. Alguns circos pequenos ainda hoje fazem remontagens de antigas peças teatrais que foram produzidas e encenadas no início do século XX[92].

Para Arnold Hauser, esse gênero, que nasceu durante a Revolução Francesa, teria aberto as portas do teatro para "as grandes massas populares", sendo o "êxito das peças representadas determinado por essas classes"[93].

Peter Brooks, analisando essa questão da crescente e duradoura relação que o público teve com o melodrama, afirma que as produções melodramáticas acabavam por assumir uma função de "redescobrir e expressar os mais básicos sentimentos morais e o de render homenagem ao signo do bem". Nesse sentido, foram profundamente "democráticas não só pelo público a que se dirigia, mas também pelos temas de que tratava", representando, assim, uma "democratização da moralidade e de seus signos"[94].

José Guilherme C. Magnani afirma que esse gênero, contrapondo-se ao drama romântico "fatal, tenebroso, revoltado contra a sociedade, secretamente tentada pelo mal", colocava-se como sentimental, moralizante e otimista. A concepção melodramática encarava o teatro como representação e não como texto literário, deixando assim à criatividade do ator a tarefa de lhe infundir vida, com seu próprio talento. Procurando atingir "coração, olhos e ouvidos", a música que abria o espetáculo "marcava entradas e saídas, ressaltava momentos de emoção e suspenses; os cenários - faustosos, variados, exóticos". No desenrolar das cenas apareciam raptos, duelos, grandes batalhas, assassinatos, e utilizavam-se fartamente apartes e monólogos, que "ajudavam o espectador a acompanhar as peripécias e desconcertantes reviravoltas do enredo, protagonizado por personagens exaltadas que externavam a violência de suas emoções através de falas e gestos altissonantes". A escrita, a música e a representação tinham como objetivo atingir sentimentos de ódio e vingança, piedade, ternura, melancolia, tristeza, sempre num embate entre o bem e o mal, adquirindo "inteligibilidade ética através de uma leitura marcadamente maniqueísta"[95].

Arnold Hauser também nos ajuda a ter uma ideia de como eram constituídas essas tramas, que possuíam uma estrutura "estritamente tripartite, com fortes antagonismos como situação inicial, uma violenta colisão e um desfecho que representa o triunfo da virtude e a punição do vício". Numa palavra, diz ele, uma história facilmente entendida e economicamente desenvolvida; com a prioridade da trama sobre os personagens; com figuras bem definidas: o herói, a inocência perseguida, o vilão e o cômico; com a cega e cruel fatalidade dos acontecimentos; com uma moral fortemente enfatizada que, por sua tendência insípida e conciliatória, baseada em recompensa e castigo, discorda do caráter moral da tragédia, mas compartilha com esta uma elevada, embora exagerada, solenidade[96].

Tais características estavam presentes na pantomima levada pelo Circo Universal em 1882, assim como na maioria das representações teatrais exibidas nos circos do fim do século XIX. O que se observa é que, se o melodrama abriu as portas do teatro para as grandes massas, os circenses - que em sua própria formação na Europa já tinham em seu repertório a encenação de pantomimas dialogadas e *grand spectacle* -, junto com os artistas dos teatros de feiras, também levaram esse gênero ao público em geral.

———

Apesar da presença de produções europeias nos circos brasileiros, os circenses introduziram em seus espetáculos a presença nacional tanto de textos da dramaturgia como do romance-folhetim. É o caso da ópera em três atos *O fantasma branco*, de Joaquim Manuel de Macedo[97]. Embora tenha sido encontrada apenas uma menção dessa montagem em circo, no ano de 1870, no Circo Americano, instalado na cidade de Porto Alegre[98], sem detalhes de como ela se deu, essa informação é importante para apreender a capacidade de incorporação de autores e temas que o público preferia e sua fluida circulação por diferentes estilos de atuação.

Considerado "o mais popular romancista da sua época", era também pejorativamente visto como um "autor fácil e fecundo", que passou sem muita "convicção ou força por todos os gêneros teatrais disponíveis no momento"[99]. Foi também um dos primeiros autores de romances-folhetins, gênero "irmão gêmeo" do melodrama, lançando mão de "repetições, numa recorrência insistentemente configuradora de quadros e situações para aqueles leitores e espectadores apenas alfabetizados, que eram a maioria"[100].

Quando da montagem de *O fantasma branco* no teatro, em 1866, Machado de Assis, em sua crônica para o jornal *Diário do Rio*[101], escreveu que o "Sr. Dr. Macedo" gozava da "reputação de poeta cômico"; entretanto, questionava ele, até que ponto seria legítima aquela reputação? Para Machado, mesmo que Macedo fosse conhecedor dos "grandes modelos da comédia", ele, na verdade, não os empregava na produção de "obras de superior quilate", não conseguindo penetrar no importante domínio da "alta comédia, da comédia de caráter", tendendo sempre "para um gênero menos estimado"[102]. Apesar de o gênero não ser tão acatado, pelo menos para o crítico e seus pares, Machado não consegue negar que tais obras recebiam muitos aplausos por causa de duas características que o "Sr. Dr. Macedo" empregava em suas comédias: a sátira e o burlesco[103].

O enredo de *O fantasma branco* tratava da educação dos filhos. Na trama havia duas histórias: numa "o amor entre primos cujos pais são inimigos; e noutra, também considerando o amor entre primos, mas sob a escolha dos pais. As duas histórias ocorrem na mesma família: são dois irmãos e uma irmã com filhos para casar"[104]. Um dos irmãos é Tibério, um velho militar que Macedo quer expor ao ridículo por ser covarde, montar mal, cair do cavalo, ter medo de fantasmas, embora negue tudo isso. Basílio é lavrador e pai de José, estudante de medicina; e Galateia, irmã mais velha, inimiga de Basílio e mãe de Maria, que é apaixonada por José, sendo correspondida. Este, fingindo-se de fantasma, encontra-se com a prima às escondidas. A trama de equívocos fica em torno de críticas à vida do Rio de Janeiro em benefício do que se faz nas províncias, enaltecendo a vida rural. Em meio a essa trama, a comicidade ocupa um espaço grande pelas figuras de Tibério e da briga dos irmãos. Tudo acaba em um final feliz.

Apesar de Machado reconhecer no autor do texto burlesco "certo esforço e certo talento", afirmava que aquele gênero era um meio "fácil de fazer rir as plateias"[105]. Mais do que os temas tratados nas sátiras burlescas de Macedo, a questão, para Machado, era a forma como eram apresentados. E, explicitando o que seria um problema de forma, exemplifica que a "covardia e a fanfarronice do capitão Tibério, as rusgas de Galateia e Basílio, a rivalidade dos dois rapazes, as entrevistas furtivas de Maria e José, podiam dar observações cômicas e cenas interessantes"; entretanto, mesmo que não quisesse se prestar a ser uma alta comédia, *O fantasma branco* poderia ter tido outro alcance; mas não o teve, pois o "defeito e o mal" estavam em que o autor cedia "geralmente à tentação do burlesco, desnaturando e comprometendo situações e caracteres"[106].

Mesmo sem a descrição na propaganda do circo sobre como teria sido a montagem da pantomima, pelo modo como Machado de Assis, ao criticar a peça, aponta exemplos de cenas que deveriam ser reescritas para serem consideradas cômicas e não burlescas, pode-se supor que as mesmas cenas se adaptavam ao picadeiro. Quando os dois filhos do capitão Tibério, rivais de amor, marcam um duelo na montanha do fantasma, ambos são tão covardes que, ao mesmo tempo, têm ideias de se esconder no vão da escada. Muitas vezes "sacrificando" a verdade de "um caráter para produzir um efeito a uma situação", a cena é cheia de apartes em que cada um deles mostra receio de ser morto pelo outro: "esbarram-se, caem, pedem desculpas mutuamente", o que levava os espectadores rirem às gargalhadas[107]. Para que fosse considerada uma cena cômica (isto é, da alta comédia, segundo Machado), deveria ser reescrita fazendo com que os rivais ficassem refletindo dentro de suas casas a não ida ao duelo; assim não teriam oportunidade de encontros sugerindo quiproquós, quedas, encontrões etc. Mas, lamenta esse crítico, Macedo, que poderia fornecer cenas cômicas e alguns traços de costumes, utilizava "palavras grotescas, de apóstrofes simples, sem resultado algum"[108], apenas refletindo sua "busca dos efeitos e dos aplausos do dia", deixando-se levar "pela sedução do burlesco e da sátira teatral". Era preciso desfazer, na opinião de Machado, a crença das "turbas" de que o teatro fosse apenas um passatempo[109]. Afinal, diz ele, para fazer rir "não precisa empregar o burlesco; o burlesco é o elemento menos culto do riso"[110]. Ao contrário do que prega Machado, a teatralidade circense, nesse momento, tem na sátira e no burlesco duas de suas principais formas de expressão, empregadas na quase totalidade das pantomimas, das cenas cômicas e dos sainetes.

Alguns anos depois, quando o Circo Americano fez a montagem dessa mesma peça em Porto Alegre, muito provavelmente, as tais cenas cômicas, que provocavam o riso fácil, abusando de situações grotescas e do burlesco, voltaram a agradar e seduzir a população, o que se deduz da informação de que "sem distinção de títulos" o público lotou as arquibancadas do circo para ver, além das provas equestres e acrobáticas, as "atraentes funções pantomímicas com a montagem de peças como *A estátua branca*, *O remendão e o alfaiate*, *O fantasma branco* e, finalmente, *A filha do sapateiro*"[111].

Os circenses levaram para dentro de seu espaço, em formato de mímica com música, e com quase certeza algum diálogo, produções culturais e literárias consideradas nacionais (mesmo que o gênero estivesse obedecendo a um padrão vindo de fora), em geral no campo das comédias ou sátiras de costumes nacionais. Não se sabe como uma ópera em três atos foi adaptada para o picadeiro, já que não restaram descrições, apenas um tom lamentoso de um folhetinista de Porto Alegre, dizendo que, "para vergonha nossa, aqui existia ainda muita gente que custava a descer da pilha de couro, de que fizera seu trono, para dignar-se ir ao Teatro. E que essa gente gostava era das patuscadas de picadeiros, diante das quais se sentia feliz!!!"[112].

Avançar para as informações sobre os outros elementos dessas encenações, como a presença da música, permitirá compreender melhor essa teatralidade circense.


## MÚSICA E PICADEIRO

A música nos espetáculos circenses, até a década de 1950, em particular no Brasil, não deve ser vista apenas como acompanhamento para os números em geral. As produções musicais nos picadeiros acompanharam a multiplicidade de variações de ritmos e formas que aconteciam nas ruas, nos bares, nos cafés-concertos, nos cabarés, nos grupos carnavalescos, nas rodas de música e dança dos grupos de pagodeiros, seresteiros, sambistas, de lundu, do maxixe, e no teatro musicado com suas operetas e sua forma mais amplamente usada e consumida, que foi o teatro de revista do ano. Enfim, as manifestações artísticas musicais que eram inteligíveis para a população tiveram sua representatividade e expressividade nos picadeiros.

Geralmente, a primeira imagem que se tem quando o tema é música no circo é a de uma banda ou charanga – antiga denominação dada a pequenas bandas formadas basicamente por instrumentos de sopro[113]. De fato, desde Astley, a banda, independente do número de componentes, foi importante para qualquer circo. Com instrumentos de sopro, metais e percussão, em alguns casos tocados pelos próprios artistas ginastas e cômicos, as bandas eram responsáveis pela veiculação da propaganda nas cidades, anunciando os espetáculos, por vezes junto com os palhaços-cartaz. Antes de iniciar o espetáculo, a banda dava as boas-vindas ao público, na entrada dos circos. Durante o espetáculo, era ela que dava a cadência dos números, utilizando desde ritmos da música dita clássica às ditas populares, dependendo da velocidade dos movimentos dos artistas para desenvolver suas apresentações, aumentando o suspense, a tensão, ou acentuando a irreverência dos palhaços. Nas pantomimas a música (tocada, dançada e cantada) não era um simples adorno ou acompanhamento; era intrinsecamente ligada à mímica, explicitando o enredo da peça, compondo a teatralidade.

Os circos destacavam em suas propagandas que possuíam uma banda própria, como um sinal de *status*, colocando-a como chamariz entre os principais números do espetáculo. O circo de Manoel Pery, por exemplo, em 1881, em propaganda no jornal de Campinas, anunciava que tinha 18 artistas, dez cavalos e "uma excelente banda de música" que executava "lindas peças de seu repertório, a qual tem sido muito aplaudida, em todos os pontos onde se há exibido"[114]. Em 1884, o mesmo circo anunciava uma "grande banda de música com 10 professores, confiada a regência ao hábil maestro Leandro Paraná"[115], a exemplo do que ocorria no mundo musical das bandas. Muitos circos, como o Chiarini[116], chegavam mesmo a chamá-las de orquestras, dando-lhes um lugar de destaque, abrindo o espetáculo com uma sinfonia e iniciando a segunda parte com uma *ouverture*[117]. Mário de Andrade informa que na segunda metade do século XIX organizavam-se orquestras por toda parte no Brasil, o que sugere a importância dada pelos circos de assim nomearem o conjunto de seus músicos[118].

As primeiras bandas populares criadas no Brasil tinham origem militar e foram formadas durante o período colonial. Atraídos aos "quadros militares por sua rara qualificação", músicos civis foram incorporados a essas bandas, vestindo fardas e levando seus próprios instrumentos[119]. A partir de 1831, com a criação da banda de música da Guarda Nacional, houve uma valorização das bandas de tropas, atraindo vários músicos, que encontraram "oportunidade de viver de suas habilidades e talento"[120]. Tendo em vista que o agenciamento dos músicos não seguiu um padrão único na sua constituição, as bandas militares acabaram por contribuir com uma produção musical heterogênea, que se identificava tanto com as músicas de coreto e festas cívicas quanto com um tipo de formação instrumental muito próxima das orquestras[121]. Sua inserção no cotidiano urbano foi múltipla, fazendo-se presente nos vários espaços e situações sociais[122]. Nesse contexto, diversos grupos de músicos civis juntaram-se para criar suas bandas, como os barbeiros (bandas de escravos formadas por iniciativa de seus senhores, para se apresentar em situações que lhes dessem *status* e prestígio), bandas étnicas compostas de italianos, alemães, espanhóis, bandas exclusivamente de negros ou brancos, de foliões carnavalescos, de comerciantes, de membros da elite urbana e fazendeira, de alunos de colégio, de operários[123].

Houve uma rápida incorporação e o intercâmbio entre as bandas circenses e as locais quanto a seus profissionais e ritmos. Nesse processo de inserção no universo social e cultural nas cidades, circos e bandas transitavam por territórios diversos, reforçando, entre as suas várias funções, o "poder simbólico de saudação e boas-vindas"[124]. A partir da década de 1880, os circos formariam suas bandas com forte presença dos músicos locais, além de incorporar as bandas das cidades, em suas variadas origens, para tocar na entrada do circo para receber os espectadores, nos intervalos e na própria apresentação dos espetáculos. Os intervalos circenses, geralmente em torno de 20 a 30 minutos, tornaram-se um espaço importante para que o público também pudesse ouvir música, como destacou a propaganda do Circo Casali quando, no Rio de Janeiro, anunciou que nos intervalos tocaria a banda do I Batalhão de Infantaria[125]. Alguns teatros, entre os quais o Teatro São Carlos, em Campinas, na década de 1870, "apresentavam espetáculos com vários atos, com diversos cenários que tornavam os jogos de cena e troca de figurinos muito lentos devido à estrutura acanhada das instalações". Dessa forma, os entreatos eram em geral muito demorados. O público, já prevendo isso, preparava uma espécie de piquenique dentro do teatro. A esse "recreio" se juntavam as bandas de música[126].

As bandas de origens militar, policial ou do corpo de bombeiro, tornaram-se importantes parceiras de alguns circos durante toda a segunda metade do século XIX, avançando por boa parte do XX. Desde sua origem, aliás: as primeiras bandas no circo de Astley eram formadas por egressos da cavalaria inglesa, que se vestiam de uniformes e casacas com alamares.

O mesmo Circo Casali, quando se apresentou na cidade de São Paulo no fim da década de 1870, tinha como um dos números principais a apresentação da Banda de Música do Corpo de Permanentes[127] – nome dado no Império à banda da Polícia ou Força Pública de São Paulo, considerada, segundo José Ramos Tinhorão, a melhor banda da Província[128].

Parceiras importantes também se tornaram as bandas civis e locais, de formações diversas. O diretor do Circo Anglo-Brasileiro[129], quando se apresentou no Teatro Rink-Campineiro, em 1885, anunciava ter sido "coroado em seus esforços na aquisição dos mais distintos artistas acrobatas, equestres, ginásticos, coreográficos, contorcionistas, mímicos, areolistas, equilibristas, domadores, bailarinos, *clowns* etc.", destacando em sua programação que tocaria uma "linda banda de música composta de professores italianos"[130]. Sem desmerecer os esforços do diretor do circo, aquele teatro já tinha bandas que acompanhavam quase sempre suas atividades, particularmente a Banda Italiana da cidade, que foi contratada por um bom período pela direção da casa[131]. O que se observa é que as fronteiras das manifestações culturais eram bem fluidas, possibilitando que o público, na sua heterogeneidade social, entrasse em contato com múltiplos e variados tipos de atividade e expressão artística num mesmo espaço, o Teatro Rink, que oferecia patinação, operetas, dramas, comédias, circo, competições esportivas, lutas romanas etc.

Além de cumprir a "ritualização já enraizada no cotidiano urbano, de recepcionar musicalmente o público e proporcionar clima festivo, alegre ou de suspense às suas atividades e atrações"[132], as bandas das cidades e as dos circos cumpriram, entre muitos, dois outros papéis importantes no período. Um deles era o de que as bandas - militares, civis e dos circos - tornaram-se espaços privilegiados de trabalho e expressão para diversos profissionais da música, não apenas instrumentistas, mas maestros, compositores e cantores, vindos de todas as origens (brancos nacionais ou estrangeiros, pobres ou ricos e negros escravizados ou alforriados)[133].

O outro papel das bandas foi o de divulgar os diferentes ritmos musicais. Para Tinhorão, uma das poucas oportunidades que a maioria da "população das cidades tinha para ouvir música instrumental era a música domingueira dos coretos das praças e jardins das bandas marciais. Nesse sentido, eles tocavam músicas do agrado do público incluindo gêneros em voga"[134]. Como se viu até agora, não cabia apenas às bandas marciais tocar nas praças e jardins, nem eram estes os únicos lugares, pois elas transitavam ao mesmo tempo, como afirma Maria Luisa de Freitas D. do Páteo, "enquanto experiência cultural, o terreno do sagrado e do profano", já que tocavam em folias carnavalescas, procissões, situações festivas e solenes[135]. Como exemplo, vale mencionar que a circulação das bandas por espaços heterogêneos era tão grande que a banda do circo de Giuseppe Chiarini, o "Franconi da América", foi contratada até mesmo para tocar em uma missa de sétimo dia, no Rio de Janeiro, em 1876, "por alma do Sr. Zeferino Dias Ferreira de Oliveira"[136]. Há uma tendência em se afirmar que as bandas popularizaram os gêneros considerados "músicas clássicas ou eruditas", restritas a uma pequena elite. Essa dicotomia entre erudito e popular é questionável, visto que não dá conta de explicar a diversidade de experiências existentes entre os vários agrupamentos sociais. Assim, chegavam a toda população polcas, valsas, mazurcas, maxixe e lundu.

Para Maria Luisa Duarte do Páteo, a pluralidade de tipos de banda expressava algumas características da cidade naquele momento, indo além de uma simples representação ou reflexo dela. "Mais do que apenas reproduzir grupos sociais, etnias, universos de trabalho", as bandas, através de sua "performance musical, interferiam no cotidiano, nas relações, nas formas de comunicação entre as pessoas, alterando os espaços de sociabilidade, imprimindo novos sentidos aos lugares e situações por onde circulava"[137]. As parcerias entre bandas locais e circos, independente de suas origens e tamanhos, eram, também, importantes veículos de uma polifonia cultural e lúdica que imprimiu novas formas de viver o cotidiano urbano, principalmente com as bandas formadas pelos próprios circenses, que, devido a seu nomadismo, percorriam espaços e territórios mais amplos, em todos os sentidos – geográfico, cultural ou social.

Além dos vários ritmos musicais do repertório, os próprios músicos e maestros circenses adaptavam todas as músicas que acompanhavam as pantomimas, as peças teatrais, as cenas cômicas e os sainetes. Como a maioria das cidades visitadas não tinha banda, a dos circos divulgava a multiplicidade de sons, a combinação de várias melodias, de instrumentos e vozes, resultante das incorporações e trocas que realizavam ao longo de seus trajetos. Juntavam-se a essa polifonia das bandas os circenses que também trabalhavam nas pantomimas e, em destaque, os que representavam o papel de palhaço, que, de modo geral, além de ginastas, acrobatas e saltadores, tocavam algum instrumento musical e cantavam.

Não era novidade nos espetáculos circenses da Europa os artistas tocarem instrumentos musicais. Os circos europeus que chegaram ao Brasil e os que aqui vão se constituindo contaram com a presença marcante desses especialistas, chamados excêntricos. Muitos artistas que realizavam acrobacias de solo também as faziam tocando. Porém, o artista que desempenhava o palhaço era identificado como músico instrumentista, sendo chamado muitas vezes de cômico excêntrico, palhaço excêntrico e, cada vez com mais frequência, no fim do século xix, de *clown* excêntrico. Seus instrumentos variavam desde o violino e o trompete até "gaitinhas, apitos, guizos, pratos e tambores - uma bateria completa!", sempre executando saltos acrobáticos e de dança, com a peripécia de nunca desafinar[138]. Os Seyssel, os Temperani e os Ozon - algumas das famílias de origem europeia que permaneceram no Brasil –, além de jóqueis, saltadores e trapezistas, eram anunciados como exímios *clowns* instrumentistas excêntricos[139].

Para Tinhorão, o *clown* de rosto pintado de branco, no estilo da *commedia dell'arte*, seria a figura produzida pelo "microcosmo artístico internacional do circo", destinada "a emprestar sua universalidade à criação - adaptando o modelo importado às características regionais - de um dos mais curiosos exemplos culturais de diluição do geral no particular". Afirma ainda que uma importante contribuição "sul-americana à criação internacional do circo" teria sido o

> aproveitamento dos múltiplos talentos histriônicos e musicais exibidos pelos diferentes *clowns* europeus, para a criação de dois tipos locais que lhes sintetizariam todas as virtudes: o palhaço-instrumentista-cantor (equivalente do *chansonnier* do teatro musicado) e o palhaço-ator (responsável pelo aparecimento da originalíssima teatrologia circense das canções representadas, até hoje ignorada por historiadores e estudiosos do teatro).[140]

A construção do espetáculo circense, inclusive do personagem palhaço, passou por constantes transformações e adaptações, o que leva a crer que não se podem entender os dois tipos a que se refere Tinhorão apenas como criações locais. Para ele, a combinação entre circo e teatro somente teria ocorrido e se consolidado, de fato, a partir de 1884, em particular na Argentina, com a experiência do personagem cômico representado por José Podestá, o palhaço Pepino 88. Entretanto, não se pode concordar com a defesa de uma invenção latino-americana da "teatrologia circense" nem que ela tenha ocorrido depois de uma única experiência. As definições de palhaço-instrumentista-

-cantor e palhaço-ator são importantes para observar e entender a produção dos espetáculos circenses latino-americanos, em especial os brasileiros, que, se não eram originais, de fato acabaram por desenvolver características diferenciadoras das produções circenses europeias e americanas do fim do século XIX e início do XX.

Apesar de realizarem múltiplas funções, alguns palhaços se destacavam por ser de fato atores. Dos artistas circenses que sobressaíam como os cômicos da companhia era exigida uma "boa dose de talento dramático"[141]. O sucesso de uma cena cômica, uma entrada, uma reprise, uma mímica, tudo o que envolvia representação baseava-se, sobretudo, na qualidade dos intérpretes.

A combinação dessa tradição do palhaço-instrumentista europeu com as bandas e a presença cada vez maior de brasileiros entre os circenses resultaram numa transformação do palhaço-instrumentista-cantor-ator. Os gêneros como o *vaudeville* e o melodrama, através de diferentes modelos de pantomimas, misturados aos ritmos e à musicalidade locais, tiveram a comicidade como a tônica das produções. Os sainetes, peças curtas de um ato, com características burlescas e jocosas, que alinhavavam danças e músicas, assim como as cenas cômicas, eram representados quase na sua totalidade pelos palhaços que já dominavam a língua, portanto eram falados e cantados em português. Isso possibilitou que em todos os gêneros – pantomimas, cenas cômicas, sainetes, arlequinadas, entremezes e entradas – se incorporassem, de maneira parodiada, a música e os assuntos corriqueiros do dia a dia das culturas locais, ao mesmo tempo que se mantinha a forma do espetáculo que migrou.

Além de valsas, polcas e mazurcas, as bandas tocavam quadrilhas, fandangos, dobrados, maxixes, frevos, cançonetas, modinhas e lundus. Os palhaços não só tocavam vários desses ritmos, como também os dançavam, ao som principalmente do violão. As cenas cômicas e os entremezes também eram produzidos nos moldes dos que eram realizados nos palcos teatrais e levados ao picadeiro pelos palhaços circenses. Assim, tendo em vista essa constituição, o espetáculo circense e o teatro musicado, sobretudo a revista do ano, não podem ser vistos isoladamente. Ambos foram mais que parceiros, complementando-se o tempo todo. Enquanto estavam juntos nas grandes e médias cidades, compartilhavam e disputavam palcos, artistas e públicos. Nas pequenas cidades, lugarejos e bairros afastados dos centros das grandes cidades, em particular o Rio de Janeiro, eram principalmente os circos, devido a seu nomadismo, que veiculavam as músicas e os gêneros do teatro.

Os ritmos e danças tocados e dançados nos circos não eram novidade. Vale lembrar que, desde o fim do século XVIII, os artistas já dançavam, principalmente ao final do espetáculo e acompanhando as pantomimas – eram os bailes de ação ou pantomímicos, cômicos e jocosos, anunciados como "bailes da terra", nos quais as experiências dos artistas migrantes misturavam-se com as experiências dos artistas, dos ritmos e das danças locais, incluindo escravizados e libertos, como já analisado no capítulo 1.

Para folcloristas e pesquisadores da música, é difícil precisar a diferença entre os vários ritmos musicais e suas danças, em particular a chula, o fandango e o lundu. Mário de Andrade, ao definir a chula, refere-se a uma dança portuguesa na qual os dançarinos ficam "um indivíduo defronte do outro, com os braços levantados, dando estalos com os dedos, ora afastando-se ora aproximando-se um do outro e girando sempre em círculo, ou sobre os calcanhares". Mas, para o autor, algumas referências à chula, quando se observa a união dessa dança com a cantiga baiana, que falava em mulatas sensuais e alguma comicidade, podiam ser identificadas com o lundu, no Brasil[142].

Câmara Cascudo afirma que no Brasil a chula-canto e a chula-dança foram independentes, e que o bailado variava em cada região, indo de uma coreografia agitada, ginástica e difícil a uma forma mais tranquila. Quando cantada ao violão, "era buliçosa, erótica, assanhadeira", em particular no que se denomina "nordeste tradicional, do Sergipe ao Piauí"[143]. Mas a chula também podia ser confundida com o fandango[144]. Já para Tinhorão, a coreografia "tradicional do fandango ibérico", castanholando ou estalando os dedos, e a dança marcada por umbigadas, de origem africana, foram os elementos que deram origem ao lundu[145].

Tinhorão define as chulas, conhecidas genericamente como chulas de palhaço, como um "recitativo rítmico à base de perguntas e respostas dos desfiles dos palhaços de circo e da criançada, anunciando os espetáculos pelas ruas das cidades"[146]. Cantigas que continham um número variado de versos, que iam se misturando, transformando e incorporando chulas e toadas, tocadas e cantadas pelos tocadores de violão das cidades nas ruas e festas[147], assim como temas do folclore dos lugares por onde passavam. As mais conhecidas têm como refrão:

*Ó raio, ó sol*
*suspende a lua*
*viva o palhaço*
*que está na rua*

E a partir daí se iniciavam perguntas e respostas entre o palhaço e um coro, geralmente crianças:

> Hoje tem espetáculo?
> Tem, sim senhor
> Hoje tem marmelada?
> Tem, sim senhor[148]

## HUMOR, SÁTIRA E FILOSOFIA

A partir do fim da década de 1870, o destaque na programação era o "palhaço brasileiro", pois ele conseguia se comunicar "atravessando" todas as formas artísticas desenvolvidas nos palcos/picadeiros circenses. Chiarini, em 1876, já anunciava "o primeiro bufo brasileiro Antonio Correa" como um palhaço que se apresentava tanto nos intervalos, com "humor, sátira e filosofia", como na encenação da Cavalaria Turca, "simulacro da gloriosa batalha campal dada pelo general em chefe, Ab-dul-Crachat, e registrada nos anais muçulmanos"[149]. Em depoimento a Mário de Andrade, em 1928, um senhor recordaria o palhaço "Antoninho Correia" no Circo Casali, em 1876, em São Paulo, cantando, com a cara pintada de preto, o Lundu do Escravo[150]. Dois anos depois, "Antonio de Souza Correa (Antonico)"[151] se apresentava no mesmo circo, mas agora em companhia de outro palhaço, Freitas: o "simpático palhaço" brasileiro "tocador de violão" que, em uma noite de "grande pagodeira", apresentaria "novas canções e modas espinhosas", além de terem sido os personagens principais da "cena jocosa o Regadeiro Mágico" e da pantomima que encerrava o espetáculo[152].

As "novas canções" ficavam por conta das chulas e dos lundus, que os palhaços interpretavam sozinhos, em duplas ou acompanhados pela banda do circo. O palhaço português Polydoro, além de cantar e dançar, fazia "discursos burlescos" no circo de Manoel Pery[153], onde também se apresentava o brasileiro Augusto Duarte[154] que, com suas "chulas, lundus e galhofas", tornava-se um "verdadeiro motor da franca gargalhada"[155]. O nome de Polydoro era José Manoel Ferreira da Silva. Para uma parte dos memorialistas circenses, era considerado "o pai dos palhaços brasileiros" e quem "lançou a moda dos palhaços-cantores, apresentando tanguinhos, chulas e charadas". Teria começado sua carreira como "ginasta amador em 1870. Em 1874, foi contratado pelo Circo Elias de Castro[156]. Adotou o nome Polydoro em homenagem ao General Polydoro a quem representou uma comédia de grande sucesso[157]. Viajou todo o Brasil e foi para a Argentina com Frank Brown"[158]. As chulas cantadas nos espetáculos não eram apenas as quadrinhas repetidas pelos palhaços-cartaz, mas apresentavam ritmos sincopados afro-brasileiros, acompanhados frequentemente por violão, tocados e dançados em vários espaços por diversos artistas.

Tinhorão enfatiza a importância dos circos como veiculadores das formas do teatro musicado das cidades, reservando à figura do palhaço, além de sua função cômica, "a de equivalente dos cançonetistas de teatro e, mais tarde, dos cantores de auditórios do rádio", cantando ao violão modinhas e lundus, o que teria sido possível porque, "vindo os palhaços invariavelmente das camadas mais baixas do povo, a sua adesão ao gosto boêmio das serenatas e do violão podia ser julgada obrigatória"[159]. Por conseguinte, os palhaços fariam parte da mesma parcela da população que tanto esse autor como os demais definem como tocadores e dançadores das umbigadas, da chula, do fandango, do fado, do lundu etc.

De fato, o que vem sendo discutido sobre a formação dos artistas circenses e a constituição do espetáculo confirma em parte as análises de Tinhorão. A própria entrada de Benjamim é um exemplo, entre vários, da presença de artistas locais e de pessoas que acompanharam os circos, intercambiando suas experiências de vida com as circenses. Porém, esse autor só identifica a presença de palhaços-cantores-compositores-atores nas décadas de 1890 a 1910, destacando a "elevação de negros talentosos das baixas camadas ao papel de palhaços"[160].

Na verdade, todos esses elementos já estavam presentes desde muito antes, como temos visto. Além do mais, fandango, umbigadas e estalar dos dedos, e o resquício da dança espanhola árabe misturada aos batuques africanos, não eram uma forma de música e dança realizada apenas pela população pobre da cidade (nem apenas pela população negra), mas também por outros grupos, como os circenses ou os ciganos, que muitas vezes se confundiam. Mello Moraes Filho, por exemplo, ao relatar um casamento cigano na década de 1850, descreve-o como um ritual em que a música e a dança eram acompanhadas por requebros, castanholas, sapateados dos fandangos ao som das violas[161].

Tinhorão afirma que a originalidade e a animação que garantiram ao lundu sua adoção pelo público branco e sua transformação em quadro exótico nos palcos contribuíram, com seu ritmo de frases curtas e sincopadas, para a criação de dois tipos de canção: o lundu de salão e o lundu popular dos palhaços de circo e cançonetistas do teatro vaudevillesco, de fins do século xix e início do xx[162]. Como canção, ganhava as salas da "classe média, e os salões das camadas mais altas", equiparando-se às "modinhas italianizadas"[163].

> [Entre as] camadas mais baixas, o lundu continuaria a sobreviver de mistura com batuques e sambas como dança da área rural e algumas regiões [...] e, como canção, nas cidades, sob a forma de gênero humorístico, cultivado ao violão pelos palhaços de circo que ainda chegariam a gravá-lo em discos no início do século xx.[164]

Apesar de haver nas informações de Tinhorão situações que se somam ao que se encontrou nesta investigação, a maneira pela qual esse autor procura identificar certos gêneros musicais com grupos sociais, a partir de lógicas dicotômicas, não se mostra adequada para o que está sendo relatado. Os dados levantados neste trabalho acabam por negar que determinada "camada social" frequentasse um único espaço. Nesse sentido, a abordagem de Martha Abreu sobre, por exemplo, o lundu, parece-nos muito mais apropriada, ou seja, que sua "performance provavelmente variava em função do ambiente social e do momento em que era tocado"[165].

Nas cidades os ritmos das canções e das danças se entrelaçavam; os circenses, brancos ou negros, estrangeiros ou nacionais, que não ficavam alheios ao que ia pelas ruas e pelo gosto do público, mantinham a proposta de um espetáculo heterogêneo - um complexo mosaico de danças e estilos coreográficos, apresentados para diversas outras áreas urbanas e rurais. Nas várias cidades pelas quais os circos passavam, mesmo as mocinhas dos salões, que não frequentavam as ruas ou os batuques, iam com certeza ver os circenses palhaços cantarem e dançarem chulas, lundus e modinhas, reforçando seu papel como primeiros divulgadores dos ritmos musicais, da dança e do teatro musicado.

É importante, também, ressaltar a questão racial: uma produção acadêmica recente tem discutido o quanto as letras de vários lundus e modinhas eram carregadas de preconceitos sobre os descendentes africanos no Brasil, na segunda metade do século xix e início do xx. O trabalho de Lúcia Helena Oliveira Silva, ao discutir esse tema, cita, como exemplo, a fala de um memorialista sobre o quanto os palhaços de circo, no início do século xx, montavam suas graças, nas músicas que cantavam, em "cima de pretos". "Quadrinhas populares" que usavam insultos raciais, em forma de sátira, procurando estereotipar a população negra. A letra da canção cantada por um palhaço de nome Ananias fala do contraste entre negro e branco; brincadeiras do palhaço, segundo a autora, que inferiorizavam e alimentavam a estigmatização racial[166].

Caso semelhante é citado por Waldemar Seyssel sobre um palhaço de sua infância de nome Serrano que gostava de cantar um lundu que fazia crítica aos negros[167]. Não foi localizada nenhuma referência desse artista. Para Martha Abreu, as "canções populares" daquele período revelam as "ambiguidades e os conflitos que envolviam as inevitáveis relações amorosas entre brancos(as) e negros(as)". Nessas relações, a autora propõe outra forma de analisar a presença de mulatas, negras, crioulas e morenas no conjunto de "canções populares", que poderia ir além da "reprodução das desigualdades raciais e sociais, ao cantarem e brincarem com possíveis conquistas e conflitos amorosos. Do contrário, teríamos que achar que mulatas, negras e crioulos se achavam mesmo como seres viciados e adeptos da barbárie"[168]. Não há como negar que algumas letras de músicas cantadas pelos palhaços poderiam sugerir preconceitos com os afro-descendentes no Brasil. Entretanto, como afirma Martha, nem todas eram assim, e muitas, através da "brincadeira", poderiam representar ironias e críticas a esses preconceitos.

## CALEIDOSCÓPIO DE EXPERIÊNCIAS

A formação dos espetáculos circenses brasileiros e latino-americanos, na década de 1880, manteve uma continuidade na herança recebida, ao mesmo tempo que consolidava a incorporação de mudanças decorrentes das próprias transformações das manifestações sociais e culturais da sociedade em que estavam inseridos, e do próprio modo de se constituírem.

Isso pode ser acompanhado pelas trajetórias de Fructuoso Pereira e Albano Pereira, que se transformaram em importantes constituidores das combinações e dos intercâmbios vividos entre os circenses latino-americanos e brasileiros, conforme evidencia a historiadora Lara Rocho, inclusive contribuindo, a partir de 1889, para a formação e o aperfeiçoamento artístico de Benjamim de Oliveira.

Nenhum dos memorialistas e pesquisadores circenses fez um levantamento da vida de Fructuoso, diferentemente de Albano Pereira. Há menção apenas de que ele teria origem portuguesa e de que nos anos 1890 dirigiu sua própria companhia equestre[169]. O primeiro registro de sua presença no Brasil foi como jóquei, justamente no Circo Casali, em 1876-1877, no período em que se apresentavam os palhaços Antonio Correa e Freitas. Ainda como artista contratado, em 1881, realizando exercícios equestres e saltos mortais, ele aparece trabalhando no Circo Temperani, no Teatro Rink-Campineiro[170]. Os Temperani, referidos como de origem italiana, também trabalhavam com os Casali naqueles anos, atuando, além de ginastas e acrobatas, como "canhão humano" e *clowns* excêntricos[171]. Os memorialistas circenses afirmam que Leopoldo Temperani teria sido o introdutor, no Brasil, do número do "canhão humano", no qual o artista era disparado de um canhão especial, como uma verdadeira bala humana, para ir agarrar-se a um trapézio, no alto do circo. Entretanto, a primeira menção da realização dessa façanha de que temos registro até o momento foi a dos artistas Ella Zuila e Little Wille, no Rio de Janeiro, em 1878[172], que pertenciam ao elenco da Loyal's Combination Troupe, "companhia de acrobatas e ginásticos"[173] vindos da Europa. Posteriormente, em 1881, Little Wille, chamado de "o homem-projétil", realizaria de novo o número de canhão humano no Circo Casali[174].

Em 1884, Fructuoso trabalhava no Circo Irmãos Carlo[175], artistas de origem norte-americana que chegaram à América Latina com Giuseppe Chiarini, o "Franconi da América"[176], no Politeama Argentino, em Buenos Aires. Uma boa parte dos números do espetáculo era realizada pelos mesmos artistas que compunham a companhia do Circo Casali, nos anos de 1876-1878 e 1881-1882[177] no Brasil. No Irmãos Carlo, os Casali, Seyssel, Ozon e Nelson eram artistas contratados[178]. Além deles, os dois principais palhaços da companhia eram Frank Brown e José Podestá. O primeiro, *clown* acrobata de origem inglesa, em 1876 estava se apresentando no Teatro Imperial D. Pedro II (antigo Circo Olímpico da rua da Guarda Velha, de Bartholomeu Corrêa da Silva), no Rio de Janeiro, e em 1878, nos Estados Unidos, foi contratado pelos próprios Irmãos Carlo[179]. O segundo, palhaço, acrobata e músico uruguaio, já estivera no Brasil, contratado pelo circo do brasileiro Candido Ferraz, em 1882[180].

Destacar esses artistas e o circo na Argentina permite mostrar como os circenses puderam realizar uma diversificada troca de experiências. Lá, à semelhança do que ocorria no Brasil, a incorporação aos repertórios de temas musicais e teatrais da cultura local levou à popularização e à divulgação dos ritmos e dos gêneros teatrais que, ao mesmo tempo que continham a herança europeia, passavam por transformações que iam definindo suas produções como "circo *criollo*". O processo de produção de uma teatralidade circense abre uma nova fase na Argentina, principalmente pela atuação do artista José Podestá e seu personagem, o palhaço Pepino 88.

Além de executar as habilidades necessárias a um circense da época, Podestá se inspirou, para a produção de seu personagem, nos cantores peregrinos populares argentinos, chamados de *payadores* e trovadores, que realizavam composições improvisadas acompanhados do violão. Esses artistas locais também foram incorporados aos espetáculos circenses. Como palhaço *payador* e improvisador, diferenciou-se dos "tradicionais *clowns* ingleses", tornando-se um cantor e divulgador das canções "*criollas*". Os estribilhos de suas canções eram cantados por toda parte, lançando a novidade das cançonetas sobre temas do momento[181]. Por esse modo de ser cômico – apresentando-se como ginete, cantor, violinista, bailarino e, sobretudo, ator em sainetes e pantomimas –, em 1884 Podestá foi indicado para representar, no picadeiro do Circo Irmãos Carlo, o personagem principal da novela gauchesca *Juan Moreira*, publicada em folhetim pelo escritor argentino Eduardo Gutiérrez[182], considerado um autor popular, criador de um folhetim "nacional por duplo caráter da origem do autor e o acento de suas narrações"[183].

Essa novela foi adaptada como pantomima em vários quadros, na qual Podestá cantava e dançava canções folclóricas rurais, junto com *payadores* contratados[184]. Seu enredo apresentava as peripécias de um "gaúcho matreiro", perseguido pela injustiça das autoridades. A peça teve 13 apresentações no circo dos Carlo, com uma crítica no jornal dizendo que era uma produção melodramática, típica do herói-bandido, que agradou à "plebe"[185].

Após essas apresentações, os Irmãos Carlo fizeram uma turnê pelo Rio de Janeiro, onde trabalharam por quatro meses no Politeama Fluminense, também conhecido como antigo Teatro-Circo da rua do Lavradio[186], apresentando Podestá como "*clown criollo*" e Frank Brown como "*clown* inglês"[187]. A peça *Juan Moreira* não foi mais montada nesse período. Retornaram à Argentina em 1885, em sociedade com Alejandro Scotti, reiniciando a montagem de várias pantomimas e, em 1886, José Podestá transformou o extenso mimodrama em uma ação curta, selecionando os quadros e as cenas principais, escrevendo diálogos e estreando no circo um *Juan Moreira* totalmente falado, mantendo as danças e os cantos com os *payadores* e os trovadores. Essa teria sido, para os pesquisadores da história do circo na Argentina já mencionados, a primeira vez que a mímica era substituída pelo texto representado em prosa, nesse país.

Entre os historiadores argentinos que tratam do teatro e do circo, há uma polêmica sobre essa montagem ter sido ou não o ponto de arranque do "teatro nacional argentino" – considerando que os circenses absorveram a maior parte dos dramas gauchescos, adaptando-os aos palcos/picadeiros.

Raúl H. Castagnino[188], apesar de apontar a polêmica, concorda que os Podestá seriam os precursores do teatro nacional argentino. Teodoro Klein, mesmo contrário a essa análise – afirmando que já havia uma produção nacional teatral anterior a essa montagem, inclusive nos próprios circos –, considera que os Podestá abriram uma nova etapa, principalmente quanto à divulgação dos textos nacionais do drama gauchesco[189].

O que se quer destacar aqui é que estavam presentes nessa montagem tanto a família de Fructuoso Pereira – que, inclusive, algum tempo depois, tornava-se sócia dos Podestá como proprietários do circo – quanto outras que trabalhavam no Brasil, desde a primeira metade do século XIX, além do fato de que tinham participado ativamente das montagens de pantomimas adaptadas de textos folhetinescos e dramatúrgicos brasileiros, assim como tinham vivenciado a incorporação dos gêneros musicais e das danças, popularizados no período[190]. O intercâmbio entre as várias produções culturais dos dois países e as trocas de técnicas entre teatro e circo possibilitaram aumentar a multiplicidade de suas linguagens e divulgações, esboçando cada vez mais novas formas de produção da teatralidade circense.

O Circo Irmãos Carlo retornou ao Brasil no início de 1887[191] e se apresentou no Teatro Rink-Campineiro como Companhia Norte-Americana: equestre, mímica, coreográfica, acrobática e zoológica[192]. No fim desse ano, conforme informação de Benjamim de Oliveira, Fructuoso Pereira montou seu próprio circo, com boa parte dos artistas que o tinham acompanhado desde os Casali até a Argentina, inclusive o palhaço Freitas.

Foi no interior desse processo que Benjamim de Oliveira teve sua formação, o que, a partir de 1889, com Fructuoso Pereira, possibilitaria novos arranjos na teatralidade circense.

## O PALHAÇO E A COROA DE PALHA

Em 1889, aos 19 anos de idade, Benjamim de Oliveira iniciou sua jornada pelos centros cafeeiros, chegando à cidade de São Paulo. Ali, conforme seus relatos[193], Fructuoso se associou à grande companhia de Albano Pereira e ambos se apresentaram no Teatro Politeama, um barracão de tábua e zinco instalado na várzea do Carmo, "perto do Mercado Velho", ponto obrigatório de "tropeiros e de gente do interior"[194]. De fato, pelas fontes jornalísticas, foi em março de 1889 a estreia da companhia equestre de Pereira, Coelho & Comp. nesse teatro da capital paulista[195]. No jornal pesquisado, diferentemente de outras propagandas, não há detalhamento sobre a programação e os artistas, mas há duas referências que permitem supor tratar-se da mesma companhia a que Benjamim se referiu. A primeira é a presença anunciada do *clown* Henrique Ozon[196], que fazia parte da trupe de Fructuoso Pereira; a segunda é o anúncio de um espetáculo em benefício de três jovens artistas, sendo um deles Carlos Pereira, filho de Albano[197].

Assim, em 9 de março de 1889, Benjamim de Oliveira estreava na cidade de São Paulo, ao som da Banda de Música do Corpo de Permanentes[198] e com a garantia, anunciada em todas as propagandas, de que depois do espetáculo haveria bondes para todas as linhas[199], o que permitia acesso às opções de lazer, em vários horários, em particular o noturno, a um número cada vez maior e heterogêneo da população, nas médias e grandes cidades.

Benjamim relata que a companhia de "Fructuoso crescera, unindo-se a outra de igual valor", o que se pode observar pelo número de 35 artistas anunciados na propaganda. Naquele período, Albano Pereira havia encerrado as atividades no Teatro de Variedades de Porto Alegre, para logo depois se associar a Candido Ferraz, que chegava de Buenos Aires. Albano era uma das maiores e mais importantes companhias circenses, destacando-se pelas montagens de pantomimas como *Os salteadores da Calábria*, *Um episódio de Garibaldi em Vereze* [sic] e, sobretudo, a *Cendrillon*[200].

As descrições das produções dos espetáculos de Albano permitem constatar grande domínio sobre um conjunto de técnicas e linguagens que os circenses utilizavam, e às quais Benjamim tinha pleno acesso. Em 24 de março, o Politeama anunciava que o circo representaria a pantomima *Os bandidos da Calábria*, na qual tomavam parte 60 pessoas[201]. Na propaganda constava que a *mise-en-scène* era do próprio Albano Pereira, que todos os "vestuários e adereços novos" tinham vindo "propositalmente da Europa do Grande Teatro (Scala) de Milano", e, além disso, seria representada em "palco cênico", montado especialmente para a peça. Informava ainda que na porta do teatro seria distribuído gratuitamente aos espectadores o argumento da pantomima, e que haveria a apresentação do *clown* musical "d'América, Sr. Victorino Brag", que deleitaria o público com várias peças de seu repertório, entre elas o popular *Ataca Felipe!!*[202]. Por certo, tudo isso pressupunha conhecimentos de coreografia, cenário, vestuário, direção artística e teatral, e a encenação de pelo menos 20 artistas do circo, das 83 pessoas que o constituíam, cuja maioria era de figurantes, geralmente moradores da cidade[203]. A estreia no Rink-Campineiro foi em 8 de outubro e, no dia 11, o jornal *Diário de Campinas* publicou, na primeira página, comentário a respeito desse circo:

> Desenganemo-nos – as companhias de cavalinhos dão sota e basto em todos os outros gêneros de divertimento, ao menos entre nós. Sábado e domingo, especialmente no domingo, a concorrência às funções do Circo Universal foi extraordinária. No domingo muita gente ficou de pé: à porta havia um burburinho – era quem podia primeiro comprar bilhete. Os trabalhos dos artistas são, em geral, muito bem executados. Palmas não faltaram aos artistas e cobres aos srs. Albano & Ferraz. Ouro sobre azul!

Era um conjunto de saberes totalmente inteligível para os meios artísticos e para o público do período. Na mesma data em que o circo estava no Politeama Paulista, apresentava-se a pouca distância, no Teatro São José, a Companhia de Ópera-cômica e Operetas do Teatro Sant'Anna, uma empresa do artista Heller, com a peça fantástica *Ali-Babá e os quarenta ladrões – Conto das mil e uma noites*. Além de as representações teatrais versarem sobre o mesmo tema, ou seja, peças fantásticas, mágicas, mocinho contra bandido etc., o modo como a empresa descrevia a produção da peça é muito semelhante ao dos circos, em particular o de Albano. Informava que tomava parte toda a companhia, que havia "cenários, vestuários e adereços, tudo novo e esplêndido", destacando a "*mise-en-scène* a cargo do artista Heller"[204]. O jornal, no dia seguinte, fez uma crônica a respeito dessa representação, não dizendo nada em relação à pantomima do circo.

Benjamim, que havia sido contratado para trabalhar com bambu, saltos e acrobacias, estava em meio a tudo isso e tinha a possibilidade de aprender essa multiplicidade de linguagens. No circo de Fructuoso, teve inclusive a oportunidade de experimentar os saberes e as práticas que havia aprendido com os circenses, pela transmissão oral e gestual. Nessa temporada, um dos principais palhaços da companhia, Antonio Freitas, cantador de lundu e tocador de violão, adoeceu. Esse artista, desde 1877 no Circo Casali, no qual Fructuoso também trabalhava, era um dos "fatores de sucesso do espetáculo", segundo Benjamim. Foi preciso que alguém o substituísse. O momento foi tão sério, afirma, que "vários se despediram com medo de serem escolhidos"[205], fazendo com que o empresário pusesse "as mãos na cabeça, seriamente preocupado, pois não seria fácil a substituição"[206]. Reunindo os artistas durante o jantar, após o espetáculo, no casarão onde morava quase toda a companhia, discutiu-se a substituição. Benjamim conta que estava sentado ao lado, comendo em seu prato de folha, pois como negro "não se sentava à mesa com os outros"[207], quando Albano Pereira exclamou "já sei, o moleque Benjamim vai fazer o palhaço"[208]. Entrando em pânico, apelou com os olhos para Fructuoso, mas este se mostrou favorável à proposta. No espetáculo seguinte, à noite, tendo reunido algumas pilhérias, com a cara cheia de alvaiade e riscos de carvão, ele estreou como palhaço. Em todas as entrevistas, quando questionado sobre a impressão que guardava daquela estreia, respondia:

> A vaia [...] vaia como poucos terão ouvido na sua vida! Se pudesse, sairia do palco. Mas eu estava preso por contrato e daquilo dependia o meu pão... Na segunda noite a coisa foi pior. Na primeira apenas gestos e assobios; na outra, batatas e ovos. [...] Seguimos, depois, para Santos. E em Santos, quebraram-me a cabeça. [...] Um português, certamente admirador do Freitinhas, jogou-me um patacão. E eu fui retirado de cabeça quebrada do picadeiro.[209]

Durante vários dias continuou sendo um palhaço sem graça e vaiado. Pedindo a Fructuoso que o retirasse da responsabilidade, este lhe respondeu que não iria atendê-lo, pois aquilo já havia se constituído o "*clou* do espetáculo"[210]. Depois de algumas semanas Freitinhas voltou a trabalhar, mas Benjamim continuou como palhaço, agora auxiliar do colega, que, mesmo sem graça, fazia ressaltar as graças do outro. Em uma noite, jogaram-lhe uma coroa de capim e, como palhaço, respondeu ao "agressor": "Deram a cristo uma coroa de espinhos, por que não me poderiam dar uma de capim?"[211] O povo o aplaudiu e ele considerou este seu primeiro sucesso, mas um "sucesso medíocre", segundo ele. Em São José dos Campos, desfez-se a sociedade, e Benjamim continuou trabalhando com Fructuoso. Em seus relatos não menciona Freitas, mas é bem possível que este tenha continuado com Albano, pois em 1899 o encontramos trabalhando na sua companhia, em Campinas[212].

Mas, se havia tantos outros palhaços na companhia, como os das famílias Seyssel, Ozon, palhaços excêntricos, por que a dificuldade de achar um substituto para Freitas?

Algumas hipóteses podem ser levantadas. Primeiramente, a questão do relato oral biográfico. Benjamim tentou passar, 50 anos depois do fato ocorrido, a importância do que significava tornar-se palhaço por meio de um certo ritual de passagem que definiria sua identidade profissional. A primeira reportagem localizada que traçou sua biografia data de 1939, quando era um homem de 69 anos de idade, e, com certeza em entrevistas e relatos orais, mesmo que tenham se tornado registro escrito, há de se considerar que estivessem carregados de dramaticidade e situações épicas.

Outra hipótese é que Freitas não era um palhaço fácil de ser substituído, como não seriam os outros, pois, por um lado, é provável que o ator Freitas houvesse se especializado em um tipo de personagem cômico, bastante associado à sua própria performance individual, que o tornava conhecido e com sucesso, sendo mais fácil a troca por um artista desconhecido e ainda sem um tipo de personagem definido, como Benjamim. Por outro lado, apesar de muitos artistas afirmarem em seus relatos de vida que se tornaram palhaços "quase por acaso", ninguém no circo nascia (ou nasce) trapezista ou palhaço. Isso era resultado de um processo de formação e aprendizagem que os circenses viviam cotidianamente, que os qualificava para realizar algumas funções. Um dos palhaços de referência, na segunda metade do século xx, no Brasil, o italiano Leo Bassi, ao discutir a formação no circo, afirmou:

> Os palhaços raramente eram apenas palhaços. O palhaço tinha outras técnicas, podia ser a música, a acrobacia, o malabarismo, ser amestrador de animais. Meu pai sempre dizia que não se começava sendo palhaço; isso vinha depois. A primeira coisa era aprender um ofício, uma técnica. E com a vida, com a experiência do contato humano, e com o gosto de ter contato humano, lentamente, a técnica ia se tornando menos importante, e o mais importante ficaria sendo da personalidade.[213]

Apenas para mencionar mais um entre os vários exemplos cujas memórias foram registradas, Waldemar Seyssel, o palhaço Arrelia, afirma em seu livro que fora seu pai, também palhaço, quem o tinha iniciado nessa carreira. Quando estavam procurando um substituto para ele, seus irmãos mais velhos tinham sido colocados à prova, mas, por mais que se esforçassem, nenhum lhe agradava nem agradava ao público. Então, chegou a vez de Waldemar. Ao mesmo tempo que o pai lhe ensinara, a estreia parece uma mistura de "acaso" com todo um processo de formação e aprendizagem:

> Pintaram meu rosto, deram-me uma roupa grandalhona, umas calças muito largas e uns sapatos enormes. Eu não queria entrar, pois ninguém ensaiara nada comigo! Todavia, essa falta de ensaio também fazia parte da prova e do papel que eu ia representar; ia ser o improvisador da noite, o chamado "tony *de soire*".[214]

Assim, mesmo que Benjamim tenha sido "empurrado" para substituir o "melhor palhaço da companhia", é quase certo que já tinha conhecimentos suficientes para realizar essa função, precisando aperfeiçoar, apenas, seu lado de ator cômico. Segundo o próprio Benjamim, aos poucos ele foi aperfeiçoando suas pilhérias, melhorando sua performance e caindo no agrado do público: começou a ser "bisado", recebendo calorosa ovação, principalmente quando passou a se apresentar como palhaço tocador de violão e dançador de chula e lundu. Portanto, já havia aprendido e detinha pré-requisitos necessários para ser um palhaço: era acrobata, sabia tocar, cantar e dançar os ritmos do período, sozinho ou nas pantomimas, ao contrário de outros artistas, mesmo palhaços acrobatas musicais, que eram estrangeiros.

Não há nenhuma referência em seus relatos de que teria aprendido a tocar violão na sua cidade natal, Pará de Minas, antes de ter fugido com o circo, aos 12 anos de idade, mas quando foi escolhido para aquela função seu processo de formação como circense já o havia qualificado para tal. Toda a sua aprendizagem, nos sete anos, veio do contato com os outros artistas palhaços, de todas as origens e nacionalidades, que também cantavam e dançavam lundus e maxixes.

Por esse percurso, o palhaço-instrumentista-cantor Benjamim de Oliveira tornava-se mais um dos responsáveis pela divulgação e pela veiculação da produção musical e teatral no Brasil e pela construção da teatralidade circense.

# NOTAS

1. As referências desse relato sobre Pará de Minas, o ano de 1882 e o circo de Sotero Villela foram extraídas de entrevistas dadas por Benjamim de Oliveira a diversos jornais e revistas: Tradição e atualidade. *A Noite Ilustrada*, 28 jun. 1939, pp. 4-5; A vida de um Palhaço. *A Noite Ilustrada*, 22 dez. 1939, pp. 40-41 e 48; *Diário da Noite*, 21 fev. 1940; Clóvis de Gusmão. As grandes reportagens exclusivas - O Rei dos Palhaços. *Revista Dom Casmurro*, 12 e 19 out. 1940; Grandeza e miséria da vida de palhaço. *Comoedia – Revista Mensal de Teatro, Música, Cinema e Rádio*, Rio de Janeiro, direção e responsabilidade Brício de Abreu, ano II, n. 5, pp. 79-84, mar. 1947; *Revista Biográfica Honra ao Mérito*, n. 1, p. 17, 1942, editada pela Standard Oil Company of Brazil (atualmente Esso Brasileira de Petróleo do Rio de Janeiro); programa da Rádio Nacional *Honra ao mérito*, 7 ago. 1942, gravado em 6 discos (conforme selo McCann*Erickson, 78 RPM, 21 dez. 1949, pela Standard Oil Co. of Brasil); E o palhaço o que é? *Revista da Semana*, pp. 12-15 e 42, 7 out. 1944; O Teatro no Circo: Benjamim de Oliveira e o elenco do "Spinelli" em 1910. *Anuário da Casa dos Artistas*, 1949; Morreu Benjamim de Oliveira. O maior palhaço brasileiro. *A Noite*, 8 jun. 1954; Sérgio Porto. Benjamim de Oliveira - o palhaço. *Revista Manchete*, seção "Um Episódio por Semana", 19 jun. 1954; *Diário de Belo Horizonte*, 8 abr. 1958; Brício de Abreu. O maior artista negro do Brasil - Benjamim de Oliveira. *Esses populares tão desconhecidos*. Rio de Janeiro: E. Raposo Carneiro Editor, 1963. pp. 77-88; Leão de Jesus. Negro Benjamim – Cristo Negro. *O Dia*, 2 e 3 abr. 1972; Jota Efegê. Houve um momo *colored* que não participou do carnaval carioca. *O Jornal*, 17 mar. 1968 (o artigo foi publicado no livro desse autor denominado: *Figuras e Coisas do Carnaval Carioca*. Rio de Janeiro: Funarte, 1982, pp. 118-20).

2. Regina Horta Duarte. *Noites circenses: espetáculos de circo e teatro em Minas Gerais no século XIX*. Campinas: Editora da Unicamp, 1995.

3. Mencionarei algumas referências que não se restringem ao estado de Minas Gerais: Mello Morais Filho. *Festas e tradições populares no Brasil*. Belo Horizonte: Itatiaia, 1979; Afonso Schmidt. *Saltimbancos*. São Paulo: Saraiva, 1950. (Coleção Saraiva 21); Gilda de Abreu. *Alma de palhaço*. 3. ed. São Paulo: Cupolo, 1959; Antolin Garcia. *O circo (a pitoresca turnê do circo Garcia, através à África e países asiáticos)*. São Paulo: DAG, 1976 [1962]; Dirce Tangará Militello. *Picadeiro*. São Paulo: Guarida Produções Artísticas, 1978; Waldemar Seyssel. *Arrelia e o circo: memórias de Waldemar Seyssel*. São Paulo: Melhoramentos, 1977; W. Seyssel. *O menino que queria ser palhaço*. São Paulo: Companhia Editora Nacional, 1992; Tito Neto. *Minha vida no circo*. São Paulo: Autores Novos, 1986.

4 *A Noite Ilustrada*, 22 dez. 1939, p. 40. Essa localidade hoje tem o nome de praça Francisco Torquato de Almeida.

5 Martha Abreu. *O império do Divino: festas religiosas e cultura popular no Rio de Janeiro, 1830-1900*. Rio de Janeiro: Nova Fronteira; São Paulo: Fapesp, 1999, p. 195; Regina Horta Duarte, *op. cit.*, o capítulo I é uma importante referência sobre as leis regulamentadoras dos espetáculos e de obras sobre o teatro escritas no século XIX, relatórios dos presidentes da Província e da legislação mineira do período.

6 Com relação a essa discussão, ver: Erminia Silva e Luiz Alberto de Abreu. *Respeitável público... o circo em cena*. Rio de Janeiro: Funarte, 2009 (em particular, o capítulo 3).

7 "Aí viajava de carro de boi, de carreta, aquelas carretas do Paraná, no Rio Grande, Santa Catarina, Mato Grosso, eram carretas puxadas por quatro animais; burros ou cavalos, com quatro rodas, bonitas mesmo, ela media quase três metros, e ali ia toda a bagagem do circo." Entrevista realizada em 3 de maio de 1985, por esta pesquisadora, com Noemia da Silva, para minha dissertação de mestrado (*O circo: sua arte e seus saberes - O circo no Brasil do final do século XIX a meados do XX*. Dissertação - Mestrado - Unicamp, Campinas, 1996). Ver também, entre outras referências de jornais e revistas mencionados neste trabalho: Clóvis Gusmão, *op. cit.*, 1947, pp. 79-84; Regina Horta Duarte, *op. cit.*, 1995, p. 34.

8 Erminia Silva (*op. cit.*, 2009), em particular no capítulo 2, no qual há uma descrição detalhada do processo de produção da lona do circo, desde a preparação do tecido, o cosimento dele, até as relações sociais e de trabalho envolvidas no processo.

Assim como no livro de Waldemar Seyssel, *op. cit.*, 1977, p. 78.

9 No jornal *O Coaracy*, 23 maio 1876, é possível observar essa estrutura através de uma caricatura feita por Emile Langlois, do Circo Chiarini. *Apud* Carlos Eugênio Marcondes de Moura. *Notas para a história das artes do espetáculo na Província de São Paulo: a temporada artística em Pindamonhangaba em 1877-1878*. São Paulo: Conselho Estadual de Artes e Ciências Humanas, 1978, p. 105. (Coleção Ensaio, n. 90).

10 Sobre circo de pau a pique, ver: E. Silva, *op. cit.*, pp. 120-26; W. Seyssel, *op. cit.*, 1977; D. T. Militello, *op. cit.*, p. 28; Júlio Amaral Oliveira. Visões da história do circo no Brasil. *Última-Hora-Revista*, São Paulo (reportagens publicadas de 1º a 16 jun. 1964). Para a maioria desses autores, esse tipo de construção de circo permaneceu como opção para muitos circenses, principalmente nas regiões Norte, Nordeste e Centro-Oeste do Brasil, até as décadas de 1940-1950. A partir desse período ela foi rareando, mas nunca desapareceu totalmente.

11 Não foi localizada referência biográfica a respeito de Sotero Villela. Encontrou-se de novo esse circo, mencionado no livro de Antônio Guerra, que havia se apresentado em 27 de maio de 1897: "Circo Guanabara - direção do artista Sotero Villela, do qual faziam parte o menino Pepe, D. Catita e o grande contorcionista João Rio-grandense", *op. cit.*, p. 84.

12 "Ia no mato cortava aqueles varões de madeira, tirava as folhas enfincava [sic] no chão, trazia os lenços de bancada, com madeira mesmo, na própria madeira com os pregos mesmo, fazia grades, já era grade naquele tempo, era tudo de madeira, então aqueles paus que

eles botavam de pé, com aqueles pregos grandes, aqui eles botavam um pau, batia outro prego, outro pau batia outro prego, ia batendo prego, até três varões daqueles era um lance. Então ali fazia um assento para pôr tábua em cima, ia fazendo três bancadas, quatro bancadas. Mas, naquele tempo com a dificuldade de se fazer tudo [...] então não fazia mais de três ou quatro filas de bancadas. Quando a praça era muito boa, que eles tinha esperança e fé que a cidade ia ser um estouro, uma festa - porque quando chegava um circo na cidade em tempo de festa era outra festa -, então eles faziam cinco bancadas ou seis de cada lado, e o reservado é assim: batia uma estaca, outra estaca (quatro) punha uma tábua em cima e aí forrava de pano vermelho, branco, azul, era algodãozinho cru, era um luxo naquele tempo no circo." Entrevista realizada em 3 de maio de 1985, por esta pesquisadora, com Alzira Silva. E. Silva, *op. cit.*, p. 126.

13 "Trabalhávamos em rancho de taipa, cobertos com panos velhos. Cada vez que mudávamos de cidade vendíamos a parte de madeira e levávamos apenas o pano em lombos de burros", Clóvis de Gusmão. As grandes reportagens exclusivas: o Rei dos Palhaços. *Revista Dom Casmurro*, 12 e 19 out. 1940. "Mas, o circo de pau a pique de antigamente, eles não viajavam com o circo, eles faziam o circo ali. Era madeira mesmo, cortava e fazia o circo. Depois eles só carregavam o pano de roda, trabalhava mais de dia e noite boa. Quando ia embora, deixava aquilo lá", entrevistado: Antenor Alves Ferreira. E. Silva, *op. cit.*, p. 126.

14 Vale lembrar as construções de madeira feitas por Astley e Hughes, inclusive a que o primeiro havia deixado em Paris no século XVIII, no *Boulevard du Temple*, que foi recuperada por Antônio Franconi. Como também as que já se construíam em Buenos Aires, inclusive por Chiarini (conhecido como "Mestre das Arlequinadas"), além, é claro, do circo de Albano Pereira, em Porto Alegre, denominados de hipódromos e pavilhões. É interessante, também, observar a forte presença do modelo das praças de touros nesse tipo de construção de pau a pique. Sobre praça de touros e circo, ver: Raúl H. Castagnino. *El circo criollo – Datos y documentos para su historia 1757-1924*. 2. ed. Buenos Aires: Plus Ultra, 1969, p. 17. (Clássicos Hispanoamericanos, v. 18).

15 Em entrevista dada à *Revista da Semana*, em "E o palhaço o que é?", 7 out. 1944, p. 13, Benjamim, ao descrever o Circo Sotero, diz: "Afinal, chegou ao lugarejo um circo. [...] O enorme toldo estava armado. [...]." Nas outras fontes que contêm sua biografia, ele descreve minuciosamente como era o circo, e em todas fala do pau a pique, sem cobertura.

16 A vida de um palhaço. *A Noite Ilustrada*, 22 dez. 1939, p. 40. É interessante a longa permanência do "palhaço- -cartaz", sendo relatado por vários memorialistas. Dentre eles: Luiz Edmundo. *O Rio de Janeiro do meu tempo*. Rio de Janeiro: Imprensa Nacional, 1938. v. II, p. 504; Cândido Portinari. *Carta Paloninho*. Paris, set. 1958.

17 *A Noite Ilustrada*, 22 dez. 1939, p. 40.

18 E. Silva, *op. cit.*, pp. 126-29.

19 Maria Luisa de Freitas Duarte do Páteo. *Bandas de música e cotidiano urbano*. Dissertação (Mestrado) - Universidade Estadual de Campinas, Campinas, ago. 1997, pp. 73-74; Carlos Eugênio Marcondes de Moura

informa que, em 1873, o teatro continha duas ordens de camarotes e na plateia admitia 250 pessoas, e somente no fim do século XIX é que foram colocadas cadeiras. C. E. M. de Moura, *op. cit.*

20  *A Noite Ilustrada*, 22 dez. 1939, p. 40.

21  E o palhaço o que é? *Revista da Semana*, 7 out. 1944, p. 14; *A Noite Ilustrada*, 22 dez. 1939, p. 40.

22  Divinópolis, antigo Espírito Santo do Itapecerica, foi uma das seis freguesias cuja sede era Patafufo, município de Pará, quando este se desmembrou de Pitangui. As referências das duas primeiras irmãs de Benjamim constam no Livro n. 29 de Batizados da Cúria Diocesana de Divinópolis, que contém os registros de batizado dos nascidos de 1859 a 1867, que eram: Ana, nascida em 10 de abril de 1864, e Bertolina, em 15 de março de 1863, filhas de Malaquias e Leandra, "crioulos escravos de Roberto Evangelista de Queiroz". O terceiro filho, Gualter, de 15 de maio de 1868, e Benjamim constam no Livro n. 05 de Batizados da Cúria Diocesana de Divinópolis, que contém os registros de batizados dos nascidos de 1867 a 1871. Os outros cinco filhos constam do Livro n. 46 de Batizados da Cúria Diocesana de Divinópolis: Maria, nascida em 1º de dezembro de 1880, com os dizeres de que era filha daqueles "sendo a mãe forra e o pai escravo de Cornélio Evangelista de Queirós" (filho de Roberto Evangelista); Eduarda, de { } outubro de 1882; Balbina, de 1º de março de 1886, "filha legítima dos libertos Malaquias Chaves e sua mulher Leandra do { } de Jesus" e, Raimundo, de 20 de novembro de 1890, "filho legítimo de Malaquias Chave e sua mulher Leandra, escravos que foram de

Roberto Evangelista de Queirós". No registro de Benjamim consta que ele foi batizado no dia 29 de junho de 1870, sendo os padrinhos Domingos e Tomasia, assinado pelo vigário Paulino Alves da Fé. Toda essa documentação me foi gentilmente fornecida por Guaraci de Castro Nogueira, que realiza pesquisa genealógica sobre famílias pitanguenses em Itaúna (MG).

23  *Revista da Semana, op. cit.*, p. 13.

24  *Id., ibid.*

25  *Id., ibid.*

26  *Id., ibid.*; C. de Gusmão, 12 e 19 out. 1940; *A Noite Ilustrada*, 22 dez. 1939, p. 40.

27  C. de Gusmão, 12 e 19 out. 1940.

28  Sobre o tema de fugas com circos, ver: E. Silva, *op. cit.*, pp. 126 e 153; Júlio Amaral de Oliveira, 1º a 16 jun. 1964, em que constam vários relatos de artistas que fugiram com o circo. R. H. Duarte, *op. cit.*, pp. 83-87; Regina H. Duarte. *A imagem rebelde: a trajetória libertária de Avelino Fóscolo*. Campinas: Pontes/Editora da Unicamp, 1991, pp. 25-26.

29  *Revista da Semana, op. cit.*, p. 13.

30  R. H. Duarte, *op. cit.*, 1991, p. 25.

31  C. de Gusmão, 12 e 19 out. 1940.

32  Conforme programa da Rádio Nacional do Rio de Janeiro, de 7 de agosto de 1942. Essa informação é confirmada por Jaçanan Cardoso Gonçalves – neta de Benjamim de Oliveira, nascida em 9 de maio de 1929, no Rio de Janeiro, e moradora ainda hoje na cidade – em entrevista dada a esta pesquisadora.

33  José B. d'Oliveira Cunha. *Os ciganos do Brasil: subsídios históricos, ethnographicos e linguísticos*. São Paulo: Imprensa Oficial do Estado, 1936. p. 40. Dentre os vários casos que o autor discute sobre as "quadrilhas ciganas" que agiam no Brasil, há uma publicação no jornal *O Dia*, 25

jun. 1892, relatando a prisão de uma "quadrilha" e seus roubos, inclusive crianças. Ver também: Maria de Lourdes B. Sant'Ana. *Os ciganos: aspectos da organização social de um grupo cigano em Campinas*. São Paulo: FFLCH/USP, 1983 (Antropologia, 4), particularmente pp. 138-50, nas quais a autora fala dos estereótipos "cigano ladrão", "cigano que rouba crianças" etc.; Renato Rosso. Apontamentos para uma pastoral dos nômades [e] Ciganos: uma cultura milenar. *Revista de Cultura Vozes*, ano 79, v. 1, n. 3, abr. 1985, p. 5-8 e 9-42, respectivamente. R. H. Duarte (*op. cit.*, 1995) tem um longo debate sobre os nômades ciganos no século XIX.

**34** Ver: E. Silva, *op. cit.*, em particular o capítulo 3.

**35** R. H. Duarte, *op. cit.*, 1995, p. 85. A autora cita Leis Mineiras. Resolução n. 3.413, 10 jul. 1887, arts. 123 e 124.

**36** Além dos já mencionados, ver: E. Silva, *op. cit.*, e os diversos relatos dos entrevistados ao longo da dissertação; Waldemar Seyssel, *op. cit.*, 1977; T. Neto, *op. cit.* No romance histórico de Gary Jennings - *O circo*. Rio de Janeiro: Record, 1987 - a história das "aventuras de um circo viajando pela Europa do século XIX" trata de um homem que se incorpora ao circo e torna-se empresário e artista.

**37** *A Noite Ilustrada*, 22 dez. 1939, p. 41.

**38** E. Silva, *op. cit.*, p. 110.

**39** E. Silva, *op. cit.*, cap. II.

**40** Ver: E. Silva, *op. cit.*, em particular o capítulo 2; A. Garcia, *op. cit.*; D. T. Militello, *op. cit.*, 1978; D. T. Militello. *Terceiro sinal*. São Paulo: Mercury Produções Artísticas Ltda., 1984; W. Seyssel, *op. cit.*, 1977; T. Neto, *op. cit.*; G. Jennings, *op. cit.*; Vic Militello. *Os sonhos como herança: síndrome da paixão*. Fundação Biblioteca Nacional; Ministério da Cultura, 1997.

**41** Os primeiros registros encontrados da família de origem francesa, os Seyssel, datam de 27 de dezembro de 1877 no *Correio Paulistano*, e em 1878 no *Diário do Norte* (Pindamonhangaba), trabalhando no Circo Casali, *apud* C. E. M. de Moura, *op. cit.*, pp. 144-47. No *Diário de Campinas*, 21 dez. 1881, eram anunciados como os *clowns* musicais, equestres e acrobáticos, do circo que estava sob a direção de Borel e Casali. Conforme Raúl H. Castagnino. *Centurias del Circo Criollo*. Buenos Aires: Perrot, 1959, p. 49 (Coleção Nuevo Mundo), em 1886, junto com o *clown* inglês Frank Brown, trabalhavam no Circo Irmãos Carlo, que estava em Buenos Aires, realizando uma turnê pela América Latina, apresentando também entradas cômicas como *clowns*. Na década de 1920, o Circo Seyssel e Benjamim de Oliveira, com seu Circo Teatro Benjamim, uniram-se para uma temporada em Belo Horizonte - conforme W. Seyssel, *op. cit.*, 1977, p. 38.

**42** W. Seyssel, *op. cit.*, 1977, pp. 130-31.

**43** *A Noite Ilustrada*, 22 dez. 1939, p. 41.

**44** *Id.*, *ibid.*

**45** C. de Gusmão, 12 out. 1940.

**46** A razão do espancamento está em C. de Gusmão, 12 out. 1940. A "suposta traição" está em *Revista da Semana*, *op. cit.*, p. 14. Sotero havia conhecido essa mulher em uma cidade e ambos se apaixonaram. O diretor encarregou Benjamim de "roubá-la", pois o circo estava deixando o local: "Combinou-se o plano. E aquela noite, eu, um menino, trazia na garupa de seu cavalo, a toda disparada, a amante de Sotero." Ela teria "se deixado roubar" e os dois passaram a viver como marido e mulher. Benjamim e ela tornaram-se amigos, motivo pelo qual se levantou a desconfiança.

47 A. Garcia, *op. cit.*; R. H. Duarte, 1995, p. 85.

48 Athos Damasceno. *Palco, salão e picadeiro em Porto Alegre no século XIX: contribuições para o estudo do processo cultural do Rio Grande do Sul.* Rio de Janeiro: Globo, 1956, pp. 145 e 163, respectivamente.

49 Júlio Amaral de Oliveira. Uma história do circo. *In*: Claudia Márcia Ferreira (coord.). *Circo: tradição e arte.* Rio de Janeiro: Museu de Folclore Edison Carneiro, Funarte/Instituto Nacional do Folclore, 1987.

50 É interessante o estudo que Carmem Soares faz sobre o discurso dos precursores da Educação Física, como disciplina, que se afirmavam os detentores dos saberes científicos do corpo em contraposição aos "excessos do corpo" vividos por acrobatas, funâmbulos e circenses, e seus métodos não científicos de ensinar, em *Imagens da educação no corpo. Estudo a partir da ginástica francesa no século XIX.* Campinas: Autores Associados, 1998. (Coleção Educação Contemporânea), em particular o capítulo 2: "Educação no Corpo: a rua, a festa, o circo, a ginástica", pp. 17-32. Ver, também: R. H. Duarte, *op. cit.*, 1995, pp. 257-60; E. Silva, *op. cit.*, p. 100.

51 E. Silva, *op. cit.*, p. 111.

52 *Revista da Semana*, *op. cit.*, p. 14.

53 C. de Gusmão, 12 out. 1940.

54 Mello Moraes Filho. *Os Ciganos do Brasil.* Rio de Janeiro: B. L. Garnier, 1886, *apud* J. B. d'Oliveira Cunha, *op. cit.*; M. de L. B. Sant'Ana, *op. cit.*; R. Rosso, *op. cit.*; R. H. Duarte, *op. cit.*, 1995.

55 J. B. d'Oliveira Cunha, *op. cit.*

56 *Id.*, *ibid.*, p. 91. O autor faz referência aos relatos de Saint Hilaire e Mello Moraes Filho.

57 *Id.*, *ibid.*, p. 44.

58 *Apud* J. B. d'Oliveira Cunha, *op. cit.*, pp. 27-28.

59 C. de Gusmão, 12 out. 1940.

60 Esse empresário teve seu nome também registrado como James Peter Adams e James Pedro Adams. Para mais informações sobre o empresário e suas produções na década de 1860, no estado do Rio de Janeiro, ver: Daniel de Carvalho Lopes e Erminia Silva, 2022 (no prelo).

61 Resolução n. 3.443, de 1887, *apud* A. Guerra, *op. cit.*, p. 61.

62 A. Damasceno, *op. cit.*

63 *Gazeta de Notícias*, 8 jun. 1876.

64 *O Paiz*, 5 maio 1894. Igualmente era cobrado nas várias cidades do interior, como Campinas, conforme *Diário de Campinas*, 30 nov. 1881, e São João del Rei, 14 nov. 1887, *apud* A. Guerra, *op. cit.*, p. 61.

65 Constante do livro da "Província de Minas Gerais - Receita Geral - Exercício de 1878 a 1879 - Empréstimo do Cofre de Órfãos - Lei n. 231 de 13 de novembro de 1841".

66 C. de Gusmão, 12 out. 1940.

67 *Diário de Campinas*, 25 jan. 1892, 11 ago. 1892, 7 maio 1893 e 17 abr. 1895.

68 M. L. de F. D. do Páteo, *op. cit.*, p. 87.

69 *Diário de Campinas*, 17 abr. 1895.

70 C. de Gusmão, 12 out. 1940. Como se verá posteriormente, "região sul" não se referia apenas ao Rio Grande do Sul, mas também ao sul da América Latina, em particular a Argentina, de onde chegou Fructuoso Pereira.

71 *Id.*, *ibid.*

72 Quanto aos contemporâneos: Vivaldo Coaracy. *Memórias da cidade do Rio de Janeiro.* Rio de Janeiro: José Olympio, 1965. v. 3; M. Moraes Filho, *op. cit.*; L. Edmundo, *op. cit.* Quanto aos historiadores do teatro: Sábato Magaldi. *Panorama do teatro brasileiro.* 4. ed. São Paulo: Global, 1999; Edwaldo Cafezeiro e Carmem Gadelha. *História do teatro brasileiro: um percurso de Anchieta a Nelson Rodrigues.* Rio

de Janeiro: Editora UFRJ: Eduerj: Funarte, 1996; José Galante de Souza. *O teatro no Brasil.* Rio de Janeiro: Instituto Nacional do Livro, 1960. t. I; Décio de Almeida Prado. *Teatro de Anchieta a Alencar.* São Paulo: Perspectiva, 1993; Décio de Almeida Prado. *Seres, coisas, lugares: do teatro ao futebol.* São Paulo: Companhia das Letras, 1997; Evelyn Furquim Werneck Lima. *Arquitetura do espetáculo: teatros e cinemas na formação da Praça Tiradentes e da Cinelândia.* Rio de Janeiro: Editora UFRJ, 2000. Os trabalhos de Fernando Antônio Mencarelli (*Cena aberta: a absolvição de um bilontra e o teatro de revista de Arthur Azevedo.* Campinas: Editora da Unicamp/ Centro de Pesquisa em História Social da Cultura, 1999), e Silvia Cristina Martins de Souza (*As noites do ginásio. Teatro e tensões culturais na Corte (1832-1868).* Campinas: Editora da Unicamp, Cecult, 2002), também focalizam o teatro como objeto de estudo, entretanto, diferentes dos outros autores, ambos têm como proposta considerá-lo como uma das opções da população, em particular a carioca, do conjunto das produções culturais do período.

73 V. Coaracy, *op. cit.*; M. Moraes Filho, *op. cit.*; L. Edmundo, *op. cit.*; Múcio da Paixão. *O theatro no Brasil.* Rio de Janeiro: Brasília Ed., 1936; S. Magaldi, *op. cit.*; J. G. de Souza, *op. cit.*

74 F. A. Mencarelli, *op. cit.*, p. 33.

75 *Id.*, *ibid.*, pp. 123-24.

76 E. F. W. Lima, *op. cit.*, p. 78.

77 R. H. Duarte, *op. cit.*, 1995, pp. 183-84.

78 F. A. Mencarelli, *op. cit.*, p. 63.

79 D. de A. Prado, *op. cit.*, 1997, p. 29.

80 Arnold Hauser. *História social da arte e da literatura.* São Paulo: Martins Fontes, 1998, p. 825. (Paideia).

81 S. Magaldi, *op. cit.*, p. 152. O autor menciona que essa referência consta do estudo de Machado de Assis, de 1873, "Literatura brasileira: Instinto de nacionalidade", no qual fez um balanço do romance, da poesia e da língua no país.

82 *Apud* D. de A. Prado, *op. cit.*, 1997, p. 29.

83 Beatriz Seibel. *Historia del circo.* Buenos Aires: Ediciones del Sol, 1993, p. 28. (Biblioteca de Cultura Popular, 18).

84 Teodoro Klein. *El actor en el Rio de La Plata II: de Casacuberta a los Podestá.* Buenos Aires: Ediciones Asociacion Argentina de Actores, 1994, p. 199.

85 Lara Rocho, *op. cit.*, 2020.

86 D. de A. Prado, *op. cit.*, 1997, p. 48. De fato, pelas fontes pesquisadas, muitas eram as companhias que se autodenominavam com essa diversidade de produções.

87 Os dados da descrição que se segue, tanto dos artistas quanto da pantomima, foram retirados do jornal *Diário de Campinas*, 21 dez. 1881 e 4 jan. 1882. Conforme Júlio Amaral Oliveira (*op. cit.*, 16 jun. 1964, p. 4), as famílias Borel e Ozon se uniram pelo casamento entre Henrique Ozon, que veio de Montevidéu, e Marietta Borel, austríaca de nascimento: ambos chegaram ao Brasil por volta da década de 1870, realizaram diversas excursões pela América Latina e do Norte, além da Europa, e fixaram-se no início do século XX em circos brasileiros.

88 *Diário de Campinas*, 4 jan. 1882.

89 Ver: M. L. de F. D. do Páteo, *op. cit.*, pp. 77 e 87-89.

90 Teodoro Klein (*op. cit.*, p. 201) sugere que uma peça com o título *El bandido de las montañas de Calábria* estreou em Madri em 1863, com as mesmas descrições de cenário. Sobre as montagens dos cenários de pantomimas, ver: R. H. Castagnino, *op. cit.*, 1959; B. Seibel, *op. cit.*; Henry Thétard. *La merveilleuse histoire du cirque.*

Paris: Prisma, 1947. 2 v. n. 931; Pierre Robert Levy. Les *clowns*. *In*: *Le grand livre du cirque*. Genebra: Edito-Service S.A., 1977. (Bibliothèque des Arts, v. i e ii; Denys Amiel. *Les spectacles a travers les ages – théatre, cirque, music-hall, cafés--concerts, cabarets artistiques*. Paris: Aux Éditions du Cygne, 1931; Alessandro Cervelatti. *Questa sera grande spettacolo: storia del circo italiano*. Milão: Avanti!, 1961. (Col. Monde Popolare).

91 Existem diversos trabalhos que discutem o melodrama em todas as suas variantes, inclusive no cinema e na televisão. A maior parte da bibliografia utilizada neste trabalho, que trata de teatro ou circo, discute esse tema. Além dos já mencionados, acrescenta-se: Umberto Eco. *Apocalípticos e integrados*. São Paulo: Perspectiva, 1990; Marlyse Meyer. *Folhetim: uma história*. São Paulo: Companhia das Letras, 1996; Silvia Oroz. *Melodrama: o cinema de lágrimas da América Latina*. 2. ed. ver. e ampl. Rio de Janeiro: Funarte, 1999. Dentre eles, chamaria a atenção para os trabalhos de R. H. Duarte, *op. cit.*, 1995, e José Guilherme Cantor Magnani. *Festa no pedaço: cultura popular e lazer na cidade*. São Paulo: Brasiliense, 1984, que tratam da produção circense e do melodrama.

92 J. G. C. Magnani, *op. cit.*, aborda muito bem a questão do circo-teatro na década de 1970, no estado de São Paulo. Para outros períodos e regiões, recentemente têm-se produzido pesquisas e trabalhos acadêmicos, nos quais os temas circo e circo-teatro nas produções culturais estão em foco, como: Eliene Benício Amâncio Costa. *Saltimbancos urbanos: a influência do circo na renovação do teatro brasileiro nas décadas de 80 e 90*. Tese (Doutorado) – Departamento de Artes Cênicas, USP, São Paulo, 1999; Paulo Ricardo Meriz. *O espaço cênico no circo-teatro: caminhos para a cena contemporânea*. Dissertação (Mestrado em Teatro: Estudos do Espetáculo) – Universidade do Rio de Janeiro, Rio de Janeiro, 1999; Lourival Andrade Júnior. *Mascates de sonhos: as experiências dos artistas de circo-teatro em Santa Catarina – Circo-Teatro Nh'Ana*. Dissertação (Mestrado em História), Universidade Federal de Santa Catarina, Florianópolis, 2000.

93 A. Hauser, *op. cit.*, p. 700.

94 *Id.*, *ibid.*

95 J. G. C. Magnani, *op. cit.*, p. 65.

96 A. Hauser, *op. cit.*, p. 703.

97 D. de A. Prado, *op. cit.*, 1997, p. 31.

98 A. Damasceno, *op. cit.*, p. 122.

99 D. de A. Prado, *op. cit.*, 1997, p. 31.

100 M. Meyer, *op. cit.*, p. 181. Não eram apenas leitores ou espectadores "semialfabetizados" que liam ou frequentavam os espaços para ver as representações. Diversos trabalhos, nos quais o público, leitor ou espectador do século XIX e início do XX são temas, têm revelado o quanto havia uma miscelânea de frequência e gostos em todos os espaços e áreas culturais. Ver: S. C. M. de Souza, *op. cit.*; F. A. Mencarelli, *op. cit.*

101 Machado de Assis. *Crítica teatral*. Rio de Janeiro; São Paulo; Porto Alegre: W. M. Jackson Inc. Editores, 1942, pp. 273-85.

102 *Id.*, *ibid.*, p. 273.

103 *Id.*, *ibid.*, p. 274.

104 E. Cafezeiro e C. Gadelha, *op. cit.*, pp. 255-56.

105 M. de Assis, *op. cit.*, 1942, p. 274.

106 *Id.*, *ibid.*, p. 278.

107 *Id.*, *ibid.*, p. 281.

108 *Id.*, *ibid.*, p. 282.

109 *Id.*, *ibid.*

110 *Id.*, *ibid.*, p. 279.

111 A. Damasceno, *op. cit.*, p. 122.

112 *Id.*, *ibid.*, p. 80.

113 M. L. de F. D. do Páteo, *op. cit.*, p. 120.

114 *Diário de Campinas*, 6 e 13 ago. 1881.

115 A. Guerra, *op. cit.*, p. 52.

116 Neste caso, o referido Circo Chiarini é o de propriedade de Giuseppe Chiarini conhecido como o "Franconi da América".

117 *Correio Paulistano*, 9 maio 1876.

118 Mário de Andrade. *Pequena história da música*. Belo Horizonte: Itatiaia, 1987, p. 158.

119 José Ramos Tinhorão. *História social da música popular brasileira*. São Paulo: Editora 34, 1998, p. 178.

120 *Id., ibid.*, p. 180.

121 *Id., ibid.*

122 M. L. de F. D. do Páteo, *op. cit.*, p. 3.

123 *Id., ibid.*, p. 2.

124 *Id., ibid.*, p. 143. A autora utilizou essa definição apenas para as bandas. Como se viu até aqui, as bandas circenses também tinham a função de propagandear, receber o público na entrada do circo, assim como os artistas em seus números.

125 *Gazeta de Notícias*, 16 set. 1875.

126 M. L. de F. D. do Páteo, *op. cit.*, pp. 76-77.

127 C. E. M. de Moura, *op. cit.*, p. 43. O autor informa que a fonte foi o *Correio Paulistano*, dez. 1877, 15 e 18 jan., 22, 23, 24, 26 e 28 jul., 27 nov., 1º, 14 e 15 dez. 1878.

128 J. R. Tinhorão, *op. cit.*, p. 187.

129 É possível que esse diretor era o artista João Gomes Ribeiro, que esteve com seu Circo Anglo-Brasileiro no Rio de Janeiro em 1885 e 1887. Para mais informações sobre essa companhia, ver: Daniel de Carvalho Lopes e Erminia Silva, 2022 (no prelo).

130 *Correio de Campinas*, 15 out. 1885.

131 M. L. de F. D. do Páteo , *op. cit.*, p. 88.

132 *Id., ibid.*

133 Vários profissionais instrumentistas, inclusive com formação musical, desde a década de 1860, incorporaram--se aos circos, como foi o caso de Domingos José Ferreira, que, após ter se formado pelo Conservatório de Música do Rio de Janeiro, devido a problemas financeiros apresentava--se como flautista, organista e pianista em bailes, festas e circos de cavalinhos, tocando e compondo valsas, quadrilhas e dobrados. Após esse período, em 1858, como flautista da orquestra do Teatro Lírico, atuou em diversas óperas. Em 1859, compôs uma Cantata para coro feminino e orquestra, executada em 14 de março no concerto anual do Conservatório de Música, e no dia 25 do mesmo mês em cerimônia comemorativa do juramento da Constituição, apresentou um *Te Deum* elogiado por Sigismond Thalberg. Fez também a música da terceira ópera Lírica Nacional de José Amat, *A corte de Mônaco*, entrecho cômico em dois atos, com libreto de Francisco Gonçalves Braga, que foi encenada em 6 de outubro de 1862, no Teatro Ginásio Dramático. *Enciclopédia da música brasileira: popular, erudita e folclórica*. 2. ed. São Paulo: Art: Publifolha, 1998.

134 J. R. Tinhorão, *op. cit.*, p. 182.

135 M. L. de F. D. do Páteo, *op. cit.*, p. 3.

136 D. de C. Lopes, *op. cit.*, 2015, p. 94.

137 *Id., ibid.*, p. 137.

138 A. Damasceno, *op. cit.*, p. 258.

139 *Diário de Campinas*, 14 jun. 1884; A. Damasceno, *op. cit.*, p. 240, referente ao ano de 1888, e p. 258, a 1891.

140 José Ramos Tinhorão. *Cultura popular: temas e questões*. São Paulo: Editora 34, 2001. pp. 56-57 (em particular, o capítulo 2, "Circo brasileiro, local do universal", pp. 55-84).

141 *Id., ibid.*, p. 57.

142 Mário de Andrade. *Dicionário musical brasileiro*. Belo Horizonte: Itatiaia, 1989, p. 139. (Coleção Reconquista do Brasil, 2 série, v. 162).

143 Luis da Câmara Cascudo. *Dicionário do Folclore Brasileiro*. 5. ed. Belo Horizonte: Itatiaia, 1984. (Clássicos da Cultura Brasileira, v. 4).

**144** M. Abreu, *op. cit.*, p. 79.

**145** J. R. Tinhorão, *op. cit.*, 1998, pp. 61-101.

**146** José Ramos Tinhorão. *Música popular: os sons que vêm da rua*. Rio de Janeiro: Edições Tinhorão, 1976. pp. 142-46.

**147** M. Moraes Filho, *op. cit.*, p. 61. Quando o autor, na p. 173, descreve as movimentações em torno da Festa do Divino, na década de 1850, fala das barracas dos circos de cavalinhos, do desfile dos artistas pelas ruas, anunciando o espetáculo da noite junto com o *clown*, montado de costas em um cavalo arrastando um bando de moleques, que "tumultuosos, batendo palmas compassadas, estabeleciam com ele extravagante diálogo e formavam coro". Nesse momento, entretanto, ele não se refere aos estribilhos como chulas. Ele dá essa denominação às encenações de teatro na barraca das Três Cidras do Amor, nas quais o Telles realizava duetos como *O meirinho e a pobre, O miudinho e dança de bonecos*, "entremeada por ele de chulas lascivas, de repentes petulantes, de saracoteios inimitáveis".

**148** J. R. Tinhorão, *op. cit.*, 1976, pp. 142-43.

**149** *Apud* C. E. M. de Moura, *op. cit.*, p. 104.

**150** J. R. Tinhorão, *op. cit.*, 2001, p. 60. Tinhorão acrescenta que esse lundu, cantado no século xix, foi gravado com outra versão sob o título de *Preto Forro Alegre*, por volta de 1913, pelo então palhaço-cantor Eduardo das Neves, em disco Odeon da Casa Edison.

**151** C. E. M. de Moura, *op. cit.*, p. 42.

**152** *Id., ibid.*, p. 149.

**153** Sobre Manoel Pery, seus familiares e atuações no Rio de Janeiro na segunda metade do século xix, ver: D. C. Lopes e E. Silva, 2022 (no prelo).

**154** Para mais informações sobre as produções de Augusto Rodrigues Duarte, "O príncipe dos mímicos"

(*A Nação*, 6 ago. 1872, p. 4), no Rio de Janeiro em meados do século xix, ver: Daniel de Carvalho Lopes e Erminia Silva, 2022 (no prelo), e em Minas Gerais mais especificamente no Circo Sampaio na década de 1880, ver: R. H. Duarte, *op. cit.*, 2018.

**155** *Diário de Campinas*, 31 mar. 1886 e 30 jul. 1887. Apesar das diferenças de datas, ambos os palhaços se apresentavam juntos no Circo de Manoel Pery, que estava instalado no Teatro Rink-Campineiro.

**156** Sobre o circo de Elias de Castro, ver: D. C. Lopes e E. Silva, 2022 (no prelo).

**157** Sobre a vida e a obra do palhaço Polydoro, ver: Verônica Tamaoki (org.). *O Diário de Polydoro*. São Paulo: Centro de Memória do Circo, 2020.

**158** Antonio Torres. *O circo no Brasil*. Rio de Janeiro: Funarte; São Paulo: Atração, 1998, p. 176. (História Visual, 5).

**159** J. R. Tinhorão, *op. cit.*, 1976, pp. 139-41.

**160** J. R. Tinhorão, *op. cit.*, 2001, p. 64.

**161** M. Moraes Filho, *op. cit.*, pp. 307-20.

**162** J. R. Tinhorão, *op. cit.*, 1998, p. 101.

**163** *Id., ibid.*, p. 111.

**164** *Id., ibid.*

**165** M. Abreu, *op. cit.*, p. 56.

**166** Lucia Helena Oliveira Silva. *Construindo uma nova vida: migrantes paulistas afrodescendentes na cidade do Rio de Janeiro no pós-abolição (1888--1926)*. Tese (Doutorado) – Unicamp, Campinas, 2001. pp. 43-46.

**167** W. Seyssel, *op. cit.*, 1977, p. 11.

**168** M. Abreu. *Mulatas, crioulos e morenas na "canção popular". Brasil, Sudeste, 1880--1910*. Rio de Janeiro: Departamento de História da Universidade Federal Fluminense (rj), texto mimeografado.

**169** Sobre parte da atuação da companhia equestre de Fructuoso Pereira nesse período, ver: D. C. Lopes e E. Silva, 2022 (no prelo).

**170** *Diário de Campinas*, 30 nov. 1881.

**171** J. A. Oliveira, 11 jun. 1964, p. 4.

172 Sobre parte da atuação desses artistas, ver: D. C. Lopes e E. Silva, 2022 (no prelo).

173 *A Reforma*, 3 mar. 1878, p. 2.

174 C. E. M. de Moura, *op. cit.*, p. 144.

175 Segundo William Slout (2005), a família Carlo, de origem franco--inglesa, era comandada por Felix Carlo, que havia trabalhado em vários espetáculos circenses pela Europa até migrar para os Estados Unidos em fins da década de 1850. Seus sucessores, George, Fred, Harry, Amelie e Hattie, eram músicos, acrobatas, palhaços e equestres, e circularam participando de outras companhias ou com seus próprios circos pela Austrália, Estados Unidos e América Latina. Para mais informações sobre a atuação do Circo Irmãos Carlo, em 1884 no Rio de Janeiro, ver: D. C. Lopes e E. Silva, 2022 (no prelo).

176 T. Klein, *op. cit.*, p. 206.

177 Nos anos 1876-1878 estava em Pindamonhangaba e São Paulo (C. E. M. de Moura, *op. cit.*, p. 144). Em 1881-1882 estava em Campinas, conforme *Diário de Campinas*, 21 dez. 1881, apresentando-se no Teatro Rink-Campineiro, e *Diário de Campinas*, 4 jan. 1882, com o nome de Circo Universal.

178 R. H. Castagnino, *op. cit.*, 1969, pp. 22 e 69-75.

179 *Gazeta de Notícias*, 13 jun. 1876. Frank Brown nasceu em Brighton em 6 de setembro de 1858; era filho de um *clown* que, em seu próprio circo, fazia o gênero "*Shakespeare jester*" ou "bufão shakespeariano". Aos sete anos, Brown foi realizar sua aprendizagem no *Holborn Amphyteatre*, de Londres. Tornou-se um exímio equestre, acrobata e *clown*. Após um acidente quando saltava sobre 12 cavalos em Montevidéu, em 1893, continuou trabalhando apenas como *clown*. Era anunciado sempre como "*clown* inglês"

ou "*clown* enciclopédico", apresentando chistes, paródias e bufonarias, com roupa ricamente bordada e de cara branca. Morreu na Argentina com 85 anos. B. Seibel, *op. cit.*, p. 50.

180 *Id.*, *ibid.*, p. 38.

181 *Id.*, *ibid.*, pp. 44-47; R. H. Castagnino, 1969, pp. 137-43.

182 B. Seibel, *op. cit.*, 1993; Beatriz Seibel. *El teatro "barbaro" del interior. Testimonios de circo criollo y radioteatro*. Buenos Aires: La Pluma, 1985. t. I. (Teatro Popular); Rubén A. Benitez. *Una histórica función de circo*. Buenos Aires: Universidade de Buenos Aires, Departamento Editorial, 1956, pp. 9-15. O jornal que publicou a novela--folhetim foi *La Patria Argentina*, de Buenos Aires, de 28 nov. 1879 a 7 jan. 1880. A estreia no Circo Irmãos Carlo se deu em 2 jul. 1884.

183 R. A. Benitez, *op. cit.*, p. 29.

184 B. Seibel, *op. cit.*, 1993, pp. 44-47; R. H. Castagnino, *op. cit.*, 1969, pp. 137-43.

185 B. Seibel, *op. cit.*, 1993, p. 58.

186 O Teatro-Circo da rua do Lavradio (n. 94) era um espaço recém-construído no Rio de Janeiro em setembro de 1876, e sua inauguração se deu com a estreia da Companhia Equestre Inglesa de Hadwin e Williams. Segundo José Dias (2012), possuía um formato de barracão de grande proporções, construído de madeira, e de interior bem simples. O Teatro--Circo continha vigas de aço onde eram fixados trapézios e outros aparelhos aéreos, era rodeado de jardins e, depois de algumas reformas e modificações em seu interior, passou a ser denominado de Teatro Politeama Fluminense. Esse espaço permaneceu em atividade recebendo companhias de variedades e, principalmente, de operetas e grande ópera até o ano de 1894, quando foi destruído por um incêndio. Segundo Lopes e Silva

(2022, no prelo), dentre as companhias circenses que ocuparam o Teatro Circo (Politeama Fluminense) até o ano de sua derrocada, temos a Real Companhia Italiana dos irmãos Amato e Seyssel (1877), a funâmbula Maria Spelterini (1877), Loyal's Combination Troupe (1878), Companhia Japonesa da Família Olimecha (1880), Companhia Equestre Luso-Brasileira de Manuel Pery (1880 a 1882), Companhia Equestre Europeia de Paulo Serino (1882), Companhia Equestre Americana dos Irmãos Carlo (1884 a 1886), Companhia Dockrill (1888), Circo Ítalo-Egipciano de Ferdinando e Rodolpho Amato (1888), Companhia Equestre, Acrobática e Ginástica de Frank Brown (1889), Real Companhia Equestre Italiana de F. Cantoni (1890), Companhia Silbon (1890), Circo Norte-Americano de Stickney e Donovan (1890), Companhia Equestre de G. Pierantoni (1891 e 1892), Companhia Equestre de Albano Pereira (1894).

187 *Id.*, *ibid.*; R. H. Castagnino, *op. cit.*, 1969, p. 74. Segundo esse autor, ambos foram recepcionados pelo imperador D. Pedro II.

188 R. H. Castagnino, *op. cit.*, 1969, p. 80. Mas, entre os autores mais categóricos a esse respeito, ver: B. Seibel, *op. cit.*, 1993 e 1985; R. A. Benitez, *op. cit.*

189 T. Klein, *op. cit.*, p. 199.

190 B. Seibel, *op. cit.*, 1993, p. 58; R. H. Castagnino, *op. cit.*, 1969, pp. 78-81.

191 A. Damasceno, *op. cit.*, p. 244. O circo dos Irmãos Carlo realizou frequentes turnês pelo Brasil e Argentina, ocupando os mais variados espaços do período. Em agosto, setembro e dezembro de 1888 apresentou-se no Politeama Paulista. Conforme Athos Damasceno (*op. cit.*, p. 244), em 1889, apresentou-se no Teatro de Variedades de Porto Alegre, cujo proprietário era Albano Pereira. Segundo a análise desse autor, era um "grupinho de segunda ordem que, para não morrer de fome, teve de lançar mão do velho expediente dos benefícios e dos festivais, amilhando desse extremo recurso o bucho vazio da ninhada em crise". Depois disso, reaparece nos jornais do Rio de Janeiro - *Jornal do Commercio*, na coluna Teatros e Músicas, de 1º fev., 4 mar., 22, 27 e 28 abr. e 28 maio 1900; *O Paiz*, na coluna Artes e Artistas, de 1º fev., 27, 28, 29 e 30 abr., 2 a 30 maio e 2 jun. 1900 -, anunciando a estreia e depois as apresentações no Teatro São Pedro de Alcântara. Em sua programação constavam, além de outros, os *clowns* musicais, equestres e acrobáticos das famílias Seyssel e Pereira, com seus "exercícios equestres, ginásticos acrobáticos, equilibristas e pantominastas", "miss Millar, prodígio musical, que executou vários solos de pistom, sendo chamada três vezes à arena", além de espetáculos em homenagens à Lei Áurea e à oficialidade da Divisão Naval Norte-Americana. A avaliação do jornal *O Paiz* foi que, como o público era "doidinho por esse gênero de divertimentos, afluiu numeroso ao espetáculo. Se não foi uma enchente real, quase o foi, resultado deveras animador para a empresa". Paralelamente aos espetáculos no Teatro São Pedro, vários artistas do circo se apresentaram também no Alcazar, no salão da Real Sociedade Club Ginástica Português e no Café Cantante da Guarda Velha.

192 *Correio de Campinas*, 17 e 29 abr. 1887.

193 C. de Gusmão, 12 out. 1940, p. 10; *A Noite Ilustrada*, 22 dez. 1939, p. 40; *Revista da Semana*, p. 14.

194 C. de Gusmão, 12 out. 1940, p. 10.

195 *A Província de São Paulo*, 3 a 31 mar. 1889.

196 *A Província de São Paulo*, 9 mar. 1889.

197 *A Província de São Paulo*, 31 mar. 1889. Esse espetáculo beneficente foi dedicado, também, "aos intrépidos batalhadores da Escola do Congresso Ginástico Português". Além de Carlos, Albano e Juanita Pereira, eram pais de Clementina, nascida em Marselha, Luís, nascido na Áustria, Carmem, nascida em Buenos Aires e, no Brasil, Anita, Carlos e Alcebíades. Este último iria se associar com Abelardo Pinto, o Piolin, no largo Paissandu, em São Paulo, o Circo Pavilhão Piolin-Alcebíades, na década de 1920 até 1930. Ver: Júlio Amaral Oliveira, 6 jun. 1964, p. 4; Arruda Dantas. *Piolin*. São Paulo: Pannartz, 1980.

198 *A Província de São Paulo*, 31 mar. 1889.

199 *A Província de São Paulo*, 3 a 31 mar. 1889.

200 A. Damasceno, *op. cit.* p. 233. Em 1887, Albano Ferreira e Candido Ferraz se associaram e apresentavam-se na cidade de Porto Alegre. Em 13 de outubro daquele ano, ainda como sócios, apresentavam-se em Campinas (SP).

201 *A Província de São Paulo*, 24 mar. 1889.

202 *Diário de Campinas*, 13 out. 1887. Apesar de a propaganda não mencionar, é possível que a peça cantada ou tocada pelo *clown*, *Ataca Felipe!*, tratava-se da principal canção da revista de Arthur Azevedo e Moreira Sampaio, *O bilontra*, que estreou no Rio de Janeiro em 1886. Parodiada de *La donna è mobile*, de Verdi, e do lundu *Recreio da cidade nova*, o refrão dessa canção, que dizia "Ataca, Felipe!", fazia referência ao empresário Felipe de Souza Lima, que tinha um teatrinho na Cidade Nova no Rio de Janeiro, e "virou bordão entre os cariocas" (F. A. Mencarelli, *op. cit.*, p. 134). Ver também: Roberto Ruiz.

*Teatro de revista no Brasil: do início à I Guerra Mundial*. Rio de Janeiro: Inacen, 1988, p. 23. Essa referência vem confirmar o papel do circo como divulgador da música, fosse ela ligada ao teatro ou não - antes que fosse feito pelo disco e pelo cinema.

203 *Diário de Campinas*, 13 out. 1887.

204 *A Província de São Paulo*, 27 mar. 1889.

205 C. de Gusmão, 12 out. 1940; *A Noite Ilustrada*, 22 dez. 1939, p. 40; *Revista da Semana*, p. 14.

206 *A Noite Ilustrada*, 22 dez. 1939, p. 40.

207 C. de Gusmão, 12 out. 1940.

208 *Id., ibid.*

209 *Id., ibid.* Com poucas variações e o mesmo sentido, ver: *A Noite Ilustrada*, 28 jun. 1938, pp. 4-5; *A Noite Ilustrada*, 22 dez. 1939, pp. 40-41 e 48; *Diário da Noite*, 21 fev. 1940; *Revista Biográfica Honra ao Mérito*, 1942; *Revista da Semana*, *op. cit.*, pp. 12-15 e 42; programa da Rádio Nacional *Honra ao Mérito*, 7 ago. 1942; C. de Gusmão, 1947, pp. 79-84; *Revista - Anuário da Casa dos Artistas*, 1949; B. de Abreu, *op. cit.*, pp. 77-88.

210 *A Noite Ilustrada*, 22 dez. 1939, p. 40.

211 C. de Gusmão, 12 out. 1940; *A Noite Ilustrada*, 22 dez. 1939, p. 40; *Revista Biográfica Honra ao Mérito*, 1942; *Revista da Semana*, *op. cit.*, pp. 12-15 e 42; programa da Rádio Nacional *Honra ao Mérito*, 7 ago. 1942; B. de Abreu, *op. cit.*, pp. 77-88.

212 *Diário de Campinas*, 22 jul. 1899 - Companhia Equestre e Ginástica Albano Pereira.

213 *Revista: Anjos do Picadeiro 3*. Publicação integrante do evento Anjos do Picadeiro 3, realizado em dezembro de 2000 no Rio de Janeiro. Teatro do Anônimo e Casa - Centro de Referência do Ator, da Cultura Popular e do Circo, p. 33.

214 W. Seyssel, *op. cit.*, 1977, pp. 9 e 23.

# 3

"CADA DIA UMA VOLTA, CADA VOLTA UMA SURPRESA!"

A última década do século xix foi marcada, no Brasil, por um intenso processo de urbanização, através do qual as cidades se transformaram em complexas redes de relações sociais, econômicas e culturais. Rio de Janeiro e São Paulo, em particular, tiveram um grande aumento populacional devido às levas de imigrantes e ex-escravizados. Projetos de reforma urbana foram implantados, alterando significativamente as feições das cidades e redefinindo o modo de sua ocupação, tanto na distribuição do comércio, das fábricas e dos transportes públicos – o surgimento dos bondes –, como na redefinição da ocupação das pessoas. Em nome da "modernidade", da "civilização", da "higiene pública", as transformações urbanísticas, físicas e demográficas dos centros das cidades excluíram e expulsaram a maior parte da população de baixa ou sem nenhuma renda, que foi ocupar a periferia, desprovida de "modernidade", "civilização" e "higiene pública"[1].

O caminhar da República, novo regime político instaurado desde 1889, reafirmou constantemente que representava a "modernidade", por ter tirado o país da monarquia e da escravidão. Porém, nada disso evitou os períodos de lutas políticas, conspirações, revoltas, levantes militares e guerra civil.

Foi, também, um momento de consolidação e surgimento de inovações tecnológicas – eletricidade, telégrafo, telefone, transportes coletivos. Na produção cultural, todas essas tecnologias foram fundamentais para a implementação de pelo menos duas importantes indústrias: a do cinema e a do disco. Esse conjunto de inovações, aliado ao crescimento populacional das cidades, favoreceu a formação progressiva de uma cultura urbana e uma produção artística diversificadas. O desenvolvimento de um mercado cultural aliado "ao aparecimento de novos suportes e tecnologias de reprodução de imagens e textos" contribuiu para o surgimento de um público novo, diferente, "com novos padrões de gosto e exigência", que demandava produtos culturais específicos[2].

Ampliavam-se a oferta e a diversificação cultural, evidenciando a presença de vários agentes na sua criação, circulação e comércio: artistas, autores, empresários e produtores. Os artistas, nesse processo, adquiriram maior visibilidade e alcance, sendo vistos, ouvidos e consumidos em grande escala.

Os vários artistas circenses ocuparam velhos e novos espaços urbanos e palcos, fazendo-se presentes na circulação, no comércio, na produção e na formação de muitos dos novos produtos culturais, como o disco, o cinema, o teatro, entre outros. Esses artistas, com os autores e os empresários musicais e teatrais de São Paulo e, principalmente, do Rio de Janeiro, que já ocupavam o picadeiro circense, mantiveram o vínculo ao mesmo tempo que se inseriam no contexto urbano industrial e cultural do período. O espaço circense mantinha seu papel de veículo de massa, divulgando e dando visibilidade aos artistas e aos autores das cidades e suas produções, em número cada vez maior, que se incorporaram ao processo de produção do espetáculo circense, implementando ainda mais a sua polifonia cultural.

### O PALHAÇO E O MARECHAL

Procurando entender como e onde se deu a participação de Benjamim de Oliveira nesse momento, buscamos em primeiro lugar seus relatos, pois, em parte das fontes pesquisadas, em especial nos jornais, ele só vai adquirir visibilidade no ano de 1896. Assim, a reconstituição de sua trajetória artística a partir de 1889, quando era palhaço no circo de Fructuoso e Albano, foi baseada especificamente em suas falas. Nelas ele afirma que, quando dominou o picadeiro, cantando chulas e lundus acompanhado de seu violão, como palhaço, é que se tornou conhecido no meio circense, tendo tido sucesso de público, frequentemente bisando suas apresentações[3]. Por causa disso, começou a receber cartas, telegramas e convites, entre os quais da companhia de Antonio Amaral, na qual foi aceito, em torno de 1890-1891, contratado com um salário inicial de 4$000 réis por dia[4], passando já em 1892 a ganhar 30$000 réis por dia, o que, segundo ele, "naqueles idos tempos" era muito dinheiro[5].

Se por um lado o sucesso lhe abria as portas circenses, por outro, como já era disputado pelos empresários, "surgiram, como sempre, as intrigas próprias do meio"[6], as quais ele não explica propriamente. Benjamim foi trabalhar, naquele mesmo ano, no circo do francês (abrasileirado) João Pierre. Sobre esse circo, algumas fontes informam que era denominado Pavilhão Circo Zoológico Francês, Empresa de Jean Pierre & Frère, em São João del Rei, no ano de 1901, Companhia Equestre, Zoológica e de Variedades de Jean Pierre, em Juiz de Fora, também em Minas Gerais, no ano de 1916, e Circo Pierre, no Rio de Janeiro, em 1917[7]. É importante destacar que foi nesse circo que Benjamim conheceu e tornou-se amigo de Affonso Spinelli, trapezista volante e palhaço[8]. Esse artista, depois empresário, como veremos, a partir de 1895-1896 teve muita importância na vida profissional de Benjamim, pelo menos até a década de 1920.

Os anos 1891-1892 foram bem movimentados para Benjamim. Saiu da companhia de Pierre e foi trabalhar no circo de Manuel Gomes, ou melhor, comendador Manuel Gomes, "português barrigudo, sempre de fraque - cor de garrafa - e de colete branco", conhecido como Comendador Caçamba, maneira jocosa de brincar ou duvidar das comendas que sempre trazia penduradas no peito[9].

Antes de ser empresário, Manuel Gomes era um artista que fazia um número chamado Hércules. Esse tipo de apresentação, que figurava na programação dos circos desde Philip Astley em 1793, como o nome sugere, era realizado por atletas muito fortes que carregavam canhões e balas nas costas, disputavam força com vários animais (cavalos ou elefantes) e, quando os circos começaram a apresentar combates corporais, como as chamadas lutas romanas, os "homens hércules" eram os principais chamarizes nas propagandas. Um dos destacados artistas do período a se dedicarem a esse número foi Friederich Wilhelm Müller (1867-1925), mais conhecido como Eugene Sandow, artista e fisiculturista que nasceu na Prússia e destinou sua vida ao trabalho, ao desenvolvimento e à exibição de força muscular, tendo também, para além das exibições em diversos circos, fundado centros de cultura física voltados para treinamento muscular, editado revistas especializadas em halterofilismo, criado aparelhos de musculação e promovido competições de fisiculturismo nas décadas finais do século XIX. Vale mencionar também que as exibições de Hércules não se restringiam aos homens, conforme analisam Alex Fraga e Silva Goellner, sendo várias as mulheres que se dedicaram a essas exibições, a exemplo de Kate Brumbach, filha de artistas de circo conhecida como Sandwina e considerada a mulher mais forte do mundo em 1910[10].

Foi assim que se apresentou, possivelmente pela primeira vez no Brasil, vindo da Argentina com os Irmãos Carlo, em 1884[11], na mesma companhia em que estavam Fructuoso Pereira, Casali, Frank Brown, Podestá, entre outros. Com o nome de Manuel Gómez, era anunciado como "hércules da alfombra"[12]; três anos depois, estava trabalhando no circo de Albano Pereira e Cândido Ferraz, que se apresentava no Teatro de Variedades, em Porto Alegre[13], com o mesmo grupo que iria se associar a Fructuoso em 1889, em São Paulo. É provável que Benjamim o tenha conhecido antes de 1892 e, talvez, antes mesmo de ter se tornado um "palhaço famoso".

Benjamim relata que com o circo de Caçamba teve duas felizes oportunidades: a primeira, conhecer o estado do Rio de Janeiro e a capital federal, sua "maior tentação", para onde todo "seu pensamento se voltava"; a segunda, ter conhecido Floriano Peixoto, o presidente da República[14]. Cabe observar que nem as relações com o presidente nem a estadia do circo no Rio de Janeiro são confirmadas pelos jornais do período. Entretanto, essas informações serão utilizadas nesta pesquisa, pois abriram caminhos para entrar em contato com outros circos e com importantes manifestações culturais, que os vários artistas, circenses ou não, estavam vivenciando e construindo, em particular no Rio de Janeiro daquele momento, e que contribuiriam significativamente para novas imagens da teatralidade circense no Brasil.

Era setembro de 1893 e, segundo Benjamim, o circo estava armado em Cascadura, periferia do Rio de Janeiro, quando, em uma noite, um espectador, acompanhado de outros dois homens, foi procurar o palhaço. O Comendador, sem "ligar ao homem falou apontando para dentro do pano: O palhaço é um negro que eu tenho. E chamou: Negro Benjamim!"[15]. Quando apareceu, o homem o parabenizou pela "bela execução da chula que dançara"[16], dando-lhe, por intermédio do outro, uma nota de 5$000 réis, e foi embora sem que o empresário e o palhaço soubessem quem era. Logo em seguida, continua dizendo, começaram comentários entre vários artistas e alguns moradores locais de que o presidente da República estivera no circo; os boatos foram confirmados e tratava-se de Floriano Peixoto, que se dizia um apaixonado por circo.

É difícil, hoje, pensar na ideia de certo anonimato do presidente da República acompanhado de seus "generais", assistindo a um espetáculo de circo em Cascadura. Mas, se considerarmos que apenas uma pequena parcela da população do período lia jornais, principal veículo pelo qual às vezes se exibiam as imagens, muitas em desenho, é bem possível que isso tenha ocorrido. Roberto Ruiz, ao falar sobre a produção teatral nos meses da Revolta da Armada, menciona especialmente a admiração "convicta e entusiástica" que Arthur Azevedo tinha por Floriano Peixoto, pelo fato de o "marechal" ser um frequentador assíduo dos teatros, mesmo nas "horas trágicas de seu governo". Segundo Ruiz, Floriano fazia caminhadas noturnas, sozinho ou acompanhado de um oficial de patente inferior, sempre à paisana, entrando em todos os teatros, principalmente nos de revista do ano, "com os espetáculos em pleno andamento e saía antes que terminassem. Ficava em pé, no fim da plateia, assistia à maior parte das peças e retirava-se silenciosamente, muitas vezes sem que sequer fosse reconhecido. Jamais tomou uma medida de força contra a gente do teatro e ria das alusões que lhe faziam nas tábuas do palco"[17]. Isso fazia com que os artistas o respeitassem, levando, inclusive, Arthur a escrever uma revista com o título *O Major*, que caricaturava o marechal Floriano, na figura do "major", como um homem forte[18]. Roberto Ruiz menciona a suposta passagem de Floriano pelo circo no subúrbio carioca e o encontro com Benjamim; entretanto, esse autor parece ter se referendado, também, nos relatos dele, utilizados neste trabalho.

Através de outra informação, a princípio, parece ser real que Floriano gostasse mesmo de circo e tivesse estreitado relação com Benjamim. Tal suposição baseia-se no fato de que o filho do presidente, José Floriano Peixoto, apelidado de Zeca Floriano, era mencionado pelas fontes como ginasta e atleta[19], e aparecia na programação de espetáculos que tinham como objetivo a demonstração de força física e coragem. Sua atuação no campo dos esportes, do circo e da ginástica foi expressiva no período, tendo atuado em diversas companhias circenses com demonstrações de lutas, ginástica e acrobacias, e dirigido seu próprio circo, o Pavilhão Floriano, de 1915 a 1940[20]. Zeca também fundou vários centros de cultura física, ministrou aulas de ginástica em diversas instituições e realizava feitos de heroísmo e coragem, como se pode observar em uma propaganda da inauguração de uma exposição de feras na rua Boa Vista, em São Paulo, na qual duas eram as grandes atrações, um "leão amestrado" e o "Sr. José Floriano Peixoto, filho do Marechal de Ferro", que lutaria com o "portentoso leão, entrando na jaula"[21].

Em 1912, Zeca, o "campeão brasileiro", apareceu nos anúncios do Circo Spinelli, cuja programação era o "grande assalto de box e luta greco-romana" entre ele e os atletas do Centro de Cultura Física[22]. É interessante uma ressalva de que, além desses tipos de luta, os circenses levaram para dentro de seu espaço as competições de capoeira. Eram disputas que faziam parte da "Luta do Jogo Nacional (Capoeira)", e entre os competidores estavam Moleque (da Saúde), Ceguinho, José dos Santos e o Bexiga[23].

———

Em 1913, o jornal *O Paiz* (RJ) publicou, em sua coluna Artes e Artistas, que o Circo Spinelli realizaria um festival em benefício do Centro Cívico Sete de Setembro, do qual o "conhecido *sportman*" era diretor das aulas de educação física. Naquela festa, o "campeão", vestido em seu "dólman preto, ostentando grande número de medalhas" que lhe tinham sido ofertadas nas "grandes lutas esportivas, pelo poder da força", iria se apresentar junto com os circenses da Cia. Spinelli e também com os professores de ginástica e alunos de seu centro de cultura física, todos misturados em um grande espetáculo[24]. É interessante ressaltar aqui a presença de circenses ensinando ginástica e envolvidos com a prática da educação física, no século XIX e início do XX, não só em clubes ginásticos e instituições voltadas para práticas corporais diversas, mas também nas escolas regulares, a exemplo dos circenses Vicente e Marcos Casali e também do atleta, esportista, artista e ginasta Enéas Campello[25].

1. Divulgação da "Luta do Jogo Nacional (Capoeira)",
no Circo Spinelli, em 1913.

No período em que Zeca Floriano se apresentava, Benjamim era o responsável por toda a direção artística do Circo Spinelli. Posteriormente, os dois artistas estiveram juntos de novo, mas dessa vez foi Benjamim que esteve no circo de Zeca Floriano. "Benjamim de Oliveira com seu violão" se apresentou no espetáculo do Pavilhão Floriano no dia 27 de julho de 1921, conforme anúncio do jornal *O Paiz*, e, novamente, no Teatro Recreio numa "grandiosa matinê" dedicada à União do Carpinteiros Teatrais, na qual Zeca também se apresentou[26].

———

Após confirmarem que aquela pessoa da nota de 5$000 réis era o presidente da República, rapidamente o empresário e produtor de espetáculos, o Comendador Caçamba, com senso de oportunidade, induziu Benjamim a procurar o Marechal de Ferro. Era o segundo semestre de 1893, e a capital federal estava em plena Revolta da Armada, sendo bombardeada por navios atracados na baía de Guanabara, comandados pelo ex-ministro da Marinha, o contra-almirante Custódio de Mello[27]. Não sabendo como chegar até Floriano e aproveitando a revolta, apresentou-se como um recruta que queria falar com o general Joaquim Ignácio, que o recebeu rindo e perguntando o que queria. Respondeu que tinha ido pedir um "auxílio do Marechal", que não era para ele, mas sim para o Comendador Caçamba. Depois de algum tempo, o general levou-o até Floriano. No diálogo, Benjamim solicitou o auxílio porque a situação do circo estava precária, recebendo como oferta do presidente: "E se vocês mudassem aqui para defronte? E apontou pela janela o largo da República." Respondeu que seria ótimo, mas ainda havia o problema do "transporte que havia de custar os olhos da cara". Dizendo que isso se resolvia, no dia seguinte Floriano Peixoto mandou ao circo "carros de burros guiados por soldados e sargentos do Exército", realizando a mudança. Assim, concluiu, "esse negro Benjamim já dançou a 'chula' ali na praça da República, bem onde está a estátua de Benjamim Constant". E, para não ficarem dúvidas dos fatos, acrescentou: "o Zeca [Floriano] tá aí vivo, pode confirmar o que eu estou contando. Ele sabe"[28].

# CIRCO SPINELLI

Companhia equestre nacional do Capital Federal

Boulevard S. Christovão

Director e proprietario AF-FONSO SPINELLI

—

HOJE! Segunda-feira, 20 de janeiro de 1913 HOJE!

Grandiosa função extraordinaria!

## Programma chelo de novidades!

---

### Br. W. and KEN EDY

Bailarinos e cançonetistas inglezes — Successo!

---

### LES ROSALES

Suggestionadores e hypnotistas

A TANT VIDADE!

---

## Lucta do jogo nacional

### (CAPOEIRA)

Entre moleque OLAVIO (do Saude) e o CESULHO — Juiz, o Sr. Henear

---

Os jogadores serão anteriormente revistados pela policia.

Terminará a segunda parte do programma com o drama OS FILHOS DE LEANDRA, de Benjamin de Oliveira, que tanto successo tem alcançado.

Amanhã estréa do querido excentrico CARDONA.

# GRANDE · PAVILHÃO FLORIANO

Avenida Mem de Sá — Morro do Senado — Grande Companhia Gymnastica Acrobatica — Director, JOSÉ FLORIANO PEIXOTO — Empreza ANTONIO FERRAZ

## HOJE - QUARTA-FEIRA, 27 A'S 8 3/4 - HOJE

Monumental espectaculo de gala, offerecido pela empreza Antonio Ferraz ao campeão brasileiro JOSÉ FLORIANO PEIXOTO.

### Programma colosso

## ESPECTACULO PURAMENTE FAMILIAR

| TRIO FLORIANO<br>Arte, graça e luxo | — | ARRIS E CHICHARRÃO<br>Os queridos da "élite" |
|---|---|---|
| BENJAMIN DE OLIVEIRA<br>com seu violão | — | FAMILIA TEMPERANI<br>nos seus grandes numeros |

| OS PERYS<br>Clowns | Musica | Flores |
|---|---|---|

Todos os artistas da companhia apresentarão novos trabalhos.
Preços populares

AMANHÃ — Novas estréas.

2. Propaganda do circo de Zeca Floriano anunciando
a apresentação de Benjamim de Oliveira, em 1921.

Apesar de parcelas desse relato poderem ser reais, há pontos não eluci-
dados, pois, em entrevista anterior, Benjamim tinha dito que havia pedido
permissão para armar o circo no campo de Santana[29]. Dez dias depois do início
da sublevação, em 6 de setembro de 1893, a coluna Diversões, do jornal *O Paiz*
(RJ), responsável pelas notícias dos espetáculos da cidade, dizia que estavam
escassas "as diversões propriamente ditas no Rio de Janeiro"; dos nove teatros existentes na capital, apenas um se animava a abrir as suas portas[30]. Por
causa dos bombardeios, que deixavam muitos mortos e feridos, a população,
pelo menos no primeiro mês da revolta, ficou temerosa em sair às ruas. No
seu relato, Benjamim recupera essa imagem da ausência de diversões para
dizer que "tornava-se mister divertir os soldados do governo", pois não havia "nenhum gênero de divertimento acessível às suas bolsas magras". Por
isso, Floriano e Caçamba teriam feito um acordo pelo qual os soldados e suas
famílias não pagariam ingresso no circo, cabendo a Benjamim "a missão" do
divertimento. Pelo acordo, eles teriam uma "espécie de subvenção oficial", que
em uma entrevista seria no valor de 100$000 réis[31] por mês e em outra de
150$000 réis por semana; um "sargento tomava nota dos nomes" e aos sába-
dos "o Comendador ia ao quartel e recebia a bolada"[32]. Entretanto, não há nos
jornais nenhuma menção sobre um circo armado na praça da República ou
no campo de Santana, atendendo aos soldados envolvidos na guerra contra a
Armada. A Revolta termina em 14 de março de 1894, não se sabe quanto tempo
o circo teria ficado naqueles locais, ou mesmo se ficou.

Pela coluna do jornal, alguns dias depois do fim do conflito, pode-se ter
uma ideia das dificuldades por que passavam os diversos espaços artísticos
e de divertimentos. No dia 24 de março, festejando o sábado de Aleluia, o
cronista escrevia que da contrição passava-se às expansões de alegria, e
reabriam-se os "teatros à população ávida de divertimentos". Voltavam a
"calma e a tranquilidade à família brasileira" e reabriam os seus salões para
os bailes habituais, pois, no correr da revolta, até os grupos carnavalescos
– Políticos, Tenentes, Feninano e Democráticos – resolveram não dar bailes
enquanto não se voltasse à normalidade[33].

3. Affonso Spinelli.

Os circenses só reapareceram nos jornais após o término do conflito e de uma maneira que mostrava estarem conectados ao problema. Os jornais anunciavam diversos eventos realizados com o objetivo de arrecadar dinheiro em favor das viúvas e dos órfãos "pobres dos defensores da República", publicando listas de pessoas e entidades que haviam contribuído. Entre elas, aparecia uma companhia circense equestre, estabelecida no "Polytheama de Petrópolis" e dirigida por Pereira Totta, que entregou ao "governo do Estado do Rio de Janeiro a quantia de 567$360, produto da coleta obtida pelo bando precatório organizado na capital provisória do Estado, em favor das famílias vítimas da revolta, em Niterói"[34].

Apesar das várias interrogações sobre os relatos de Benjamim, é importante ressaltá-los à medida que possibilitam uma ampliação de informações sobre as redes de contatos e de produção dos espetáculos que vivenciaria como artista circense, o que só seria possível em uma cidade como o Rio de Janeiro, capital política e cultural do país. Alguns nomes do teatro e da música, que posteriormente se tornariam seus parceiros de circo, musicais e teatrais, como Mário Pinheiro, Baiano, Catulo da Paixão Cearense, João da Baiana, Eduardo das Neves, entre outros, circulavam por choperias, teatros, cafés-concertos e cabarés da capital, provavelmente lugares que Benjamim, tocador de violão e cantador de lundu, deve ter frequentado. Foi também no Rio de Janeiro, em 1895, que ele trabalhou com Affonso Spinelli, com quem se manteria nos 25 anos seguintes, com poucas interrupções.

———

As únicas informações sobre a vida de Spinelli são fornecidas pelos relatos do próprio Benjamim, que diz, inclusive, ter sido aquele mais um caso de alguém que havia fugido com um circo. Spinelli continuou trabalhando no circo de João Pierre depois que Benjamim saiu. Por volta de 1893-1894, quando estava com o circo em São Paulo, Spinelli teria reencontrado os pais, que estavam em boas condições financeiras. Com o dinheiro da família, comprou o circo de Pierre (que queria voltar para a França), incorporou todos os animais e passou a chamá-lo de Circo Spinelli. Benjamim narra que, em

1895-1896, já "palhaço famoso"[35], estava trabalhando nesse circo, armado no bairro carioca de Santa Tereza[36]. A partir daí, apenas por um ano não esteve com aquele diretor. Em 1896, quando estava trabalhando em Cravinhos (SP), no Spinelli, Benjamim foi procurado pelo diretor do Circo Sampaio, que lhe ofereceu um salário de 1:200$000 réis, o que o deixou deslumbrado[37].

A companhia de Sampaio percorria as cidades brasileiras desde os anos 1880 e se apresentava como Circo Pavilhão - Companhia Sul-Americana - Equestre, Ginástica, Acrobática, Bailarina, Coreográfica, Mímica e Cômica[38]. Durante as décadas 1880 e 1890, antes da entrada de Benjamim, Sampaio havia se associado a outros empresários e famílias circenses, como Candido Ferraz[39], que foi sócio de Albano Pereira, em 1887, em Porto Alegre, no Teatro de Variedades; os Borel[40], artistas de referência não só como ginastas, mas também autores de pantomimas e atores mímicos que, na década de 1870, eram sócios dos Casali; e a família chilena Palácios[41] - que aparece pela primeira vez, nas fontes pesquisadas, na cidade de São João del Rei em 12 de junho de 1890, como Circo Chileno, de propriedade de Honório Palácios[42].

As propagandas de Sampaio eram sempre de uma grande companhia, anunciando em torno de 25 cavalos e 40 artistas. É interessante observar que chamavam a atenção para as artistas mulheres, um grupo feminino composto de "14 senhoritas" lideradas por Nenê e Marietta, que seriam "festejadas artistas brasileiras"[43]. Na realidade, sabe-se que a artista Marietta Borel era de origem austríaca e casada com Henrique Ozon (de origem francesa, mas vindo do Uruguai)[44]. Mas, ao mesmo tempo, as propagandas destacavam também os estrangeiros do grupo, como uma trupe de artistas japoneses, os Takssawa Mange - que já se apresentavam no Brasil desde 1873, na Companhia Real Japonesa, que os anunciava como exímios equilibristas, ginastas e prestidigitadores.

A maioria das companhias orientais trazia uma novidade sobre o tema para as pantomimas, consideradas "originalíssimas", como a intitulada *O Encanto - delicada fantasia mímica do país das cerejeiras em flor*. Em 1883, uma Companhia Imperial Japonesa - apesar de ser dirigida pelo espanhol Penha Bastilhas e ter em seus quadros cubanos e alemães - trazia artistas japoneses (até para justificar o nome). Essa companhia também "inovou", pelo menos em termos temáticos, com a representação da pantomima japonesa *O orangotango* - "uma excêntrica e impressionante fantasia asiática"[45]. A família Mange, assim como outra família japonesa, os Olimecha[46], já fazia parte dessas companhias[47].

O destaque que se está dando aqui, dessas idas e vindas de famílias, deve-se ao fato de que elas trabalhavam nos vários circos nacionais, unindo-se em casamento e sociedade como os Ozon, Queirolo, Temperani, Olimecha, Pery, Pereira, Seyssel, Cardona, Tereza, entre outros, compondo um conjunto de parcerias com Benjamim de Oliveira até pelo menos a década de 1910.

———

O que se quer observar aqui é que, ao mesmo tempo que os artistas estrangeiros eram valorizados, as propagandas circenses davam cada vez mais ênfase à participação de brasileiros(as), assim como reforçavam a ideia de que o sucesso da companhia se devia também a eles(as), mesmo que não fossem "brasileiros de verdade". Quando a companhia de Sampaio se apresentou em Campinas, a propaganda dizia que, em Santos, seus "18 espetáculos" foram assistidos por "23 mil pessoas", e que as principais atrações eram as "artistas brasileiras". Afirmava ainda que, diante de tanto sucesso, fariam uma exposição na entrada do Theatro-Rink Campineiro das "ricas prendas" que ambas (Nenê e Marietta) receberam, ofertadas, na noite de seu benefício, pela "briosa classe comercial e exmas. famílias" santistas[48]. Foi com esse discurso de "brasilidade" que reencontramos nesse circo o "simpático palhaço brasileiro" Correia, junto com Polydoro e Henrique Ozon, anunciado como "o primeiro de todos os *clowns* que estão no Brasil"[49]. Com esse número de "senhoritas" – ginastas, equestres, bailarinas e mímicas[50] –, produziram para a estreia, no largo do Paissandu, em São Paulo, duas pantomimas quase exclusivamente para elas atuarem, junto com aqueles cômicos, intituladas *Namoradas sem ventura* e *Pik-Nik uma festa no campo*[51].

Pela primeira vez se obtiveram, nas fontes pesquisadas, tanto a confirmação dos relatos de Benjamim sobre sua trajetória artística quanto a citação de sua presença em um espetáculo. De fato, naquele ano de 1896, no Teatro-Rink Campineiro, a Companhia Sampaio - Equestre, Ginástica, Mímica e Japonesa, entre os 24 artistas que a compunham - apresentava "dois distintos palhaços, Benjamim e o célebre Polydoro", que amenizavam os entreatos com novas "entradas cômicas, pilhérias, lundus, etc."[52].

———

No Circo Pavilhão de Sampaio, Benjamim retomou o contato com vários artistas que haviam trabalhado com ele nos circos de Albano e Fructuoso Pereira. Apesar de já ser "palhaço de fama", sua lembrança registra a importância de reencontrar os palhaços Polydoro e Henrique Ozon[53]. Ali,

4. Benjamim de Oliveira e Polydoro, em 1902.

participou das montagens de pantomimas como *A flauta mágica*, que, na releitura circense, passou a ser chamada de *A flauta mágica ou Um julgamento no Tribunal da Inquisição*. É difícil supor como foi interpretado o enredo dessa ópera. Não se sabe, também, quem fez e como foram feitos os papéis de Tamino, Pamina, Papageno, entre outros. Só se sabe que a pantomima foi apresentada com a participação de toda a companhia, numa mistura da música original com os "requebros" dos palhaços, que também dançavam e tocavam o lundu, com um final da peça assim descrito: "Tudo dança!!! Confusão completa!!!"[54]

É importante destacar e retomar, rapidamente, a denominação de "circo pavilhão". Albano Pereira, como já se viu, na década de 1870 havia construído um espaço de madeira na cidade de Porto Alegre chamado de Pavilhão Universal. É comum encontrar nas fontes a denominação de pavilhão também para circos com toldo, apesar de na memória circense e teatral haver sempre associação desse nome com construções geralmente de madeira, tábuas leves cobertas por tecidos transportáveis (diferente dos tipos de pau-fincado que ficavam nos terrenos), que possuíam um palco cênico junto com picadeiro ou arena. Essa associação entre circo e pavilhão pelas fontes está aliada a várias situações. Uma delas é que os próprios circenses construíam espaços arquitetônicos de apresentações de madeira ou chapas de zinco (ou empanadas), denominados por pavilhões ou politeamas, que já faziam parte da memória artística circense e teatral, vindos da Europa. Outra é que a memória que vai sendo construída no Brasil, particularmente a partir das décadas de 1920 e 1930 (até hoje), é a de que os circos que possuíam palco cênico com picadeiro ou arena eram pavilhões.

Como este trabalho vem mostrando, as diversas estruturas arquitetônicas construídas pelos circenses desde sua chegada ao Brasil já continham todos os elementos da teatralidade: palco, picadeiro, variedades, acrobacia e música, independente se ocorressem em um pavilhão de madeira, lona ou rua. Entretanto, há uma certa seleção de memória de que apenas nos politeamas fixos das cidades[55], como Rio de Janeiro e São Paulo, é que eram encontrados aqueles elementos de composição de espetáculos.

## "CÓCEGAS À PLATEIA"

Três anos depois, em 1899, pode-se confirmar o quanto Benjamim já havia acumulado do conhecimento que lhe permitiu desenvolver novas funções, definindo, cada vez mais, contornos e características da produção de uma teatralidade circense no Brasil, importantes para a constituição do circo-teatro. Em maio desse ano, na cidade de São João del Rei, Benjamim estava no Circo Zoológico Brasileiro[56]. Não há indicação de quem era o proprietário desse circo e, como ele não menciona esse período, pode-se supor que fosse tanto Sampaio quanto o Spinelli, pois ambos possuíam animais. É mais provável, entretanto, que seja Spinelli, tendo em vista que Benjamim menciona em seus relatos que com esse empresário teria voltado a viajar pelo Brasil, em particular Minas Gerais. Benjamim diz que em suas viagens com Spinelli, pelo Brasil, havia visto muita coisa: "Vi o Curral del Rey se tornar Belo Horizonte." Assim, mantém-se a hipótese de que seja aquele o proprietário do Circo Zoológico Brasileiro, mesmo que a mudança do nome da capital mineira tenha ocorrido em 1893, e o período aqui referido seja 1899[57].

Em 17 de agosto, com o mesmo circo, o jornal *Diário de Minas*, da cidade de Belo Horizonte, anunciava um espetáculo em benefício da "capela de Santa Efigênia", no qual o "Palhaço Benjamim" reservaria para a noite "um lundu baiano de fazer cócegas à plateia" e "xistosas pilhérias" que iriam "deleitar o Zé Povo dessa Capital"; além da banda de música da companhia, tocaria a do "I Batalhão de Polícia". Três dias depois, o circo chamava a "atenção do público" para a "aparatosa pantomima *Os garibaldinos*, ensaiada a capricho pelo aplaudido e popular palhaço Benjamim de Oliveira, com 16 quadros e 14 números", da qual faziam parte 60 personagens[58].

O tema das pantomimas em torno de Garibaldi, nas suas mais diferentes versões em português ou espanhol, era bastante comum, fazendo parte das permanências de um modo de produzir o espetáculo. Talvez não devesse ser novidade também para o "Zé Povo" do período ir ao circo ouvir um palhaço tocar, cantar e dançar um lundu baiano.

Voltando rapidamente a um tema já tratado, não é possível, nesse caso, identificar a divisão entre lundu de salão e lundu tocado e cantado por palhaços de circo, como sugere Tinhorão, sendo o primeiro "transformado pelos brancos em canção irônica e bem-humorada", ao estilo das "modinhas romântico-sentimentais", e o segundo, humorístico e, às vezes, obsceno. O que se tem defendido neste trabalho é que o espetáculo circense no período era assistido por um público heterogêneo, que frequentava salões, boêmias e serestas. Dessa forma, se considerarmos que esse lundu baiano foi cantado numa festa em benefício de uma capela, não se pode associar um tipo de lundu a um público específico, e vice-versa. Ao contrário, o que importa é levar em conta quem, onde, quando e para quem se está tocando e dançando. Mesmo considerando que Santa Efigênia, antes da abolição, fizesse parte dos santos patronos das irmandades formadas por homens e mulheres negros, será que os fiéis daquela capela de Belo Horizonte, em 1899, e que foram assistir ao circo, eram somente negros e não frequentavam os salões aristocráticos[59]?

Além do lundu, a propaganda informava sobre outra participação de Benjamim no espetáculo: como ensaiador. No século XIX e boa parte do XX, não existia a função de diretor teatral[60]. Qualquer que fosse o espaço – circo ou teatro –, a pessoa que exercia tal função era chamada de ensaiador ou responsável pela *mise-en-scène*, realizada pelo diretor-proprietário do circo (como nos casos de Podestá, Casali, Albano Pereira, entre outros) e, nas companhias teatrais, pelo diretor ou por um artista responsável (como o artista Heller ou o mais conhecido no século XIX, o ator Furtado Coelho)[61]. Rosyane Trotta, ao descrever a "técnica dos ensaiadores" naquele período, diz que cabia a eles, em linhas gerais, "marcar o espetáculo", ou seja, um "bom ensaiador" era "aquele que, no menor prazo de tempo, articulava os atores de modo que não se esbarrassem e tornassem a cena compreensível"; os cuidados com os objetos de cena e os horários dos atores eram tarefas adicionais[62]. No texto da autora, essa descrição refere-se apenas à "história do teatro brasileiro", não fazendo parte de sua pesquisa a produção do circo-teatro.

O termo "ensaiar" entre os circenses não se referia (e não se refere) apenas às representações teatrais. Toda preparação para qualquer que fosse o número era chamada de ensaio e poderia ser feita individualmente ou em grupo, com o acompanhamento de um mestre. No caso das pantomimas, entradas de palhaço, danças ou números musicais, vários circenses, que nasceram no circo ou se incorporaram a ele nas décadas de 1910 e 1920, informaram que uma pessoa era encarregada ou contratada para ser o ensaiador, chegando alguns diretores a contratar ensaiadores dos teatros para trabalhar nos circos[63]. Porém, geralmente, era um artista da própria companhia que se destacava, porque conseguia dominar a maior parte das linguagens artísticas, unindo esses elementos aos seus conhecimentos da estrutura do circo em geral – a disposição dos atores no palco/picadeiro redondo (sempre um deles estaria de costas para o público), o som, a iluminação. É interessante comparar a descrição que os circenses fazem da função do ensaiador

5. Victória Maia de Oliveira e Benjamim de Oliveira.

no circo à que Jean-Jacques Roubine fez em seu livro que trata da linguagem da encenação teatral de 1880-1980, que seria a "concepção moderna" da função do diretor ou encenador. Sua tarefa liga-se a uma "visão teórica que abrange todos os elementos componentes da montagem [...], [dando] sentido global não apenas à peça representada, mas à prática do teatro em geral"[64]. Os cuidados com os objetos de cena e os horários dos atores não eram tarefas adicionais, também faziam parte das atividades do ensaiador circense, o que, portanto, deve ter sido feito por Benjamim de Oliveira ao ensaiar 60 pessoas, articulando-as de modo que tornasse os 16 quadros e os 14 números compreensíveis.

Não se sabe se o público se deleitou; é possível, pois a montagem do espetáculo refletia bem a contemporaneidade com as formas e os gêneros das manifestações culturais, misturando lundu, banda da companhia e militar e representação teatral. Era a própria expressão do teatro musicado da época, que os artistas circenses e seus palhaços produziam e divulgavam. Como o leitor já deve ter percebido, neste trabalho inclui-se a pantomima como um gênero do teatro musicado, fato não encontrado em nenhuma bibliografia que trata da "história do teatro". Geralmente, os gêneros mencionados, que comporiam o teatro musicado, são as operetas, revistas do ano, burletas, *vaudevilles* etc. Vale lembrar que nas pantomimas circenses, além do gestual, a música tocada, cantada e dançada era definidora de seus enredos.

Benjamim, em uma de suas entrevistas, afirmou ter sido ele quem teria lançado a "forma de teatro combinado com circo, que mais tarde tomaria o nome de pavilhão"[65]. Como se viu, o modo de construir e até a própria combinação do que se chamou "pavilhão" já estavam presentes nos vários circos com que Benjamim teve contato, fornecendo a ele todo um conjunto de conhecimentos sobre a produção da teatralidade circense. Se não se pode dizer que ele tenha "inventado" o "pavilhão", entretanto, de fato, naquele período, além das apresentações de palhaço-cantor, instrumentista e ator, ele já havia iniciado sua produção como autor das cenas ou entradas cômicas e ensaiador das montagens teatrais representadas no circo, que contribuiriam para a construção de novas formas da produção do espetáculo.

Após sua estada no Circo Pavilhão Sampaio, seus relatos são pouco precisos, mas por volta de 1896, quando estava na cidade de Ribeirão Preto (SP), provavelmente com o circo de João Pierre, conheceu Victória Maia, filha de uma lavadeira que trabalhava para os circenses, e se casaram em 1914, já com duas filhas nascidas: Jacy com 6 anos e Juçara com 4 meses[66]. Após o casamento, Victória tornou-se artista, representando nas peças teatrais, e também cançonetista.

———

Em boa parte do período de 1892 a 1896, Benjamim esteve na cidade do Rio de Janeiro. É um período de importância crucial para o entendimento do que Benjamim decerto viu e ouviu em termos de produções circenses, teatrais e musicais, as pessoas que presumivelmente conheceu, os espaços que frequentou, pois isso pode nos ajudar a visualizar melhor essas transformações artísticas do "negro Beijo".

## "ETC., ETC. E ETC."

Na década de 1890, o teatro musicado, compreendendo os gêneros teatrais ditos ligeiros - a revista do ano, a opereta, o *vaudeville*, a mágica e a burleta -, aliado aos gêneros musicais ditos leves - o lundu, a cançoneta, a modinha, o maxixe, entre outros -, foi uma das formas de divertimento que mais movimentaram a produção e o mercado cultural do Rio de Janeiro. Naquele contexto, intensificaram-se ainda mais os debates, as tensões, os conflitos e as ambiguidades em torno de questões como o pluralismo e o gosto do público, tendo sempre como referência a discussão do nacional.

Segundo Fernando Mencarelli, a "geração de literatos e intelectuais", ao longo das "décadas de 80 e 90, e especialmente no calor da criação da Primeira República, discutia ardentemente a questão da cultura nacional e tinha um projeto de valorização da identidade nacional em que as manifestações artísticas tinham papel fundamental"[67]. Naquele momento, ainda se via a produção teatral do período como um vazio cultural, pois o que ia pelos teatros eram as montagens dos gêneros ligeiros, que, apesar da quantidade de espetáculos e de público, não representavam, para eles, a "verdadeira" produção do que se queria valorizar como teatro nacional.

Um fato ocorrido nos anos 1893-1994, período em que Benjamim afirma que estava no "centro" do Rio de Janeiro, reacendia nos jornais um debate sobre a produção dos espetáculos circenses, os espaços que estavam ocupando e a disputa pelo público dos teatros. Com esse debate, procurava-se reafirmar a visão do vazio da produção teatral na capital federal.

Em 13 de agosto de 1893, uma pequena nota no jornal *O Paiz* (RJ) informava que o empresário M. Ballestero havia contratado, em Buenos Aires, uma companhia de zarzuelas para se apresentar na cidade do Rio de Janeiro, e que também estava "em trato com o *clown* Frank Brown, para trazer a São Paulo a sua companhia equestre". Pode-se supor que se tratasse de simples anúncio de mais um circo, mas alguns dias depois outra nota mexeu com a imprensa:

> Uma notícia que vai produzir certa surpresa:
> O teatro S. Pedro de Alcântara, depois que acabar a série de récitas da companhia do D. Maria II, transformar-se-á... em circo.
> Está contratada para esse teatro a companhia equestre dirigida por Frank Brown.[68]

O empresário Ballestero não só havia acertado a ida daquele circo a São Paulo, como ocuparia o principal teatro da capital federal, o São Pedro de Alcântara. No mês seguinte, a cidade do Rio de Janeiro estava sendo bombardeada, e assim ficaria até março de 1894; e, como já se viu, até aquela data nenhum circo, a não ser talvez o do Comendador Caçamba, tinha se apresentado. Um telegrama de Buenos Aires informava que, em novembro de 1893, Frank Brown havia embarcado com destino ao Brasil para cumprir contrato de trabalho no Polytheama da cidade de São Paulo[69]. Após apresentação na capital paulista, a companhia do *clown* inglês (já naturalizado argentino) estreava, em fevereiro de 1894, no Teatro Rink-Campineiro, informando que só daria ali 20 funções, regressando então, diretamente, para Buenos Aires[70]. Ocorreu que, nesse período, o conflito da Armada havia acabado, o que fez com que aquele artista retomasse a proposta de se apresentar na cidade do Rio de Janeiro. Antes disso, a imprensa fluminense anunciava sua estreia no Cassino D. Isabel, em Petrópolis, em 29 de março, associado à companhia equestre e ginástica do chileno Emílio Fernandes, apresentando-se naquele teatro por pelo menos 25 dias[71]. Fim do conflito, reinício das expectativas de um circo ocupar o São Pedro.

Em 23 de abril, tanto a coluna de crônica teatral quanto a página destinada a propagandas anunciavam que, no próximo dia 27, sexta-feira, a Empresa Emílio Fernandes & C., dirigida por Frank Brown, iria se apresentar no

Teatro São Pedro de Alcântara. Em letras garrafais e como não se importasse com as repercussões desse fato, informava: "Estreia esta grande companhia no teatro S. Pedro que pela primeira vez é transformado em circo."[72]

A companhia era composta de "50 artistas, 25 cavalos, cachorros, porcos, cobras amestradas, etc., etc. e etc."[73]. Na programação constavam tríplice barra fixa, trapézios, acrobacias de solo, malabares, equilíbrios, artistas especializados em montagens de pantomimas e *clowns* músicos, como Affonso e Henrique Lustre e Bozán (que havia se iniciado como cômico na companhia dos Podestá). Além dessas, duas eram as atrações principais das propagandas: a artista equestre Rosita de La Plata e, como disse um cronista da época, o "*clou* do espetáculo", o transformista francês Mr. Casthor.

Não era a primeira vez que Frank Brown vinha ao Brasil, nem a primeira vez que se apresentava em um teatro[74]. Como se viu no capítulo anterior, na década de 1870, sua companhia, junto com os Podestá, havia se instalado no então Teatro Imperial D. Pedro II[75], que fora construído, inicialmente, para apresentações de circo e teatro e recebia a denominação de Circo Olímpico da rua da Guarda Velha e, depois de 1889, mudara o nome para Teatro Lírico. Entretanto, a novidade era se apresentar no Teatro São Pedro transformado em circo.

A primeira menção à estreia foi de Arthur Azevedo, que, apesar de não tê-la assistido, escreveu em sua coluna, de nome Palestra, na primeira página do jornal:

> A cidade reanima-se. A pouco e pouco vai se desvanecendo a sinistra lembrança dos bombardeios e tiroteios que ainda há dois meses nos sobressaltavam.
>
> Espero que a companhia equestre do S. Pedro de Alcântara venha consolar definitivamente o Zé-povinho, que é doido por peloticas, e dá mais apreço a Rosita de La Plata que à própria Sarah Bernhardt.
>
> Entretanto, para os espíritos mais refinados aí está o Mancinelli, com uma companhia lírica de primeira ordem.[76]

O modo de denominar espetáculos circenses por "peloticas" era comum no período. Arthur Azevedo utilizava o termo para se referir àqueles espetáculos nos seus textos, sobretudo quando queria passar uma ideia desqualificadora tanto do circo quanto do gosto do público. Segundo Fernando Mencarelli, Arthur Azevedo, que era o "principal defensor do teatro nacional, o porta-voz da necessidade de sua regeneração, era acusado por ser também responsável pelo processo que instaurou a sua decadência"[77]. Ao mesmo tempo que era um dos mais importantes literatos e intelectuais dos anos 1880-1890, que produzia obras teatrais dos gêneros ligeiros, como operetas, paródias e, principalmente, revistas do ano, foi também um crítico contumaz daqueles gêneros e o maior articulador da luta pela construção do "Teatro Nacional" (no duplo sentido: de espaço físico e de dramaturgia), o que era visto por seus críticos como contradição. Assim, não era privilégio dos circenses e de seu público receberem críticas desfavoráveis daquele autor, que, como se verá, era frequentador assíduo dos circos.

Seu texto deixa explícita a preferência do público por esse tipo de espetáculo, em detrimento do que considerava um teatro sério. Para Fernando Mencarelli, a "compreensão do que se passava nos teatros com relação à frequência do público" era um dos temas que ocupavam constantemente Arthur Azevedo, mas tentar procurar uma "clareza de suas posições com relação ao tema não é tarefa fácil [...]"[78]. Embora em alguns momentos ele questione claramente as escolhas do público, em outros é categórico em afirmar, seguindo o pensamento do crítico francês Sarcey, que o público sabia reconhecer o que era bom[79]; o problema estaria na qualidade da literatura teatral produzida, e não no gênero. Entretanto, quando um espetáculo era a própria representação da indesejada tradição do teatro de feira, competindo com um teatro desejado, ficava difícil relativizar o gosto do público.

De tudo isso, Arthur Azevedo acaba por passar uma informação importante que representa um dos maiores problemas para o autor: os espetáculos circenses disputavam o mesmo público que ia aos teatros, não só o dos gêneros ligeiros, mas também o que frequentava os chamados teatros sérios.

Como se tem analisado neste livro, a heterogeneidade do público circense era o reflexo da heterogeneidade da população das cidades que frequentava todos os espaços de divertimentos urbanos. Não se pode negar que muitas produções culturais, dependendo do gênero e do local escolhido para a apresentação, atingiam distintas camadas sociais. Entretanto, as tentativas de classificar o público do circo como "popular" - no sentido de baixa renda, trabalhador pobre, desocupado, em contraste com o que seria de "elite" e frequentador de teatros do centro da cidade ou espetáculos de "alta cultura", como óperas, altas comédias, dramas - têm-se mostrado ineficientes para entender a complexidade e a mistura das relações de um público ampliado e variado que passara a consumir as novas e diversas formas de expressão cultural numa sociedade como aquela do fim do século XIX[80].

Antes, porém, de continuarmos com a questão do tipo de espetáculo, de lugar e de público que assistia a ele, é interessante saber por que Arthur Azevedo fez a comparação entre Rosita de La Plata e Sarah Bernhardt.

No dia 3 de junho de 1893, antes de iniciar a Revolta da Armada, estreava no campo de São Cristóvão, no Rio de Janeiro, o Circo Universal de Albano Pereira, composto de 22 artistas, anunciando "piramidais" pantomimas ornadas de muita música, marchas e bailados[81]. Alguns dias depois, os jornais noticiavam, freneticamente, a vinda de Sarah Bernhardt, que iria apresentar dez récitas no Teatro Lírico[82], ou seja, no Circo Olímpico da rua da Guarda Velha, que após a Proclamação da República deixou a denominação de Teatro Imperial D. Pedro II para Teatro Lírico. Através de um trecho de um cronista, pode-se ter uma ideia do tom com que foi descrito o trabalho da atriz:

> Aí a temos de novo a grande Sarah, a grande intérprete do sofrimento humano, a artista genial em cujos nervos divinos vibra, estorce-se, soluça e esplende a alma de todas as raças, bárbaras ou cultas, vingativa ou amante, piedosa ou cruel, com uma verdade e um brilho que a ela se pode perguntar, num assombro, como outrora se perguntou a Menandro: – "Oh Sarah, Oh Vida, qual de vós imita a outra?"[83]

Os assuntos dos jornais eram dois: os conflitos políticos e Sarah Bernhardt. Albano Pereira, em meio àquele volume de noticiário da grande atriz, fez colocar algumas linhas no jornal, na coluna Diversões: "Parabéns aos moradores de S. Cristóvão [que] para passarem uma noite divertidíssima não precisam ir ver a Sarah: é ir ao grande Circo Universal, dirigido pelo artista Albano Pereira."[84]

Apesar de seu anúncio fazer referência apenas aos moradores de São Cristóvão, convidando-os a não irem ao centro da cidade, pois no próprio bairro teriam divertimento garantido, ele escrevia também a uma população de vários bairros vizinhos, que utilizava bondes. Como já se viu, nas propagandas era anunciado que depois do espetáculo haveria bondes para todas as linhas, o que permitia acesso às opções de lazer, em vários horários, em particular o noturno, a um número cada vez maior e mais heterogêneo da população, não só dos bairros vizinhos, como também os do centro do Rio de Janeiro e seus arredores.

Desde o século XIX, as companhias de transportes dirigiam o alargamento da malha urbana para além do antigo perímetro do centro, inicialmente servindo os bairros mais próximos e se estendendo aos mais distantes. São Cristóvão foi, desde o começo, privilegiado pela instalação de redes de transportes, além de ser uma das cinco estações no território da Estrada de Ferro D. Pedro II, junto com as de Engenho Velho, Santana, Inhaúma e Irajá. A partir de 1870, as linhas dessa ferrovia chegavam até Cascadura[85].

Um dos principais trajetos de bonde, naquele período, com destino a Cascadura, partia da estação inicial, no largo São Francisco, contornava o campo de Santana e se dirigia à Cidade Nova, atravessando o campo de São Cristóvão, prosseguindo pela rua Figueira de Melo e indo até a junção da rua São Cristóvão[86]. Esse trajeto ligava o centro da cidade ao bairro, passando exatamente onde o Circo Universal estava armado. A implantação de linhas de bonde no centro urbano foi importante para que os empresários teatrais construíssem suas casas de espetáculo ao redor das praças Tiradentes e Marechal Floriano[87], assim como para os empresários circenses que se apresentavam no centro e nos arrabaldes, que também usavam o bonde como propaganda para chamar o público.

Acredita-se que uma parte da população que ia aos teatros do centro da cidade, e também frequentava os circos, residia nos bairros servidos pelos bondes, como os próprios moradores de São Cristóvão. Bairro com características históricas marcantes, foi um dos primeiros recantos aristocráticos da cidade, devido à instalação da família real portuguesa na Quinta da Boa Vista e à construção de residência de fidalgos e altos funcionários da Corte. No final do século XIX e início do XX, passou por processo de modificação de seu perfil de área residencial (que disputava com Botafogo o título de área nobre carioca), para se tornar área onde indústrias e estabelecimentos comerciais se instalaram maciçamente[88]. Naquele período, caracterizava-se por ser um bairro de contrastes urbanos, com a instalação de núcleos habitacionais para operários, pequenas fábricas, comércio, ocupação dos morros por pessoas expulsas do centro da cidade pelas reformas urbanas ou pela marginalização social e econômica, população de classe média e instituições educacionais frequentadas por uma elite intelectual carioca.

Utilizando-se de um jornal diário, lido não só por uma parte "culta" da população, Albano Pereira procurava se dirigir a todos os seus leitores, que, em boa parte, compunham o público do circo. Este era formado pelos moradores do centro e dos bairros, frequentadores das óperas, dos gêneros ligeiros, dos cabarés, dos cafés-concertos, dos *music halls*, dos carnavalescos, pelos letrados, pelos intelectuais, pelos analfabetos, pelos trabalhadores em geral e, como diria uma propaganda circense, "etc., etc. e etc.". O circo competia diretamente com o Lírico, "teatro por excelência das elites cariocas" que Arthur Azevedo indicava aos "espíritos mais refinados", localizado privilegiadamente no centro da cidade, no largo da Carioca, mas do qual nem de longe se mencionava ter sido construído, inicialmente, com a dupla finalidade de servir de teatro e de circo, já que, antes mesmo de ser Teatro Imperial D. Pedro II, era popularmente conhecido, conforme mencionado, como Circo Olímpico da Guarda Velha, e ainda manter naquele período o amplo acesso nos fundos do edifício, uma larga rampa calçada que permitia a entrada de carruagens, animais de grande porte e jaulas[89].

Fernando Mencarelli realça o imaginário que envolvia o Teatro Lírico:

> [...] porque ali se apresentavam as óperas, e a ópera - fundamental para a alta sociedade europeia - também era crucial para a elite carioca. A ópera marcava o ponto alto da *saison*, o palco profano no qual atuava a elite carioca [...]. Ia-se ao teatro sabendo precisamente qual a poltrona de assinatura a ser ocupada por certa dama de destaque, e que ela estaria usando um vestido importado, confeccionado especialmente para a ocasião [...] O que se avaliava era a riqueza e o gosto dos membros da elite, dentro de um contexto e de uma linguagem consagrados pelo todo-poderoso paradigma europeu.[90]

O que Albano Pereira oferecia, ao zé-povinho e aos espíritos menos refinados, que era preferível a Sarah? Além dos artistas em acrobacias de solo e aéreas, dos 15 cavalos, da coleção de cachorros sábios e do número de seu filho Carlitos Pereira, que, pelas referências, ainda era uma criança, havia um "esplêndido repertório de pantomimas", as principais atrações do circo. O "menino" Carlitos era considerado um exímio ginasta e equestre, além de ser um dos principais artistas nas pantomimas, em particular a *Cendrillon*, que continuava arregimentando 100 crianças do bairro para sua atuação. No dia em que Albano mandou o recado aos moradores do bairro, anunciava em sua propaganda-cartaz uma "grandiosa pantomima de grande movimento ornada de música e bailados"[91]. Era *O esqueleto*, com a participação de todos os artistas da companhia, que, como já se viu, fazia parte daqueles enredos das mágicas e das farsas, com mirabolantes cenas de terror, fantasmas e casas mal-assombradas.

Chama a atenção uma das pantomimas que faziam parte do repertório, *O remorso vivo*, com tradução do luso-brasileiro Furtado Coelho e música de Artur Napoleão: essa peça, representada pela primeira vez no Teatro Ginásio do Rio de Janeiro, em 1866[92], foi definida na época como um "drama-fantástico-lírico", em "um prólogo, 4 atos e 6 quadros"[93]; referida pela literatura como "dramalhão", tornou-se um grande sucesso de público, "um verdadeiro 'assombro teatral', incluindo, em seu enredo", números de "visualidades de transformações"[94]. A bibliografia somente menciona suas montagens por companhias teatrais; entretanto, em 30 de agosto de 1881, outro ator, ginasta e proprietário da Companhia Equestre Ginástica Luso-Brasileira, Manoel Pery, anunciava para o final do espetáculo a pantomima *O remorso vivo*[95]. Três anos depois, ela apareceu na propaganda de outra companhia na cidade de Porto Alegre, do artista Paulo Serino, na qual, segundo Athos Damasceno, figuravam não apenas números acrobáticos e pantomimas, mas também dramas, como era o caso de *O remorso vivo*, autoria de Furtado Coelho[96].

Como no teatro, ela foi exibida por diversas companhias circenses até pelo menos a década de 1910. Não há nenhuma descrição de como teria sido feita na década de 1880 a adaptação dessa peça e sua música para o espaço do circo. Além da menção à pantomima, Albano Pereira não descreveu a montagem daquele ano de 1893, mas o fez seis anos depois, o que nos permite entrar em contato, por um lado, com a livre interpretação que os circenses faziam dos textos literários ou dramatúrgicos, parodiando-os e ajustando-os ao picadeiro e, por outro, com o que se pressupõe fosse o gosto do público.

Naquela montagem, o título da pantomima foi *O casamento do Arlequim ou O remorso vivo*, lançando mão do velho arsenal das arlequinadas e misturando-o ao enredo de um melodrama. Essa mistura estaria de acordo com a definição que o próprio Arnold Hauser faz do melodrama, na qual a pantomima seria um dos seus protótipos mais importantes, com seu caráter espetacular, apelo aos sentimentos, elementos da dança e musicais variados[97]. O modo de produção dessa pantomima lembrava também, ainda que longinquamente, a estrutura dramática da *commedia dell'arte* que, ao mesmo tempo que tinha personagens-tipos ou papéis fixos, combinava chistes, personagens locais, canções, enfim, situações do cotidiano que se estavam vivenciando com fontes literárias. Assim, conforme propaganda do jornal, haveria, após a exibição de "exercícios de alta equitação, ginásticos, acrobáticos", a apresentação da "importantíssima pantomima fantástica":

Dividida em oito quadros
Marchas, bailados, transformações etc., etc., na qual toma parte toda a companhia e o esplêndido corpo de baile.
Personagens:
Paschoal, velho camponês, Sr. Fructuoso; Arlequim, cozinheiro de Paschoal, amante da Columbina, Sr. Luiz Pereira; Pierrot, filho de Paschoal, Sr. A. Freitas; D. Phelippi, pretendente à mão de Columbina, Sr. Albano

Pereira; Columbina Filha de Paschoal e amante do Arlequim, D. Perez; O embaixador, Sr. A. Pereira; O Esqueleto, Sr. L. Pereira.

Camponeses, camponesas, povo etc. Números de Música

1º Ouverture - 2º Grande valsa - 3º Marcha dos embaixadores - 4º Bailado das ninfas - 5º Pandeiretta - 6º Bailado de D. Fellipe - 7º Marcha fúnebre - 8º Acorde - 9º Valsa - 10º Galope - 11º Acorde - 12º Valsa - 13º Marcha fúnebre - 14º Valsa.

Denominação dos quadros

1º O sono do amor. 2º A despedida do Arlequim. 3º A embaixada. 4º Grande bailado. 5º O assassinato. 6º O remorso. 7º Casamento de Arlequim. 8º Deslumbrante apoteose final.

*Mise-en-scène* do artista Albano Pereira.[98]

Um observador desatento de hoje não perceberia a diferença entre esse programa e a maioria dos que eram apresentados nos teatros e publicados nos jornais do período. O enredo, a montagem, as denominações dos quadros e os personagens têm poucos pontos que lembram o texto original, que serve apenas para ser parodiado[99]. Entretanto, o que se confirma, aqui, é que os circenses, mesmo mantendo uma forma própria de organização e produção do espetáculo, identificada como circo, ao produzirem e reproduzirem a multiplicidade que se dava no mundo das artes faziam com que, no picadeiro, as fronteiras de gêneros, de público, de palco, do teatro ao *music hall*, café-concerto e "chope berrante", não fossem tão claras em relação ao modo como artistas e população vivenciavam as artes da chamada *Belle Époque* brasileira.

E o que se dizia de Sarah Bernhardt? Em primeiro lugar, é bom ter em vista as colocações de Flora Süssekind, quando analisa a crônica teatral brasileira da virada do século e afirma que a questão do "talento excepcional", dos "primeiros atores e atrizes" das companhias, dos artistas estrangeiros de renome que se apresentaram no Brasil

(como Sarah Bernhardt, Eleonora Duse Réjane, Antoine) ocupava o primeiro plano num noticiário teatral centrado quase sempre em "personalidades". Ou se falava, sobretudo do texto dramático [...] ou das "estrelas" [...] ou se dizia, ainda, uma ou outra palavra apenas sobre os demais atores, geralmente em torno do "tipo" em que pareciam se encaixar melhor.[100]

Assim, na programação do Lírico, Sarah estreou com o drama em quatro atos *A tosca*, seguida de vários "clássicos" do teatro, todos representados em francês[101]. A crítica teatral, feita por Chrispiniano da Fonseca, depois de vários parágrafos elogiosos à atuação da atriz, apontou dois problemas sérios, que teriam provocado contrariedades no público: primeiro, os "numerosos cortes e alterações" no texto original, pois, segundo o crítico, quem pagava 15$000 réis por uma cadeira e 60$000 réis por um camarote tinha todo direito de exigir que lhe representassem as peças como "elas foram escritas pelos autores"; como se isso não bastasse, a "eminente atriz" foi acompanhada por um "péssimo conjunto de artistas". Para o autor da crítica, que apontou também problemas de figurino e cenário, suas "tímidas observações" eram apenas "minúcias" que acabavam por "fazer realçar ainda, se é possível", o trabalho de Sarah, que, a despeito disso tudo, empolgava o público e o entusiasmava como "se ao lado dos mestres trabalhasse". Chrispiniano concluiu que o teatro não lotou, mas o público que compareceu era aquele "típico" do Lírico, ou seja, formado pela "melhor sociedade do Rio de Janeiro"[102].

Apesar dessa conclusão, que tentava aliviar os problemas e realçar a atriz, não parece que a "boa sociedade" chegou a ocupar todos os espaços do teatro. Essa foi a última menção que aquele crítico e o jornal fizeram a respeito do público, durante toda a temporada de Sarah no Rio de Janeiro, o que é de estranhar, pois, mesmo para o Lírico, quando uma turnê desse porte era sucesso, não se deixava de escrever sobre a "enorme procura" ou as "enchentes" que lotavam o teatro. Foi o caso, por exemplo, de uma companhia que sucedeu a de Sarah quando, depois da exibição da ópera *Os huguenotes*, de Giacomo Meyerbeer, um cronista do jornal escreveu que o teatro havia enchido completamente, "coisa que ainda não se realizara durante a atual estação lírica"[103].

A questão do preço poderia ter sido, para a época, um obstáculo. Os valores, em réis, anunciados para as dez récitas eram: "Camarotes de 1ª ordem 600$000; Ditos de 2ª 300$000; Cadeiras de 1ª classe 120$000; Ditas de 2ª 60$000; varandas 120$000." Além disso, foi lançado o preço avulso para camarotes e cadeiras, enquanto para as galerias de primeira fila o valor era 4$000 réis e para as de segunda e terceira, 3$000 réis[104], isto é, o dobro do que comumente se cobrava, pelas galerias, por companhias que não tinham nomes tão famosos. Mas não era tão diferente do que foi cobrado pela Companhia Lírica Italiana - que se apresentava no Lírico até uma semana antes da temporada de Sarah, cujo maestro da orquestra era Marino Mancinelli (o mesmo que, dez meses depois, em 1894, Arthur Azevedo indicava para "os espíritos mais refinados") -, que cobrou a cadeira de segunda classe 3$000 réis[105] e contou com um bom público em suas apresentações. Isso sem compararmos os preços do Teatro Lírico com os ingressos do Circo Universal, à mesma época: "camarotes com cinco entradas 15$000; cadeiras de 1ª ordem 3$000; ditas de 2ª 2$000, entradas gerais 1$000"[106].

Porém, mesmo que fosse cobrado um preço maior para as apresentações de Sarah no Lírico, a "boa sociedade" ou a elite da cidade do Rio de Janeiro, na época, para quem isso não seria um problema, era suficiente para lotar o teatro, o que não aconteceu. Durante o período em que Sarah e o Circo Universal estavam no Rio de Janeiro, outras companhias teatrais, que se exibiam nos teatros do centro da cidade, competiam com as apresentações da atriz com peças de "grande espetáculo" (*A volta ao mundo em 80 dias* pela Empresa Garrido & C no Polytheama Fluminense)[107]; óperas burlescas (*O capadócio*, que, na realidade, era uma paródia da ópera lírica *O trovador*, com *mise-en-scène* do ator Machado no Teatro Apollo); dramas marítimos (*Ladrões do mar*, pela Companhia de Dias Braga, no Teatro Recreio Dramático)[108]; comédias (*O tio milhões*, da Companhia D. Maria II de Lisboa, no Teatro São Pedro de Alcântara)[109]; mágicas que prometiam "noite feérica" com "luz elétrica, banda de música, bandeiras, flores" (*O diabo coxo*, pela empresa da atriz Ismênia dos Santos, no Teatro de Variedades)[110]; operetas e revistas (a Companhia Souza Bastos e sua principal atriz cantora, Pepa Ruiz, anunciavam, entre outras, a opereta *O burro do senhor alcaide* e a revista *Tim Tim por Tim Tim*, no Teatro Lucinda)[111].

Eram montagens de adaptações melodramáticas, dramalhões "espetaculosos", como se chamavam na época, o que, provavelmente, deixava Albano Pereira tranquilo quando mandava recados aos moradores do centro e do bairro para assistirem às pantomimas *O esqueleto*, *Cendrillon*, *O remorso vivo*, entre outros, proclamando em seus cartazes o quanto as suas funções eram organizadas com uma "programação chic"[112], afirmando que elas agradariam mais que a "trágica atriz". Vale ressaltar que Albano foi o único empresário a deixar explícita essa disputa pelo público.

Parece que isso deu certo, já que, quase um ano depois, apesar de toda a produção em torno das apresentações no Lírico, Arthur Azevedo mencionava que o público preferiu peloticas a Sarah. É interessante notar que esse autor queria que a "boa sociedade" frequentasse os espetáculos refinados do Lírico, ao mesmo tempo que reclamava que o zé-povinho não os frequentava, revelando que gostaria, também, que aquele público estivesse recebendo "banhos" de civilidade e formação em programações teatrais que considerava sérias, diferentes dos gêneros alegres e ligeiros que produzia ou que os circos realizavam.

A perspectiva de que o teatro pudesse cumprir seu papel civilizador apoiava-se no predomínio do texto falado e da representação do ator/atriz, dois dos principais pilares para aqueles objetivos serem alcançados. Se na hierarquia de valorização do que era de fato teatro ou arte teatral os gêneros ligeiros eram desvalorizados, o conjunto que representava a teatralidade circense não era nem considerado como qualquer tipo de representação teatral ou teatralidade. A pantomima, por exemplo, vista como uma exibição que apenas divertia, era enquadrada com tudo o que era marginalizado, pois misturava mímica, paródias, canto, danças, saltos, mágicas, músicas clássicas com os provocantes e luxuriantes ritmos locais (lundus, maxixes, cançonetas etc.). Os textos que os circenses representavam, produtos da transmissão oral e anônimos, não eram tomados como teatrais.

Não se pode negar que havia um texto e uma trama, não só para as pantomimas, que eram uma parcela grande do espetáculo, mas também para as próprias entradas ou cenas cômicas e os sainetes, baseados em enredos montados para representação de atores, particularmente com os personagens palhaços. Acontece que eram enredos de difícil controle pelas autoridades competentes da censura, ou mesmo pelos letrados, devido ao seu alto poder de improvisação. Aqueles artistas, apesar de seguirem um enredo (aprendido oralmente ou por um texto escrito), acabavam por "reescrevê-lo" no palco/picadeiro, uma produção em ato que incorporava os temas contemporâneos e os costumes locais, mesmo para as adaptações de textos dramáticos ou literários, como já se mostrou, com os casos de *A flauta mágica*, *O remorso vivo*, *Cendrillon* etc. Esse modo de representação e improvisação, além de possibilitar uma maior proximidade entre artista e público, transformava-o em coautor do texto ou enredo, um problema para os que pretendiam que o teatro fosse o texto, a representação e uma função.

Além do mais, os(as) artistas circenses dificilmente eram considerados(as) atores/atrizes, pois sua prática diferia dos critérios de apreciação do que se supunha ou se idealizava como uma boa representação, que visava a "definir o bom ator em função da sua capacidade de ser esse ou aquele personagem", expressando claramente o seu texto[113]. Para Flora Süssekind, acreditava-se piamente numa "especialização no terreno da interpretação teatral", ou seja, cada ator ou atriz tinha uma "especialidade"[114], sendo inadequado, por exemplo, que o artista "reconhecidamente" cômico para o público (ou para o crítico) interpretasse papéis sérios. Atores e atrizes considerados(as) "monstros sagrados", como era o caso de Sarah Bernhardt e outras atrizes suas contemporâneas, como Rachel e Réjane, igualmente admiradas pelos brasileiros, tinham o seu valor pela capacidade de encarnar um personagem e por sua perfeita dicção do texto, como se vê na descrição da atuação de Bernhardt:

6. Rosita atuando no Buckingham Palace, Buenos Aires, na Companhia Frank Brown, 1907.

[...] representava sem um gesto; era uma coisa assombrosa. *"Que ces vains ornements, que ces voiles me prèsent!"* Mal chegava a roçar as têmporas com a mão, nada mais. O que se ouvia era apenas a articulação dos versos; o efeito era perturbador, e sobretudo sentia-se que ali estava um personagem que continha dentro de si, como dizem os estudiosos, "a fatalidade antiga". Um personagem angustiante de ver; e todos sentiam: eis a heroína da peça.[115]

Retomando a comparação feita por Arthur Azevedo entre Sarah e a circense Rosita de La Plata, que estava no Rio de Janeiro em 1894 com o circo de Emílio Fernandes & C., dirigido por Frank Brown, essa era a encarnação da própria multiplicidade, assim como várias outras atrizes circenses do período. Portenha de nascimento, aos 10 anos incorporou-se a um circo, aprendendo acrobacia, trapézio, dança e, principalmente, equitação. Aos 12 havia se tornado especialista em acrobacia equestre, sendo contratada para trabalhar nos principais palcos e picadeiros europeus[116].

————

Em Londres, foi contratada por Frank Brown para uma turnê em Buenos Aires. Segundo Beatriz Seibel, na Argentina, trabalhou no circo dos Podestá e se casou com Antonio Podestá. Ambos foram contratados pelo circo norte-americano Bárnum e Bailey para outra turnê pelos Estados Unidos e pela Europa[117]. Na década de 1890, separou-se de Podestá e retomou o trabalho com Frank Brown, tornando-se sua companheira até morrer, na Argentina. Disputando com as mais importantes *écuyères*, Rosita também era a principal atriz das encenações das pantomimas e dos sainetes dos circos em que trabalhava, atraindo um público expressivo e diverso. Henry Thétard cita Rosita disputando espaço e público com as principais artistas de Paris no final do século XIX[118].

No Brasil, Frank Brown realizou várias outras turnês até pelo menos 1907. Segundo Athos Damasceno, sabe-se que em 1889, por exemplo, sua companhia se apresentou no Teatro de Variedades de Albano Pereira, fazendo

## Rosita de la Plata
*Ecuyere Argentina (Porteña)*

Conocida en el viejo mundo y en las Américas y llamada "La perfección del Arte Ecuestre."

Su maestro ha sido Henry Cottrell. Ha trabajado en todos los grandes circos de Europa y con Barnum y en Bailey, en los Estados Unidos de Norte-América.

Rosita de la Plata, la ecuyere perfecta, conocida del público argentino, hace años ya, se inició en el arte ecuestre desde niña, siendo hoy la estrella del **Buckingham Palace** y la predilecta de nuestro público, que concurren a este alegre teatro circo, donde completa eficazmente con sus arriesgados ejercicios y su brillez el conjunto artístico de la compañía Franck Brown.

Rosita de la Plata es célebre y son muy pocos los que no han tenido ocasión de aplaudirla en su triunfante carrera ecuestre, que, desde pequeña ejerce. Franck Brown puede estar orgulloso de contar en su compañía un elemento tan valioso y la felicitamos por ello.

También los elefantes, clowns, focas y otros no menos interesantes que presenta diariamente al público y especialmente al mundo infantil, que concurre gozoso en las matinées de los días de fiesta, á cuya admiración ofrece la variación de los elementos el diversión que tiene la compañía, constituyen un conjunto muy especial para grandes y chicos mereciendo los aplausos entusiastas que se le prodigan.

parte do repertório de pantomimas a montagem de *Hamlet*[119]. Quando esteve no Rio de Janeiro, por duas vezes ocupando o Teatro São Pedro de Alcântara, Rosita foi sempre a atração principal[120].

A ocupação do teatro por uma companhia circense foi outro problema, talvez tão sério quanto a preferência do público - e não só para Arthur Azevedo, mas para muitos cronistas que faziam as críticas teatrais no jornal *O Paiz*. Após a estreia de Frank Brown no Teatro São Pedro de Alcântara, pela primeira vez esse jornal publicava uma crônica sobre a estreia de um espetáculo circense, na coluna destinada às críticas das peças em cartaz.

O crítico, que não se identificou, iniciou seu texto dizendo que "um circo improvisado tomou parte do palco e todo o espaço outrora reservado à orquestra". Essa forma de ocupação mostrou-se inadequada, principalmente para os espectadores que se achavam nas cadeiras, pois não podiam assistir ao espetáculo, a não ser os números aéreos. Isso teria provocado "ruidoso protesto no público, resultando daí um verdadeiro distúrbio, que se prolongou durante todo o espetáculo". No intervalo da primeira parte, um dos diretores pediu desculpas ao público pela má disposição dos lugares e informou que, para o espetáculo seguinte, o inconveniente seria remediado. Além desses problemas, o crítico afirmou que o programa era fraco, apresentando números das "clássicas peloticas de há trinta anos", sendo os melhores os de Rosita, aplaudida "freneticamente", e de Mr. Casthor, que tinha "habilidade extraordinária para imitar tipos de personagens célebres, caracterizando-se com uma rapidez incrível". Na realidade, para o cronista, esse tinha sido de fato o "*clou* do espetáculo", pois era um "artista mais para teatro que para circo". No final do texto, concluiu: "A companhia, se lhe tirarmos quatro artistas, tem ares de ter vindo da roça. Não valia a pena por tão pouco transformar em circo o teatro de tão gloriosas tradições artísticas."[121]

Não se pretende questionar a opinião do cronista quanto à qualidade do espetáculo, apenas atentar para uma pergunta que estava nas entrelinhas da crítica: como se permitiu que aquela imponente construção arquitetônica da Praça Tiradentes, referência teatral da capital federal, de "tão gloriosas tradições artísticas", um "símbolo do teatro erudito" brasileiro[122], fosse transformada em circo?

No mesmo dia daquela crônica teatral, Arthur Azevedo, sob o pseudônimo de Gavroche[123], escreveu versos na primeira página do jornal *O Paiz*, não sobre o espetáculo, pois ainda não o havia assistido, mas sobre o comportamento do público.

No S. Pedro
Tal vozeria
Me ensurdecia
Que parecia
Que aquela gente indômita e bravia
Não assistia
A estreia de uma equestre companhia
Mas alguma comédia via e ouvia![124]

As reações do cronista e de Arthur Azevedo quanto à ocupação daquele teatro por um circo falam não só do gosto do público, mas do modo como ele ocupa aquele espaço e do seu comportamento. Parte da bibliografia recente sobre a história do teatro[125] tem analisado as tensões e os debates a propósito do modelo de comportamento que se desejava do público num espaço teatral idealizado, de preferência do tipo italiano, assistindo "civilizadamente" às peças, que lhe proporcionavam regras de comportamento social. As questões sempre giravam em torno de um discurso que enfatizava a necessidade de não se permitir que o tipo de conduta do público dos cafés-concertos, cabarés, *music halls* e circos fosse repetido nos teatros. Afinal, desejavam-se para palcos civilizados plateias civilizadas.

Entretanto, esse comportamento considerado inadequado para o público do teatro parece ter sido uma forma de expressão muito constante, tanto quanto as reações que tentaram reprimi-lo[126]. O comportamento silencioso do público, manifestando-se apenas nas horas adequadas, dificilmente era encontrado nos teatros. Nem mesmo aqueles identificados como de "elite", que só apresentavam representações "sérias", como o Lírico e o São Pedro, estavam salvos do que era tido como um mau comportamento do público, em particular o dos espectadores que ocupavam o espaço mais alto do teatro, a preços baixos: as torrinhas[127]. Silvia Cristina Martins de Souza analisa que, no início da segunda metade do século XIX, houve um

> processo de construção de uma avaliação bem pouco simpática a esses espectadores, que supostamente tinham como elo comum a ligá-los a tendência a balbúrdia e desordens, algo que não os valorizava positivamente. À medida que o século foi avançando essa foi cada vez mais a imagem das "torrinhas" divulgada pelos críticos. Procurava-se, com isto, difundir uma opinião negativa sobre elas, o que forneceria a justificativa necessária para o movimento, então assumido pela crítica, de tentar homogeneizar

seu comportamento a partir de outro padrão, segundo o qual a atitude ideal a ser introjetada pelo espectador seria o comportamento público silencioso e passivo.[128]

Como se vê, não era privilégio do público circense ser alvo das críticas e tentativas de enquadrar em um tipo idealizado de comportamento. Mas, para uma parte da bibliografia, por ser "puro entretenimento", "diversão sem compromisso" e "sem caráter educativo", o espetáculo circense acabava por identificar e tipificar seu público como popular, porque de baixa renda, sem nenhum compromisso com comportamentos civilizados, barulhento, selvagem e deseducado. É interessante que, nos versos de Arthur Azevedo, ao mesmo tempo que passa a imagem de uma plateia agitada e indômita dos circos, sua reação era a de um público que assistia a uma comédia, isto é, ambos os públicos eram parecidos, ou os mesmos, e se divertiam muito.

Alguns dias depois, a companhia publicava um aviso informando que, tendo em vista os problemas gerados, estava preparando o "tablado para que o público" estivesse "perfeitamente acomodado, sendo mudado o picadeiro para o centro da sala", acrescentando que, com os melhoramentos que estava realizando, ficava o teatro "completamente reformado, com todas as comodidades necessárias". No dia seguinte, a companhia voltou a informar que não haveria espetáculo, não só em consequência das obras e mudanças do picadeiro para o centro da sala, mas também porque seria o primeiro ensaio geral da "grande pantomima *A noite terrível*"[129]. O crítico que escrevia a coluna de crônica teatral não falou mais sobre o circo, a reforma ou as estreias das pantomimas. O que se seguiu foram sinopses publicadas naquela coluna, anunciando ensaios e encenações de pantomimas que exploravam todo o espaço do teatro. Além das já conhecidas, como *A flauta mágica*, anunciaram-se novas, como *Broceur condemné*, ornada de "onze trechos de música do professor Henrique Lustre", e *Gasparony*, que seria executada por 60 artistas de ambos os sexos, vestidos com "roupas a rigor do luxo, caprichosamente ensaiada e ornada de 20 trechos de música a caráter", compostas pelo mesmo Henrique Lustre, com "combates, bailes, violências, cenas amorosas, etc. etc.", com a participação do "cavalo sensível Neptuno". No São Pedro, invadido por cavalos, fogos de artifício e bengala, prometia-se uma apoteose para a peça, após a anunciada morte instantânea "com dois tiros de revólver do terrível Gasparony e o seu famoso corcel", e um "enterramento dos bandidos mortos e o cavalo, todos carregados em uma padiola aos ombros de vinte bandidos"[130].

## EXPLOSÃO DO ESPAÇO CÊNICO

Uma característica marcante da teatralidade circense era a produção do espetáculo com fatos contemporâneos, explorando e incorporando o que havia de mais recente em termos artísticos e de invenções técnicas, como foi o caso do uso dos recursos da iluminação elétrica, numa espécie de "revolução" do espaço cênico do período. É o que se pode observar em outra grande atração que foi anunciada, por vários dias, sobre a apresentação da "incomparável" bailarina norte-americana Loïe Fuller, com sua famosa "dança serpentina"[131]. Entretanto, não foi Loïe Fuller que estreou, mas sim Miss Emilie D'Armoy, noticiada como uma "discípula e imitadora incomparável" daquela artista. Anunciada a princípio para o dia 14, a estreia só ocorreu em 19 de junho de 1894, porque o São Pedro passava por mais uma reforma:

> [...] em consequência dos preparativos e montagem das luzes elétricas para a estreia da Serpentina [...] o maior sucesso do mundo inteiro; de pouco em pouco as luzes do gás se apagam, de súbito a dançarina entra em cena e os raios de luz elétrica a iluminam de verde, azul, amarelo e roxo, no seu amplo vestido, que se estende quando ela se agita, fazendo ondulações na Serpentina, vagas no açafate, azas na borboleta, etc. etc.[132]

Considerada uma das primeiras "vedetes internacionais da dança solo" e uma das principais dançarinas do Folies Bergères de Paris, Loïe Fuller teria sido a primeira a fazer uso da iluminação elétrica de modo a inovar formas e técnicas da dança: vestida com trajes longos, leves e transparentes, como véus, presos a bastões de madeira, desenvolvia sua coreografia iluminada por luzes multicoloridas em toda a sua volta. Para Jean-Jacques Roubine, para além da dimensão coreográfica e gestual, aquela artista teria participado de um dos momentos-chave do final do século XIX, da transformação da arte cênica, ao ter incorporado e explorado os recursos da luz elétrica com a música e o movimento.

> A utilização da luz, nos seus espetáculos, é importante sobretudo no sentido de que não se limita a uma definição atmosférica do espaço. Não espalha mais sobre o palco o nevoeiro do crepúsculo ou um luar sentimental. Colorida, fluida, ela se torna um autêntico parceiro da dançarina, cujas evoluções metamorfoseia de modo ilimitado. E se a luz tende a tornar-se

protagonista do espetáculo, por sua vez a dançarina tende a dissolver-se, a não ser mais do que uma soma de formas e volumes desprovidos de materialidade.[133]

O modo como produzia seu espetáculo de movimento e luz fascinou as plateias do período e, entre elas, Toulouse-Lautrec, que teria realizado uma ampla série de litografias dedicadas à bailarina.

Numa explosão total do espaço cênico à italiana, que pressupunha silêncio e toda a atenção do público voltada exclusivamente para um palco fechado, capaz de fabricar ilusão e passividade, os circenses introduziram no teatro um picadeiro, um espaço aberto e circular que não escondia ou camuflava os instrumentos de trabalho. Além disso, todas as representações teatrais das pantomimas eram divididas entre o palco e o picadeiro, o que significava não ter nenhuma "parede teatral"; os atores eram vistos de todos os lados, ocupando todos os espaços cênicos. Não era sem razão que o circo anunciava, em formato de vinheta, na coluna destinada às sinopses dos espetáculos da cidade:

> Oh! Caleidoscópio infinito.
> É um caleidoscópio imenso aquela companhia que trabalha no S. Pedro de Alcântara! Cada dia uma volta; cada volta uma surpresa.[134]

Por isso, o que se quer observar é que não era improvável que Rosita de La Plata ou o conjunto que representava o espetáculo circense fizessem tanto sucesso quanto Sarah Bernhardt. As produções artísticas do período, que utilizavam a dança, a ópera, o *music hall*, a mímica, eram ao mesmo tempo marginalizadas e admiradas por uma "elite intelectual e letrada". No espetáculo circense os gêneros teatrais, musicais e as danças, bem como as práticas e as técnicas que eles suscitavam, estavam presentes com seus textos, partituras e representações, mas nem sempre da forma como se definia um espetáculo de "bom gosto", o que acabava por confirmar a preferência do público, por um lado, e o lugar marginal que o circo ocupava no "mundo das artes", por outro; mas nunca deixando de "conhecer um sucesso que muitos dramáticos tradicionais lhes poderiam invejar"[135]. Esse talvez fosse um dos dilemas que Arthur Azevedo e seus pares viviam naquele período. Ao definirem o que, para eles, significavam o teatro e a arte, excluíam formas de representação e de ocupação dos espaços cênicos que diferiam de determinados modelos que imaginavam, qualquer que fosse sua qualidade.

É provável que o problema se tornasse maior quando os lugares destinados para esse ou aquele tipo de espetáculo, definido *a priori* como sério e adequado, estavam sendo trocados e invadidos. De novo Gavroche se manifestava:

Incongruência
No teatro o pulo do acrobata!
Vejo no circo a lágrima do drama!
No S. Pedro Rosita de La Plata!
Furtado Coelho no Politeama!...[136]

Para Arthur Azevedo os papéis estavam trocados, com o ensaiador, ator, autor e empresário Furtado Coelho ocupando o Teatro Politeama Fluminense, fundado em 1876 com a denominação de Teatro-Circo da rua do Lavradio e portando uma arquitetura apropriada para exibições de circo[137]. Em 1880, depois de uma adaptação, passou a se chamar Teatro Politeama Fluminense, onde, a princípio, apresentavam-se os mais variados tipos de companhias e gêneros artísticos, principalmente companhias circenses[138]. Furtado Coelho, apesar de ter sido considerado, por parte de seus contemporâneos e da bibliografia sobre a dramaturgia nacional, o principal representante do teatro realista no Brasil[139], quando assumiu o papel de ator-empresário, na década de 1860, afastou-se do repertório inicialmente adotado, colocando em cena dramalhões e melodramas[140]. Desde esse período até 1894, esse ator desenvolveu uma carreira mesclando montagens teatrais de gêneros dramáticos, comédias, melodramas, entre outros. No momento em que Arthur Azevedo falava de incongruência, uma parte da companhia de Furtado havia se unido a outra, de Clementina dos Santos, formando uma nova, sob a direção dessa atriz, com o nome de Companhia de Dramas, Revistas e Mágicas. O cronista do jornal saudou o "reaparecimento" de Furtado Coelho nos palcos cariocas, mas, quanto à atuação do resto do grupo e à escolha do repertório, afirmou terem sido vaiados ruidosamente quando representaram uma revista lírico-fantástica de nome *O holofote*[141].

Alguns dias depois que se apresentou com Clementina dos Santos, Furtado Coelho saiu do "tablado do barracão" do Politeama e foi representar no palco do Teatro Lucinda, construído e inaugurado por ele em 8 de abril de 1881, cujo nome foi dado em homenagem à sua esposa, a atriz Lucinda Simões. Após essa data teve outros nomes e também períodos em que esteve fechado. Em 1887, época dos cafés-concertos, foi reformado por esse ator/empresário sob a denominação de Éden-Concerto, com galerias, jardins, salas de jogos, pequenos estabelecimentos comerciais e que, segundo ele, era o primeiro "em seu gênero inaugurado no Rio de Janeiro". O que se sabe de fato é que, em 1888, foi o primeiro teatro a utilizar a iluminação elétrica. Era pequeno e seu *foyer* tornou-se ponto de encontro de intelectuais da época. Diversos tipos de companhias de dramas, comédias, revistas do ano, mágicas, operetas, nacionais e estrangeiras, apresentaram-se em seu palco[142]. Nele, Furtado Coelho encenou *A vitória do marechal*, baseada nos últimos acontecimentos políticos e escrita expressamente para a companhia, sendo "oferecida e dedicada ao ínclito marechal Floriano Peixoto", com direito a tropa marcial e banda de música em cena aberta[143].

A despeito da inventividade, independentemente da qualidade dos espetáculos ou do que se apresentava, mesmo que as companhias do São Pedro, do Politeama e do Lucinda estivessem oferecendo "grandiosas representações" e "magníficas apoteoses"[144], mágicas, bandas de música, festas e agitação da plateia, mantinha-se a ideia de contradição de um ator representar em um tablado, enquanto um circense pulava em um palco. Entretanto, se havia uma tentativa de distinguir, ou melhor, não misturar artes nem artistas, as experiências do dia a dia da cidade e das manifestações culturais passavam ao largo dos desejos de demarcar o que seriam a arte, o gosto do público, os temas, a função educativa e civilizadora do teatro.

Os(As) artistas que apresentavam diferentes formas de atuação, que não se encaixavam naquelas definições, como os circenses, desenvolviam diversas modalidades de teatralidade que, na sua diversidade, multiplicidade e contemporaneidade, atendiam ou mesmo produziam os gostos do público.

Um exemplo disso pode ser observado na programação de dois festivais artísticos em benefício de dois atores da Companhia Dramática Empresa Dias Braga, no Teatro Recreio Dramático[145]. Era primordial, nos benefícios, que fossem chamados(as) os(as) artistas vinculados(as) ao que de mais representativo acontecia no mundo dos espetáculos, para atrair público e, consequentemente, gerar renda. É interessante ver os programas que mostram uma mistura de gêneros teatrais e musicais, artistas e representações, palcos, tablados e picadeiros:

> Um Grandioso Festival Artístico em Benefício do ator Pinto
> Tomam parte do deslumbrante espetáculo os artistas: Eugenio Oyanguren, Brandão, Peixoto, Colas, Mattos, Affonso Lustre, Ferreira, Rangel, Domingos Braga, entre outros, e o distinto transformista H. Casthor.

As peças apresentadas são: de Molière com tradução de Arthur Azevedo *Sganarello*, a opereta *A Prima da Cidade*, imitação de Assis Vieira, música do abalizado maestro Cavallier Darbily; como atrações principais. Como chamada menor tem: a *pochade* de Souza Bastos, música de Planquette: *Os Sinos de Corneville*. Dará princípio a esse festival artístico a comédia, reputada o melhor trabalho literário de Figueiredo Coimbra *A Carta Anônima*. Turbilhão de Novidades ! Abacadabrante Intermédio!

[entre outros] O célebre artista parisiense Mr. Casthor apresentará, em cena aberta, diversos tipos brasileiros e estrangeiros.

O aplaudido *clown* Affonso Lustre, exibirá em cena aberta, entre outras habilidades, a execução de uma batalha, imitando em seu violão o toque de clarins, tambores, etc.[146]

Se o cronista do jornal não falou mais sobre a apresentação da companhia circense no Teatro São Pedro de Alcântara, onde permaneceu por quase três meses - aliás, fato omitido em estudos de pesquisadores da história daquele teatro[147] e do teatro em geral -, o mesmo não aconteceu com Arthur Azevedo. Quase dez meses depois, ao falar sobre o lançamento do livro de Melo Morais Filho, *Festas e tradições populares no Brasil*, aproveitou para fazer um paralelo entre o que se via no Rio de Janeiro, numa "barraca de feira, há 40 anos", e o que se via nos teatros naquele momento, em 1895. Referindo-se à descrição que Melo Morais fez da Barraca do Telles, em 1855, na qual a população bamboleava, cantava, requebrava, ondulava as nádegas, externando "Bravo de Teles! Corta jaca! Mete Tudo! Bota Abaixo!", como uma "multidão calorosa, que ria, gritava, batia com as mãos, até os derradeiros rumores desse dançado tradicional e eletrizante do povo brasileiro", Arthur Azevedo fez sua comparação:

Façam favor de me dizer se lhes não parece estar lendo a descrição de algum dos nossos espetáculos da atualidade.

Se João Caetano voltasse ao mundo e assistisse, no seu querido S. Pedro, uma representação do *Tintim por Tintim*, com o teatro ainda impregnado do fartum das cavalariças de Frank Brown e de Frank Gardner, com certeza subiria ao palco [...] para coroar o Brandão.[148]

Essas posições de Arthur Azevedo também se articulavam à sua luta pela construção de um teatro municipal. Ao comentar o projeto dos intendentes municipais que organizava o Teatro Dramático Municipal, Arthur falava do imposto de 10% que seria cobrado sobre a receita bruta dos espetáculos das companhias estrangeiras que se exibiam no Rio de Janeiro, eximindo, contudo, as companhias de ópera lírica. Porém, em 11 de abril de 1895, mostrou-se irritado com a cobrança que haveria também para essas companhias, pois "nas mais civilizadas capitais" elas eram auxiliadas pelos cofres públicos, e não era "justo agravar com a mesma finta os empresários que nos traz a Africana ou o Tannhäuser e o que nos traz o Frank Brown ou a Rosita de la Plata". Além de considerar correto que o circo fosse taxado, afirmou que cobrar impostos "ao trololó das operetas, aos dramalhões mal representados por certas companhias portuguesas, especialmente organizadas para explorar o Brasil, vá, mas obrigar os empresários de ópera a dar-nos o que nós lhes deveríamos dar, com essa é que não concordo"[149].

A luta de Arthur Azevedo pela construção de um teatro municipal, na realidade, deve ser entendida como uma acirrada militância cultural em prol do desenvolvimento do teatro nacional, da formação de companhias brasileiras que pudessem desenvolver uma dramaturgia nacional. Para isso, os poderes públicos tinham de garantir essa produção para que a questão da sobrevivência imediata não a comprometesse. Assim, era ambíguo em relação ao gosto do público, aos gêneros que ele próprio produzia, ao envolvimento dos empresários dos empreendimentos culturais, que só investiam no que fosse "sucesso fácil", no vazio das produções brasileiras; mas não tinha dúvidas quanto ao que deveria ser formado e apresentado nos palcos teatrais. Como o teatro era "espelho fiel da civilização de um povo", era preciso que o "melhor" da arte estrangeira ou nacional fosse incentivada[150]. É claro que, para ele, circos, melodramas, revistas do ano e operetas refletiam como espelho um povo não civilizado, não educado, que não cultuava o que era arte. Todas as expressões artísticas consideradas menores tinham de estar a serviço da construção do teatro municipal do Rio de Janeiro, pois aquela obra seria a "regeneração do teatro nacional", uma vez que seria um teatro brasileiro, e não fluminense, no qual figurariam "todos os aspectos sociais do nosso país", criando um centro artístico para o qual convergiriam as "forças vitais de nossa literatura", um teatro que seria o "teatro de todos os Estados"[151].

Quando um novo projeto de construção do Teatro Municipal foi apresentado pelo intendente Eugênio de Carvalho, em 1898, ainda em intenso debate sobre a importância de fazer algo pelo teatro nacional, Arthur Azevedo defendeu a ideia em mais de um de seus artigos de que era preciso aumentar, "em favor dos teatros, os impostos lançados à jogatina", limitando o "funcionamento dos frontões, velódromos, boliches *et reliqua* até às 7 horas da noite" e tributar sempre em favor do teatro, as corridas de touros, os espetáculos de circo e os prêmios das loterias municipais, isenta, o que é muito justo, as companhias nacionais do pagamento de imposto taxado na lei orçamentária, entendendo por companhias nacionais as que não forem organizadas no estrangeiro e tiverem pelo menos, dois terços de pessoal nacional; etc.[152]

Quando pediu que fossem tributadas as companhias estrangeiras, isentando-se as nacionais, Frank Brown seria candidato natural à taxação por se tratar de empresa formada por pessoas das mais variadas nacionalidades. Entretanto, não é apenas isso que conta, pois qualquer espetáculo de circo, sem levar em consideração sua nacionalidade, deveria ser tributado "sempre em favor do teatro", à semelhança do que tentou João Caetano, em 1860. Apesar de não se referir apenas aos circos, fica claro que uma das questões, para aquele crítico, era dificultar ao máximo que palcos teatrais, principalmente o São Pedro, fossem ocupados por aqueles tipos de espetáculos ou similares, que, a seu ver, em nada contribuíam com a função do teatro. Alguns dias depois, repetiu essas ideias, ao escrever sobre a publicação de peças de Martins Pena, lamentando que tivesse morrido com tão pouca idade:

> Quem pode calcular o que daria, se a morte o não levasse tão cedo! Se ele vivesse mais vinte anos, com certeza a arte dramática não chegaria ao estado a que chegou no Rio de Janeiro, e o velho teatro de São Pedro, onde só no ano de 1845 ele fez representar dois dramas e sete comédias de sua lavra, jamais se transformaria em circo de cavalinhos![153]

De certa forma, isso remete ao debate das décadas de 1850 e 1860, sobre a invasão dos palcos pelos circos, e às críticas a autores e atores teatrais que escreviam e se comportavam como "saltimbancos parodiadores", atores cômicos, palhaços de circo. Assim, parece se repetir o que havia sido debatido na França, no início do século XIX, sobre a necessidade de manter o palco para o "teatro", que estava sendo "violado" por cavalos e acrobatas. Era preciso ficar atento, dizia o cronista na época, ao modo como os circos aliavam números que agradavam ao público à representação teatral e às pantomimas, que, na Europa, já mostravam que o "mundo do teatro" estava diante de um concorrente terrível - como aliás pudemos ver no primeiro capítulo.

De fato, não se sabe como os circenses viam todo aquele debate, como chegavam a eles essas tensões criadas pelos intelectuais sobre o gosto do

7. Companhia de Frank Brown no Brasil. Frank ao centro de pé, Rosita a seu lado sentada, junho de 1898.

público, sobre a existência ou não de uma teatralidade, que ia contra tudo o que se desejava da "séria" representação teatral, e, enfim, sobre os processos de ocupação dos espaços cênicos dos teatros. O que se sabe é que não deixaram de produzir seus espetáculos como caleidoscópios nem de ocupar aqueles espaços. Apesar de Benjamim não ter vivenciado toda essa fase da capital federal, pois em 1896 não estava mais na cidade, é importante analisar a presença dos circenses que aí se apresentaram, pois vários trabalharam com ele e no Circo Spinelli, a partir de 1902, em São Paulo e, depois, em 1905, de novo no Rio de Janeiro.

Em 1898, Frank Brown voltou a ocupar o São Pedro de Alcântara. Arthur Azevedo registrou a nova estreia ainda com uma posição contrária à presença do circo naquele teatro. Entretanto, mesmo negando-se a assistir ao espetáculo e diferentemente de suas manifestações anteriores, nesse momento deixava que o público julgasse por si próprio:

No velho São Pedro, transformado de novo em circo de cavalinhos, está uma companhia equestre dirigida pelo popular Frank Brown e da qual faz parte a famosa Rosita de La Plata. Ainda lá não fui. Pelo que tenho ouvido, as opiniões dividem-se: dizem uns que a companhia é muito boa e outros que não presta para nada. Não sei. O leitor vá ao São Pedro julgar por si.[154]

Em dezembro de 1899, um novo circo ocupou o São Pedro e, dessa vez, teve uma recepção um pouco diferente por parte dos cronistas teatrais dos jornais do Rio de Janeiro. Tratava-se do Circo Sul-Americano - sob direção de Anchyses Pery, filho de Manoel Pery, já falecido -, saudado pela imprensa: "Finalmente, a companhia organizada quase exclusivamente com elementos nacionais, agradou mais e promete uma série de representações mais frutuosas que as últimas companhias estrangeiras que têm funcionado naquele teatro."[155]

A questão da "brasilidade" da família Pery, usada em contraposição às companhias, não necessariamente circenses, cujos diretores eram estran-

geiros, permearia o discurso de grande parte dos cronistas e memorialistas do século XX[156]. Vale lembrar que os circenses já utilizavam como chamariz de propaganda as famílias ou os artistas brasileiros que faziam parte de seus quadros. Entre outros, Benjamim de Oliveira e o próprio Manoel Pery, que, em 1881, ora se anunciava em uma companhia luso-brasileira, ora como "artista nacional".

---

Os principais destaques, em 1899, eram os palhaços Polydoro[157] - que, apesar de sua origem portuguesa, circense desde 1870 no Brasil, é considerado, por uma parte dos memorialistas do circo, o "pai dos palhaços brasileiros" - e o "brasileiro Augusto Duarte", que juntos cantavam e dançavam chulas e lundus[158]. Mesmo anunciando em sua programação artistas de diversas origens, característica dos circos, como a família japonesa Olimecha, ou outras atrações europeias, o fato era que Anchyses Pery e seus irmãos, filhos de Manoel, já eram brasileiros de nascimento. Manoel Pery não nasceu em circo; seus pais, de origem portuguesa, moravam em Minas Gerais. Aos 15 anos, além de frequentar colégios particulares, era um exímio cavaleiro e resolveu seguir um circo, casando-se com uma circense já considerada "tradicional", Sylvana Bastos, também equestre. Ela já tinha um filho, Polybio, e com Manoel teve mais seis: Jacyntho, Aristotelina, Marieta, Pery Filho, Kaumer (o Tico-Tico) e Anchyses. Segundo Antonio Torres, o nome verdadeiro de Manoel Pery era Manoel Joaquim Bueno Gonçalves[159]. O destaque dado a essa breve biografia da família Pery, neste momento, é porque eles trabalharão com Benjamim de Oliveira no Circo Spinelli de 1902 até o fim dos anos 1920 e foram, também, a referência circense para designar a importância de uma companhia equestre formada por nacionais[160]. A principal alusão a esses artistas era o fato de serem exímios ginastas equestres, acrobatas e cômicos. Anos mais tarde, quando atuavam no Circo Spinelli com Benjamim de Oliveira, o próprio Arthur Azevedo expressaria sua admiração pelo trabalho da família Pery, dizendo que entre os artistas daquele circo figuravam os que restavam da "dinastia Manoel Pery, e são todos muito dignos daquele pai, que foi um belo artista e um homem de bem às direitas"[161].

Parece que, por ser uma companhia formada "quase exclusivamente" por artistas nacionais, os cronistas não a criticaram, quando da sua estreia, nem analisaram negativamente o fato de que mais uma vez o teatro seria reformado, tanto para que os números equestres fossem apresentados quanto para as encenações de pantomimas. Ao contrário, falou-se do excelente espetáculo e do quanto agradou, "merecendo ruidosos e entusiásticos aplausos". A propaganda da empresa anunciava que 3.563 pessoas haviam assistido às duas primeiras funções, e 7.583, após quatro dias de espetáculos[162]. Alguns dias depois da estreia do circo, Arthur Azevedo - que nesse ano de 1899 ainda não demonstrara sua admiração pelos Pery ou por qualquer companhia equestre que ocupava os palcos do São Pedro -, ao escrever sobre o primeiro dia de reapresentação de uma comédia escrita por ele mesmo, *O badejo*, montada pela Companhia Dias Braga no Teatro Recreio Dramático, voltou a falar da questão do gosto do público pelos gêneros ligeiros e pelo circo, em detrimento da produção teatral dita séria:

> A noite era positivamente má para uma pobre comédia em verso: o tempo estava chuvoso, havia cavalinhos no São Pedro, a companhia Souza Bastos despedia-se do público, o Peixoto fazia benefício. Portanto, à hora de começar o espetáculo, o autor [ele mesmo] da peça dirigiu-se ao teatro com certeza de encontrar uma casa fraquíssima. Pois enganou-se. Não havia uma "casa fraquíssima", havia uma vazante desesperadora, terrível [...].[163]

Num tom lamentoso, o autor acabou por nos informar, entre outras coisas, da presença do público nos espetáculos circenses. Na programação, o Circo

Sul-Americano anunciava uma "catapulta de novidades" e números executados com muita habilidade, como os equestres, saltos, acrobacias, "jogos pancráticos de Mengripia", "velocímano" (velocista) brasileiro Polybio etc. Jogos pancráticos ou pancrácios eram um número encenado pelos circenses como um combate ou prova atlética envolvendo elementos de luta livre e pugilato, com figurinos que lembravam gregos ou romanos antigos. Chamava a atenção para um "grande aparato denominado *A tarantela napolitana*", executada a "caráter pelos artistas Aristolino e Arethuse", e para a nova "máquina giratória" na qual era presa uma pessoa que, se conseguisse montar o cavalo e dar três voltas sem cair, ganharia 20$000 réis. Lançando mão de recursos para atrair o público, fazia distribuição de chocolates às crianças e rifas de brinquedos; nas matinês e nos intervalos, tocando no saguão do teatro, bandas de música do corpo de Infantaria da Marinha e do I Batalhão de Infantaria do Exército, "gentilmente cedidas por seus dignos comandantes"[164]. Mesmo que toda essa programação fosse muito chamativa e atraente, as pantomimas ainda eram as atrações de maior peso. A produção do espetáculo dos Pery permite observar uma importante contribuição para a teatralidade circense no Brasil, que exercerá influência decisiva na formação do artista Benjamim de Oliveira.

## O CIRCO-TEATRO EMBAIXO D'ÁGUA

Os Pery encenavam a maioria das pantomimas levadas nos circos, destacando-se nas adaptações de produções literárias, como *O remorso vivo*. Uma em particular, a pantomima aquática, mexeu significativamente com a atenção da crônica e do público, como também realizou uma considerável reforma em todo o palco do São Pedro, exigindo uma montagem e instalação de cenário e iluminação, além de uma produção mais elaborada dos figurinos e das músicas, adequados para o desempenho da destreza física dos artistas.

Henry Thétard relata que a primeira pantomima náutica foi criada em 1886 para a inauguração do Nouveau Cirque de Paris[165] e, segundo Vivaldo Coaracy, Frank Brown trouxe esse gênero ao Brasil quando se apresentou no então Teatro Imperial D. Pedro II (antigo Circo Olímpico da rua da Guarda Velha e, depois, Lírico)[166]; entretanto, em nenhuma das apresentações de Brown naquele teatro foi mencionado esse fato. Seis anos depois de Paris, em 1892, temos a confirmação da montagem dessa pantomima com o nome de *Um casamento e o Politeama embaixo d'água!*, no Teatro Politeama Fluminense, por uma companhia equestre, cujo diretor era um tal de E. G. Pierantoni[167]. Outros empresários que também apresentaram espetáculos aquáticos foram os Pery, no Rio de Janeiro e em Campinas (SP), em 1899[168], e Albano Pereira, que montou uma pantomima aquática na cidade de São Paulo, nesse mesmo ano, no largo da Concórdia, com o título *O Circo Universal embaixo d'água*[169].

Se não era a primeira vez que o público do Rio de Janeiro assistia à montagem da pantomima aquática, era a primeira vez que era realizada no Teatro São Pedro de Alcântara, que, como se disse, de novo passou por uma profunda reforma, adaptando-se à grande montagem, ou grande espetáculo, de que fala Jean-Jacques Roubine[170]. Explorando ao máximo o espaço cênico, em seu caráter tridimensional, suas tramas e cenografias pressupunham movimentos de multidões, efeitos de maquinaria, cenas feéricas, engenhosidades arquitetônicas (plataformas, pontes etc.), transformações instantâneas de cenário e a incorporação abundante do que de mais recente pudesse ter sido inventado, como a utilização da luz elétrica[171].

Na descrição da pantomima, temos uma grande bacia de borracha colocada no picadeiro central, uma máquina a vapor que, acionada, faria jorrar água em seis grandes calhas, na altura das galerias e à vista do espectador, para encher a bacia[172]. A quantidade de litros de água variava muito. A companhia equestre que se apresentou no Politeama informava que usariam 13 mil litros de água, já os Pery iriam colocar "80.000 litros de água na pista em 60 segundos", uma "verdadeira regata no S. Pedro"[173]. Cem pessoas de ambos os sexos tomariam parte na pantomima, com 20 números de música e *mise-en-scène* dos Irmãos Pery. Em pouco tempo, o circo, ou seja, o Teatro São Pedro, tornava-se uma grande lagoa por onde navegavam diversas canoas, botes, além de lavadeiras e pescadores, com figurinos a caráter. Em certo momento o lago ficava iluminado pela luz elétrica, assim como uma ponte que atravessava de um lado a outro do picadeiro, onde várias cenas se passavam: casamento, perseguição dos policiais, sua queda e a dos noivos na água, bailados, assim como o final apoteótico com fogos de artifício no centro da ponte[174]. A descrição dessa pantomima aquática pelos jornais foi o mais próximo que se consegue chegar do modelo do que seriam os primeiros filmes mudos e os temas de suas histórias. Pela descrição das partes que compunham a pantomima, pode-se ter uma noção do enredo:

> Divisão dos Quadros: 1º Uma ferraria no campo; 2º o proprietário chama os trabalhadores; 3º chegada de viajantes; 4º o proprietário oferece-lhes comida; 5º um namorado da filha do ferreiro é despedido; 6º chega um

ricaço que o pai prefere; 7º chegada do oficial recrutador que [recruta] ao seu serviço o namorado; 8º Malelote, baile de marinheiros; 9º a filha do ferreiro impede a partida do namorado; 10º os suplentes fogem; 11º o namorado salva a noiva e o pai; 12º a polícia prende os suplentes; 13º o ferreiro consente no casamento da filha; 14º o casamento.[175]

Como se disse, não houve nenhum tipo de contrariedade por parte dos cronistas quanto a toda essa transformação da arquitetura do Teatro São Pedro e da ocupação de seu palco. A crítica da coluna Artes e Artistas, no dia seguinte à estreia dessa pantomima, além dos elogios, fornece mais detalhes de sua montagem e do quanto a incorporação de tecnologia, inovadora para a época, atraía o público, incluindo os próprios cronistas:

> Anteontem foi uma verdadeira maravilha a, aliás, conhecidíssima pantomima aquática, tal o efeito deslumbrante produzido pela quantidade de lâmpadas de variadas cores, que iluminaram a ponte colocada em toda a largura. Não menos contribuiu para o alto brilho de execução técnica o fogo de artifício e, sendo tudo uma deliciosa surpresa, os espectadores não prodigalizaram aplausos aos artistas e especialmente a Anchyses Pery, que não olhou o sacrifício para levar à cena a célebre pantomima [...].[176]

Na coluna Teatros e Música do *Jornal do Commercio*, o cronista descreve o último espetáculo de despedida do Circo Pery, no São Pedro[177]. Além dos elogios e da informação de que a casa estava cheia, de que a banda tocava no saguão e de que os artistas, cobertos de flores, foram chamados diversas vezes à cena para os aplausos, havia a fala de uma pessoa "representante do teatro", o advogado Evaristo de Moraes, abolicionista e republicano engajado em questões sociais que em 1912 viria a advogar em defesa de João Cândido, o Almirante Negro, marinheiro que liderou a Revolta da Chibata contra abusos cometidos por oficiais[178]. Moraes, em sua fala, enalteceu a memória de Manoel Pery e informou da preferência que o espetáculo daquele circo tivera pela "inteligente plateia do Rio de Janeiro"[179].

O gosto do público e a mistura de gêneros e artistas, contrariando de certa maneira a ideia da "inteligência da plateia", dariam o tom lamentoso de Arthur Azevedo quanto ao fracasso de público para a sua peça *O badejo*, pedindo "instantaneamente ao público e à imprensa" que não o acusassem de arrastar a "clâmide sagrada da Arte na lama da opereta e da revista" como forma de sobrevivência[180].

## "ORNAMENTO DA PERDIÇÃO SOCIAL"

Na passagem do século xix para o xx, diversos artistas que vivenciaram esses acontecimentos na capital federal estiveram presentes, não só nos palcos teatrais, lugares considerados de "gloriosas tradições artísticas", frequentados pela "melhor parte" da sociedade carioca, mas também nas casas chamadas de "chopps berrantes" e nos cafés-cantantes, algumas vezes identificados como *music halls*. Antes dessas, a única que se assemelhava tinha sido o Alcazar Lyrique, que havia encerrado suas atividades em 1880. A maioria dessas casas possuía pequenos palcos ou tablados e tinha como característica o fato de seus frequentadores usufruírem, além dos espetáculos, dos serviços de cozinha e bebidas, podendo fumar, conversar e transitar.

De café-cantante alguns se transformaram em café-concerto, com pretensões a serem salas de concerto ou teatro, com orquestra. Mas, segundo Luiz Edmundo, o canto lírico não teve muita repercussão nesses espaços[181]. Em suas programações, o gênero musical apreciado era de inspiração vaudevillesca francesa: as cançonetas brejeiras de duplo sentido, maliciosas, cantadas por *chanteuses* que chegavam nos paquetes vindos da Europa, tiveram seu auge de sucesso e divulgação. Mas, apesar da importância dada nas propagandas dos espetáculos ao forte apelo às cantoras estrangeiras, junto com as *cocottes*, os cafés eram ocupados pelos artistas nacionais que cantavam e tocavam não só cançonetas, mas modinhas, lundus, maxixes etc. Herdeiros do *music hall*, constavam também da programação números de variedades, como esquetes dramáticos, quadros vivos, acrobacias, equilibristas, malabaristas, cenas cômicas, palhaços instrumentistas excêntricos, mágicos, transformistas[182]. Houve uma proliferação de "cafés-cantantes ou concertos", não só pelos bairros do Rio de Janeiro como pelas principais capitais brasileiras, das mais variadas condições de instalações e funcionamento.

Os empresários daqueles cafés eram acusados de difundir o baixo nível das representações musicais e teatrais, de misturar gêneros artísticos, de ser nocivos para a sociedade. Nesses espaços, segundo os contemporâneos e memorialistas, não se viam famílias, pois, para além da "natureza do espetáculo", que apresentava sempre o gênero "livre", o seu público era formado por homens e "mulheres de vida airada"[183]. No fim do século xix, um dos cafés-cantantes, o da Guarda Velha, um dos mais conhecidos e frequentados do centro do Rio de Janeiro, que depois passou a ser chamado de concerto, era descrito, por um cronista da época que usava o pseudônimo de Karlo, como um "ornamento da perdição social"[184]. Em 1900, quando o

Circo Irmãos Carlo se apresentava no Teatro São Pedro de Alcântara, vários de seus artistas atuaram no café-cantante da Guarda Velha, ou por convite para participarem das festas de benefícios, ou por cachê[185]. O Guarda Velha, lugar que as "famílias cariocas" não frequentavam, conforme esses cronistas, era local de trabalho das "famílias circenses", que se apresentavam lado a lado com artistas tidos como "marginais", ocupando, assim, quase todos os tipos de palco. Como aconteceu com a família Olimecha, que em 1899 foi convidada para um benefício, no Teatro Recreio Dramático, da atriz Suzane Castera, famosa prostituta francesa[186] e dona de uma *pension d'artiste* que hospedava ou explorava artistas estrangeiras que vinham se apresentar nos cafés[187]. Suzane Castera trabalhou em vários teatros no Rio de Janeiro, sempre apresentando musicais. Seus espetáculos de benefícios eram disputados e contavam com a participação de vários artistas e maestros dos outros teatros, dos cafés-concertos, dos cabarés, dos circos etc.[188]

Em 1900, um dos principais empresários de entretenimento do período, apelidado pela imprensa de "Ministro das Diversões"[189], Paschoal Segreto inaugurou o café-concerto Moulin Rouge (antigo Teatro de Variedades), que era anunciado como "o primeiro café-concerto da capital federal" e apresentava "artistas de fama vindos diretamente da Europa"[190]. Paschoal Segreto era acusado, frequentemente, de ter se "enriquecido explorando casas de diversões noturnas, teatros e cinematógrafos"[191], além de jogos ilícitos e prostituição. Por um lado, esse café-concerto entrava para o rol, no entender de Luiz Edmundo, das casas frequentadas por homens e *cocottes*[192]; por outro, talvez pelo forte apoio que tinha da imprensa, por causa de seu irmão, Gaetano Paschoal, que atuava na área[193], alguns cronistas de jornais insistiam em veicular que o Moulin Rouge era frequentado por pessoas de "bom gosto" e de qualidade, ficando a casa repleta de um público seleto e "formado da melhor sociedade fluminense"[194]. Companhias circenses lá se exibiram, e a própria família Pery foi quem o inaugurou, na noite de Natal de 1900. Nesse mesmo mês, vários artistas do Circo Holmer, que ocupava o Teatro São Pedro de Alcântara - o baluarte da tradição teatral carioca -, trabalhavam com a família Pery no Moulin Rouge. Além deles, por quase um ano de existência, várias companhias e famílias circenses ocuparam aquele espaço, como Albano Pereira, os Ozon, os Temperani e os Palácios[195].

No mesmo dia da estreia do café-concerto, apresentava-se no Teatro Apollo a atriz Lucinda Simões e era anunciada uma festa a ser oferecida aos "homens de letras do Brasil". Na programação constavam a representação, pela primeira vez, de uma comédia de Coelho Neto, trechos de prosa e verso de Machado de Assis, Olavo Bilac, Alberto de Oliveira, entre outros, que seriam recitados por Lucinda e Lucilia Simões, Christiano de Souza, Mattos e Campos. Tudo concorria para ser uma excelente festa, pois, segundo Arthur Azevedo, Lucinda era "inquestionavelmente a primeira atriz da língua portuguesa" e Coelho Neto, "um dos nossos escritores mais considerados". Entretanto, foi um enorme fracasso de público, "não havia meia casa... qual meia casa!... não havia um terço dos espectadores" com quem Arthur Azevedo contava. E o pior:

> Os próprios homens de letras a quem a beneficiada oferecera a sua festa corresponderam a essa delicadeza não indo lá. Éramos seis... oito, se tanto! [...] Apontei meia dúzia de motivos, cada qual mais forte, para que no Apollo houvesse uma enchente monumental; agora vou apontar um único, porém mais forte que todos aqueles seis reunidos, para justificar a vazante: inaugurava-se o Moulin Rouge, e entre o café-cantante e o teatro, o público prefere aquele.[196]

Na programação do café-concerto constavam "cantorias, bailados e pelóticas", o que significava, para Arthur, que a indiferença do público pelo teatro estava se transformando "em repugnância, em aversão, em ódio", inclusive dos "próprios homens de letras". O que se observa, mais uma vez, é que o público que frequentava os teatros, os cafés-concertos e os circos era socialmente heterogêneo e tinha acesso, como consumidor, a todas as formas de produções artísticas ofertadas. Enquanto não se construía o Teatro Municipal, e na impossibilidade de a maioria dos brasileiros ir ao Rio de Janeiro, vários grupos de artistas, principalmente os circenses, cumpriam o papel de produzir e divulgar expressões culturais que resultavam em teatralidades envolvendo gêneros e ritmos, artistas nacionais e estrangeiros, sob a sua forma de organizar e produzir o espetáculo. Não se pode negar que a capital federal, naquele período, representasse o centro das principais fontes culturais e artísticas em que aqueles vários grupos iam beber, relendo-os e ressignificando-os. Entretanto, a partir dali, saíam percorrendo um território rico em teatralidades regionais que, ao serem incorporadas, resultavam em novos modos de construções daquela teatralidade e de expressões artísticas que, ao retornarem para o Rio de Janeiro, realizavam novas combinações e fusões.

É bem provável que Benjamim de Oliveira, assim como os outros circenses do período, tivesse vivenciado os debates sobre o gosto do público, as posições claramente expressas por cronistas e intelectuais sobre a presença de circos e circenses em espaços que não lhes diziam respeito, ou, mesmo, como a forma de produzir o espetáculo, com seus palhaços, pantomimas e acrobacias, influenciava atores e autores teatrais. Não se tem registro nas fontes de respostas diretas às questões dadas pelos artistas circenses e empresários dos circos, como Frank Brown, Anchyses Pery, Albano Pereira, ou daqueles que individualmente iam trabalhar em cafés, cabarés e no Passeio Público.

Os circenses procuravam evitar comportamentos que dificultassem a sua recepção ou permanência em qualquer cidade, e, nesse sentido, tinham de se afastar de conflitos. O que não quer dizer que eles não ocorressem, mas não se pode negar que desenvolviam o que se definiria como "uma arte de agradar como estratégia", para serem aceitos pela população das cidades e pelo meio jornalístico, assim como pelas autoridades municipais, religiosas e policiais. Essa poderia ter sido uma das razões de não se ter encontrado uma manifestação por escrito, dos circenses, respondendo diretamente a qualquer daqueles tensos debates. Outra razão seria que, com toda certeza, mesmo que o tivessem feito, dificilmente seria do interesse do jornal publicá-la. Entretanto, responderam nas entrelinhas de suas propagandas, como Chiarini, na década de 1870, e Albano Pereira, com referências a Sarah Bernhardt. No caso do Circo Pery, parecia até que ele respondia diretamente às críticas de que o público preferia mesmo as peloticas aos teatros sérios, quando sempre publicava o número de pessoas que iam assistir aos seus espetáculos no Teatro São Pedro de Alcântara. Chegou a anunciar, na última semana daquela turnê, que era o "único teatro atualmente querido do público", pois havia sido assistido por "95.741 pessoas" nas "35 primeiras funções"[197]. A se acreditar nesses números, uma média de 2.700 pessoas por espetáculo teria se distribuído nos seus 30 camarotes de primeira classe, 27 de segunda e 30 de terceira; 2.888 cadeiras de primeira classe e 244 de segunda, 28 galerias nobres e 40 lugares nas galerias gerais[198].

———

Não eram somente os artistas circenses que se movimentavam para ocupar os palcos dos teatros, cafés ou cabarés; vários artistas locais, nacionais ou estrangeiros, cantores, ginastas, instrumentistas e atores, que lá se apresentavam, também se dirigiam ao circo como um lugar de emprego e de atuação. Em vários momentos deste livro já tivemos a oportunidade de apontar essa incorporação de artistas locais aos espetáculos circenses, não só os que fugiam com o circo, mas os que se vinculavam a ele considerando-o um importante espaço de trabalho. O alcance dos espetáculos circenses, levando-se em conta as cidades e os bairros de diversos tamanhos e o número de pessoas que atingiam, fazia com que vários artistas do período procurassem trabalho no espaço cênico dos circos. A forma de organização e produção do espetáculo, que tinha como uma das suas características o nomadismo, permitia uma maior visibilidade e capilaridade de suas produções e apresentações, mais do que a de alguns grupos teatrais que viajavam por algumas cidades brasileiras, principalmente as capitais.

Benjamim de Oliveira ficou na capital federal até 1896, o que torna quase certo que tenha vivenciado os teatros, tablados, cabarés, os *chopps* berrantes, os cafés-cantantes e cafés-concertos. Os vários seresteiros, os grupos de artistas musicais denominados chorões, os músicos das bandas militares, que também tocavam nos batuques das casas da periferia e nos clubes carnavalescos, que frequentavam os cafés como o da Guarda Velha e o tablado do Passeio Público, eram vistos nos circos que se instalavam nos subúrbios cariocas, onde também se apresentava o Circo do Caçamba, no qual trabalhava Benjamim.

Em algumas biografias, como as de João da Baiana, Mário Pinheiro, Baiano, Cadete, Catulo da Paixão Cearense, Eduardo das Neves, entre outros, constam participações em circos, levando a crer que, antes da virada do século xix, Benjamim de Oliveira tivesse cruzado com a maioria deles, fosse nos cafés, fosse nos palcos[199]. Mas também se cruzaram frequentando os mesmos espaços dos batuques e pagodes das casas das mães de santo, as Tias Ciata, na Cidade Nova, onde nasceram ou conviviam. Segundo Maria Clementina Pereira Cunha, naquelas casas se "mesclavam o baile, o sarau, a roda de samba, o candomblé, e por onde circulavam todas as esferas da sociedade (do esnobe literato ao policial ou ao partideiro capoeirista da Saúde)"[200]; entretanto, é possível afirmar que muitos palhaços cantadores de circo que já exerciam a profissão, ou iriam exercê-la, já estivessem presentes nesses encontros. Quando o Spinelli e Benjamim estabeleceram-se no Rio de Janeiro, a partir de 1905, muitos deles foram seus companheiros de trabalho como palhaços cantores, atores nas pantomimas, parceiros de autorias das músicas feitas para as cenas cômicas e peças. Benjamim também foi parceiro desses músicos na nascente indústria fonográfica, fazendo parte do primeiro elenco de cantores profissionais da Casa Edison, ao qual, além dos já mencionados acima, acrescentam-se Nozinho e Cadete.

A relação de trabalho e de parcerias entre esse grupo e os circenses, principalmente com Benjamim de Oliveira, ocorreu na década seguinte, quando muitos deles trabalhariam com Benjamim no Rio de Janeiro, não só no Circo Spinelli, como em gravações de discos para a Casa Edison, autorias de músicas e peças teatrais. Os produtos do trabalho dessas parcerias adquiriram grande visibilidade nos jornais, evidenciando que as expressões de sua teatralidade circense, na sua multiplicidade, foram baseadas nas atividades realizadas nesse período.

Em 1899, Benjamim de Oliveira aparecia em Minas Gerais exercendo, além de suas funções de acrobata, palhaço, cantor e tocador de violão, a de ensaiador nas montagens das pantomimas, algumas dirigidas e montadas por Albano Pereira e, depois, por Anchyses Pery, além de Frank Brown. Em seus relatos, Benjamim dizia que, naquele período, já era um "palhaço de sucesso". No ano seguinte, em 1900, encontrava-se no estado de São Paulo e, em 1901, na sua capital, no Circo Spinelli, período fartamente documentado pelas fontes que foram pesquisadas, neste estudo, além dos próprios relatos de Benjamim. Convido o leitor a me acompanhar, de mãos dadas com ele, nessa trajetória.

# NOTAS

1 Nicolau Sevcenko. O prelúdio republicano, astúcias da ordem e ilusões do progresso. *In*: Fernando Novais (coord.-ger. col.). *História da vida privada*. São Paulo: Companhia das Letras, 1999. v. 3, pp. 7-48.

2 Fernando Antonio Mencarelli. *Cena aberta: a absolvição de um bilontra e o teatro de revista de Arthur Azevedo*. Campinas: Editora da Unicamp/Centro de Pesquisa em História Social da Cultura, 1999. pp. 128-29. (Coleção Várias Histórias). Nesse sentido, ver também: Nicolau Sevcenko. *A capital radiante: técnica, ritmos e ritos do Rio. In*: F. Novais, *op. cit.*, pp. 514-619.

3 *A Noite Ilustrada*, 22 dez. 1939; Clóvis de Gusmão, 12 out. 1940.

4 Clóvis de Gusmão, 12 out. 1940. Quanto à companhia de Antonio Amaral, não foi localizada nenhuma outra referência nas fontes pesquisadas, apenas uma menção do *O Estado de S. Paulo*, 6 e 11 mar. 1901, na seção Palcos e Circos, informando que esse circo estaria em Itapetininga (SP).

5 Clóvis de Gusmão, 12 out. 1940. Quanto aos valores recebidos de salário, apenas para informação, os preços cobrados pelos circos, naquele período, mantêm-se os mesmos da década de 1880.

6 *A Noite Ilustrada*, 22 dez. 1939.

7 A. Guerra, *op. cit.*, p. 92; *Correio Paulistano*, 9 jul. 1916, p. 4; *Correio da Manhã*, 18 nov. 1917, p. 4.

8 *A Noite Ilustrada*, 22 dez. 1939; Clóvis de Gusmão, 12 dez. 1940.

9 Clóvis de Gusmão, 12 out. 1940. Segundo Benjamim, as brincadeiras o irritavam, pois aquelas comendas "eram de verdade, muito embora fossem apenas de Portugal".

10 Alex Fraga e Silvana Goellner, 2003. Para mais informações sobre Eugene Sandow, Kate Brumbach e os entrelaçamentos entre circo, ginástica e esporte, ver: Daniel de Carvalho Lopes, 2020.

11 R. H. Castagnino, *op. cit.*, pp. 73-74; B. Seibel, *op. cit.*, 1993, p. 56.

12 R. H. Castagnino, *op. cit.*, p. 74.

13 A. Damasceno, *op. cit.*, p. 233.

14 Clóvis de Gusmão, 12 out. 1940.

15 *Id., ibid.*

16 *A Noite Ilustrada*, 22 dez. 1939.

17 Roberto Ruiz. *Teatro de revista no Brasil: do início à I Guerra Mundial*. Rio de Janeiro: Inacen, 1988, p. 51. (Coleção Memória).

18 *Id., ibid.* Segundo esse autor, a revista era anunciada como comédia fantástica em prosa e verso, em 1 prólogo, 3 atos e 13 quadros.

19 Luiz Edmundo. *O Rio de Janeiro do meu tempo.* Rio de Janeiro: Imprensa Nacional, 1938. v. II, p. 854.

20 Sobre a atuação de Zeca Floriano no campo dos esportes, ginástica e circo, ver: Daniel de C. Lopes, 2020; e Daniel de C. Lopes e Mônica Caldas Ehrenberg, 2020.

21 *O Comércio de São Paulo*, 4 e 6 abr. 1909, *apud* Vicente de Paula Araújo. *Salões, circos e cinemas de São Paulo.* São Paulo: Perspectiva, 1981, pp. 169-70.

22 *O Paiz*, 20 dez. 1912.

23 O periódico *O Paiz*, de 15 a 23 jan. 1913, publicou propagandas referentes às lutas de capoeira no Circo Spinelli. Sobre a incorporação da capoeira pelos circenses e outras práticas corporais e elementos sociais, culturais, políticos e tecnológicos, ver: Daniel de Carvalho Lopes e Erminia Silva, 2020.

24 *O Paiz*, 26 dez. 1913.

25 Nesse sentido, ver: Carmem Lucia Soares, 1998; Victor Andrade de Melo e Fábio de Faria Peres, 2014; Anna Luiza Ferreira Romão, 2016; Daniel de Carvalho Lopes, 2020.

26 *O Paiz*, 27 jul. 1921, p. 12, e 31 jul. 1921, p. 12, respectivamente.

27 "A Revolta - A população da capital foi surpreendida ontem pela manhã com a notícia de que as guarnições dos navios de guerra nacionais, [ ] no nosso porto, se tenham sublevado, sob o comando do contra-almirante Custodio Mello, contra os poderes constituídos da República", *O Paiz*, 7 set. 1893, p. 1.

28 Clóvis de Gusmão, 12 out. 1940.

29 *A Noite Ilustrada*, 22 dez. 1939.

30 *O Paiz*, 16 set. 1893. O teatro que mais

permaneceu aberto no período foi o Recreio Dramático.

31 *A Noite Ilustrada*, 22 dez. 1939.

32 Clóvis de Gusmão, 12 out. 1940.

33 *O Paiz*, 24 mar. 1894.

34 *Id., ibid.*

35 Clóvis de Gusmão, 12 out. 1940.

36 *A Noite Ilustrada*, 22 dez. 1939.

37 Clóvis de Gusmão, 12 out. 1940.

38 Nos anos 1880, aparece tanto em Minas Gerais, conforme Regina H. Duarte, *op. cit.*, 1995, p. 105, quanto no estado de São Paulo, conforme o *Diário de Campinas*, 8 mar. 1884 e 21 nov. 1889, e na cidade de São Paulo, conforme *A Província de São Paulo*, 28 jul. a 29 ago. 1889.

39 *Diário de Campinas*, 21 nov. 1889 e 2 nov. 1890.

40 *Diário de Campinas*, 2 nov. 1890.

41 *Diário de Campinas*, 15 ago. 1891.

42 É interessante que esse circo também destacava, em sua propaganda, dois grupos de artistas - os nacionais junto com os japoneses. A. Guerra, *op. cit.*, p. 71.

43 *Diário de Campinas*, 15 ago. 1891.

44 J. Amaral Oliveira, *op. cit.*, p. 4. A descrição das famílias Borel e Ozon já foi feita nos capítulos 1 e 2.

45 A. Damasceno, *op. cit.*, pp. 145 e 199.

46 Posteriormente trataremos com mais detalhes da família Olimecha. Para mais informações sobre a biografia e a atuação de membros dessa família, ver: D. de Carvalho Lopes, *op. cit.*, 2020, e D. de Carvalho Lopes e E. Silva, 2022 (no prelo).

47 Ver também: *Diário de Campinas*, 10 set. 1886.

48 *Diário de Campinas*, 21 nov. e 1º dez. 1889.

49 *Diário de Campinas*, 15 ago. 1891.

50 *Diário de Campinas*, 21 dez. 1881 e 4 jan. 1882.

51 *A Província de São Paulo*, 28 jul., 15 e 22 ago. 1889; *Correio Paulistano*, 28 e 19 ago. 1889.

52  *Diário de Campinas*, 14 nov., 3 e 17 dez. 1896. Nesse ano, o palhaço Correia, referido em 1891, não constava da programação do circo.

53  *A Noite Ilustrada*, 22 dez. 1939.

54  *Diário de Campinas*, 3 e 17 dez. 1896.

55  Aline Mendes de Oliveira. *Teatro Polytheama: uma visão múltipla do teatro, do circo e do cinema em São Paulo no final do século XIX*. Dissertação (Mestrado) - Universidade de São Paulo (USP), São Paulo, 2005.

56  A. Guerra, *op. cit.*, p. 88.

57  Clóvis de Gusmão, 12 out. 1940.

58  Regina Horta Duarte. *Noites circenses: espetáculos de circo e teatro em Minas Gerais no século XIX*. Tese (Doutorado em História) - Instituto de Filosofia e Ciências Humanas, Universidade Estadual de Campinas (Unicamp), 1993, p. 394. Estamos fazendo referência à tese dessa autora e não ao livro já citado, pois quando da publicação dele não constaram os anúncios dos jornais presentes na tese.

59  Ver: Julita Scarano. *Devoção e escravidão: a Irmandade de Nossa Senhora do Rosário dos Pretos no distrito Diamantino no século XVIII*. São Paulo: Conselho Estadual de Cultura, 1975. pp. 38-39. (História, n. 19); Alaôr Eduardo Scisínio. *Dicionário da escravidão*. Rio de Janeiro: Léo Christiano Editorial, 1997.

60  Rosyane Trotta. O teatro brasileiro: décadas de 1920-30. *In*: Carlinda Fragale Patê Nuñez *et al. O teatro através da história*. Rio de Janeiro: Centro Cultural Banco do Brasil, Entourage Produções Artísticas, c. 1994. 2 v. pp. 111-37, 115; M. F. Vilela Chiaradia, *op. cit.*, p. 45; Jean-Jacques Roubine. *A linguagem da encenação teatral*. Rio de Janeiro: Jorge Zahar, 1998, em particular a Apresentação, de Yan Michalski, p. 13.

61  João Roberto Faria. *O teatro realista no Brasil: 1855-1865*. São Paulo: Perspectiva: Edusp, 1993, p. 129. (Estudos, 136).

62  R. Trotta, *op. cit.*, p. 115.

63  E. Silva, *op. cit.* Outras entrevistas realizadas: Jaçanan Cardoso Gonçalves, neta de Benjamim de Oliveira, em 27 jan. 1999; Zurca Sbano, em 20 mar. 1999; Iracema Gonzaga Carvalho, em 7 maio 1999. É interessante observar que os entrevistados referem que os ensaiadores contratados que vinham dos teatros eram, na maioria, de origem portuguesa.

64  Jean-Jaques Roubine, *apud*. M. F. Vilela Chiaradia, *op. cit.*, p. 45.

65  Clóvis de Gusmão, 12 out. 1940.

66  Victória Maia, nascida em 1881 e falecida em 1938, era filha de José Maia e Beatriz Barreto. É possível consultar o registro de casamento de Benjamim de Oliveira e Victória Maia pelo *site* Familysearch: Brasil, Rio de Janeiro, Registro Civil, Corregedor Geral da Justiça, 1829-2012. FamilySearch, Rio de Janeiro, 10ª Circunscrição, Matrimônios 1913, dez. 1914, imagem 157 de 202.

67  F. A. Mencarelli, *op. cit.*, p. 64.

68  *O Paiz*, 20 ago. 1893.

69  *O Paiz*, 26 nov. 1893.

70  *Diário de Campinas*, 14 fev. 1894.

71  *O Paiz*, 29 mar. e 7 abr. 1894.

72  *O Paiz*, 23 abr. 1894. "Preços: Frisas, 20$000; Camarotes, de 1ª 15$000; Ditos de 2ª 12$000; Cadeiras, 3$000; Ditas de 2ª, 2$0000; Entradas, 1$000"; como se pode observar, esses preços quase não diferiam dos cobrados em Campinas e Petrópolis, assim como pelos circos de toldo e por outros teatros na cidade do Rio de Janeiro. De acordo com esse mesmo jornal, de 24 maio 1894, por exemplo, o Teatro Lucinda, onde se apresentava uma companhia de drama e *vaudeville* - Empresa Moreira de Vasconcellos e F. da Silva -, o camarote de 1ª era 20$000 réis e o restante com preços iguais. Apenas a título de comparação, no Teatro Lírico, em 24 out. 1895, apresentava-se uma companhia

italiana composta de 14 cantores, 3 regentes, 16 bailarinas, 36 coristas, alguns músicos, avaliada como uma companhia modesta, nenhum grande nome; por isso podia cobrar preços considerados acessíveis pelo jornal da época: primeira classe 7$000 réis, 4$000 réis a segunda e 1$500 réis as torrinhas. Conforme F. A. Mencarelli, *op. cit.*, p. 158.

73    *O Paiz*, 5 maio 1894.

74    F. A. Mencarelli, *op. cit.*, p. 141.

75    *Gazeta de Notícias*, 13 jun. 1876.

76    *Apud* Arthur Azevedo. Palestra. *O Paiz*, 28 abr. 1894.

77    F. A. Mencarelli, *op. cit.*, p. 64.

78    *Id., ibid.*, p. 147.

79    *Id., ibid.*, p. 96.

80    A mesma abordagem do tema pode ser encontrada em: F. A. Mencarelli, *op. cit.*; S. C. Martins de Souza, *op. cit.*; Martha Abreu. *O império do Divino: festas religiosas e cultura popular no Rio de Janeiro, 1830-1900.* Rio de Janeiro: Nova Fronteira; São Paulo: Fapesp, 1999.

81    *O Paiz*, 3 jun. a 23 jul. 1893. Preços: "camarotes com cinco entradas 15$000; cadeiras de 1ª ordem 3$000; ditas de 2ª 2$000, entradas gerais 1$000".

82    *O Paiz*, 11 e 13 jun. 1893.

83    *O Paiz*, 15 jun. 1893. A crônica foi assinada por Eduardo Salamonde.

84    *O Paiz*, 24 jun. 1893. Na coluna Diversões, constava a programação dos vários espaços de entretenimento: teatros, cafés, chopes, politeama, Passeio Público, salões de bailes, sociedades carnavalescas, quermesses, zoológico etc., com alguns dizeres ou pequenas sinopses sobre eles.

85    *São Cristóvão: um bairro de contrastes.* Apresentação Evelyn Furquim Werneck Lima. Rio de Janeiro: Secretaria Municipal de Cultura, Turismo e Esportes/Departamento Geral de Patrimônio Cultural/Departamento Geral de Documentação e Informação Cultural, 1991, p. 67. (Bairros Cariocas, 4).

86    *Id., ibid.*, p. 73.

87    Evelyn Furquim Werneck Lima. *Arquitetura do espetáculo: teatros e cinemas na formação da Praça Tiradentes e da Cinelândia.* Rio de Janeiro: Editora UFRJ, 2000, p. 123.

88    *São Cristóvão: um bairro de contrastes, op. cit.*, p. 67.

89    Vivaldo Coaracy. *Memórias da cidade do Rio de Janeiro.* Rio de Janeiro: José Olympio, 1965. v. 3, p. 140; S. C. Martins de Souza, *op. cit.*, p. 245.

90    F. A. Mencarelli, *op. cit.*, p. 141.

91    *O Paiz*, 6 a 23 jul. 1893.

92    *Revista da Casa dos Artistas. Vigésimo Aniversário da Casa dos Artistas. Artistas do passado. Traços biográficos – Furtado Coelho (Luiz Candido Furtado Coelho)*, 24 ago. 1938, s/n.

93    Furtado Coelho e Joaquim Serra. *O remorso vivo. Música de Arthur Napoleão.* 2. ed. São Paulo: Livraria de C. Teixeira, s/d. (Biblioteca Dramática Popular, 58).

94    R. Horta Duarte, *op. cit.*, 1995, p. 217.

95    *Diário de Campinas*, 30 ago. 1881; *Diário de Campinas*, 30 ago. 1881.

96    A. Damasceno, *op. cit.*, p. 270. O autor informa que Furtado era autor da peça, e não tradutor.

97    A. Hauser, *op. cit.*, p. 701.

98    *Diário de Campinas*, 22 jul. 1899.

99    No texto original, a descrição das partes era: Números de música: 1º Sinfonia - 2º Melodrama, quadro 1º - 3º Cena e coro dos Espíritos, quadro 2º - 4º Coro e cena de Maria, idem - 5º Entreato de orquestra, quadro 3º - 6º Entreato de orquestra, quadro 4º - 7º Coro dos Aldeões e Ave-Maria, idem - 8º Tempestade e Balada, quadro 5º - 9º Melodrama e final, idem - 10º Introdução, quadro 6º - 11º Balada, idem - 12º Melodrama A, B e C, idem - 13º Coro da Natureza, idem - 14º Entreato, quadro 7º - 15º Coro Celeste, quadro 8º. Denominação dos Quadros: Prólogo - Quadro 1º - Mau amante e mau pai. - Quadro 2º - Congresso dos Espíritos.

/ Ato 1º - Quadro 3º - Quinze anos depois. / Ato 2º - Quadro 4º - As Ave-Marias. / Ato 3º - Quadro 5º - O Remorso Vivo. - Quadro 6º - Primeiro raio de luz. / Ato 4º - Quadro 7º - Amor de pai. - Quadro 8º - Apoteose - O perdão.

100 Flora Süssekind. Crítica a vapor. Notas sobre a crônica teatral brasileira de virada de século. *In*: Antonio Candido et al. *A crônica: o gênero, sua fixação e suas transformações no Brasil*. Campinas: Editora da Unicamp; Rio de Janeiro: Fundação Casa de Rui Barbosa, 1992, p. 378.

101 A programação na propaganda do jornal foi toda escrita em francês. Constavam 17 apresentações e com assinatura de 10 récitas: *La dame aux camelias, Fedora, Maître de forges, Fron Fron, Adrienne Lecouvreur, Jeanne d'Arc, Phedre, Fradeillon, La Tosca, Cleopatra, La dame de Challant, Theodra, Le demi monde, L'Etrangère, Denise, L'Aven, La paix en menage, On ne badine pa avec l'amour*. *O Paiz*, 11 jun. 1893.

102 *O Paiz*, coluna Artes e Artistas, 17 jun. 1893.

103 *O Paiz*, 7 set. 1893.

104 *O Paiz*, 16 jun. 1893.

105 *O Paiz*, 29 maio 1893.

106 *O Paiz*, 3 jun. a 23 jul. 1893.

107 *O Paiz*, 29 maio e 14 jun. 1893.

108 *O Paiz*, 7 maio 1893.

109 *O Paiz*, 14 e 17 jun. 1893.

110 *O Paiz*, 11 e 14 jun. 1893.

111 *O Paiz*, 29 maio e 14 jun. 1893.

112 *O Paiz*, 18 jun. 1893.

113 J.-J. Roubine, *op. cit.*, p. 48.

114 F. Süssekind, *op. cit.*, p. 370.

115 J.-J. Roubine, *op. cit.*, p. 48.

116 H. Thétard, *op. cit.*, p. 179.

117 R. H. Castagnino, *op. cit.*, pp. 131-33; B. Seibel, *op. cit.*, p. 50; B. Seibel, 2012.

118 H. Thétard, *op. cit.*, p. 179. A pesquisadora argentina Beatriz Seibel, uma das mais importantes investigadoras da história do circo na Argentina e na América Latina, dedicou uma obra aos percursos de vida e obra de Rosita de La Plata, a saber: Beatriz Seibel. *Vida de circo, Rosita de La Plata: una estrella argentina en el mundo*. Buenos Aires: Corregidor, 2012.

119 Numa tentativa de enaltecer aquele palhaço, Damasceno faz uma comparação desprestigiando os outros cômicos de circo e, particularmente, a companhia dos Irmãos Carlo, que o substitui no Variedades. O que nos interessa aqui é que, apesar dos excessos de elogios, ele acaba por descrever a atuação dos atores circenses, o que raramente aparece em crônicas: "Tinham razão. Brown estava muito distante desses desprezíveis chalaceiros de feira que mais provocam pena do que hilaridade. Lançando uma originalíssima interpretação de Hamlet, Frank Brown transcende o raso tablado do picadeiro e obtém um sucesso sem precedentes que quase o coloca à altura dos maiores trágicos da época", *op. cit.*, p. 243.

120 *A Notícia*, 30 jun. 1898; *O Paiz*, 24 ago. 1907.

121 *O Paiz*, 29 abr. 1894.

122 *O Paiz*, abr. e maio de 1894; *A Notícia*, nas crônicas assinadas por Arthur Azevedo de 17 fev. e 11 abr. 1895.

123 Arthur Azevedo, em 1898, escreveu uma revista que tinha como título o próprio pseudônimo *O Gavroche*, que estreou em março de 1899 no Teatro Recreio, na qual o ator Machado Careca representou o papel-título. R. Ruiz, *op. cit.*, pp. 76-77; L. Edmundo, *op. cit.*, p. 958; F. A. Mencarelli, *op. cit.*, p. 222.

124 *O Paiz*, 29 abr. 1894.

125 R. Horta Duarte, *op. cit.*, 1995; F. A. Mencarelli, *op. cit.*; S. C. Martins de Souza, *op. cit.*; M. F. Vilela Chiaradia, *op. cit.*

126 R. Horta Duarte, *op. cit.*, 1995, p. 143.

127 F. A. Mencarelli, *op. cit.*, p. 142.

128 S. C. Martins de Souza, *op. cit.*, p. 280.

129 *O Paiz*, 2 e 3 maio 1894.

130 *O Paiz*, 12 a 24 maio 1894.

131 *O Paiz*, de 29 maio a 9 jun. 1894.

132 *O Paiz*, 14 e 19 jun. 1894. Dois anos depois, em 9 de julho de 1896, quando das primeiras apresentações do cinematógrafo no Rio de Janeiro, com o nome de *omniographo*, dentre as cenas que o cronista do *Jornal do Commercio* descreveu como que marcaram "magnífica impressão de vida real", uma delas era a de uma dança serpentina. Vicente de Paula Araújo. *A bela época do cinema brasileiro*. São Paulo: Perspectiva, 1976, p. 75. (Debates).

133 J.-J. Roubine, *op. cit.*, p. 22.

134 *O Paiz*, 17, 18 e 24 maio 1894.

135 J.-J. Roubine, *op. cit.*, p. 47.

136 *O Paiz*, 2 maio 1894.

137 D. de Carvalho Lopes e E. Silva, *op. cit.*, 2022 (no prelo).

138 Segundo Lopes e Silva (2021, no prelo), dentre as companhias circenses que ocuparam o Teatro Circo (Politeama Fluminense) até o ano de sua derrocada, em 1894, estão a Companhia Equestre Inglesa de Hadwin e Williams (1876), Real Companhia Italiana dos irmãos Amato e Seyssel (1877), a funâmbula Maria Spelterini (1877), Loyal's Combination Troupe (1878), Companhia Japonesa da Família Olimecha (1880), Companhia Equestre Luso-Brasileira de Manuel Pery (1880 a 1882), Companhia Equestre Europeia de Paulo Serino (1882), Companhia Equestre Americana dos Irmãos Carlo (1884 a 1886), Companhia Dockrill (1888), Circo Ítalo Egipciano de Ferdinando e Rodolpho Amato (1888), Companhia Equestre, Acrobática e Ginástica de Frank Brown (1889), Real Companhia Equestre Italiana de F. Cantoni (1890), Companhia Silbon (1890), Circo Norte-Americano de Stickney e Donovan (1890), Companhia Equestre de G. Pierantoni (1891 e 1892), Companhia Equestre de Albano Pereira (1894).

139 J. R. Faria, *op. cit.*, pp. 129-36.

140 S. C. Martins de Souza, *op. cit.*, p. 112.

141 *O Paiz*, 25 maio 1894. Em 5 de junho, foi reapresentada com o aviso de que tinha sido "modificada pelo ilustrado escritor brasileiro Sr. Henrique Marinho".

142 E. Furquim Werneck Lima, *op. cit.*, pp. 82-83; V. Coaracy, *op. cit.*, p. 437.

143 *O Paiz*, 12 maio 1894.

144 A propaganda de *O holofote* anunciava: "grande revista em 3 atos, 12 quadros e 3 magníficas apoteoses". *O Paiz*, 5 jun. 1894.

145 Dias Braga é um dos exemplos do período que, além de empresário e dono de uma companhia teatral, sobre a qual detinha responsabilidade financeira, exercia funções artísticas de ator/ensaiador. Ocupou o Teatro Recreio Dramático de 1883 a 1907, em M. F. Vilela Chiaradia, *op. cit.*, p. 28.

146 *O Paiz*, 25 maio 1894.

147 Refiro-me ao trabalho mais recente nessa área, que é o de Evelyn Furquim Werneck Lima, *op. cit.* Mesmo reconhecendo ser um excelente trabalho de pesquisa, é interessante que a autora não mencione esse fato, já que trata justamente dos teatros e dos cinemas da praça Tiradentes, com atenção particular à história do São Pedro de Alcântara.

148 *A Notícia*, 17 fev. 1895. A única referência encontrada sobre Frank Gardner foi em uma propaganda do Circo Sampaio, em dezembro de 1896 no Rink Campineiro. Nela dizia que o "primeiro contorcionista do mundo" Franck Naska, apresentado como homem com "ossos de borracha", dois anos antes (1894) havia trabalhado no São Pedro de Alcântara na Companhia Gardner, cf. *Diário de Campinas*, 17 dez. 1896. *Tintim por Tintim* - revista do português Antonio de Souza Bastos, que estreou no Brasil em 1892, na época, um dos maiores sucessos de bilheteria, apresentando a atriz Pepa

Ruiz, em R. Ruiz, *op. cit.*, p. 41. O ator Brandão, português de nascimento, e a atriz Pepa Ruiz, espanhola, foram famosos comediantes do Rio de Janeiro e "estavam entre os principais colaboradores de Arthur Azevedo na encenação de suas peças, especialmente as do gênero ligeiro. O personagem principal de *O mambembe*, Frazão, o líder de uma companhia mambembe, é uma homenagem a Brandão", em F. A. Mencarelli, *op. cit.*, p. 110. É por esse período, também, que Benjamim de Oliveira se tornaria amigo pessoal de Brandão. Como se verá adiante, a partir de 1906 esse ator passaria a trabalhar no Circo Spinelli até sua morte.

149 *A Notícia*, 11 abr. 1895.

150 F. A. Mencarelli, *op. cit.*, p. 48.

151 *A Notícia*, 11 abr. 1895.

152 *A Notícia*, 21 abr. 1898.

153 *A Notícia*, 12 maio 1898.

154 *A Notícia*, 30 jun. 1898.

155 *O Paiz*, 4 dez. 1899.

156 L. Edmundo, *op. cit.*, p. 506; A. Damasceno, *op. cit.*, pp. 188-90; A. Guerra, *op. cit.*, p. 50; Jota Efegê (João Ferreira Gomes). *Figuras e coisas do carnaval carioca*. Rio de Janeiro: Funarte, 1982, p. 119.

157 Sobre os percursos de vida e obra do palhaço Polydoro, ver: Verônica Tamaoki (org.). *O Diário de Polydoro*. São Paulo: Centro de Memória do Circo, 2020.

158 Ver o capítulo 2 e A. Torres. *O circo no Brasil*. Rio de Janeiro: Funarte; São Paulo: Atração, 1998, p. 176. (História Visual, 5).

159 A. Torres, *op. cit.*, p. 126.

160 R. Ruiz, *op. cit.*, pp. 101-02.

161 *O Paiz*, 27 fev. 1907.

162 *O Paiz*, 3 e 4 dez. 1899.

163 *O Paiz*, 6 dez. 1899. O ator Peixoto, segundo um cronista da época escreveu no jornal *O Paiz*, em 26 de fevereiro de 1894, tinha um "temperamento artístico [...] exclusivamente cômico, e [...]

nesse particular não encontra hoje nos nossos teatros quem lhe leve vantagem". Ao lado de Pepa Ruiz, Colas e Xisto Bahia, Peixoto representou revistas, mágicas, operetas etc., chegando a participar de peças de Arthur Azevedo, como *Bilontra*, em *Revista da Casa dos Artistas, Vigésimo aniversário da Casa dos Artistas – Artistas do passado – Traços biográficos – Peixoto (Antonio Peixoto Guimarães)*, 24 ago. 1938, s/n. p. Com relação à peça *O badejo*, cuja estreia se deu em 1898, também foi posta em cena pelo ator e empresário Dias Braga, mas teve apenas alguns espectadores no dia seguinte à estreia. Sobre essa estreia e o debate de Arthur Azevedo, ver: F. A. Mencarelli, *op. cit.*, pp. 148-49.

164 *O Paiz*, 10 a 31 dez. 1899, 1º a 29 jan. 1900.

165 H. Thétard, *op. cit.*, v. i, p. 93, e vv. i e ii, p. 280.

166 V. Coaracy, *op. cit.*, p. 141.

167 *O Paiz*, 3 jan. 1892.

168 *Diário de Campinas*, 22 jul. 1899.

169 *Folha do Brás*, 2 jul. 1899.

170 J.-J. Roubine, *op. cit.*, 1998.

171 *Id., ibid.*, p. 121.

172 H. Thétard, *op. cit.*, p. 93, também informa que havia uma "maquinaria engenhosa" no Nouveau Cirque, em 1886, que inundava o palco em poucos minutos.

173 Quando em 1908 Frank Brown se apresentou novamente no Teatro São Pedro de Alcântara, encenou essa pantomima com o nome de *Um Casamento Campestre e O São Pedro debaixo d'água*, anunciando em sua propaganda que "pela primeira vez" uma "assombrosa torrente, mudando [e inundando] a pista em 35 segundos com 100.000 litros de água", formava uma "regata na pista". *O Paiz*, 10 set. 1908.

174 *O Paiz*, 3 jan. 1892, 22 e 23 dez. 1899.

175 Em nenhuma das fontes foi encontrada uma descrição completa da trama

como essa apresentada em 10 de setembro de 1908 pelo jornal *O Paiz*, quando Frank Brown se apresentava no São Pedro de Alcântara. Utilizei essa descrição, pois ela se assemelha às informações, incompletas, dadas para a montagem dos Pery.

**176** *O Paiz*, 24 dez. 1899.

**177** A Companhia Equestre Sul-Americana de Anchyses Pery deixa o Rio de Janeiro, estreando em 27 de janeiro de 1900 no Cassino Fluminense, em Petrópolis. A partir de 1º de fevereiro de 1900, os jornais começaram a divulgar que o São Pedro de Alcântara receberia outra Companhia Equestre Norte-Americana dos Irmãos Carlo, que estavam vindo diretamente de Nova York, da qual faziam parte as famílias Seyssel, Ceballos, Pereira, o *clown* Caetano, entre outros. A estreia aconteceu em 29 de abril de 1900. Cf. *Jornal do Commercio*, 1º fev. 1900, 22, 28, 29 e 30 abr. 1900; *O Paiz*, 12 e 30 abr. 1900, 5 a 30 maio 1900. Ainda em 1900, outro circo ocuparia aquele teatro, a Companhia Equestre Holmer, que estreou em 16 de dezembro de 1900. Cf. *O Paiz*, 10 dez. 1900, e *Jornal do Commercio*, 18 a 31 dez. 1900 e 1º a 13 jan. 1901.

**178** Sobre a biografia de Evaristo de Moraes e sua atuação, ver: Joseli Maria Nunes Mendonça. *Evaristo de Moraes, tribuno da República*. São Paulo: Editora da Unicamp, 2007.

**179** *Jornal do Commercio*, 20 jan. 1900.

**180** *O Paiz*, 6 dez. 1899.

**181** L. Edmundo, *op. cit.*, pp. 477-79.

**182** Ver: V. Coaracy, *op. cit.*, pp. 144-47; L. Edmundo, *op. cit.*, pp. 477-79; José Ramos Tinhorão. *Música popular: os sons que vêm da rua*. Rio de Janeiro: Edições Tinhorão, 1976. pp. 115-17.

**183** V. Coaracy, *op. cit.*, p. 145.

**184** *O Paiz*, 23 mar. 1901.

**185** *Jornal do Commercio*, 1º fev. 1900.

**186** *O Paiz*, 29 dez. 1899.

**187** L. Edmundo, *op. cit.*, p. 477.

**188** Ver: *O Paiz*, 17 jul. e 27 dez. 1902; Cristiana Schettini Pereira. *Um gênero alegre: imprensa e pornografia no Rio de Janeiro (1898-1916)*. Dissertação (Mestrado) - Universidade de Campinas (Unicamp), Campinas, 1997, p. 7.

**189** *Gazeta de Notícias*, 26 jan. 1901. *In*: V. de Paula Araújo, *op. cit.*, 1976, p. 130.

**190** *O Paiz*, 4 fev. 1901.

**191** C. Schettini Pereira, *op. cit.*, p. 82; M. F. Vilela Chiaradia, *op. cit.*, particularmente o capítulo 2; Tiago de M. Gomes. *Como eles se divertem (e se entendem): teatro de revista, cultura de massas e identidades sociais no Rio de Janeiro nos anos 1920*. Tese (Doutorado) - Universidade de Campinas (Unicamp), Campinas, 2003.

**192** L. Edmundo, *op. cit.*, p. 479.

**193** M. F. Vilela Chiaradia, *op. cit.*, p. 35.

**194** *O Paiz*, 4 fev. 1901.

**195** *O Paiz*, 18 jan. 1901.

**196** *O Paiz*, 24 dez. 1900.

**197** *O Paiz*, 6 jan. 1900.

**198** *Almanaque Lammert* de 1896, em E. Furquim Werneck Lima, *op. cit.*, p. 58.

**199** *Enciclopédia da música brasileira: popular, erudita e folclórica*. 2. ed. São Paulo: Art Editora: Publifolha, 1998.

**200** Maria Clementina Pereira Cunha. *Ecos da folia: uma história social do carnaval carioca entre 1880 e 1920*. São Paulo: Companhia das Letras, 2001, p. 217.

# 4

# CALEIDOSCÓPIO INFINITO

No começo do século xx, o estado de São Paulo tornou-se rota importante para muitos circos. Na capital paulista em particular, pode-se observar, nos noticiários dos jornais da época, a presença ampla e constante das companhias circenses, a ponto de o jornal *O Estado de S. Paulo* criar a coluna Palcos e Circos. Informativa e crítica sobre os acontecimentos e os espetáculos culturais, por meio dela era possível manter-se a par dos circos que percorriam várias cidades do estado, além dos que se apresentavam na capital federal. Naquele período, Benjamim de Oliveira estava trabalhando com o Circo Spinelli, que havia chegado a São Paulo em 1901, após um percurso por Minas Gerais. Ali ele ficou por quase quatro anos, principalmente na capital paulista, apresentando-se por diversos bairros e ruas e, às vezes, realizando turnês por cidades do interior do estado[1].

A capital paulista passava por expressivas transformações econômicas e sociais, em boa medida vinculadas ao desenvolvimento do complexo agroexportador cafeeiro. O impacto dessa situação era sentido em várias dimensões da vida social, como o intenso crescimento da população, que, de 65 mil habitantes, em 1890, passou para cerca de 240 mil em 1900[2], sendo uma significativa parte dessa população composta de imigrantes. Esse impacto ocorreu, também, na conformação do espaço urbano e no crescimento do parque industrial e comercial, contribuindo para que uma parte da população, na condição de força de trabalho assalariada, ocupasse de maneira abrangente e múltipla os diversos espaços da cidade. A região central e alguns bairros próximos, como o Brás, a Luz, o Bexiga, a Mooca, Santa Efigênia e as proximidades da várzea do Carmo, eram habitados por grupos distintos tanto em termos socioeconômicos quanto de nacionalidades.

O largo da Concórdia, no Brás, havia algum tempo já era um lugar estrategicamente escolhido pelos circos para armar seus toldos e pavilhões[3]. A implantação, naquele bairro, da estação da São Paulo Railway (Estrada de Ferro Santos-Jundiaí), da estação da Estrada de Ferro do Norte e da Hospedaria dos Imigrantes, nas três últimas décadas do século xix, além do início do funcionamento da linha de bondes para o Brás, pela Cia. Carris de Ferro de São Paulo, com ponto final junto da estação, contribuiu para um adensamento demográfico e para a transformação da área em referência comercial e industrial.

A população do Brás era formada de comerciantes, industriais e, em particular, um grande número de imigrantes (principalmente italianos) e/ ou trabalhadores do comércio e da indústria, que se instalaram ali pela facilidade de transporte, pela oferta de trabalho e pelo relativo baixo preço das moradias e dos terrenos – considerados insalubres em decorrência das inundações que ocorriam na região, denominada várzea do Carmo, originando construções de casas geminadas, com condições precárias de higiene e ventilação, e formando habitações coletivas como os cortiços.

Os trens da estação do Norte, que faziam a ligação entre São Paulo e Rio de Janeiro, entre outras coisas, facilitavam a chegada de várias companhias artísticas nacionais e estrangeiras. A intensa movimentação de pessoas e sua composição social heterogênea, por sua vez, favoreciam que algumas casas de diversões, como os recentes cinematógrafos, teatros e circos, se estabelecessem no Brás. Além disso, ocorriam acordos entre os empresários e a companhia de bondes para que se garantisse transporte após os espetáculos para os de fora da região. Vale lembrar que, quando Benjamim de Oliveira estreou como palhaço, em 1889, a companhia de Fructuoso e Albano Pereira, na qual atuava, apresentava-se no Teatro Politeama Paulista, na várzea do Carmo. Depois do Brás, o centro da cidade de São Paulo, a praça João Mendes, o largo São Bento, o largo do Paissandu[4], a alameda Barão de Limeira, a praça da República e, próximo deles, o parque e a estação da Luz foram lugares privilegiadamente ocupados pelos circos.

## O *CLOWN* BENJAMIM E SEUS COLEGAS DE PROFISSÃO

Em 23 de novembro de 1901, o jornal *O Estado de S. Paulo*, na coluna Palcos e Circos, informava que havia recebido um "cartão de cumprimentos" enviado pelo "aplaudido *clown* Benjamim de Oliveira", cujo centro era ocupado pelo "retrato fotográfico" do artista. As saudações faziam parte da estratégia de divulgação da estreia do Circo Spinelli, naquele mesmo dia, no largo da Concórdia. Alguns dias depois, o circo publicava, no mesmo jornal, sua propaganda, na qual estava estampada a referida foto, provavelmente em litografia[5]. Benjamim era a "estrela" do circo, o que confirma seus relatos de que naquele período já era um palhaço de sucesso. As medalhas ostensivamente penduradas em seu peito deviam indicar isso, pois era comum que as cidades – através de suas autoridades ou representantes de classes, associações, entre outros – homenageassem artistas circenses com placas ou medalhas, algumas até mesmo de ouro. Elas se transformavam em currículo para os circenses (assim como o eram para os atletas e os demais artistas do período), fazendo parte de toda propaganda escrita, e particularmente para os estrangeiros, que traziam no peito condecorações feitas por monarcas e imperadores[6]. Provavelmente, além das condecorações, o próprio uso da fotografia foi uma forma de mostrar sua ascensão, não só como artista mas também socialmente.

A produção mecânica de um retrato, e não mais por desenho ou pintura, já era amplamente disseminada desde a década de 1870, indicando, nos dizeres de Cândido Domingos Grangeiro, a formação de uma "indústria do retrato" nas cidades, em particular em São Paulo[7]. Era bastante comum tirar fotografias pelas ruas da cidade; grande parte delas era quase sempre feita em estúdio e oferecida a parentes e amigos, ou guardada como lembrança. Para termos uma ideia, em apenas um dos estúdios pesquisados, o Photographia Americana, haviam sido produzidos cerca de 11 mil retratos, o que significava que quase um terço da população de São Paulo, no período, teve seus retratos executados nos salões de pose dessa casa comercial. Em livrarias, bazares, barbearias e alfaiatarias também eram vendidos retratos de personagens históricos e de artistas[8]. Além de as fotografias dos artistas fazerem parte do material de propaganda e publicidade nos pôsteres e nos catálogos, elas eram vendidas em teatros, cafés-concertos, circos (depois rádio e cinema), como recordação. Nos jornais e revistas pesquisados, a maioria das imagens observadas era de desenhos, gravuras ou litogravuras baseados em fotos, porém nenhuma dessas imagens era propriamente uma fotografia como a de Benjamim de Oliveira, a única, em todo o ano de 1901, publicada no jornal *O Estado de S. Paulo*, como propaganda, publicidade ou reportagem.

Sua imagem, portanto, era divulgada e veiculada não somente pelo espetáculo, mas também pela imprensa, que, no período, passava por uma transformação intensa, rumo à massificação e em busca de um público leitor mais amplo e indiferenciado[9]. O leitor dos jornais, quando se deparava com os anúncios publicitários dos circos, podia "ler" textos e figuras, numa abundância de imagens produzidas a partir das novas criações técnicas jornalísticas e tipográficas[10], que, provavelmente, tinham também a intenção de atingir os não alfabetizados e os estrangeiros que não dominavam o português, dado o grande número de imigrantes na cidade.

———

A figura estampada no jornal, além de possibilitar um maior alcance na divulgação, reforça a análise de alguns pesquisadores de que a relação das pessoas do período com a fotografia, qualquer que fosse sua classe social,

1. *O Estado de S. Paulo*, em 1º de dezembro de 1901.

passava pela demonstração de uma ascensão social[11]. Com sua imagem impressa num dos principais veículos de comunicação de massa da cidade de São Paulo, o jornal *O Estado de S. Paulo*, cuja tiragem girava entre 9 mil e 10 mil exemplares[12], Benjamim, vestido de *smoking* e com "ares aristocráticos", mostrava ter se tornado uma das maiores atrações artísticas do Circo Spinelli.

A propaganda de muitos circos de tamanhos e situações econômicas distintos, ocupando bairros centrais e periféricos da cidade de São Paulo, naquele período, ainda era a própria chegada das companhias e toda movimentação e alteração da rotina da população provocada por artistas, animais e materiais. Quando instalado o circo, o palhaço-cartaz ainda se encarregava de manter a população informada. Além da colocação de vários cartazes pelos bairros vizinhos, o jornal, quando existia e quando o empresário podia pagar pela propaganda, era um meio utilizado desde o início do século XIX. Havia, assim, no primeiro ano do século XX, uma mistura de continuidade de estratégias de divulgação já desenvolvidas por parte dos circenses com novos meios que surgiam; eles lançavam mão de tudo o que de novo se "inventava" como forma de propaganda e publicidade. A publicação da foto nesse jornal possibilitava, de fato, ampliar o alcance da divulgação do circo e, principalmente, da própria imagem do artista Benjamim de Oliveira para além do bairro e da vizinhança em que o circo estava armado, chegando, inclusive, a várias cidades do interior em que o jornal tinha penetração.

Ao mesmo tempo que as chamadas para as diversas nacionalidades dos circenses eram importantes para atrair o público, era dado destaque especial, nas propagandas, à "brasilidade" dos artistas - e "brasilidade" passou a ser referência inclusive para os animais, como o anúncio que divulgava um "soberbo tigre nacional"[13]. A própria forma de denominar Benjamim de Oliveira nos jornais havia sido alterada, passando, então, nas propagandas do circo, a ser anunciado como o "*clown* brasileiro", deixando a denominação de palhaço, unindo a referência europeia associada à nacionalidade. Como já vimos, na América Latina e, em particular, no Brasil, os nomes *clown* e palhaço eram muitas vezes utilizados de acordo com as referências aos "padrões" que os europeus, ou mesmo os americanos, estabeleciam como divisão de tarefas relacionadas a cada uma dessas denominações: o *clown* se apresentava vestido e pintado de forma mais elegante, diferente do augusto ou *tony*, personagem maltrapilho, ao mesmo tempo ingênuo e astuto, não sendo raro que seu nome viesse acompanhado do adjetivo "imbecil".

Entretanto, apesar das semelhanças na forma de se vestir, a função dos personagens cômicos passou por transformações e releituras. Por exemplo, uma propaganda do Circo Spinelli, quando este estava armado em São Paulo, anunciava *clowns* musicais com novos instrumentos; o *clown* argentino Crozet e o *clown* brasileiro Benjamim apresentariam novas pilhérias e modinhas, acompanhados ao violão, e o *tony* imbecil faria sua entrada burlesca[14]. Observe-se que, a não ser o *tony*, todos os outros eram *clowns*, e os que só tocavam instrumentos eram identificados como excêntricos, diferenciados dos que tocavam violão e cantavam.

Vale lembrar que Crozet vinha da tradição de comicidade circense de José Podestá, que era um *payador* e um ator conhecido como *"clown criollo"*, enquanto Benjamim, mesmo vindo da mesma tradição - palhaço, cantor, ator -, era identificado como *"clown* brasileiro". Um argentino e um brasileiro cantando modinhas ao violão, apesar de utilizarem a denominação inglesa, diferenciavam-se do modelo europeu herdado dos "musicais excêntricos", ao se apresentarem nos palcos/picadeiros no Brasil, porque cantavam.

Pierre Bost, ao escrever sobre o circo e o *music hall*, afirma que ambos ofereciam basicamente a mesma programação, a não ser por duas diferenças: as entradas de palhaços não tinham lugar nos palcos teatrais onde se desenvolvia o gênero *music hall*, e era "totalmente inimaginável" em um circo haver números de canto, incompatíveis com a arquitetura do lugar. Os *clowns*, continua o autor, devem falar e atuar girando, pois o "espírito mesmo de sua arte foi concebido para um palco e um público circulares"; os cantores, ao contrário, devem se posicionar diante do público, o que somente o palco teatral do *music hall* podia oferecer[15].

Os cômicos dos circos[16], no Brasil, misturados aos artistas locais, incorporaram e transportaram os ritmos à acústica do circo. Não era novidade que eles cantassem e tocassem, realizando acrobacias ao mesmo tempo; entretanto, naquele início de século XX, eram reconhecidos pela imprensa e pelo público como palhaços-cantores e atores que divulgavam os vários gêneros preferidos pelo público. O conjunto da programação do espetáculo mantinha-se diversificado e misturado em relação tanto às origens de seus artistas quanto aos gêneros dos números, compatíveis com os vários adjetivos com que a Companhia Spinelli se apresentava: equestre, ginástica, musical, funambulesca, mímica, bailarina e zoológica. Contudo, os números musicais desenvolvidos pelos cômicos cantores e tocadores de violão, as cenas cômicas e as pantomimas iam se tornando, cada vez mais, os principais carros-chefe dos espetáculos circenses, transformando aqueles que os realizavam, assim como os que os produziam, em sucessos garantidos e premiados. Esse foi o caso de Benjamim de Oliveira, identificado nos jornais como o "laureado *clown* brasileiro"[17].

A principal chamada do Spinelli para a parte musical da programação do espetáculo eram as apresentações de Benjamim de Oliveira nas entradas ou cenas cômicas, cantando modinhas e lundus ao violão. Vários outros circos que se apresentaram em São Paulo, nos anos em que essa companhia esteve na cidade, também tinham seus palhaços ou *clowns* de destaque, como Santos, Caetano e Serrano, e anunciavam os mesmos gêneros musicais. Caetano, por exemplo, já havia se apresentado no circo dos Irmãos Carlo no Teatro São Pedro de Alcântara, no Rio de Janeiro, em 1900[18]. Os palhaços cantores, nos palcos/picadeiros circenses, como se viu, eram responsáveis, no fim do século XIX, pela divulgação dos principais ritmos musicais; não só das músicas produzidas individualmente, mas também dos enredos musicais compostos para o gênero revista do ano, nos teatros.

No fim do século XIX e início do XX, com a crescente popularidade desses gêneros e ritmos, duas outras formas de disseminação possibilitaram outra etapa para divulgá-los e comercializá-los, das quais os artistas circenses também participaram: o progressivo aumento de venda de publicações em forma de livretos ou jornais de músicas, contendo coleções de letras de modinhas, lundus, cançonetas, entre outras[19]; além da recém-criada indústria fonográfica, que já demonstrava força de penetração em todos os setores sociais, divulgando gravações em cilindros, desde 1897, e os primeiros discos (chamados chapas), em 1902, de modinhas e lundus cantados por Cadete e Baiano. Acrescente-se a isso as músicas gravadas pela banda do Corpo de Bombeiros do Rio de Janeiro, formada e dirigida pelo maestro e compositor Anacleto de Medeiros, e as produzidas por vários músicos que tocavam e cantavam em cafés, cabarés, rodas de samba e circos que passavam pela cidade[20].

Segundo José Ramos Tinhorão, o aparecimento de um tipo novo de "menestrel urbano", o vendedor de folhetos de cordel ou jornais de modinhas, foi um fato importante para a divulgação e a distribuição não só dessas publicações como das próprias canções, que eram anunciadas e cantadas pelo cantor de rua. Na sua análise, entretanto, as figuras são "invariavelmente" urbanas, negros, mestiços ou brancos "das camadas mais baixas da cidade"[21]. Sem desconsiderar a discussão de Tinhorão sobre a presença desses personagens que de fato cumpriram um papel relevante, é preciso levar em conta que os próprios artistas do circo e do teatro, de diversas origens sociais, eram também, junto com os cantores de rua e com os editores, os principais divulgadores e distribuidores desses folhetos, visto que eram cantores e compositores e se apresentavam nos mais variados espaços, inclusive na rua.

Além disso, um público heterogêneo tinha cada vez mais acesso e dialogava de modo simultâneo com as produções artísticas nos mais variados e diferentes espaços, o que torna difícil estabelecer, como faz Tinhorão, que determinada área da cidade ou segmento social seja a única fonte de produção e divulgação de certos ritmos e gêneros artísticos. Mais ainda, a publicação de letras de músicas e, principalmente, a fabricação e a comercialização de cilindros gravados implicaram um processo de distribuição que torna difícil rastrear se somente determinada "classe social" era compradora ou consumidora dos folhetos ou fonogramas de lundus e modinhas.

O que aconteceu foi um imbricamento entre todos esses elementos - folhetos, cantores de rua, fonogramas - e os que já cumpriam o papel de divulgação e produção, como os circos, os teatros, as bandas, as festas leigas ou religiosas (de diversas origens étnicas e culturais), proporcionando que um número cada vez maior de pessoas tivesse acesso ao que se estava produzindo em termos musicais, em especial pelos artistas nacionais. Os palhaços-cantores e suas bandas, na virada do século XIX para o XX, além de serem autores, compositores e intérpretes das canções publicadas e gravadas, nas suas turnês com os circos constituíam-se divulgadores e comerciantes privilegiados de seus trabalhos, usufruindo a própria capilaridade que o seu nomadismo permitia, conquistando novos públicos. A permanência e o desenvolvimento de uma tradição cômica, com a produção musical, a formação de um mercado cultural e o intercâmbio com o teatro ligeiro são apenas alguns dos possíveis fatores associados à presença marcante desses artistas, constantemente em voga nas páginas dos jornais.

Desde que começaram a aparecer informações sobre os artistas circenses nas propagandas divulgadas nos jornais no início do século XIX, e em especial sobre os palhaços cantando nos espetáculos, quase não há referências aos compositores do repertório musical. Essas informações são encontradas em depoimentos de pessoas que vivenciaram os circos no período, como no caso do *Lundu do escravo*, cantado pelo palhaço Antonio Correa e mencionado por Mário de Andrade, como já vimos no segundo capítulo. As músicas cantadas pelos circenses em seus espetáculos geralmente pertenciam aos próprios artistas que as compunham e as alteravam ao longo do percurso do circo, nas várias regiões por onde passavam, incorporando chistes ou nomes de pessoas. Podiam pertencer ainda à tradição das cantigas de domínio popular, também relativas a cada região, como as chulas, que continham um número variado de versos que iam se misturando, se transformando e se incorporando às chulas e às toadas que os tocadores de violão das cidades tocavam e cantavam pelas ruas e festas, assim como temas do folclore regional dos lugares pelos quais passavam. Outras não eram tão anônimas, como a cantada pelo palhaço do circo de Albano Pereira, na década de 1880, *Ataca Felipe!!*, título da principal canção da revista do ano de Arthur Azevedo e Moreira Sampaio, *O bilontra*.

Já tratamos desse tema no capítulo anterior e se retornamos a ele é para observar que, no início do século XX, apesar de não ter havido mudanças significativas na forma anônima como eram anunciadas as músicas, em consequência das publicações dos folhetos e dos cilindros, pelo menos boa parte do público já tinha condições de saber quais músicas eram cantadas e quem eram seus compositores.

## PALHAÇO-TROVADOR

Em boa parte do ano de 1902 e início do seguinte, tanto na capital paulista quanto em algumas cidades do interior do estado, além de Benjamim de Oliveira, outro artista disputava as atenções dos jornais e do público. Não foi possível localizar muitas informações a seu respeito, somente que seu nome era Serrano e trabalhava no Circo Clementino, onde era anunciado como "palhaço-trovador" e era muito apreciado nas "modinhas ao violão e nas chulas sapateadas"[22]. Ele também costumava renovar seus lundus e modinhas tornando-os enredo de farsas cômicas que encerravam os espetáculos, a partir de músicas de "seletos autores brasileiros"[23].

Caetano, Santos, Benjamim e Serrano eram os *clowns* ou palhaços-cantores que se apresentavam na capital paulista nos primeiros anos do século XX. Em algumas temporadas, os dois primeiros foram parceiros de Benjamim no Circo Spinelli quando estava armado na praça Dr. João Mendes, antigo local do Teatro São José[24]. Logo depois, Caetano e Santos foram trabalhar, junto com Serrano, no Circo Clementino, que estava armado em São Paulo, mas no largo General Osório, em frente à estação Sorocabana[25]. Porém, antes de iniciar uma temporada pelo estado de São Paulo, os quatro palhaços, em seus respectivos circos, trabalharam na cidade do Rio de Janeiro, no período em que se iniciavam as primeiras gravações em cilindros de modinhas e lundus por Cadete, Baiano e pela banda do Corpo de Bombeiros.

No fim do capítulo anterior, tratei um pouco do cruzamento entre esses artistas e os circenses, enfocando particularmente Benjamim de Oliveira. Neste momento, é necessário detalhar quem eram eles e o que estavam fazendo, para ter uma noção do que acontecia na produção musical do período e verificar o quanto vários artistas circenses estavam vinculados a ela, não para levantar a biografia completa dos músicos, poetas e compositores que provavelmente estiveram envolvidos com circos e circenses no fim do século XIX e início do XX, mas, sim, para tratar de alguns dados que possibilitem visualizar melhor aquele diálogo.

Um desses músicos era Manoel Pedro dos Santos - o Baiano - que, como já mencionado, foi, junto com Cadete, o primeiro cantor brasileiro a aparecer nas gravações de cilindros e chapas feitos pela Casa Edison. Quando, em 1902, Fred Figner, proprietário da casa, editou o primeiro catálogo comercial de discos de sua fábrica, Baiano encabeçava a lista das 73 primeiras gravações relacionadas. Além do grande repertório que viria a gravar, ficou conhecido por ter sido o intérprete da gravação do samba *Pelo telefone*. Era anunciado como cançonetista e, além de se apresentar no teatrinho do Passeio Público no Rio de Janeiro, já trabalhava em circos como palhaço-cantor, ao lado e à semelhança de outros artistas, como Eduardo das Neves, Mário Pinheiro, entre outros. No fim do século XIX, tinha trabalhado ao lado de Benjamim, no Circo Spinelli, quando este ficou armado na capital federal[26]. Quando Spinelli e Benjamim se "fixaram" no Rio de Janeiro, a partir de 1906, Baiano aparecia nas propagandas e nas crônicas dos jornais como membro do elenco daquele circo, por várias temporadas, de 1910 a 1913[27].

Anunciado como o "popular cantor de modinhas ao violão" ou "original cançonetista brasileiro em suas originais canções nacionais", Baiano tinha fama de possuir um extenso repertório "que sabia de cor"[28], como anunciavam propagandas do Circo Spinelli[29], em que se apresentava sozinho ou em dupla, geralmente com o rosto pintado. Contribuiu muito com a produção da teatralidade circense no Brasil, ao participar como ator das apresentações teatrais e das pantomimas representadas no Circo Spinelli, além das suas atuações como palhaço-cantor. Como a maioria das peças encenadas no período era baseada no gênero do teatro musicado, esse artista acabava desempenhando ambas as funções, de cantor e ator.

Quanto a Cadete, apesar de não serem mencionadas em sua biografia as suas possíveis participações nos circos[30], é difícil supor que isso não tenha acontecido, considerando que seus principais companheiros musicais trabalharam diretamente nos palcos/picadeiros circenses ou contribuíram nas suas produções. Entre esses, além de Baiano, estavam Mário Pinheiro, que era também palhaço-cantor[31] e foi parceiro de Benjamim em gravação de disco pela gravadora Columbia Record; Irineu de Almeida e Paulino Sacramento, músicos e maestros que tiveram participação nas peças de Benjamim de Oliveira no Spinelli; músicos da banda de Anacleto de Medeiros; Júlio de Assunção, aprendiz do palhaço Polydoro, cantor e violonista que cantava "modinhas e lundus, apimentados, e humorísticos"[32]. Dentre os profissionais que faziam parte das relações de Cadete e Baiano, é interessante ressaltar dois deles: Catulo da Paixão Cearense e Eduardo das Neves, que também compunham o grupo dos batuques, das serestas, da boêmia, do teatro do Passeio Público, que participavam das parcerias de composições e cantos e, principalmente, tinham grande expressão na gravação de cilindros e chapas e nas publicações de letras e músicas. Eles permitem, em consequência da repercussão dessas suas atividades, dar maior visibilidade ao intenso diálogo e aos atravessamentos existentes entre as novas formas de produção e divulgação musical do período e os circenses.

Em entrevista a Clóvis de Gusmão, no jornal *Dom Casmurro*, em 19 de outubro de 1940, Benjamim de Oliveira, ao recordar os parceiros de trabalho e o grupo de boêmios e cantadores, do qual fazia parte, que enchiam as ruas da cidade, fala de alguns deles, como Irineu de Almeida, Anacleto, Cadete e Eduardo das Neves. Porém, de forma muito particular, suas lembranças dirigem-se a Catulo e à relação de proximidade que tiveram quando jovens e ainda mantinham no ano da entrevista - ele tinha 70 anos e Catulo, 74 -, ressaltando que eram vizinhos no Rio de Janeiro. Para Benjamim, que "sempre" ouvia "em primeiro lugar" as modinhas "às vezes inacabadas ainda", Catulo teria sido um dos responsáveis por levar o violão ou "o povo das serenatas" para os salões, como o da casa de Pinheiro Machado, meio de "gente rica" e um dos "mais cultos auditórios do Rio"[33].

Poeta, compositor, cantor e tocador de violão, Catulo gerou opiniões controversas sobre suas relações com os músicos, tanto os que o acompanhavam nas parcerias quanto os que ocupavam os mesmos espaços. Tinhorão chega a afirmar que ele "partia quase sempre de melodias já conhecidas, e para as quais escrevia versos sem qualquer entendimento prévio com seus autores", como Anacleto de Medeiros, Joaquim Antônio da Silva Calado,

João Pernambuco (João Teixeira Guimarães) e dezenas de outros músicos ligados ao choro carioca[34].

Entretanto, em geral, sua produção literária de poesias e letras para as músicas, além de ter sido significativa em quantidade, era admirada por seus contemporâneos, mesmo por aqueles que reconheceram que as músicas *Cabocla de Caxangá* e *Luar do sertão*, por exemplo, não eram de Catulo, em respaldo às questões levantadas por João Pernambuco – que, nascido em 1883 no estado de Pernambuco, aos 12 anos tocava viola e cantava músicas sertanejas, e em 1902 mudou-se para o Rio de Janeiro, quando conheceu Catulo, com quem começou a compor cantigas baseadas no folclore e toadas nordestinas. Dentre essas músicas estavam *Luar do sertão* e *Cabocla de Caxangá*[35].

Apesar das controvérsias em torno das autorias, através dessa relação com Catulo, João Pernambuco passou a ser conhecido nos meios musicais e a tocar com ele nas residências "ilustres". Almirante, em seu livro, publicou algumas cartas de pessoas consideradas também "autoridades" para opinar a respeito dessas questões: Villa-Lobos, José Rebelo da Silva, o Zé Cavaquinho (funcionário do Conservatório Nacional de Canto Orfeônico), o professor Sylvio Salema Garção Ribeiro, o musicólogo Mozart de Araújo e Benjamim de Oliveira[36]. Todos foram unânimes em fazer referências elogiosas às letras de Catulo, mas também em afirmar que as músicas das canções não eram dele. Villa-Lobos dizia que, se por um lado reconhecia a sua capacidade de poeta, por outro, sabia da sua incapacidade de escrever uma "célula melódica que fosse"[37]. Na sua carta, Benjamim declarou haver conhecido e ter sido amigo íntimo de Catulo por 46 anos; entretanto, "a bem da verdade", afirmava que

> [...] a melodia do "Luar do Sertão" que Catulo usou para seus versos magníficos era a de uma toada que João Pernambuco cantava muito naquele tempo. Não posso garantir que o autor tenha sido o João Pernambuco; sei, porém, com absoluta certeza, que foi ele o primeiro a aparecer no Rio de Janeiro, nas rodas que eu frequentava sempre com o Catulo, o Bilhar, o Quincas Laranjeiras, o Cadete, e outros, [...] que foi ele o primeiro a aparecer cantando aquela melodia. Catulo era um poeta extraordinário [...], mas no caso da melodia [...] para ser honesto, devo afirmar que acredito mais que ela seja do João Pernambuco do que do Catulo, porque este geralmente não compunha músicas; aprendia as melodias que andavam em voga, escrevia para elas seus versos e ele mesmo as divulgava, cantando. [...][38]

Essa carta de Benjamim é um dos documentos encontrados que confirmam as suas redes de relações com os artistas envolvidos na produção musical brasileira, da virada do século XIX para o XX, e moradores na cidade do Rio de Janeiro. Os nomes citados referem-se a importantes músicos da época: Sátiro Bilhar - violinista, compositor e cantor - fazia parte do grupo dos chorões, além das parcerias com Donga, Nozinho, Eduardo das Neves, entre outros; também compôs com Catulo da Paixão Cearense. Quincas Laranjeiras (João Francisco dos Santos), violinista e compositor que, além de companheiro de Catulo (com quem fazia muitas serenatas), de Irineu de Almeida e de Anacleto de Medeiros, era professor de violão.

É importante registrar que a declaração de Benjamim, datada de 31 de maio de 1947, foi assinada por ele e Alcebíades Carreiro, que, segundo consta na própria declaração, era seu filho adotivo. Almirante, em seu livro publicado em 1977 (portanto, após a morte de Benjamim em 1954), fez constar uma declaração de 12 de novembro de 1975 da filha de Benjamim, Jacy de Oliveira Cardoso (nascida em 1908), afirmando serem verdadeiras ambas as assinaturas. Quanto a esse filho adotivo, não há nenhuma referência a seu respeito. Os netos de Benjamim - Jaçanan Cardoso Gonçalves e Juyraçaba Santos Cardoso, ambos filhos de Jacy -, em entrevista comigo, afirmaram desconhecer a existência dele.


**PAIXÃO CEARENSE**

Catulo foi uma referência importante para o que os circenses realizavam musicalmente, era um dos "seletos autores brasileiros" a quem se vinculavam, e a relação entre os circenses e ele não se deu apenas na divulgação de sua obra por aqueles, nem se resumiu às relações de amizade com Benjamim. Ele fez parte da própria produção da teatralidade circense, tendo participado da elaboração das peças teatrais levadas pelo Circo Spinelli no Rio de Janeiro. Em nenhuma de suas biografias é mencionada sua parceria com Benjamim de Oliveira, na década de 1910, quando colocou seus versos em óperas cômicas ou operetas, escritas por este e musicadas pelos maestros Paulino Sacramento e Henrique Escudeiro que, curiosamente, só aparecem referidos como seus parceiros em produções não circenses[39]. Em 1911, por exemplo, uma das poucas críticas teatrais escritas em jornal sobre uma peça representada em circo fazia referência à ópera cômica, em três atos, de Benjamim de Oliveira, Catulo Cearense e Paulino Sacramento, denominada *À procura de uma noiva.* O autor dessa crítica, no primeiro parágrafo, escreveu que, daquela vez, Benjamim havia se associado a Catulo: o primeiro na "prosa correntia, e o poeta nos versos que tão bem sabe faturar [...]"[40].

Catulo, no fim da década de 1880, trabalhava como estivador e já cantava modinhas em "residências de abastados"; autodidata, transformou-se em "professor de português dos filhos do Conselheiro Gaspar da Silveira Martins", chegando a fundar um colégio no bairro da Piedade, passando a lecionar línguas. Ao mesmo tempo cantava em "reuniões literomusicais" na casa do senador Hermenegildo de Morais e nos saraus de Mello Morais Filho e, ainda, era amigo pessoal de Afonso Arinos[41].

Além dessas atividades e relações, aproximou-se do livreiro Pedro da Silva Quaresma, proprietário da Livraria do Povo, que passou a editar em folhetos o repertório de poemas, modinhas, lundus e cançonetas mais conhecidos da época. Em 1887, publicou seu primeiro livro de modinhas, *Cantor fluminense*, do qual se conhecem apenas três edições[42], mas é de 1889 a 1908 que suas publicações, pela editora Quaresma, passaram por sucessivas edições, e suas vendas não ficaram restritas à cidade do Rio. Catulo também se apresentava em instituições consideradas da "elite cultural" como o "concerto literário-musical", que seria realizado por ele no salão do Instituto Nacional da Música na capital federal[43].

Em 1889, saiu o *Cancioneiro popular*, que, segundo Ary Vasconcelos, teve 50 edições[44], o que parece plausível, pois em uma publicação de modinhas brasileiras de 1926, de Eduardo das Neves, da mesma editora, fazia-se constar na contracapa que aquele livro era ainda publicado na coleção: "Cancioneiro Popular de modinhas brasileiras, organizado pelo Sr. Catulo da Paixão Cearense, distinto moço, conhecido poeta e prosador, excelente professor de línguas – nome que toda a gente conhece e terá aplaudido [...] Um grosso volume de mais de 200 páginas [...] 2$000."[45]

Naquele período, foram editadas também *Lira dos salões*, *Novos cantares*, *Lira brasileira*, *Choros ao violão*, *Trovas e canções* e *Florilégio dos cantões*. A maioria das canções aí editadas, suas ou não, era difundida tanto pelos cilindros e fonógrafos, chapas e gramofones, quanto pelos palhaços-cantores acompanhados do violão que, segundo Luiz Edmundo, no início do século XX, eram um personagem "querido e cortejado pelo povo, mas, sem cotação, sem a menor entrada nos salões"[46].

São muito raras as opiniões de circenses sobre esses temas. Apenas uma vez Benjamim de Oliveira falou sobre isso, justamente quando relatava a sua relação com Catulo. Mostrando seu violão ao entrevistador, afirmou:

"Foi esse que me botou lá em cima!" Ao mesmo tempo, chamava para junto dos que tocavam violão, circenses ou não, um grupo de pessoas "respeitáveis":

> O Catulo era mocinho. E eu também era moço. O violão naquele começo de século não era coisa que envergonhasse ninguém. Castro Alves fora exímio no violão. Tobias Barreto também. Grandes nomes do tempo tocavam violão: Nilo, Epitácio, Jácome... O povo das serenatas era chamado para o salão. E impunha suas condições. Em casa de Pinheiro Machado, diante de gente rica e de um dos mais cultos auditórios do Rio, como conversassem, Catulo parou de tocar e cantar.[47]

É lugar-comum na bibliografia sobre o assunto o fato de que Catulo teria sido o responsável pela "reabilitação" do violão nos salões da "alta sociedade". Sem querer negar a sua importância, não se pode atribuir a uma pessoa ou a um grupo tal responsabilidade. Como afirma Martha Abreu, de fato havia autores ou cantores, do período, que não entravam com facilidade nos salões mais sofisticados, principalmente cantando algumas das músicas que falavam sobre orgulho de homens "pretos", relações entre mulheres brancas e homens negros. Entretanto, muitos deles tinham trânsito em "ambientes teatrais mais eruditos, sedentos de coisas exóticas, ou que ganhassem repercussão no nascente mercado editorial de músicas"[48]. Acrescente-se a isso que tanto o violão quanto os ritmos musicais considerados impróprios já faziam parte das representações do teatro musicado, em particular nas revistas do ano e nos circos.

Com isso, parece prudente o afastamento de análises como as de Hermano Vianna, que veem figuras como Catulo - porque frequentavam os vários lugares sociais do período - imbuídas da função de reabilitador e imputam a ele um papel de "mediador", pois ocupava "dois mundos distintos", dicotômicos, de uma elite econômica ou cultural e de um ambiente "popular" pobre. A análise desse autor supõe que o mediador não pertencia, na realidade, a nenhum desses mundos, tendo o papel "virtuoso" de "interar" os dois. Pretendendo mostrar a transformação do samba em música nacional, como fruto de uma "tradição secular de contatos entre vários grupos sociais na tentativa de inventar a identidade e cultura brasileira", afirmou que "a existência de indivíduos que agem como mediadores culturais, e de espaços sociais onde essas mediações são implementadas" seria a ideia fundamental para "a análise do mistério do samba", considerando Catulo um desses importantes mediadores[49]. Muitos artistas do teatro, mas principalmente dos circos, de posse dos versos, músicas, letras dos diversos compositores, ou de autoria própria, quando retornavam à capital federal de suas turnês pelas distintas regiões do país, traziam na bagagem o aprendizado de novas músicas, novas danças, linguagens e ritmos desconhecidos, que mais uma vez seriam incorporados aos folhetos publicados, além de gravados em disco por alguns palhaços-cantores, para logo em seguida retomarem a estrada.

## POETAS DE CALÇADA E SUAS MOXINIFADAS

Vários dos "seletos autores brasileiros" cantados pelos circenses na cidade de São Paulo moravam no Rio de Janeiro. Desde o fim do século xix e início do xx, tais autores tiveram participação efetiva nos espetáculos, principalmente nos circos que se apresentavam na capital carioca, contribuindo como autores e/ou atores de peças teatrais ou atuando como palhaços-cantores, mas raramente viajavam com as companhias. Apenas um deles, Eduardo das Neves, por um bom período da vida, tornou-se não só artista circense como também proprietário de circo. Diferentemente de Benjamim de Oliveira, que sempre se definia como um circense, Eduardo considerava esse período apenas uma das fases de sua vida. E, o mais importante, foi provavelmente o único dos autores e cantores que, do fim do século xix a 1905, saiu do Rio de Janeiro divulgando sua produção com um circo pelo Brasil, cruzando com Benjamim em São Paulo.

Da década de 1890 à de 1910, Eduardo das Neves talvez tenha sido um dos artistas mais populares. Nascido no Rio de Janeiro em 1874, dos 18 aos 20 anos, conforme informa a maior parte das suas biografias, empregou-se como guarda-freios da Estrada de Ferro Central do Brasil, logo demitido por participar de uma greve. Depois disso, ingressou como soldado no Corpo de Bombeiros, de onde foi expulso por "negligência" e por frequentar fardado as rodas de boêmios e chorões. Sempre presente, no Rio de Janeiro, nas rodas de batuques, cafés-concertos, cabarés, no teatro do Passeio Público, entre outros, Eduardo, após diversos "insucessos" profissionais, incorporou-se a um circo e começou a viajar com ele, passando a ser conhecido como Palhaço Negro, Diamante Negro, Dudu das Neves ou Crioulo Dudu. Em 1900, no bairro do Engenho Novo, compôs uma canção de título *O crioulo*, com intenção autobiográfica, na qual dizia da sua relação com o violão e a música desde "molecote", de seus empregos, greves, boêmias e demissões:

Fui morar em S. Cristóvão,
Onde morava meu mestre...
Depois de ter minha baixa;
Fui para companhia equestre.

Sempre na ponta
A fazer sucesso,
Desde o começo
Da nova vida;
Rindo e brincando,
Nunca chorando,
Tornei-me firma
Bem conhecida.[50]

Após essas estrofes, não se refere a nenhum outro emprego, apenas à atração que provocava nas mulatas e nas mulatinhas, com seus "sapatinhos de entrada baixa e calça bombacha", e no final se apresentava: "Sou crioulo Dudu das Neves." Em 1897, estava no Rio de Janeiro trabalhando no Circo-Pavilhão Internacional, já sendo anunciado como Dudu das Neves, "o primeiro palhaço brasileiro" a apresentar "canções e lundus, acompanhado com seu choroso violão"[51]. José Ramos Tinhorão levanta a hipótese de que, entre 1899 e 1902, Eduardo das Neves também estivesse vinculado a uma companhia circense, pois em diversas letras, publicadas pela editora Quaresma, ele fez constar quando e onde elas teriam sido escritas, demonstrando tal diversidade de lugares que, provavelmente, só seria possível ter percorrido se estivesse engajado em um circo: Bahia, Alagoas, Pernambuco, Minas Gerais, São Paulo e Rio de Janeiro[52].

Na cidade do Rio de Janeiro, naqueles anos, ele se apresentava tanto nos picadeiros circenses quanto nos palcos dos cafés-concertos, que estavam no auge do sucesso de público e cuja programação de variedades assemelhava-se à dos circos, principalmente as casas pertencentes ao empresário Paschoal Segreto. A maioria dos cafés-concertos e *music halls* cariocas tinha como proposta de trabalho oferecer um conjunto variado de espetáculos, que misturavam representações teatrais, cenas cômicas, musicais nacionais, muitos artistas estrangeiros executando acrobacias, ginásticas e *clowns* excêntricos.

Como já se viu, muitas companhias, artistas ou famílias circenses trabalhavam nos vários cafés e cassinos de Paschoal Segreto, importante empresário do período. Paschoal, nessa época, era proprietário do cinematógrafo Salão Paris no Rio, de outro café-concerto que teve, em um primeiro momento, o nome de Cassino Nacional e, depois, somente Cassino, do Concerto Maison Moderne[53] e do Teatro Parque Fluminense[54]. Em março de 1903, os jornais noticiavam a demolição do Maison Moderne em que se apresentava Eduardo das Neves e que passou por uma transformação e foi reinaugurado em abril do mesmo ano como um parque de diversões com galeria de tiro ao alvo, roda-gigante, montanha-russa, carrossel e, aos fundos, um pequeno palco para o café-cantante. A imprensa do período tinha total antipatia por esse espaço de Paschoal Segreto, que, segundo *O Coaracy*, era "um escarro no centro da cidade", além de ser acusado de casa de tavolagem e de exibir filmes pornográficos[55].

Tanto no Maison Moderne quanto no Teatro Parque Fluminense, a porcentagem de artistas estrangeiros era muito grande, sendo metade deles vinculada aos números circenses (denominados de números de salão quando apresentados em palcos teatrais) e a outra composta de cantores nacionais, *cocottes* e cançonetistas[56].

Para defender-se das constantes acusações de que suas casas de espetáculos estavam sempre envolvidas com jogos e prostituição[57], Paschoal Segreto desenvolveu uma campanha ostensiva nos jornais para passar uma imagem de "moralidade" dos seus empreendimentos. Em uma crônica escrita na coluna Artes e Artistas, do jornal *O Paiz*, o articulista respondeu a uma carta, recebida de um "cavalheiro", que lhe perguntava se podia levar os filhos menores às *matinées* do Cassino e pedindo a "publicação do programa que oferecia a empresa no sentido de organizar espetáculos para as famílias". A resposta afirmava serem "justamente dedicadas às famílias fluminenses as *matinées* dominicais", além disso, "os demais espetáculos daquele teatro" não eram "ofensivos à moral"[58]. Fazia parte das estratégias do empresário manter uma programação, principalmente para as *matinées*, composta de números circenses acrobáticos, de equilíbrio, *clowns* excêntricos, animais e pantomimas.

Em meados de 1902, Eduardo das Neves se apresentava em duas casas de espetáculo do citado empresário, no Concerto Maison Moderne e no Teatro Parque Fluminense, tanto nas *matinées* quanto nas *soirées*, nas quais era anunciado como cançonetista e não como palhaço, cantando dois de seus maiores sucessos daquele ano, as músicas *Santos Dumont*, em homenagem ao aviador pelo seu feito em Paris em 1901 e *Augusto Severo*, outro aeronauta, falecido em 1902, em uma explosão do seu dirigível Pax, na capital francesa[59].

A programação do Parque Fluminense constava de acrobacias e ginásticas, exibição de lanterna mágica, fio aéreo, cavalinhos e apresentação da pantomima *O esqueleto*, sucesso nos palcos/picadeiros desde o início do século XIX, como já apontamos[60].

Entre 1902 e 1903, após a excursão realizada pelo Brasil e trazendo na bagagem uma grande quantidade de canções, publicou o *Trovador da malandragem*[61], em cuja capa constava tratar-se de uma nova coleção de "modinhas brasileiras, lundus, recitativos, monólogos, cançonetas, tremeliques e choros da Cidade Nova". A partir desse período, Eduardo das Neves aparece nomeado como autor nas várias publicações feitas pela Livraria do Povo, de Quaresma, como *O cantor de modinhas brasileiras*. Conforme informação no catálogo da editora, na última página da publicação *Mistérios do violão*, tanto o *Trovador da malandragem* quanto *O cantor de modinhas brasileiras* custavam 1$000 réis, lembrando que na época o menor preço dos circos, relativo às gerais, também era de 1$000 réis.

Em 1905, junto com o "barítono cancionista Geraldo de Magalhães" – que desde o fim do século XIX apresentava-se nas casas de Paschoal Segreto (Salão Paris, Moulin Rouge e Maison Moderne), sempre acompanhado da "castelhana" Margarita, com quem formava a dupla Os Geraldos e, depois, estabeleceu nova dupla com a gaúcha Nina Teixeira[62] –, organizou a publicação *Mistérios do violão*.

No *Trovador da malandragem*, que se supõe ter sido escrito no retorno de suas viagens com o circo, Eduardo das Neves denunciou o uso e as alterações de suas músicas, sem o devido reconhecimento de sua autoria, relatando, inclusive, que elas estavam sendo gravadas em fonogramas pela Casa Edison. Disse que endereçava esse manifesto àqueles que duvidavam, isto é, não acreditavam que era seu o "choro" que caísse no gosto do público, decorado, repetido, cantado "por toda a gente e em toda a parte – desde nobres salões até pelas esquinas, em horas mortas da noite?". Descreve, ainda, que procurou o proprietário daquela Casa, Fred Figner, para denunciar os fatos e acabou sendo contratado para gravar a sua própria produção em fonogramas. Nesse livro, foram publicadas várias músicas de sucesso do momento, entre as quais as que homenageavam os aeronautas[63].

Relata, também, que era criticado porque suas músicas não tinham qualidade, uma vez que as fazia "segundo a oportunidade, à proporção que os fatos" iam ocorrendo, "enquanto a coisa é nova e está no domínio público. É o que se chama 'bater o malho enquanto o ferro está quente...'". Entretanto, pergunta ele, se suas canções não eram "tão boas nem tão notáveis", por que então havia uns "tipos mais ignorantes do que eu, que se intitulam pais de meus filhos, autores das minhas obras?". Não se sabe a quem ele se referia, mas não deixa de ser interessante pensar nessa denúncia e no debate em torno de Catulo, que reconhecidamente frequentava os salões, mas se "apropriava" das músicas de outros para colocar seus versos, e no fato de Eduardo fazer a acusação de que, apesar de suas canções estarem sendo cantadas em todos os cantos, dos salões às ruas, duvidavam que elas fossem "exclusivamente" dele.

Não foram pesquisadas fontes com a intenção de aprofundar as questões de disputas de autorias, mas vale a pena mencionar que pode ter havido uma rivalidade entre Eduardo e Catulo. Essa situação parece ser retratada por Lima Barreto no seu romance *Triste fim de Policarpo Quaresma*, com o personagem Ricardo Coração dos Outros, que lembra a trajetória artística de Catulo. Em uma passagem do texto, Ricardo refere-se a um rival, que pode ser remetido à figura de Eduardo, como "um crioulo a cantar modinhas e cujo nome começava a tomar força e já era citado ao lado do seu", com suas teorias de querer que esse tipo de canção "diga alguma coisa e tenha versos certos"[64].

Em uma crítica contundente ao prefácio do *Trovador*, João do Rio, num artigo publicado na revista *Kosmos*, em agosto de 1905, "A musa das ruas", escreveu de forma pouco simpática sobre Eduardo das Neves. Afirma, no artigo, que este último havia "fantasiado" ao dizer que era ouvido nos salões: "Ninguém ouviu os choros do Sr. Eduardo nos salões fidalgos", diz o autor. Mas, para João do Rio, o principal problema em relação a Dudu das Neves era que ele representava ou possuía uma característica típica dos "poetas da calçada", já que, depois do *music hall*, tinha perdido o rumo e "andava de smoking azul e chapéu de seda"[65], e cantava o que era o

> patriotismo, mas um patriotismo muito diverso do nosso e mesmo do da populaça - é o amor da pátria escoimado de ódios, o amor jacobino, o amor esterilizado para os de casa e virulento para os de fora. O homem do povo é no Brasil discursadoramente patriota. A sua questão principal é o Brasil melhor do que qualquer outro país.[66]

Citou como exemplo, particularmente, a estrofe da canção em homenagem a Santos Dumont:

> A Europa curvou-se ante o Brasil
> E aclamou parabéns em meigo tom
> Brilhou lá no céu mais uma estrela
> Apareceu Santos Dumont.[67]

João do Rio dizia que havia pelo menos duas tolices naquela "moxinifada", sem esclarecer quais fossem, mas reconhecia que, apesar disso, o *music hall* que Eduardo das Neves frequentava ficava apinhado de "jovens soldados, de marinheiros, de mocinhos patriotas", mas também de poetas e políticos que lotavam o teatro em total comoção. A heterogeneidade do público mostrava o quanto eram tensas e disputadas as atenções pelas elites dos salões e pelos "poetas da calçada". João do Rio conclui:

> Era a vitória da calçada, era a poesia alma de todos nós, era o sentimento que brota entre os paralelepípedos com a seiva e a vida da pátria. Esse patriotismo é a nota persistente dos poetas sem nome, patriotismo que quer dominar o estrangeiro e jamais exibe, como exibem os jornalistas, a infâmia dos políticos e as fraquezas dos partidos. A musa urbana enaltece sempre os seus homens e quando odeia oculta o ódio para não o mostrar aos de fora.[68]

A despeito das questões levantadas quanto à qualidade dos versos, de seu "patriotismo de poeta de calçada", quando Santos Dumont retornou ao Brasil, Eduardo das Neves, em 1903, reuniu vários músicos que compunham o chamado grupo dos chorões e realizou uma serenata considerada histórica pelos estudiosos da música. Entre eles estavam: nos violões, Sátiro Bilhar, Quincas Laranjeiras, Chico Borges e Ventura Careca; nos cavaquinhos, Mário Cavaquinho, Galdino Cavaquinho, João Riper e José Cavaquinho; nos oficleides, Irineu de Almeida e Alfredo Leite; nas flautas, Passo, Geraldo e Felisberto Marques; no pistão, Luís de Souza; no bombardino, Liças; na ocarina, Villa-Lobos e Sinhô[69].

O próprio João do Rio afirmava que, por aqueles tempos, a "musa urbana, a musa das ruas", em particular a modinha e a cançoneta, estava "mais popular e mais estranha" ao paladar de quem tinha "estética elevada" porque era "a de todo um milhão de indivíduos", como que reconhecendo indiretamente a sua grande aceitação pelo público da época, apesar de achar isso um problema. Para ele, nas suas "quadras mancas" viviam o "patriotismo, a fé, a pilhéria e o desejo da população"; a musa urbana era feita da "notícia de jornal, de fato do dia", evoluindo da calçada, era romântica, gozadora e peralta; era "policroma", refletia a "população confusa e babélica tal qual ela é"[70].

Eduardo das Neves e os circenses sabiam disso muito bem e consideravam essa policromia uma qualidade positiva a ser explorada. O editor Quaresma, no prefácio da publicação *Mistérios do violão*, afirma que Dudu das Neves era aplaudido "nos circos de cavalinhos, nos cafés-cantantes, no

Parque Rio Branco, em todas as casas de diversão desta capital e dos Estados". Suas canções, cantigas, cançonetas, poesias, modinhas eram decoradas e repetidas em várias casas, por tocadores de violão, fonógrafos e gramofones, assim como em "muitas casas de família, nos aristocráticos salões de Petrópolis, Botafogo, Laranjeiras, Tijuca, etc., senhoritas distintíssimas, e virtuoses conhecidos fazem-se ouvir em noites de recepção, nas cançonetas de Eduardo das Neves". Porém, o editor reconhecia que, embora ainda não fosse um "poeta impecável", como Bilac, Medeiros e Albuquerque, Raymundo Correa, Arthur Azevedo, Murad, Figueiredo Pimentel, não "trepidava" em dizer que Eduardo das Neves era um "verdadeiro trovador popular", com certeza "um poeta, na legítima acepção do termo, como o público os aprecia, os lê, os decora, e os traz constantemente na imaginação"[71].

As atividades artísticas que Eduardo das Neves assumiu naqueles anos como circense, representando o papel de palhaço-cantor, tiveram uma função importante para que a sua produção e imagem artística ganhassem visibilidade e popularidade. Os empresários que estavam por trás das publicações e dos discos sabiam disso. Como escreve Quaresma, Eduardo das Neves era, naquela época, "conhecidíssimo, popular; como é conhecido, como é popular, esse eminente e notável trovador, pelas suas inúmeras viagens por todo o interior do Brasil"[72]. A forma de organização e produção do circo como espetáculo, que pressupunha a incorporação ao seu repertório de temas que o público preferia, assim como de artistas de sucesso, possibilitava que vários deles, como Eduardo, atingissem a dimensão dessa popularidade.

Depois de 1902 e 1903, quando permaneceu na capital federal, e após ter publicado suas músicas, realizado gravações, trabalhado em diversos palcos e organizado com vários músicos uma serenata em homenagem a Santos Dumont, Eduardo das Neves voltou a se incorporar aos circos. Como ainda não era significativa a quantidade de folhetos e cilindros vendidos, ele se encarregou da própria divulgação. Em 1904, segundo as memórias escritas por Antonio Dias Paschoal, um morador de São João da Boa Vista (SP), ele chegou a essa cidade no Circo Zoológico, do capitão Silva. Como a cidade passava longas temporadas sem nenhuma oferta cultural e de divertimento, pois o teatrinho estava fechado, toda ela se movimentou com a chegada do circo, lotando as gerais, as cadeiras e os camarotes, quase sempre "a proibir a entrada". Vinha gente de todos os lados para ver os "cavalinhos", incluindo trabalhadores das fazendas da redondeza que se espalhavam pelas gerais e pelas cadeiras, enquanto nos camarotes ficavam os convidados: as autoridades, a imprensa e seus familiares. Para descrever o começo do espetáculo, ele escreveu:

pisou o picadeiro, debaixo de grandes ovações do público, um preto retinto, de corpo cheio, beiços grossos e boca rasgada... Quem seria? Empunhava um violão, cujas cordas vinha dedilhando com doçura. Circunvagou um olhar demorado pela multidão e, num repente, começou assim: "A Europa curvou-se ante o Brasil. E clamou: 'Parabéns!' em meigo tom. Lá no céu surgiu mais uma Estrela: – Apareceu Santos Dumont!" Não sei se os versos estão certos e se eram perfeitamente assim. Só sei dizer que o preto cantador era Eduardo das Neves.[73]

Sem desconsiderar a relevância da capital federal naquele período e a sua oferta cultural, e sem negar a capacidade de análise dos contemporâneos, em particular Lima Barreto e João do Rio, sobre as posições político-sociais dos diversos grupos, as companhias artísticas que realizavam turnês pelo país entravam em contato com realidades não só dos salões fidalgos, aos moldes cariocas. Mesmo que, como afirma João do Rio, Eduardo das Neves não tenha se apresentado naqueles salões, os moradores de cidades pequenas do interior, diferentes tipos de pessoas e de salões ouviram os seus "choros".

Quando surgem as publicações e os discos, já era conhecido pelos palcos/picadeiros e pelo público de várias cidades brasileiras; por isso, os empresários não "trepidavam" em publicar suas canções, seus poemas etc., nem Fred Figner teve muita dificuldade em colocá-lo junto ao primeiro grupo nacional que gravou discos no Brasil.

———

Ao se incorporarem aos circos como cantores (palhaços ou não), esses compositores juntaram seu repertório ao que a teatralidade circense já possuía, resultando em um rico diálogo entre a produção musical nacional e estrangeira, literária e dramatúrgica. O teatro musicado nos palcos/picadeiros, nos seus mais variados gêneros, que já compunha parte das representações circenses pelas pantomimas e cenas cômicas, com aquele diálogo, passou por diferentes fases da produção das suas montagens; mas isso não implicou exclusão ou diminuição do conjunto das pantomimas e composições musicais anteriormente encenadas. Apesar de essa parte do espetáculo ainda ser denominada pantomima, as representações faladas e cantadas em português foram adquirindo cada vez mais espaço. Havia uma relação clara entre continuidades e transformações, no sentido mesmo da inovação e criatividade.

Na análise de Martha Abreu sobre o que representavam Teles e sua barraca nas festas do Divino, percebe-se que os circenses nos seus palcos/picadeiros eram agentes de comunicação, transformação e difusão dos gêneros teatrais e musicais, articulando os gostos mais variados para um público múltiplo. Conforme a autora, quando algo era cantado, falado ou representado naquele espaço, já devia ser bastante conhecido ou, no mínimo, possuir boas chances de penetração entre os diversos segmentos populares[74]. No caso do circo, entretanto, pode-se acrescentar outro movimento: os circenses difundiam formas musicais e teatrais para um público que as desconhecia totalmente.

Durante todo o período em que estavam ocorrendo os debates e surgiam novas formas de divulgação da música no Rio de Janeiro, Benjamim de Oliveira manteve-se no estado de São Paulo, principalmente na capital; porém, isso não significou que houve algum tipo de isolamento. Vários circos que percorriam outros estados e, em especial, a capital federal também estiveram presentes na cidade de São Paulo nas temporadas de apresentação de Spinelli - como se viu nos casos dos *clowns* Caetano, Serrano e Santos, que em um momento estavam empregados no Circo Clementino e, em outro, eram parceiros de Benjamim. Além disso, a Casa Edison, situada nessa cidade na rua do Rosário e, depois, na rua Quinze de Novembro, lançava no mercado paulista, em julho de 1902, "as primeiras chapas para gramofones, impressas dos dois lados, com dobrados, polcas, modinhas, lundus, tangos, valsas, discursos e trechos de óperas"[75].

Paschoal Segreto também era proprietário de vários espaços de diversão em São Paulo e, dentre eles, dois nos interessam em particular: o Polytheama-Concerto e o Cassino Paulista (antigo Eldorado), ambos na rua São João. No primeiro, desde a década de 1890, a presença de circos era constante, intercalada com a das companhias teatrais. Quando Segreto tornou-se proprietário, em 1901, manteve a programação de variedades, como fazia em seus cafés no Rio de Janeiro, nos quais havia uma forte presença de artistas que trabalhavam nos palcos e nos circos: cantores, acrobatas, trapezistas, *clowns*, ciclistas, equilibristas, ventríloquos, domadores de animais domésticos e ferozes, como leões, e pantomimas acrobáticas[76]. Também na capital paulista, Paschoal Segreto manteve a campanha de oferecer seus "espetáculos familiares" nas *matinées* de domingo, com muita distribuição de doces para as crianças. Como os jornais continuavam criticando os espetáculos como "indecentes", bem como a postura do público, considerado barulhento e indisciplinado por interromper as apresentações com "pilhérias e jocosidades"[77], Segreto, em outra tentativa para atrair as famílias, anunciava:

A empresa agradecia às exmas. famílias paulistas pela frequência assídua às *matinées* organizadas para as mesmas, e desejosa de corresponder a tão elevada honra e favor, resolveu, em vista da insuficiência de localidades para essas *matinées*, organizar, por enquanto, a título de experiência, uma vez por semana às quintas-feiras, espetáculos familiares à noite, denominados *soirées selectes* (festas da moda) com programas especialmente organizados para as exmas. famílias.[78]

Alguns dias depois, o cronista do jornal elogiava a iniciativa do empresário e reprovava a postura do público[79]. Segreto aumentou ainda mais, nas noites de quintas-feiras, os números de circo. Muitos artistas que ali se apresentavam eram estrangeiros e vinham dos teatros do empresário no Rio de Janeiro: Maison Moderne, Moulin Rouge e Cassino Nacional. Diversos deles, de 1902 a 1905, trabalharam com Benjamim no Circo Spinelli.

No Cassino Paulista, a programação não era muito diferente, mas havia maior participação de cantores nacionais vindos do Rio de Janeiro, como Geraldo de Magalhães, *cocottes* e cançonetistas; porém, em 1904, o Cassino foi transformado em rinque de patinação (no ano seguinte, foi alugado para servir de depósito comercial). Paschoal Segreto também abriu o cinematógrafo Paris, em São Paulo, que ficava na rua São Bento, no mesmo molde do que havia aberto no Rio de Janeiro com o nome "Salão de Novidades Paris no Rio". Além das casas desse empresário e dos circos, na cidade de São Paulo havia, no período de 1902 a 1904, o Teatro Sant'Anna, na rua Boa Vista, que recebia companhias líricas ou teatrais estrangeiras como a atriz Réjane, de operetas, *vaudevilles*, mágicas, revistas da capital federal, e exibia cinematógrafos; Hotel Panorama (antigo Salão Steinway), onde eram apresentados concertos líricos; Pauliceia Fantástica, na rua do Rosário, centro de "novidades e diversões" com animatógrafo; Cineographo Lubin, na rua Quinze de Novembro; Coliseu Paulista, que era uma praça de touros localizada na avenida Brigadeiro Luiz Antônio; Coliseu Antárctico ou Circo de Touros, no Brás; Montanhas-Russas, entre outros[80].

A teatralidade circense adquiria cada vez mais visibilidade, com o imbricamento entre a produção musical nacional e a produção teatral, em particular com os gêneros do dito teatro ligeiro. Desde a década de 1870, Albano Pereira já chamava seu circo de "circo-teatro". Em 1899, alguns meses antes de estrear no Teatro São Pedro de Alcântara, no Rio de Janeiro, sua companhia estava no largo da Concórdia, no bairro do Brás, e se anunciava como Teatro Circo Universal[81]. A programação era composta de pantomimas, farsas e mágicas, com muita música e dança, incluindo *O casamento do Arlequim ou Remorso vivo* e *Um casamento de costumes campestres – O Circo Universal debaixo d'água*. O que se observa é que esse empresário, com a visão aguda que demonstrou ter, assumia o papel que os circenses já vinham desempenhando de verdadeiros produtores culturais.

Benjamim de Oliveira e vários artistas, circenses ou não, que beberam na fonte de diversos empresários/artistas como Albano Pereira, consolidavam no início do século xx os seus papéis de agentes produtores, transformadores e difusores, ao ampliarem a incorporação e a adaptação para o espaço circense das produções musicais e literárias e do teatro musicado.

A maior parte das pantomimas apresentadas pelos circenses era constituída de produções teatrais herdadas e transformadas para serem adequadas aos distintos públicos. Aqueles artistas utilizavam e manipulavam uma multiplicidade de linguagens já disponíveis, gerando diferentes versões para as produções. As adaptações e as paródias de vários textos – recriações cômicas ou imitações burlescas de suas próprias criações, assim como de diversas obras ou gêneros com sentido literário ou dramatúrgico – representavam o grosso das encenações.

A paródia e a caricatura eram basicamente os elementos que compunham um dos aspectos da comicidade circense. Apesar de serem ainda denominadas pantomimas, essas produções já vinham se alterando desde o fim do século xix, quando textos falados e músicas cantadas iam adquirindo cada vez mais presença nas representações.

Uma paródia apresentada no Circo Spinelli, no início do século xx, permite que se tenha uma noção das mudanças que estavam ocorrendo na produção da teatralidade circense brasileira.

Em 23 de outubro de 1902, o Circo Spinelli, armado na "rua D. Antonia de Queirós, próxima à travessa do Brás", anunciava seu retorno de uma turnê de quatro meses que tinha realizado pelo interior de São Paulo[82]. *O Estado de S. Paulo*, de 4 de junho de 1902 informava, em sua coluna Palcos e Circos/Notícias Teatrais, que havia recebido um cartão de despedida do "aplaudido *clown* do Circo Spinelli, Benjamim de Oliveira", pois a companhia estava de partida para Sorocaba. No período em que esteve fora da capital até esse seu retorno para o Brás, Spinelli manteve o jornal a par da maior parte de seu roteiro[83]. No retorno, informava ainda figurar no elenco o laureado *clown* brasileiro Benjamim de Oliveira, que havia conquistado "simpatias na capital e em todos os Estados onde tem trabalhado", o único "sem rival nos papéis cômicos e nas pantomimas", além de "muitos artistas novos, chegados da Europa e de Buenos Aires"; completava a notícia sobre o espetáculo a participação de "animais ferozes, cavalos, cabrito e 25 cachorros sábios"[84].

Ocorria a estreia, pela primeira vez, de uma pantomima que não só parodiava um dos principais romances da história da literatura brasileira, *O Guarani*, de José de Alencar, mas também fazia adaptação para a banda da companhia da ópera homônima de Carlos Gomes, a partir do libreto de Antônio Scalvini e Carlo d'Ormeville. Anunciada com o título *D. Antônio e Os guaranis (Episódio da História do Brasil)*, a propaganda informava que a pantomima fora inspirada na obra de José de Alencar e "escrita especialmente para a companhia pelo 'muito conhecido escritor Manoel Braga, de Barbacena, Minas Gerais"[85]. Além disso, descrevia:

> Com 22 quadros, 70 pessoas em cena e 22 números de música, arranjo do Maestro João dos Santos, da banda da companhia e cuidada *mise-en-scène* de Benjamim de Oliveira e Cruzet. Com este elenco:
>
> | | |
> |---|---|
> | D. Antônio | Mr. Theophilo |
> | O inglês | Mr. Salinas |
> | O criado | Mr. Vampa |
> | Cacique | Mr. Cruzet |
> | Ceci | Miss Ignez |
> | Peri | Mr. Benjamim |
> | Mulher do Cacique | Maria da Glória |
>
> Guerreiras: Miss Luisa, Miss Candinha, Mlle. Vitória e Mlle. Aveline.[86]

É possível que esse maestro João dos Santos fosse o mesmo mencionado por Ary Vasconcelos em seu livro como músico, clarinetista e compositor, que viveu no Rio de Janeiro e fazia parte do grupo de chorões musicistas do período.

Como acontecia em todos os circos, os mesmos artistas acrobatas, equilibristas, domadores estavam presentes como atores nas pantomimas: Vampa, considerado o "campeão do salto"[87]; Ignez Cruzet, uma equilibrista do arame e dançarina[88], de origem argentina como o *clown* Cruzet, seu companheiro e parceiro de Benjamim de Oliveira. Não são mencionadas as funções dos outros artistas na primeira parte do espetáculo, reafirmando a importância, naquele período, das pantomimas. Vale ressaltar e retomar o fato de que artistas circenses agregavam várias qualificações (ginastas, músicos e atores) como uma das principais características que os diferenciavam dos outros artistas de companhias e espetáculos não circenses, como os teatros em todas as suas formas, cafés, cabarés, cinema etc. oferecidos à população. A organização do trabalho no circo impunha essa multiplicidade e constituía as características que identificavam - e diferenciavam - os artistas circenses.

2. Benjamim de Oliveira como Peri na pantomima *Os guaranis*.

3. Benjamim e Ignez Cruzet, como Ceci.

Não foi encontrado, nos jornais pesquisados, nenhum comentário a respeito dessa montagem, o que dificulta imaginar como teria sido feita a adaptação da música de Carlos Gomes para a banda pelo maestro da companhia João dos Santos, nem como o "conhecido" Manoel Braga teria "escrito" a história para que ela fosse representada em mímica no circo. Não sabemos, também, como Benjamim e Cruzet cuidaram da *mise-en-scène*, se foi representada somente no picadeiro ou se havia um pequeno palco acoplado, como o que o Circo Pery havia montado pouco antes em São Paulo. Não há detalhes sobre a cenografia, mas o "guarda-roupa" era a "caráter, conforme a época" - esse foi o primeiro caso em que se puderam confirmar as informações dadas sobre o vestuário, pois algumas fotos foram tiradas das cenas da pantomima, não no picadeiro, mas posadas e realizadas em estúdios fotográficos. Tudo indica que uma das finalidades dessas fotos era a de serem comercializadas como "lembranças" ao público do circo. Apesar de não possuírem referências do nome do fotógrafo, de datas, lugares de onde e quando foram tiradas, é possível, através delas, ter uma noção não só do vestuário, mas também do que o público da época viu no circo.

É interessante constatar que essa montagem de *O Guarani* talvez tenha sido representada por atores e atrizes pela primeira vez, provavelmente como experiência única, usando a mímica e a dança, de modo muito diferente de qualquer outra das formas em que era apresentada desde a década de 1870, quando de sua estreia no Teatro Scala de Milão (Itália): aqui os artistas eram *clowns*, ginastas, equilibristas, saltadores etc., e a peça era cantada em português e espanhol. Importante ressaltar que a língua espanhola era talvez a mais falada entre os circenses no período, tendo em vista a composição latino-americana de boa parte dos artistas e as constantes turnês realizadas, particularmente, pela Argentina, Paraguai, Uruguai, Chile e México. Em 11 de dezembro de 1900, no *Jornal do Commercio*, o Circo Holmer anunciava os "Irmãos Laplace reis da excentricidade inglesa - *clowns* falando perfeitamente o espanhol, a língua mais próxima do português".

Durante os anos em que o Circo Spinelli esteve na cidade de São Paulo, apenas duas vezes a ópera original foi encenada em palcos teatrais paulistas, a primeira em 27 de dezembro de 1902 (dois meses depois da montada pelo circo) no Teatro Sant'Anna, por uma companhia lírica italiana, sob direção de Milone & Rotoli, com o maestro diretor de orquestra Gino Puccetti[89]; e a segunda, em 7 de outubro de 1903, no mesmo teatro, por outra companhia italiana, sob direção de G. Sansone[90].

As produções teatrais parodiadas eram constantemente criticadas pelos meios intelectuais e letrados, numa alusão recorrente às origens dos teatros de feira e, posteriormente, ao tipo de espetáculo produzido pelos circenses. Vale lembrar que alguns atores ou autores eram criticados na segunda metade do século XIX, em particular Vasques, por deturparem os palcos teatrais e por se tornarem "saltimbancos parodiadores insuportáveis". Arthur Azevedo, no fim daquele século e início do XX, talvez tenha sido o escritor que mais contribuiu com paródias para o teatro, ao mesmo tempo que também recebia muitas críticas de escritores e jornalistas do período. A forma como respondia a isso, tendo em vista a sua relação com o teatro ligeiro, era ambígua: em alguns momentos defendia a necessidade de tal produção como sobrevivência, analisando que não eram tão ruins assim os gêneros tidos como alegres e que o gosto do público deveria ser respeitado; em outros, acusava os autores de tais gêneros, os empresários e o gosto do público de serem os responsáveis pela total decadência do teatro[91].

É bem possível que, se vivos, José de Alencar e Carlos Gomes não tivessem aprovado tamanha miscelânea, assim como alguns letrados e intelectuais que assistiram a ela - ou pelo menos tomaram conhecimento dela pelas propagandas nos jornais. Mas, se não foi localizado naquele período da estreia nenhum comentário sobre a montagem, o fato é que muitas pessoas que não conheciam a história nem a ópera tiveram oportunidade de conhecê-las e, muito provavelmente, divertiram-se bastante com aquela paródia cantada e dançada por um "índio negro", reconhecido pelo público como *clown* tocador de violão e cantador de lundus, modinhas e cançonetas. Em 28 de março de 1903, na coluna Palcos e Circos, pela primeira vez aparecia um pequeno comentário sobre a encenação, dizendo ter sido a "peça de resistência, durante a noite", e que as danças ali apresentadas haviam causado tanto entusiasmo que foram "repetidas três vezes"[92]. Essa pantomima iria se tornar presença marcante na programação do Circo Spinelli até pelo menos a década de 1910, com Benjamim sempre no papel de

Peri, variando os atores e as atrizes que representavam os demais papéis, além de outros circos incluírem-na em suas representações.

O repertório das pantomimas era formado, por um lado, por tramas baseadas nos folhetins melodramáticos, nos heróis-bandidos e nos temas militares, como *Os garibaldinos*, *Os bandidos da Serra Morena*, *Os brigantes da Calábria*, *Estátua de carne*, *Remorso vivo* e *Musolino*. Esta última já era representada por José Podestá no final dos anos 1890. É provável, segundo Beatriz Seibel, que fosse uma montagem baseada na história do caso de Giuseppe Musolino, polêmico italiano calabrês chamado de mafioso e assassino, condenado pela justiça italiana por volta de 1895. A história daquele "brigante" foi motivo de incontáveis versões de dramas sobre outros personagens rebeldes, aparecendo com frequência no repertório dos circos[93]. A esse tipo de pantomima, juntavam-se novas produções, às vezes chamadas de farsas, como *O Juca do hotel* e *O ponto da meia-noite ou O hotel da velhinha*[94].

Em vários meses dos anos 1902 e 1903, o Spinelli incorporou ao espetáculo as touradas, em alguns cartazes sendo denominado mesmo de "praça de touros", contratando toureiros profissionais auxiliados pelos palhaços da companhia para lidar com os touros vindos de fazendas próximas. O *Estado de S. Paulo*, de 23 de março de 1902, por exemplo, cita que seis touros vinham especialmente da fazenda do criador José Pedro de Brito. Com esse tipo de espetáculo sendo apresentado em vários locais, como largo da Luz, praça da República, praça João Mendes, avenida Barão de Limeira (entre as ruas General Osório e Duque de Caxias) e Brás, retomaram-se pantomimas como *A feira de Sevilha* e *Tourada em Sevilha*, nas quais os artistas circenses e os toureiros tornavam-se atores, parodiando touradas e corridas de touro. A companhia Spinelli, naquele período, passou a se chamar: "equestre, ginástica, musical, funambulesca, mímica, bailarina, coreográfica, zoológica e tauromaquica [*sic*]"[95].

Quando o Spinelli estava armado na alameda Barão de Limeira, pela primeira vez apareceu na coluna Seção Livre do jornal *O Comércio de São Paulo* uma carta escrita "em nome" do público ou dos moradores do bairro que assistiam ao circo. Uso as aspas porque há possibilidade de ter sido uma "matéria paga" enviada pelos próprios circenses.

> Não podemos deixar de falar sobre o Circo Spinelli, que está armado na alameda Barão de Limeira. Esta Cia. tem feito grande sucesso neste bairro e tem dado diversos espetáculos, com grande concorrência.
>
> É uma prova que o Sr. Spinelli tem um bom conjunto de artistas: a menina Etelvina, que faz o trapézio volante, com as posições mais

difíceis que temos visto; o *clown* Cruzet, que traz constantemente a plateia em delírio, com suas pilhérias, e o nosso simpático Benjamim de Oliveira, que, além de desempenhar seu papel como palhaço, nas pantomimas não tem rival.

Valem a pena de se apreciarem as pantomimas do Circo Spinelli. Parabéns ao Sr. Spinelli.

Seus admiradores.[96]

Nas páginas dos jornais na cidade de São Paulo, além de algumas programações especiais aos domingos, não passava um dia sem que fosse anunciada a presença de um circo. Em *O Estado de S. Paulo*, em particular, as notícias sobre os espetáculos de circo eram constantes nas páginas de propaganda, nas sinopses ou crônicas na coluna Palcos e Circos, só comparadas àquelas sobre as atividades do Polytheama-Concerto, no qual Paschoal Segreto mantinha números estrangeiros circenses que chegavam a incluir os artistas do Nouveau Cirque de Paris[97]. O Teatro Sant'Anna tinha uma programação irregular das companhias que o ocupavam, e as salas de cinematógrafos, pertencentes a Paschoal Segreto, apesar de estarem crescendo em número, ainda não apareciam nos jornais. Os espetáculos dos circos e dos cafés-concertos continuavam sendo as principais ofertas culturais de entretenimento do período na capital paulista.

Nos circos, a produção do teatro musicado e dos palhaços cantores foi se organizando de forma mais presente do que nos cafés-concertos. Quando novos repertórios de cenas cômicas, entradas de palhaço, músicas e pantomimas apareciam, rapidamente entravam no circuito circense e acabavam por se espalhar por todas as regiões. Por causa do grande trânsito de circos, em particular nesse período, pela capital e interior paulista, o intercâmbio entre estes e os outros espaços era permanente.

Em 1903, Benjamim de Oliveira, na companhia do Circo Spinelli, voltava a entrar em contato, ainda na cidade de São Paulo, com alguns antigos mestres e companheiros de trabalho, como os Pery, os Ozon, e os palhaços-cantores ou trovadores, como Polydoro e Serrano, que trabalhavam no Circo Americano, sob a direção dos artistas Santos & Galdino Pinto. Este último era pai do futuro palhaço Piolin, que tinha na época seis anos de idade e era anunciado como o "menor contorcionista do mundo". O Circo Americano ficou quase um ano na cidade de São Paulo, conforme *O Estado de S. Paulo*, de junho de 1903 a março de 1904. Galdino Pinto não era de circo, incorporou-se a ele graças a seu casamento com Clotilde Farnesi, artista equestre. Antes de trabalhar como palhaço, foi empresário do Circo Takesawa Manje e depois adquiriu seu próprio circo - de nome Americano. Nesse circo, em 27 de março de 1897, nasceu seu filho, Abelardo Pinto, o Piolin. No Brasil o Dia do Circo é comemorado exatamente em 27 de março, em sua homenagem[98].

O Circo Americano, que vinha de uma turnê pelo estado do Rio de Janeiro, trazia novidades quanto às músicas e aos ritmos gravados, bem como algumas montagens de pantomimas, como a anunciada com o título *A terra da goiabada*, informando que era uma "revista de costumes da cidade de Campos". Benjamim de Oliveira chegou a contracenar com seu antigo mestre, o palhaço-cantor e tocador de violão Polydoro. O encontro foi registrado em fotografia, provavelmente feita durante a representação dessa revista[99].

O que se observa é que os circenses davam o nome genérico de pantomima às suas inúmeras montagens e representações teatrais. Na realidade, elas comportavam os vários gêneros musicais, dançantes, satíricos e cômicos produzidos no fim do século XIX. Por isso, ao incorporarem uma peça anunciada como pantomima, mas também "revista de costumes", ao mesmo tempo que davam continuidade a um modo de organização dos seus espetáculos, marcado pelas suas "heranças" (como suas origens de saltimbancos, os tablados e o teatro de feira), acrescentavam novas formas de interpretação e leitura.

Não há nenhum dado nos jornais do período sobre a maneira como era montada uma revista/pantomima no circo, apenas contamos com informações orais obtidas das entrevistas feitas com Noemia e Conceição Silva, filhas do "capitão Silva" (circo onde trabalhou Eduardo das Neves em São João da Boa Vista, em 1904), nascidas em 1902 e 1909, respectivamente. Segundo informaram, quando nasceram, aquela "revista do ano" já fazia parte do repertório do circo de seus pais. Elas chegaram a representá-la por muitos anos e a descreviam da seguinte maneira:

> *A Goiabada* era uma revista de 60 números de músicas, tudo cantado. Foi no Rio [Campos], naquela época em que deu aquela enchente, aquelas epidemias. Apresentava tudo, cada um dizia: eu sou a enchente, eu sou a epidemia, eu sou a luz, eu sou a goiaba, eu sou o repórter.[100]

Nessa entrevista, afirmaram ainda que decoravam o "texto", que continha trechos em prosa e trechos recitados em verso; além disso, relataram que havia um guarda-roupa para cada personagem e quadro. Possivelmente essas reminiscências devem datar de pelo menos dez anos após a estreia daquela "pantomima revista de costumes" pelo Circo Americano, na cidade de São Paulo.

É interessante observar a análise que Fernando Mencarelli faz do gênero revista:

> Tendo cumprido uma trajetória dos tablados de feira ao bulevar, os gêneros ligeiros, entre eles a revista, estiveram sempre voltados para o público amplo e diversificado que caracteriza as massas urbanas. Entretanto, esse público não é indistinto, tendo origens e visões de mundo diferentes. Criada para esse público heterogêneo e múltiplo, a revista também abrigava multiplicidades, e se abria a múltiplas leituras. A própria fórmula do gênero e suas características constitutivas revelam as possibilidades de leitura que permitia, apresentando-se como um texto que mesmo pronto permanecia aberto para ganhar contornos diferentes segundo a visão dos espectadores.[101]

Chamam a atenção as semelhanças entre o que temos visto sobre os espetáculos circenses e a análise que o autor faz dos gêneros ligeiros e, em particular, da revista do ano. Quando um texto de revista era incorporado ao campo da teatralidade circense, ele não só era facilmente assimilável como se enriquecia com as múltiplas linguagens que essa teatralidade tinha condições de incorporar, pressupostos do modo de organização do trabalho circense que, ao mesmo tempo, identificava e diferenciava. Além disso, por características já anteriormente analisadas, ampliava sua divulgação para os diferentes públicos. Nas representações teatrais nos circos - sejam entradas, cenas cômicas ou pantomimas -, os circenses mantinham certo núcleo de estrutura e personagens fixos, mas também incorporavam o cotidiano, parodiando-o. As origens circenses nos teatros de feira e o gênero revista do ano se complementavam e se alimentavam, havia aí um feliz encontro. Como a transmissão das peças entre os artistas dos circos, na sua grande maioria, era oral, mesmo preservando-se certo núcleo para o "texto", com certeza as formas de representações e as incorporações variavam de acordo com os circenses que as representavam e com o público para o qual era dirigida.

**CRIOULOS FACEIROS**

No final de 1903, o Circo Spinelli saiu da capital paulista e iniciou uma nova turnê; em março de 1904, a coluna Palcos e Circos informava que estavam trabalhando "com muito agrado" em Cascadura, "nos arrabaldes do Rio de Janeiro"[102]. Nesse momento, é bem provável que Benjamim tenha encontrado Eduardo das Neves, entre outros artistas da capital federal. Tal suposição prende-se ao fato de que Eduardo compôs, nesse período, o lundu "Crioulo faceiro", em homenagem "ao simpático *clown* Benjamim de Oliveira", publicado no livro *Mistérios do violão*:

Eu sou crioulo faceiro,
E sou brejeiro, na multidão,
Cada conquista é um tesouro
No choro do violão!...
  Vem cá, mulata,
  Não sejas má,
  Que o teu crioulo,
  Pra teu consolo,
  Pronto aqui está.
Num paraíso de flores,
Os meus amores, aqui sonhei:
Em sonho vi minha amada,
Mágica fada, a quem amor jurei.
  Linda morena,
  Meu querubim,
  Tem dó, tem pena,
  Do Benjamim.
Eu venho lá de outra terra,
Onde em cem guerras de amor me vi,
E combatendo feias ações,
Mil corações ali venci!
  Com toda a calma,
  Fui vencedor:
  Ganhei a palma,
  Na guerra de amor,
Ouvi minha despedida:
Adeus, querida, pecados meus,

A tua ausência me mata...
Linda mulata, adeus! Adeus!
Quanta saudade!
Amor sem fim,
Nesta cidade
Vai deixar o Benjamim![103]

Após esse período em que esteve no Rio de Janeiro, ambos, Benjamim de Oliveira e Eduardo das Neves, voltaram a trabalhar no interior do estado de São Paulo, como se viu acima, em São João da Boa Vista. Não se tem registro sobre essa turnê do Circo Spinelli, que, em setembro de 1904, retornou ao Rio de Janeiro, de onde Benjamim poucas vezes iria se ausentar desde então. Eduardo das Neves entrou na capital paulista com o Circo Teatro François e, como Baiano, Mário Pinheiro e Catulo da Paixão Cearense, sua contribuição para a produção da teatralidade circense não se deu apenas com a música, mas também com a dramaturgia, pois era um dos atores das pantomimas e das cenas cômicas apresentadas nesse circo.

Caso interessante a ser lembrado é o da família François, que chegou ao Brasil na década de 1860 com a família de sua esposa, Ana Stevanowich. Em 1881, montou seu próprio circo, estabelecendo relações de sociedade ou casamento com várias outras famílias circenses, como: Savalla, Pantojo, Temperani, Landa, Almeida, Stancowich e os Wasilnovich[104]. Jean François é considerado pela bibliografia circense brasileira um empresário dinâmico e arrojado, pois incorporava rapidamente as mais novas invenções tecnológicas, por exemplo, em 1909 teria importado um gerador Otto, da Alemanha e um projetor Pathé da França; assim, com luz elétrica e projetor próprios, transformava uma parte do espetáculo em cinema[105].

Em 1903, Jean François estava com seu circo armado no centro da cidade de São Paulo, logo após a estreia de Benjamim com *Os guaranis*, e a de Polydoro com *A terra da goiabada*. Após um ano, inaugurava o Teatro Circo do Parque Fluminense[106], na capital federal, de propriedade de Paschoal Segreto, local onde Eduardo das Neves também trabalhava, provavelmente contratado para realizar a turnê com os François. Nesse mesmo ano, estavam novamente na capital paulista, e em seu repertório constavam as duas pantomimas, aparecendo como principal ator o artista Eduardo das Neves, divulgando todas as suas canções já publicadas e gravadas.

Em 1905, na capital paulista, Jean François inaugurava no seu circo um novo palco cênico, no qual ocorreu uma rica produção de músicas e pantomimas, revelando um Dudu das Neves, além de compositor de cançonetas, autor de pantomimas e responsável pelas suas *mise-en-scènes*. Anunciadas como "pantomimas cantadas", sugerem, pelos títulos, uma mistura de temas do cotidiano da população com as "novidades" que estavam ocorrendo no lugar. É o que parecem indicar, por exemplo, os títulos *Um bicheiro em apuros* ou *O padre Virgulino Carrapato dançando cake-walk*[107] – dança de compasso binário, ritmo sincopado e origem afro-americana que, segundo a etimologia da palavra, seria um divertimento em que o dançarino que desse os mais inventivos passos ao caminhar ganhava um bolo[108]. Vicente de Paula Araújo afirma que "fazia furor nos salões" dos Estados Unidos, da Inglaterra e da França e foi dançado pela primeira vez em São Paulo no Polythema-Concerto, em 1903[109].

Os circos que estavam na capital paulista, em 1905, tornaram-se as principais atrações para o público que queria assistir a um espetáculo de variedades. O mais importante concorrente desses circos, nessa cidade, era exatamente o Polytheama-Concerto, que deixara de ser café-concerto no final de 1904 para transformar-se em Teatro Polytheama, parando de apresentar números circenses ou de variedades. Esse teatro inaugurou sua "temporada lírica popular" com uma companhia italiana, dirigida por Donato Rotoli, que se apresentou até fevereiro de 1905, sendo depois substituída pela Companhia de operetas, mágicas e revistas do teatro Apollo do Rio de Janeiro[110].

François, usando do senso de oportunidade, anunciava que, no seu "elegante palco cênico", um "grande número de peças teatrais seriam transformadas em pantomimas", sendo muitas delas "da lavra do popular Eduardo das Neves", escritas especialmente para aquela "acreditada companhia", com temas brejeiros e românticos, como *Moreninha do sertão*, ou xistosas, como *Nhô Bobo!*[111]. Algumas pantomimas representadas, denominadas farsas e mágicas, escritas por artistas de circo brasileiros, como Eduardo, rapidamente começaram a ser adotadas por vários circos com as mais variadas denominações, como *O olho do diabo ou A fada e o satanás*, encontrada às vezes também com o título de *O monóculo do diabo*[112]. As produções de farsas e mágicas continham suas composições musicais, algumas delas feitas especialmente para as festas de benefício das principais atrizes do circo François e do Spinelli, como consta na publicação *Mistérios do violão*. Para Marietta François, Eduardo compôs *Salve!*, e para a "bela Ignez Cruzet", parceira de Benjamim nas pantomimas, fez *Saudação!*[113].

Muitos críticos – contemporâneos ou historiadores – apontam uma decadência da produção do teatro nacional nesse período. O teatro da *Belle Époque*, para Décio de Almeida Prado, liga-se a "certos gêneros menores, a meio caminho entre o teatro e a música"[114], que não eram sequer vistos como teatralidade. A despeito disso, aquele era um momento de grande produção de textos teatrais musicados nos circos, na maioria das vezes tratando-se de montagens e representações faladas, não mais de mímicas, porém ainda permanecendo no quadro dos gêneros que aquele autor denominaria de menores, que misturavam paródia, canto, dança, saltos, farsas e mágicas, e só serviam para diversão e entretenimento.

Jean François e Albano Pereira foram os primeiros, nas fontes pesquisadas, a utilizar o termo "circo-teatro" no nome de suas empresas. As outras companhias, inclusive a de Spinelli, continuavam a ser denominadas de: equestre, mímica, coreográfica, musical etc. A estrutura do espetáculo não se alterava na maior parte dos circos, mantendo um conjunto de números acrobáticos em uma primeira parte, somada a uma segunda, de representação teatral. Entretanto, com base nas diferentes experiências criadas pelos vários circenses, presentes entre 1902 e 1905 na cidade de São Paulo, numa mistura de diferentes usos das múltiplas formas de divulgação da música e das releituras e adaptações da literatura, bem como dos vários gêneros teatrais para o espaço do circo, observa-se cada vez mais, nas fontes pesquisadas, um aumento significativo das referências às produções teatrais e musicais dos próprios artistas circenses. Mesmo que a representação falada não fosse novidade nos espetáculos, a partir desse período os artistas autores das peças começam a escrevê-las ou adaptá-las, desenvolvendo enredos e tramas exclusivamente com diálogos. Essa nova forma predominante de produzir a representação teatral no espetáculo fez parte do processo de consolidação dos circenses como produtores de uma multiplicidade de linguagens artísticas denominada circo-teatro ou, como se diz ainda hoje na linguagem circense, o "circo de primeira e segunda partes".

Eduardo das Neves teve uma contribuição importante na constituição dessa teatralidade circense também como empresário. Em 1906, ainda na cidade de São Paulo, era proprietário de um circo em sociedade com João de Castro, o Circo-Teatro Pavilhão Brasileiro, no qual se apresentava como cançonetista, ator e autor das peças encenadas[115]. Quando retornou à capital federal, naquele mesmo ano, ainda se manteve proprietário desse circo; entretanto, não continuou de modo exclusivo com a vida profissional artística circense, pois, a partir daí, envolveu-se com os palcos teatrais e as gravações de discos.

No Rio de Janeiro, para onde retornou em 1905, Benjamim produziu cada vez mais novas paródias e adaptações da literatura para o palco/ picadeiro, tornando-se autor de muitas peças encenadas no Spinelli.

## A MULTIPLICIDADE CIRCENSE NO RIO DE JANEIRO

A maioria das reportagens sobre Benjamim de Oliveira a partir de 1905, período em que vai ao Rio de Janeiro com o Circo Spinelli, construiu referências muitas vezes lineares, mas em certos momentos ambíguas quanto às datas e produções realizadas. Muitos jornalistas que as escreveram, e o próprio Benjamim, foram bastante pautados pela ideia de que foi ele o introdutor do teatro popular no circo nacional, o que acabou por desenhar uma forma muito marcante e simplista da memória sobre esse processo[116]. É consenso em tais relatos e, por conseguinte, na maior parte da bibliografia que a estreia de *Os guaranis* teria ocorrido na capital federal; porém, quando cruzamos essas informações com outras fontes, como as propagandas em jornais, vimos que em São Paulo essa peça já havia sido apresentada anteriormente. Entretanto, essa disparidade não invalida a hipótese de que Benjamim de Oliveira, entre 1905 e 1910, para além do que já realizara em São Paulo, foi um importante protagonista da consolidação da teatralidade circense e do tipo de espetáculo expresso pelo circo-teatro na capital federal.

Nas entrevistas, Benjamim relata que, ao retornar ao Rio de Janeiro, havia se tornado sócio de Affonso Spinelli e responsável pela parte artística[117]. Na maioria dos circos, o artista-proprietário era quem realizava toda a direção artística (*mise-en-scène*) e empresarial, ou seja, exercia as funções de ginasta, músico, ator e diretor, o que, diga-se, era também a forma de organização da maior parte dos teatros. Quem se diferenciou desse processo foi Paschoal Segreto, considerado por isso um "novo modelo de empresário no campo das expressões artísticas". Apesar de ser proprietário de uma diversificada quantidade de casas de espetáculos, que não se restringiam a empreendimentos teatrais, Segreto jamais havia exercido alguma função artística, apenas "financiava as produções de companhias teatrais de sua empresa (ou mesmo de outras empresas) e negociava suas casas de espetáculos para serem ocupadas por outras companhias interessadas"[118].

Benjamim de Oliveira já havia exercido a função de ensaiador e diretor, como em *Os guaranis*, quando toda a *mise-en-scène* tinha ficado sob sua responsabilidade. Essa informação é significativa à medida que dá um pouco a dimensão do grau de profissionalização da sua atuação artística, pois, antes da parceria com Spinelli, somente Eduardo das Neves aparecia como artista contratado responsável pela *mise-en-scène* das pantomimas. Acrescentavam-se, assim, às suas atividades de músico, compositor e ator, as de autor e adaptador - do texto e das músicas - das peças encenadas, o que deve ter aberto a Benjamim, como empresário, mais possibilidades para inovações.

Com a direção artística, começou a investir na ampliação das produções já existentes, escrevendo textos com diálogos e músicas, indo ao encontro do gosto do público. Pelos seus relatos, somos informados de que frequentava os diversos teatros, cafés-concertos e *music halls* cariocas, e de que foi atraído pelas inúmeras montagens de mágicas, burletas e revistas realizadas pelas companhias teatrais, particularmente pelas "aparições e as tramoias das mágicas representadas à época", na maioria daqueles espaços da cidade[119].

Como artista de circo, já sabia, por sua própria experiência e pela de outros circenses, das reais possibilidades de encenar qualquer daqueles gêneros no palco/picadeiro. Como empresário circense também sabia que devia estar atento para novos repertórios, a fim de incorporar temas e produções da preferência do público, disputando-o, palmo a palmo, com as companhias que produziam o teatro ligeiro, de variedades e, até mesmo, o dito "sério".

Em 1905 e 1906, quando chegou à capital federal, Benjamim pôde ver que a maior parte das montagens das companhias nacionais ou estrangeiras era de revistas do ano, burletas, mágicas, óperas cômicas e operetas dos mais variados autores - produção que pode ser verificada nas propagandas nos jornais da época e na bibliografia sobre o período[120]. Viu, também, diversos circos, entre os quais uma nova companhia, ocupando o Teatro São Pedro de Alcântara, que apresentava, além dos números de costume, como os dos "artistas brasileiros" da família Seyssel, uma "grande corrida de touros" dentro do teatro e o "sucesso da temporada", o cavalo de Mr. Germain dançando *O maXIXe*[121], que parece ser a revista de Bastos Tigre. A propaganda não dá detalhes sobre quais músicas o cavalo teria dançado, mas provavelmente tenha sido *Vem cá, mulata*, a que ficou mais famosa no carnaval de 1906[122]. Fora a propaganda, não foi localizada nenhuma menção sobre a presença de "corridas de touros ou touradas" naquele teatro ou alguma alteração em sua arquitetura interna.

Outro circo que deve ter sido visto por Benjamim, já que também estava na capital federal, armado no largo da Segunda-Feira, no Engenho de Dentro, foi o Teatro Circo Fernandes, de origem chilena. Ele anunciava como uma das suas grandes atrações a pantomima *Moreninha do sertão*, na qual seriam exibidas canções sertanejas e cujo papel do protagonista era de Olívio de Mello, acompanhado por uma "orquestra" composta de 12 professores dirigidos "pelo hábil maestro Manoel Colla"[123]. Essa pantomima e suas músicas haviam sido escritas e representadas por Eduardo das Neves um ano antes, na cidade de São Paulo, no Teatro Circo François.

O objetivo dessa descrição sobre o que Benjamim estava vivenciando no período é poder perceber a sintonia entre produções, gêneros e representações que os diversos espaços de expressão artística realizavam na época, resguardando, é claro, a especificidade de cada um.

No Spinelli, Benjamim começou a dirigir uma equipe de circenses, antigos empresários/artistas, entre os quais se encontravam os Ozon, os Olimecha, a família Pery e os Temperani. A mobilidade entre ser proprietário e artista contratado fazia (e faz) parte do próprio modo das relações no meio circense, no sentido mesmo da disponibilidade de oferta de trabalho; ser um ou outro dependia de um leque de fatores, desde crises econômicas, tragédias – como perda total dos circos devido a chuvas, tempestades, incêndios –, até dissoluções de sociedades ou por união através de casamento[124]. Tendo sob sua direção essa equipe, portador que era das várias linguagens artísticas que existiam no período e estavam presentes nos espetáculos, Benjamim iniciou uma nova frente de produção e começou a escrever seus próprios textos para serem representados no circo, além de manter seus trabalhos como adaptador de textos e responsável pela *mise-en-scène*.

A primeira peça escrita e apresentada, *O diabo e o Chico*, apesar de não fugir ao que os circenses já realizavam, pois era uma mágica às vezes denominada de farsa, é significativa. Benjamim a escreveu na totalidade, incluindo o diálogo e a letra das músicas. Segundo ele, o "sócio-caixa", Affonso Spinelli, teria resistido a montar a peça por causa do custo. Não há mais detalhes sobre o montante, muito provavelmente alto, por causa do guarda-roupa e do cenário. Mas a referência não deixa de ser curiosa, pois seus relatos nada dizem sobre o custo de *Os guaranis*, que utilizou vestuários e cenários da época. Por isso, a reação de Spinelli sugere que a peça pedia muito mais investimento do que até então se havia destinado às montagens das pantomimas; mesmo assim, acabou concordando e os "papéis foram tirados", provocando uma reação por parte dos artistas que merece ser vista sob dois pontos de vista. Um diz respeito à superstição, por causa do título que tinha o nome do "tinhoso", e o segundo, que nos interessa em particular, é o fato de os artistas se recusarem a representar a peça, alegando ser muito difícil dizer "aquelas palavras todas no picadeiro sem o auxílio do ponto"[125].

Como regra, havia uma pessoa que cumpria a função do "ponto", cuja presença era considerada essencial nas representações teatrais da época, particularmente devido ao grande número de peças que faziam parte do repertório das companhias, algumas variando-as quase diariamente. Com tal rotatividade, os ensaios eram realizados em no máximo uma semana, ficando

4. Divulgação da peça *O diabo e o Chico*, no Circo Spinelli, em 1908.

a técnica entregue aos ensaiadores, e os atores acabavam não recebendo o texto integral, mas apenas a sua parte e a deixa. O ponto era o único que tinha todo o texto completo "que, sob o palco, aparecendo para os atores apenas com a cabeça, escondida do público por uma caixa de madeira vazada na frente, ia dizendo as falas seguintes a cada pausa dos atores"[126]. Além de "soprar" as falas, funcionava como um ensaiador em cena, pois "controlava as entradas e saídas de cena, a iluminação, a sonoplastia, a subida e descida da cortina", enfim, sendo responsável pelo andamento do espetáculo em "conformidade com o que havia sido previamente ordenado pelo ensaiador"[127].

> O movimento de cena, a propriedade do gesto nesta ou naquela passagem, a inflexão adequada a certa frase, a pronúncia de uma palavra que ofereça dúvidas são questões que se discutem e se resolvem no palco entre artista, ensaiador e o autor.[128]

O fato de os circenses resistirem a representar a peça de Benjamim de Oliveira sem a ajuda do ponto reforça algumas análises deste livro. Em primeiro lugar, a ideia de que, mesmo que os cronistas teatrais da época não descrevessem no detalhe as representações das pantomimas, os circenses já representavam peças faladas em seus palcos/picadeiros e, por isso, havia necessidade de uma pessoa que cumprisse aquela função. Em segundo, a resistência no mínimo relativiza uma imagem presente nos estudos dos pesquisadores e historiadores do teatro brasileiro: a de que a partir da década de 1940 é que teria sido abolido o ponto, particularmente, com o trabalho realizado, no Brasil, por Zbigniew Marian Ziembinski. E, em terceiro, mesmo que o texto de *O diabo e o Chico* não tenha sido localizado, pode-se crer que já era uma estrutura dramática "de porte", que dificultava aos atores memorizar suas falas. Tudo parece indicar que foi Benjamim quem de fato assumiu todas aquelas funções, a de ensaiador, ponto e autor, o que não era raro acontecer nos teatros[129].

# CIRCO SPINELLI

Companhia Equestre Nacional da Capital Federal

## BOULEVARD DE S. CHRISTOVÃO

Director e proprietario Affonso Spinelli

## HOJE! 16 de maio HOJE!

### 385ª funcção!

*SUCCESSO!*     *NOVIDADES!*

Noite de immensas gargalhadas!

Continúa o grande successo dos celebres e applaudidos **Cardonas**

e da notavel familia japoneza **DE FRANK OLIMECHA**

que tantos applausos tem conquistado todas as noites

## HOJE!     HOJE!

## Magestoso espectaculo!

Mais uma vez, a PEDIDO, se faiá representar, na segunda parte do programma, a espirituosa farça fantastica de grande successo, de costumes nacionaes, intitulada

# O DIABO
## E O
# CHICO

producção do popular Benjamin de Oliveira, ornada com lindos numeros de musica.

Terminará essa farça com uma deslumbrante **apotheose**,

Amanhã—GRANDE ESPECTACULO!    690

5. Divulgação da peça *O negro do frade*, no Circo Spinelli, em 1910.

Benjamim relata que, apesar das dificuldades econômicas e das resistências dos artistas, conseguiu ensaiar a peça e realizar sua estreia com o circo instalado em um boliche, localizado na praça Onze de Junho[130]. A primeira vez que vimos a sua propaganda nas fontes foi em 12 de dezembro de 1906, e o circo não estava mais armado naquela praça, e sim no *boulevard* de São Cristóvão, aparecendo, pela primeira vez, como teatro-circo[131]. Essa peça, anunciada como mágica ou farsa fantástica, fez parte do repertório daquele circo até pelo menos a década de 1920[132].

Com o sucesso obtido nessa montagem, Benjamim começou, imediatamente, a escrever e preparar cenários para outras peças, como a que veio logo a seguir, *O negro do frade*, uma das primeiras transcritas encontrada nos arquivos[133]. Anunciada como farsa-fantástica, era composta de dois atos, dois quadros e apoteose, com 14 números de música e o papel cômico confiado ao ator teatral Pacheco[134], que trabalhou com o Circo Spinelli por muitos anos. Apesar de o enredo envolver diabos, confusões, música, amores, traições, misturando todos os elementos melodramáticos, a trama tratava de temas presentes no cotidiano da população da cidade do Rio de Janeiro; o "herói" da peça era um negro pobre, Arlipe, interpretado por Benjamim, que se apaixonou por uma moça branca, filha de um coronel fidalgo. A tensão da trama se dava porque o pai queria casá-la com outro fidalgo branco e rico, apesar de ela também ter se apaixonado por Arlipe, seresteiro do bairro e filho de um padre e de uma lavadeira negra, que lhe garantia o sustento. O primeiro cenário descrito no texto é um botequim, frequentado por "fidalgos e plebeus", brancos e negros. No desenrolar da trama, o fidalgo branco empobreceu e o negro pobre enriqueceu, pois o padre, antes de morrer, havia reconhecido a sua paternidade e lhe deixado uma substanciosa herança. Com isso, o pai fidalgo lhes deu a bênção e os apaixonados casaram-se, afugentando os satanases, que, como o pai, também tinham sentimentos preconceituosos e queriam a separação do casal.

Mesmo que o "mocinho negro" tenha que ficar rico para se casar com a "mocinha branca", não deixa de ser interessante que o primeiro texto encontrado de Benjamim de Oliveira trate da união entre uma mulher branca e um homem negro e seresteiro. O texto e as músicas da peça incorporaram

# CIRCO SPINELLI

Companhia Equestre Nacional da Capital Federal—Boulevard S. Christovão—Director e proprietario, Affonso Spinelli.

---

## HOJE Domingo, 24 de abril HOJE

### Successo ! sempre successo !

## Unica novidade do dia!

## MAGNIFICO ESPECTACULO

no qual se farão executar, na primeira parte do programma, excellentes actos de acrobacia, gymnastica e entradas comicas, e na segunda parte far-se-ha representar A PEDIDO, a farça fantastica em tres quadros

# O NEGRO DO FRADE

de BENJAMIN DE OLIVEIRA, ornada com lindos numeros de musica.

---

Terminará esta farça com uma linda APOTHEOSE •

O espectaculo principiará ás 8 horas

## AMANHÃ --- Descanso

Os bilhetes á venda na bilheteria do circo, das 10 horas do dia em diante. 291

6. Benjamim de Oliveira e Cândida Leme na "farsa fantástica-dramática"
*A filha do campo*, 1907.

vários aspectos referentes aos preconceitos raciais e sociais da época; aliás, o tema da união entre brancos e negros já era amplamente cantado nos versos dos lundus e modinhas[135]. Essa peça foi representada pelo menos até a década de 1920 no Circo Spinelli, mas aparecerá encenada em diversos outros circos, às vezes com nomes diversos, como *O filho do padre*.

---

Logo após *O negro do frade*, Benjamim escreveu *A filha do campo*, cujo guarda-roupa tinha sido confiado à "experiente matriarca circense" Paulina Temperani[136]. Com tal peça, retomavam-se as parcerias com outros profissionais ligados à produção teatral, às rodas de batuque, aos grupos de chorões, aos maestros das bandas e aos que estavam gravando discos. Anunciada como "farsa fantástica-dramática", *A filha do campo* era composta de "três quadros e ornada com 17 lindos números de música", que teriam sido escritos pelo "provecto professor Irineu de Almeida"[137]. Esse maestro/compositor, que iria fazer arranjos de músicas para diversas peças escritas, parodiadas ou adaptadas por Benjamim de Oliveira, e tocadas pela banda do Circo Spinelli, participava da Banda do Corpo de Bombeiros e era parceiro de seu regente Anacleto de Medeiros. Segundo Ary Vasconcelos, Irineu de Almeida, junto com Villa-Lobos, Quincas Laranjeiras, Catulo, entre outros, integrou o grupo de chorões do início do século xx que fazia ponto no Cavaquinho de Ouro, loja de música na rua do Ouvidor. Além disso, amigo que era de Alfredo da Rocha Viana, pai de Pixinguinha, viria a ser mestre deste e participaria da gravação de seu primeiro disco.

---

Não há, nas biografias pesquisadas de Irineu de Almeida e de Catulo, nenhuma menção ao fato de terem composto e realizado arranjos musicais

7. Cândida Leme na "farsa fantástica" *O colar perdido*, 1907.

para as peças encenadas em circo, muito menos no Spinelli. Irineu de Almeida, além de compositor, era oficleidista, trombonista e executante de bombardino. Ary Vasconcelos diz que, provavelmente, participou da Banda do Corpo de Bombeiros entre 1896 e 1916, e muitas das canções que compôs, entre elas xotes, tangos, choros, valsas e polcas, receberam letra de Catulo e foram gravadas em disco[138]. É interessante observar como uma parte da bibliografia que analisa a história da música e do teatro musicado, sua produção, seus registros e sua circulação num mercado industrial fonográfico em expansão, não registra a responsabilidade dos circenses por parcelas importantes dessa produção, e muito menos seu papel na divulgação e na consolidação desse mercado em crescimento. Muito provavelmente, a maioria das músicas compostas por Irineu formava o repertório cantado pelos artistas do Spinelli; além disso, parte dos seus vários arranjos musicais foi realizada para peças desse circo, em parceria com Benjamim, parceria essa que se manteve até, pelo menos, 1912[139].

——

Quando Benjamim estreou *Os guaranis* na cidade do Rio de Janeiro, constou na propaganda do jornal que os 23 trechos de música extraídos da partitura de *O Guarani* e arranjados para a banda do circo tinham sido realizados por Irineu de Almeida[140]; já em São Paulo, foram executados pelo maestro João dos Santos.

No mesmo período da parceria em *A filha do campo*, Benjamim escreveria e realizaria a *mise-en-scène* de outra peça, *O colar perdido*, com 36 números de músicas escritas por Irineu de Almeida, anunciada como farsa fantástica, às vezes também chamada de burleta e mágica; era composta de um prólogo, três quadros e uma apoteose, "guarda-roupa riquíssimo e cenários completamente novos"[141]. A produção da peça era acompanhada de um novo texto, bem como da necessidade de ampliação dos conhecimentos sobre vestuários, maquiagens e cenários. A trama passava-se num "reino distante", com temas como amor, traição, morte, pobres e ricos, moral e ética, costurados com humor, sátira e música.

As produções de Benjamim de Oliveira mostram o quanto os circenses estavam inseridos no processo da produção cultural dirigida às grandes massas urbanas, formadas por diversos segmentos sociais e econômicos. Também não estavam alheios à discussão da nacionalidade nas produções teatrais nem ao debate sobre as origens das companhias artísticas. A questão da "brasilidade" dos artistas e dos empresários, que havia tempos vinha sendo usada como material de propaganda de vários circos, se traduz também no Spinelli, que explorava o fato de a sua produção teatral ser de autoria (mesmo que fosse paródia ou adaptação) de um brasileiro, que escrevia e cantava ritmos considerados "brasileiros". Talvez, por isso, tenha passado a se denominar Companhia Equestre Nacional da Capital Federal Circo Spinelli.

Chama a atenção que a crônica ou crítica teatral do período tenha tratado essa teatralidade circense de modo distinto do que vinha fazendo. A crítica construiu uma narrativa desse processo que marcou a própria produção de uma memória que se tornou predominante, a partir de então, sobre as origens do circo-teatro no Brasil e o lugar ocupado nele por Benjamim de Oliveira. Tal alteração na postura da crítica parece se iniciar justamente com a crônica de Arthur Azevedo, publicada em 23 de fevereiro de 1907, que tratava o circo produzido por Benjamim de maneira bem diferente do que escrevera, alguns anos antes, sobre os espetáculos circenses. Parece reconhecer que havia um "novo" momento da produção do entretenimento na capital federal, e que o circo-teatro de Benjamim e Spinelli era um elemento singular nesse processo, além de "autorizar" por meio do seu texto (de um intelectual, membro da elite cultural, com lugar na Academia Brasileira de Letras, e dramaturgo revisteiro de sucesso) os outros letrados a "verem" uma nova teatralidade no circo. A apresentação completa dessa crônica, a seguir, justifica-se pelo fato de que ela é sempre referida na bibliografia a partir da informação oral dada por Benjamim, em suas entrevistas. A sua transcrição na íntegra, ainda inédita, comprova seus relatos, além de abrir novas questões para este estudo:

> Quereis ver o povo na sua manifestação mais pitoresca, quereis apanhá-lo em flagrante? Não o procureis nas avenidas da moda, nem nos teatros, nem mesmo no Passeio Público. Ide ao Circo Spinelli.
>
> Anteontem lá estive, convidado pelo empresário para assistir à comemoração do centésimo espetáculo dado no mesmo local, entre o Mangue e o matadouro. Tratava-se, infelizmente, de um espetáculo fora do comum e grande parte do tempo foi tomado pela distribuição de uma medalha

comemorativa com que o Sr. Spinelli galardoou a quantos auxiliaram a sua empresa, e os artistas, o advogado, o médico, o farmacêutico, e até o veterinário; ninguém escapou, nem mesmo o 'Jornal do Brasil', representado pelo meu prezado colega Arinos Pimentel.

Mas que público bem-humorado e alegre, e como se vê que ele quer bem a todo o pessoal do circo! Que boas, que sadias gargalhadas!

Conquanto os palhaços finjam sotaque estrangeiro, o pessoal do circo Spinelli é todo nacional, todo, à exceção de um japonês, que tem mais anos de Brasil que do Japão, e é pai de uma cambada de brasileirinhos, todos insignes acrobatas, como o pai.

A companhia é muito boa; o seu único defeito é ser nacional, que, se não o fosse, o Spinelli teria as suas funções da moda frequentadas pela sociedade fina. Entre os artistas figuram os que restam da dinastia Manoel Pery, e são todos muito dignos daquele pai, que foi um belo artista e um homem de bem às direitas.

Um dos Perys, o mais novo, creio, faz-me rir a perder no papel do velho Ayres, do 'Guarani'. Sim, que eles representam o 'Guarani'... em pantomima. Não digo que a peça arrancasse exclamações de entusiasmo a José de Alencar e Carlos Gomes; faz, porém, as delícias dos frequentadores do Spinelli, que acompanham com um interesse febricitante as aventuras idílicas de Peri e Ceci.

Pery é o Benjamim. Este nome é do mais popular dos artistas do circo Spinelli.

É um negro, mas um negro apolíneo, plástico; um negro que, metido nas suas bombachas de 'clown', me pareceu Otelo, que saltasse das páginas de Shakespeare para um circo, na Cidade Nova.

Ele não é só um saltador admirável, um emérito tocador de violão, um artista que faz da cara o que quer, parecendo ora um europeu louro como as espigas do Egito, ora o índio vermelho apaixonado pela filha de D. Antonio de Mariz; ele é o nosso Tabarin; são dele as farsas que se representam no circo Spinelli, e ainda agora, 'O Colar Perdido', a última delas, que lhe valeu um formidável sucesso.

Prometi voltar, e voltarei atraído, principalmente, pelo Benjamim, que desejo conhecer melhor.

Limito-me por enquanto a agradecer a obsequiosidade com que me tratou o Sr. Nunes, gerente do circo Spinelli, e a bela noite que aqueles operosos patrícios nos fizeram passar – a mim e ao meu povo, inclusive o caçula, que voltou radiante de contentamento.[142]

O Circo Spinelli estava armado no *boulevard* de São Cristóvão, na rua Figueira de Melo, esquina de Mariz e Barros, o mesmo local onde Albano Pereira havia se instalado em 1893 e "mandado um recado" aos moradores do bairro e adjacências, por meio do jornal, que não precisavam ir ver Sarah Bernhardt para que pudessem se divertir.

Como já vimos, no início do século xx, São Cristóvão caracterizava-se por ser uma região de contrastes urbanos que havia passado de uma área exclusivamente residencial nobre para industrial, com instalação de médias e pequenas fábricas e comércio. Núcleos habitacionais para operários iam ocupando e dividindo espaço com uma população formada por antigos aristocratas, uma classe média oriunda do setor de serviços, uma parte da intelectualidade carioca. Mas havia também, e principalmente, uma ocupação dos morros por pessoas expulsas do centro da cidade pelas reformas urbanas impetradas por Pereira Passos, que tinham se intensificado entre 1903 e 1906[143].

É possível que essa seja uma parte do "povo" a que se referia Arthur Azevedo, que até se incluiu nela ao se referir à sua família, também moradora de São Cristóvão, bem como Catulo da Paixão Cearense e Eduardo das Neves. Assim, podia estar mais próximo de um conceito genérico que procurava expressar o avesso da elite; fato não estranho na própria crônica quando lembrava que a "sociedade fina", provavelmente a que ia ao Teatro Lírico, frequentaria o Spinelli, se fosse uma companhia tipicamente estrangeira. E, aqui, com certeza, estavam implícitos todos os problemas que esse autor e os seus pares levantavam, como já foi visto, em relação à decadência e ao vazio da produção teatral nacional no período.

Havia também uma intenção, por parte de Arthur Azevedo, de destacar que a companhia Spinelli era formada "inteiramente" por nacionais, conquanto alguns palhaços insistissem no sotaque estrangeiro. Porém, não era bem assim, porque a maior parte dos artistas era de fato de outras nacionalidades, entre eles Ozon (francês) e Cruzet (argentino), assim como os Temperani (italianos) e os Cardona (espanhóis), que começavam a trabalhar com Benjamim. O "japonês" referido por Arthur era Haytaka Torakiste, nascido em Osaka no ano de 1854 e falecido no Brasil em 1918. Considerado o patriarca da família, aos 12 anos de idade Torakiste foi para Londres e excursionou pela Europa e pela América. Mais tarde adotou o nome Carlo Franco Olimecha (também grafado como Frank Olimecha) e possivelmente chegou ao Brasil no fim da década de 1870 ou início de 1880. Aqui trabalhou com outros destacados artistas do período, como Manuel Pery, Afonso Spinelli, Podestá, Holmer e Sigly, tendo em 1909 montado seu próprio circo, o Circo Olimecha. Em excursão pelo Uruguai, Carlo Franco se casou com Julia Rossi Olimecha, e o casal teve oito filhos: Manoelito, Luiz, Franquito, Raul, Alfredo, Jarbas, Bartholomeu e Marina. Os irmãos Olimecha se dedicaram às mais variadas modalidades circenses, destacando-se nas acrobacias, no equilibrismo e na comicidade[144]. Apenas os Pery, devido à descendência portuguesa do pai e aos filhos nascidos no Brasil, podiam ser considerados artistas "sem sotaque".

É interessante destacar, nos elogios a uma companhia equestre, o fato de ela ser nacional, à semelhança do que ocorreu em dezembro de 1899, quando os Pery, proprietários do Circo Sul-Americano, ocuparam o Teatro São Pedro. Apenas para recordar, esse circo recebeu tratamento diferenciado por parte dos cronistas teatrais dos jornais do Rio de Janeiro, pois se tratava de uma companhia "organizada quase exclusivamente com elementos nacionais", ao contrário dos "graves" problemas levantados pela "invasão" da companhia de Frank Brown (inglês naturalizado argentino), no mesmo teatro. No caso de Arthur Azevedo, estão sempre explícitos os problemas da contínua "agonia em que há tantos anos se estorce a arte nacional" e da ocupação permanente dos palcos teatrais, no Brasil, pelas companhias estrangeiras[145]. Não deixa de ser interessante a afirmação de que o único defeito daquela companhia era ser nacional, e por isso a "elite" não a frequentaria; e, no entanto, dava ao mesmo tempo um tom positivo a esse traço do Circo Spinelli, porém sem chegar a ponto de sugerir que isso o colocasse no patamar, que sempre defendeu, de uma produção nacional do teatro "sério".

Como analisou Fernando Antonio Mencarelli, uma das características peculiares de Arthur Azevedo era a ambiguidade decorrente dos diferentes papéis que desempenhava, já que era tanto um membro da elite cultural (ABL) quanto um dramaturgo revisteiro de sucesso. Outra apreciação é pertinente, não só sobre Arthur Azevedo, mas também sobre seus pares, quanto às análises que realizavam dos novos produtos culturais e as suas formas de consumo por parte da população. Baseados em modelos analíticos duais, para compreender os novos gêneros artísticos, revelavam um conflito entre o que entendiam como "alta e baixa cultura, boa ou má literatura", e com isso acentuavam o caráter ambíguo das opiniões "à medida que seu envolvimento com os novos produtos e sua circulação ampliava-se"[146]. Entre os novos produtos culturais, certamente estavam os espetáculos circenses, que naquele momento entravam de modo diferenciado no "campo visual" daquele autor e seus pares.

Arthur Azevedo sabia que a crônica que estava escrevendo não seria lida apenas pela população de São Cristóvão e arredores; seus textos, naquele momento, tinham força para demarcar opiniões nos meios letrados da capital federal, e mesmo criar uma imagem positiva ou negativa sobre certas produções artísticas em determinados agrupamentos sociais. Não lhe era estranho que uma parte de seus leitores fosse a mesma que, havia tempos, compartilhava com ele uma visão pouco simpática ao trabalho circense; sabia que esse seu "novo olhar" para o trabalho de Spinelli e Benjamim criaria outra imagem sobre a produção desse circo, possibilitando um reconhecimento diferenciado de suas posições anteriores.

Tal apreciação da qualidade da produção circense do Spinelli também podia se dar devido à percepção de que o circo estava entrando, com êxito, e se consolidando no circuito de produção e consumo de massa dos bens culturais da capital federal. Isso poderia estar levando o autor a um novo posicionamento em relação à produção de Benjamim – acrobata, cantor, músico, ator e autor; tão competente que era merecedor de mais contato, de melhor conhecimento.

Entretanto, mesmo durante o período em que escreveu sobre Benjamim de Oliveira, Arthur Azevedo teve oportunidade de retomar as tensões que mantinha com as companhias circenses que "invadiam" os "templos do teatro nacional".

> [...] anuncia-se que mais uma vez, e não será com certeza a última, o glorioso e venerado teatro S. Pedro de Alcântara será transformado em circo de cavalinhos.
>
> Quando as mais poderosas razões tivéssemos para supor que entramos definitivamente numa época de transformação moral, bastava, para nos convencer do contrário, a inconsciência feroz com que se insulta assim o teatro digno, pela tradição, de ser considerado um monumento histórico, intimamente ligado à fundação de nossa nacionalidade. Não falo do seu passado artístico, porque no Rio de Janeiro a arte, ao que parece, é uma recomendação negativa.
>
> Por isso, bem-vinda seja a "Caravana", essa nova associação fundada por iniciativa de Coelho Netto, que vem, na realidade, ensinar a nossa gente a respeitar o espólio sagrado dos nossos avós, e fazer com que ela se envergonhe de mostrar a D. Carlos I, não artistas, mas cachorros, cavalos e macacos, no teatro construído por D. João VI.
>
> É preciso notar que, para fazer a fortuna de uma companhia equestre, um teatro não vale um circo. A prova aí está no popular Spinelli que já deu

duzentos e tantos espetáculos consecutivos, e o seu circo ainda se enche todas as noites, e é a alegria do nosso bairro mais populoso. Vá o Spinelli para S. Pedro, e verá como tudo lhe corre torto.[147]

Essa crônica revelava, por si só, um Arthur Azevedo para quem, mesmo mostrando apreço pelo espetáculo circense que se apresentava no Spinelli, teatro e circo eram atividades artísticas que não deveriam se misturar, ou melhor, cada um deveria ocupar o seu espaço. Era somente o teatro que estava ligado à formação da "nossa nacionalidade".

A teatralidade circense, em especial sua manifestação como circo-teatro, representada em particular pela ação de Benjamim de Oliveira, após a crônica de Arthur, por uma razão ou outra, começou a fazer parte do circuito dos críticos teatrais, aparecendo mais análises sobre o espetáculo do Circo Spinelli, com destaques para as encenações, semelhantes às crônicas escritas para as companhias de teatros. Com uma delas em particular, escrita logo em seguida à de Arthur, um cronista que não se identificou, mas foi assistir ao espetáculo no qual seria apresentado *O colar perdido*, citado por Arthur Azevedo, indicava-o ao público. Através dessa crítica, diferente da de Arthur, é possível entrar em contato com o formato do espetáculo, a arquitetura interna do circo – palco/picadeiro, o enredo, a estrutura e o gênero da peça:

> Tendo Arthur Azevedo consagrado uma de suas últimas 'Palestras' ao circo Spinelli, a empresa resolveu anunciar para anteontem um espetáculo em homenagem ao nosso colega.
>
> O público afluiu em massa. A enchente era real, notando-se entre os espectadores senhoras e cavalheiros da melhor sociedade.
>
> O espetáculo constou de 2 partes; na 1ª, exclusivamente ginástica e acrobática, figuraram todos os excelentes artistas da companhia Spinelli, cujo pessoal, digamo-lo de passagem, é todo brasileiro. Para só citar um artista, mencionaremos Anchyses Pery, que não tem competidor nos seus arrojados trabalhos equestres, e recebeu uma ovação.
>
> A 2ª parte constou da peça 'O Colar Perdido', que participa da mágica, da farsa, da opereta e da pantomima. É um gênero, pode-se dizer, criado pelo popular Benjamim, o Tabarin do Circo Spinelli.
>
> A peça é representada ora num pequeno palco, erguido no fundo do circo, ora no próprio picadeiro. É uma história muito complicada, em que entram incêndios, assassinatos, naufrágios, crianças perdidas, feitiçarias, o diabo! O colar perdido pela princesa Esmeralda, filha do rei 69, dá lugar

a tais extraordinárias aventuras, e o maestro Irineu de Almeida pôs em música uns versos tão fantásticos como a peça.

No papel de Leandro, camponês, o Benjamim foi a alegria da noite. Não abria a boca, não fazia um gesto sem provocar uma gargalhada!

O outro que fez rir a bandeiras despregadas, e tem realmente muita verve cômica, é o artista Kaumer, que se encarregou do papel de Forte-Lida, escudeiro do rei 69.

O público – que belo público! – aplaudia entusiasticamente todas as vezes que a virtude era recompensada. Já não se ouvem desses aplausos nos nossos teatros, onde a virtude passou há muito tempo para o último plano.

Enfim, um delicioso espetáculo, que lisonjeou bastante o nosso Arthur Azevedo.[148]

A construção da memória do papel que Benjamim de Oliveira teria na consolidação de um novo modo de organizar o espetáculo e, principalmente, na construção do circo-teatro, entrava em outro patamar de visibilidade. Os jornalistas e os letrados da capital federal tinham "descoberto" a teatralidade circense através da figura de Benjamim em especial. Foi com ele que puderam entrar em contato com dada representação teatral, no palco/picadeiro circense, que passaram a identificar como uma produção cultural de importância por seu apelo ao público, pelos tipos de peças constituídas e, mesmo, pela boa qualidade em relação à atuação artística. Reconheciam o desempenho de parte dos circenses como autores de peças faladas e cantadas, que atraíam muito público. Viam que esse público podia desfrutar, também, da maior parte das músicas que estavam sendo cantadas nas ruas, nas peças do teatro musicado, em particular das revistas do ano, que se constituíam em sucessos vinculados a um mercado de bens culturais em franca expansão, com os discos, e gravadas por uma grande parte dos artistas que trabalhavam nos circos do momento, como os trabalhos de compositores e autores teatrais em suas parcerias com circenses como Benjamim. Assim, no interior dessa "descoberta" dos críticos, estava presente uma percepção dos circenses como produtores de múltiplas linguagens realizadoras de produtos culturais "novos", voltados para o gosto do público, que eram a demonstração de uma nova fase dos processos culturais vividos na capital federal.

O circo "virava moda", era o que dizia o cronista do jornal *Gazeta de Notícias* (RJ), na coluna Teatro E... Com o nome de Benjamim em negrito, escrevia: "Tudo é moda. Os artistas de circo têm também a sua hora de moda e de aplausos esplêndidos." O principal responsável por tudo isso, continuava, era um artista que agregava "o palhaço, o músico, o libretista de uma série de pantomimas, um homem que tem todas as simpatias do público de circos"[149]. Benjamim de Oliveira agregava em torno de si, na visão desses críticos, as diferentes formas de expressão cultural do período, e a história do circo-teatro começou a ser contada como antes e depois dele:

> Benjamim de Oliveira revolucionou o Circo com as suas criações fantásticas de mágicas, e de operetas com diálogos, músicas e apoteoses. A pantomima para ele está riscada, desapareceu e é curioso ver como ele trabalha e como são representadas as suas peças[150].

Se há algo impossível de ser demarcado na recuperação de processos históricos é a noção de origem, que acaba por se constituir em uma mitificação formada por certas memórias e não outras; entretanto, há de se reconhecer que o conjunto das produções de Benjamim foi significativo para a consolidação daquela teatralidade no circo-teatro.

Além de ter se tornado autor de peças teatrais no circo, procurou ampliar sua atuação no circuito de produção e consumo de massa, como o disco e o cinema, e, de modo diferente do que indica a fala de Arthur Azevedo, o palhaço-cantor, ator e autor ultrapassava os limites do bairro de São Cristóvão. Entre 1907 e 1912, gravou seis discos como intérprete, constando cinco deles no livro *Discografia brasileira* pela gravadora Columbia Record: *Baiano na rocha*, em parceria com Mário Pinheiro (lundu - nº 11.688), *Caipira mineiro* (nº 11.545), *As comparações* (lundu - nº 11.690), *Tutu* (lundu - nº 11.685) e *Se fores ao Porto* (modinha - nº 11.691)[151]; e um que não foi registrado naquele livro, também realizado pela Columbia Phonograph Co., com o título *A mulata carioca*, cançoneta sob o nº 11.595, e constava no selo do disco "Benjamim de Oliveira - conhecido e popularíssimo palhaço com orquestra"[152].

Junto com a indústria do disco, vários temas e montagens representados como pantomimas nos circos, desde o fim do século xix, foram transportados para o cinema, e vice-versa. Os que tratavam de temas épicos e de batalhas nos circos formaram um rico material para as primeiras filmagens. Exibindo programas diversificados, desde cenas "naturais", cômicas, solenidades, festas nacionais e populares, cirurgias (como das irmãs xifópagas), crimes, além de gêneros vindos do teatro e do circo, o cinema era uma "atração, em meio a shows de variedades, como espetáculo 'gratuito', em bares e cabarés, ou sob patrocínio, em praças públicas, ou ainda nas novas salas, acompanhado por piano ou por um pequeno conjunto camerístico"[153].

8. Selo do disco *A mulata carioca*, de Benjamim de Oliveira.

Com a maior regularização da distribuição de energia elétrica no Rio de Janeiro, em 1907, o cinema carioca adquiriu novos contornos. Muitos donos das salas passaram a produzir filmes, "provocando a aparição de uma geração de técnicos estrangeiros de formação ou improvisados e também nacionais, vindos da fotografia de estúdio ou do jornal"[154]. Destacam-se, entre os produtores, Paschoal Segreto, Júlio Ferrez, Guilherme Auler e o fotógrafo português Antônio Leal que, junto com o italiano Giuseppe Labanca (referido também como José Labanca), montou a produtora Photo-Cinematographica Brasileira, além de serem proprietários do Cinema Palace, na rua do Ouvidor.

———

Dentre as primeiras produções de Labanca, Leal & Cia. estava a "cinegrafagem", no palco do Circo Spinelli, da pantomima intitulada *Os guaranis*, em 1908, filmada ainda sem decupagem, com a câmera fixa, no próprio circo. Como comprovação, foi localizada no *Suplemento Literário de Minas Gerais*, de 7 de maio de 1908, uma reportagem de Márcio da Rocha Galdino que repassava uma informação do *Jornal do Brasil*, de 7 de janeiro do mesmo ano, dizendo que: "Antônio Leal da Photo Cinematographia Brasileira fez um filme do Circo Spinelli com o Benjamim representando a peça '*Os guaranis*', inspirada em *O Guarani* de José de Alencar." Segundo Roberto Moura, a "façanha de Leal", como era considerada, exprimiu as intenções e os impasses do cinema carioca, para o qual a abertura de amplas possibilidades comerciais exigiria que técnicos e artistas se superassem. Essa paródia foi a "primeira adaptação de um romance" e de uma ópera transformada em filme no Brasil[155]. Roberto Moura afirma que a filmagem dessa adaptação foi uma referência fundamental para a construção da linguagem do cinema industrial. Benjamim de Oliveira, ao realizar a também "façanha" de adaptar um romance para ser representado através da mímica no picadeiro, em 1902, possibilitou que esse experimento fizesse parte da nascente indústria do cinema. Duas linguagens que se cruzavam, mantendo suas especificidades. Assim, a paródia ou a adaptação de um romance foi transportada para outra forma de espetáculo, e o filme foi exibido no Cinema Palace em 14 de setembro de 1908[156].

9. Foto lembrança de Benjamim de Oliveira
representando diversos papéis, 1909.

As produções de autoria de Benjamim de Oliveira iam se diversificando, com adaptações dos mais variados gêneros do teatro musicado da época para o espaço circense e para a banda, e ele continuava a ensaiar os artistas do circo para as peças sem o auxílio do ponto. Toda essa mistura provocava, às vezes, certa confusão por parte dos cronistas e críticos teatrais, na hora de classificar o que estavam vendo. Um dos jornalistas referidos acima definiu *O colar perdido* como uma espécie de "mágica, farsa, opereta, pantomima", um gênero, afirmou ele, "pode-se dizer, criado" por Benjamim. À parte a forma como eram nomeados, estavam se tornando cada vez mais abrangentes os tipos de peças que eram incorporados, no sentido da trama, dos diálogos e do leque de parcerias. Foi, por exemplo, o caso da "farsa fantástica-dramática" *A princesa de cristal*, texto de um conto francês, traduzido por Chrispim do Amaral para Benjamim de Oliveira, composta de um prólogo, quatro quadros e uma apoteose, e 33 números de músicas escritos por Irineu de Almeida.

Denominação dos quadros – 1º quadro: A caça dos condenados. 2º quadro: A nódoa de sangue. 3º quadro: A sentença de Terror. 4º quadro: A conciliação das fadas.

Descrição dos cenários – 1º quadro: No picadeiro, floresta. No palco, gruta de aspecto lúgubre, habitada pelas fadas e espíritos. 2º quadro: No picadeiro, praça. No palco, o fantástico palácio habitado pela Princesa Cristal e Sylphides. 3º quadro: No picadeiro, botequim do tio Mathias. 4º quadro: No palco, o Palácio Cristal, no picadeiro, salão pertencente ao mesmo palácio. Números de música – 1º Ouverture. 2º Coplas de Terror e coro. 3º Surdina. 4º Andante misterioso. 5º Idem. 6º Ochottisch. 7º Valsa do tio Mathias e coro. 8º Corneta e tambor. 9º Pequena marcha. 10º Canção de Beatriz. 11º Forte. 12º Coro de Vestais. 13º Couplets de Ernani e coro. 14º Tremulo. 15º Surdina. 16º Coro de camponeses. 17º Polca. 18º Coro de camponeses. 19º Bolero. 20º Canção de cega. 21º Coro de camponeses. 22º Surdina. 23º Idem. 24º Ma [ilegível]. 25º Entrada em coro de príncipes. 26º Grandioso. 27º Coplas dos príncipes. 28º Dueto de Ernani, Princesa e coro. 29º Saída. 30º Saída dos príncipes. 31º Surdina. 32º Idem. 33º Majestoso final (Apoteose). Terminará esta grandiosa farsa com uma deslumbrante Apoteose.[157]

Pode-se observar, por essa descrição da peça, que constou da propaganda no jornal o modo como ocorria a sua encenação dentro da arquitetura circense, dividindo a representação entre palco e picadeiro, e com toda uma estrutura de cenário montada especialmente para ela. Apesar de o nome do pernambucano Chrispim do Amaral ter aparecido apenas como tradutor do texto, na realidade, ele era referência importante como pintor, caricaturista e cenógrafo com formação na Itália e trabalhos na França, realizou cenografias no Theatro da Paz, em Belém do Pará, e Teatro Amazonas, em Manaus, no fim do século XIX. Quando da inauguração do Teatro Municipal da cidade do Rio de Janeiro, em 1909, fez o cenário de uma das representações daquela noite, uma ópera escrita pelo musicista Delgado de Carvalho chamada *Moema*, interpretada, entre outros, por Mário Pinheiro[158]. Chrispim, junto com Benjamim de Oliveira, em *A princesa de cristal*, um ano antes da inauguração daquele teatro, foi o responsável por toda a *mise-en-scène*.

Quanto à parte musical, era composta de valsas e polcas arranjadas para serem tocadas pela banda do circo. Segundo Ary Vasconcelos, aqueles ritmos compunham uma boa parte das músicas de autoria de Irineu de Almeida, e várias receberam letras e versos de Catulo da Paixão Cearense. Entre elas, havia uma que, possivelmente, foi a responsável pelo título-tema da peça, o xote de nome *A princesa de cristal* que, após ter recebido os versos de Catulo, passou a ser chamada *Salve!*. Irineu chegou a gravá-la quando participou do primeiro disco de Pixinguinha, em 1913[159]. Essa não seria a última vez que Catulo daria letra às músicas escritas por Benjamim de Oliveira; além de sua parceria com Irineu de Almeida, houve outras, com maestros como Henrique Escudeiro e Paulino Sacramento[160].

Com o aumento significativo da produção e montagem das peças dialogadas e cantadas, com uma maior rotatividade do repertório de representações, e destas em variedade de gêneros, os circenses exploravam ainda mais uma estrutura já presente nas encenações das pantomimas, marcada pelos papéis fixos ou personagens-tipos, à semelhança do que também acontecia nos teatros. A tipificação dos papéis das pantomimas iria permanecer, mas com algumas diferenças, aumentando o número de gêneros e temas que os circenses, em particular nas produções de Benjamim, encenavam. Alguns artistas eram destinados a ser galãs, vilãos, cômicos (que normalmente eram os palhaços da companhia); entre as mulheres, havia a mocinha ou ingênua, a cínica e a caricata, mas também a representação de diversos outros papéis, quando o encenado era uma revista do ano.

Nesse período, já trabalhava no Circo Spinelli a família Cardona, artistas que se apresentavam na primeira e na segunda partes. Lili Cardona será, a partir de *A princesa de cristal*, a principal atriz de Benjamim de Oliveira, substituindo Ignez Cruzet e percorrendo todos os tipos femininos nas distintas peças. Lili era filha de Marcelino Tereza, ginasta espanhol natural de Madri, e de Lizzie Stuart, artista equestre, que nasceu em Londres e viveu na Espanha; estreou como acrobata, aos 5 anos, no Real Coliseo de Lisboa. Sua formação profissional circense lhe permitia ser acrobata, equilibrista, ginasta excêntrica e aramista. Aos 15 anos casou-se com Juan Cardona, excêntrico. Trabalhavam em Madri quando foram contratados para uma excursão ao Brasil, indo diretamente para os estados do Norte e Nordeste: Pará, Maranhão, Pernambuco e Bahia. Estreou como excêntrica e equilibrista em São Paulo, no Teatro São José, em outubro de 1907, depois foi para o Rio de Janeiro se apresentar no Moulin Rouge e, em 1º de fevereiro de 1908, estreava no Circo Spinelli. Oscar Lourenço Jacinto da Imaculada Conceição Tereza Dias - o Oscarito -, sobrinho de Lili, iniciou sua aprendizagem circense no Circo Spinelli com um ano de idade e, aos 5 anos, apareceu vestido de índio na pantomima *Os guaranis*[161].

É interessante que, com textos melodramáticos ou gêneros alegres, ambos amaldiçoados pelos críticos e defensores do teatro "sério", Benjamim de Oliveira e o espetáculo do Spinelli não estavam, naquele momento, recebendo ataques pelas representações típicas do "zé-povinho". A farsa *A princesa de cristal* chegou, inclusive, a merecer uma crônica por parte de Arthur Azevedo, em sua coluna Palestra:

Anteontem minha família e eu passamos uma noite divertidíssima no circo Spinelli, que estava cheio, como sempre. Aquele - benza o Deus! - não tem que se queixar das companhias estrangeiras nem dos cinematográficos: não há mal que lhe entre!

E como é pitoresco e bonachão aquele público de todas as cores e de todas as condições! Que bom humor!... que alegria!... Como se vê que cada espectador está satisfeito por ter empregado bem os seus cobres, e não foi roubado como um sapateiro, meu conhecido, que uma noite destas, no S. Pedro, assistiu, com sua mulher, à representação de uma obra-prima de Goldoni, e adormeceram ambos no terceiro ato. No circo Spinelli não lhes aconteceria tal.

O espetáculo de anteontem foi dividido em duas partes. Na primeira, os Cardonas trataram de provocar sadias gargalhadas, e um menino, que passa por japonês, mas é filho do Rio Grande do Sul, deu uns saltos mortais tão airosos, tão finos, tão leves e tão perigosos, que seria entusiasticamente aplaudido em qualquer circo europeu.

A segunda parte constou de uma nova farsa do popular Benjamim de Oliveira, que desta vez teve como colaborador o apreciado caricaturista e cenógrafo Chrispim do Amaral. É um conto de fadas, dialogado, em um prólogo, três quadros e uma apoteose, a valer, uma apoteose a que só falta luz elétrica da Light, que não lhe quis fornecer, não sei por quê.

O enredo é complicado, comovente e divertido, e na peça há de tudo, até mesmo um ameaço de fantasia e de poesia, não lhe faltando também o encanto de alguns números de música ligeira, escrita pelo modesto compositor nacional Irineu de Almeida.

*A princesa de cristal* é representada, cantada e dançada por 34 figuras, e a empresa despendeu com ela nada menos de doze contos de réis.

Não creio que as damas e cavalheiros do corso de Botafogo se deliciassem com aquela prosa ingênua [ilegível] de vestimentas de todas as épocas, mas a população pobre de São Cristóvão, Engenho Velho, Mangue, Mattoso, Estácio, etc., tem ali seu divertimento ideal; o circo Spinelli é um estabelecimento do povo, e este é o segredo de sua fortuna excepcional.[162]

Aproveitando a crônica para elogiar o espetáculo, não deixou de falar do cinematógrafo que naquele momento representava, no Rio de Janeiro, uma disputa pelo público dos teatros. Arthur Azevedo reconhecia a potencialidade desse novo meio de diversão e, em uma crônica que falava sobre a inauguração do "teatrinho cinematógrafo dos Srs. Staffa & C", além de elogiar o luxo e conforto das poltronas, coisas que os teatros não tinham, afirmava ser um "divertimento barato apropriado à família e às crianças", mas só "enquanto o gênero livre não atacar o cinematógrafo"[163]. Não deixou de assinalar também suas críticas às companhias estrangeiras, afirmando que a fortuna de Spinelli estava no fato de ser um estabelecimento do "povo", da população pobre daqueles bairros, que enchia suas plateias. Um colunista do mesmo jornal de Arthur, fazendo um panorama do que era oferecido pelos teatros do centro da cidade, fez uma afirmação que comprova que quem consumia as várias ofertas culturais do período, diferentemente da visão passada por Arthur, era um público diverso do ponto de vista social e econômico: "Em S. Cristóvão, no Boulevard, continua o *enfant gaté* do arrabalde e dos subúrbios, o circo Spinelli. D'aqui mesmo, do centro, centenas de pessoas movem-se muitas noites para aplaudir os artistas, que o merecem e muito, bons que são a valer, comandados pelo magnífico Benjamim de Oliveira."[164]

———

*A princesa de cristal* foi apresentada em diversos outros circos brasileiros até pelo menos a década de 1920. Com suas inúmeras leituras, diferentes montagens e adaptações musicais, de acordo com a capacidade de cada companhia, sua história e sua música foram amplamente consumidas e conhecidas por um público muito diverso em várias cidades. O repertório produzido por Benjamim de Oliveira era vasto e foi rapidamente incorporado pelos vários circenses[165]. Gêneros, ritmos, monólogos e cenas cômicas eram facilmente adotados; alguns, que já faziam parte do repertório como pantomimas, foram transformados em textos falados.

De maneira eclética e em sintonia com as produções voltadas àquele público, Benjamim, que já havia atuado em pantomimas denominadas de revistas do ano, em 1909, produziria uma peça com o título *Tudo pega...* – às vezes também anunciada como *Todos pegam...* –, informando que era uma: "Revista de Costumes Nacionais", com música de Paulino do Sacramento e versos de Henrique de Carvalho[166]. Com certeza, o enredo dessa revista foi inspirado pela música intitulada *No bico da chaleira*, também conhecida como *Pega na chaleira*, de João José da Costa Júnior, maestro Costa Júnior, sob o pseudônimo de Juca Storino. A sátira política era tema para composições carnavalescas naquele ano, e essa polca fazia alusão à expressão usada – "pega na chaleira" ou "no bico da chaleira" – que zombava da figura do então senador gaúcho José Gomes Pinheiro Machado, líder do Partido Republicano Conservador. Baseada no boato de que ele sempre tinha uma "chaleira fervendo para o chimarrão e, quando pretendia colocar água na cuia, os presentes corriam pressurosos para pegar e servir". A expressão "chaleirar" ficou sendo sinônimo de "puxa-saco", "bajulador" e "bajular"[167].

Essa polca, da autoria de Costa Júnior, ganhou gravação em disco da Casa Edison do Rio de Janeiro, contando com a interpretação da banda desta casa. Ainda em 1909, pela mesma gravadora, agora em exemplar fonográfico, outra polca, com o mesmo título, mas de autoria de Eustórgio Wanderley, foi registrada por uma dupla designada Os Geraldos, composta do dançarino e cançonetista gaúcho Geraldo Magalhães e da cantora, também gaúcha, Nina Teixeira, sem mudar a melodia de Costa Júnior, porém com outra letra.

10. *O Malho*, 1909.

É importante essa breve descrição da trajetória desse tema, pois a bibliografia faz menção de que no ano de 1909 teriam sido feitos também, para o teatro, uma revista sob o título *Pega na chaleira*, de Raul Pederneiras e Ataliba Reis, e um filme homônimo, argumento de Gastão Tojeiro, produzido por Labanca, Leal e Companhia para a Photo-Cinematographica. Com relação ao filme, os autores mencionam apenas o ano e não o mês de lançamento[168], mas Roberto Ruiz informa que a peça estreou em 12 de novembro de 1909[169].

Entretanto, não há menção à revista produzida por Benjamim, que estreou no Spinelli em setembro de 1909, composta de "um prólogo, dois atos, quatro quadros e uma apoteose", com 33 números de música do maestro Paulino Sacramento. Considerado um dos mais ativos maestros revisteiros do período, Paulino trabalhou com Arthur Azevedo compondo música da revista *Jagunço*, em 1898. Além de sua formação como músico e regente de banda com o maestro Francisco Braga, foi candidato ao cargo de primeiro mestre da Banda do Corpo de Bombeiros do Rio de Janeiro, perdendo para Anacleto de Medeiros[170]. Em sua biografia são mencionadas suas parcerias, entre outras, com Costa Junior e Luís Moreira, na revista de Bastos Tigre *maxixe*, e com Raul Pederneiras, em 1915, quando musicou a revista *O Rio civiliza-se*[171]. Porém, em nenhuma delas encontrou-se que foi o responsável pela parte musical e pelas composições, adaptações e arranjos de diversas peças para a banda do Circo Spinelli.

Benjamim teria sido o *compère* da revista no papel de Seresta; o ator Correa teria representado Dr. Art Nouveau, um policial; Humberto Temperani foi o Rei Chaleirão e o Mangue; Pery Filho teria feito "diabruras no papel de maxixe". Quanto ao elenco feminino, as principais foram Ywonna, que fez sucesso em diversos papéis, mas principalmente no de Samba; e Lili Cardona, que, segundo o cronista de um jornal publicado no período, *O Pega na Chaleira – Jornal da troça e que não engrossa*, via-se que estava "em seu elemento, não desconhecendo o *métier* das peças do gênero da revista *Tudo Pega*", sabendo dar "expressão aos seus olhos indiscretos e ao seu sorriso brejeiro" no papel de café cantante, entre outros.

Alguns dias após a estreia, na nona vez que se apresentava essa revis-

OS AUTORES DA REVISTA — «TODOS PEGAM...» QUE TEM FEITO GRANDE SUCCESSO NO CIRCO SPINELLI — RIO DE JANEIRO.
I) Actor Henrique de Carvalho, autor dos versos. II) Benjamim de Oliveira, autor da revista. III) Maestro Paulino Sacramento, autor da musica.

ta, até porque a música que deu origem à revista era sucesso do carnaval, anunciou-se que entrariam em cena durante a representação "os triunfantes clubs carnavalescos Luz do Povo e Heróis Brasileiros, e o imponente cordão Teimosos da Gamboa"[172]. Meses depois, na propaganda do circo em outro jornal, constava que, além de "entrecho cômico", essa revista continha grandes novidades de sucesso como *O açougueiro e a cozinheira*, um dueto feito por Victoria de Oliveira, esposa de Benjamim, e pelo ator Pinto Filho; *O guarda e Mme. do cachorro*, uma cena cômica por aquele ator e Clotilde Filho; *Vinho de abacaxi*, uma valsa cantada por Lili Cardona; e *Os conspiradores*, "um terceto cômico-trágico" pelos atores Pacheco, Correia e Firmino[173].

Naquele número do jornal *O Pega na chaleira – Jornal da troça e que não engrossa*, essa revista e sua apresentação no circo foram amplamente descritas e propagandeadas. O papel do maestro na adaptação para a banda de circo mereceu destaque, mas boa parte da matéria foi dedicada à necessidade de diferenciar, ou melhor, realizar uma análise que procurasse "convencer" o leitor do surgimento de uma "nova atividade artística" nos espetáculos circenses, com a intenção de reforçar o desempenho de Benjamim de Oliveira e seu lugar central na construção da história do circo, demarcando-a como antes e depois dele.

11. Uma espécie de *merchandising* da fábrica de charutos na revista *Tudo pega*, 1909.

Talentoso e observador o Benjamim de Oliveira afastou-se insensivelmente por completo das antigas formas do *palhaço* apegado ao chicote e ao *seu mestre*, uns truques sensaborões que faziam rir as crianças e bocejar as pessoas de bom gosto que procuravam aquelas diversões.

O X do problema era agradar a *gregos e troianos*, e a simpatia natural que ele desperta no público, era meio caminho andado; daí surgiu o violão [ilegível] brasileiras; vieram depois os monólogos e as cançonetas da atualidade, outro sucesso, já então a *chula* para ele estava banida para sempre.

As pantomimas do gênero *Estátua Branca* e *O Porteiro do Baile* e outras não se compadeciam mais com o 'meio' que se formara com a transformação da companhia Spinelli, e *Os guaranys* e o *Negro do Frade*, foram os marcos miliares que assinalaram uma nova época no progredir latente dos grandes centros artísticos onde existe braço forte como o Benjamim e o ator Pacheco, o seu grande auxiliar e amigo.

Imenso é o repertório de farsas, comédias, operetas e dramas, todos de lavra de Benjamim ou de outros de colaboração com ele.

*Irmãos Jogadores, Filhos de Leandra, O Diabo e o Chico, A filha do Campo, Princesa Cristal, Colar Perdido, Jupyra, Punhal de Ouro, etc., etc.,* são outros tantos triunfos do seu laureado ator, aos quais veio juntar-se o retumbante e extraordinário sucesso da revista Tudo Pega, que agradou geralmente.

Nada do que o autor dessa matéria, Tony Bolina, considera ser passado ou ter sido banido para sempre deixou de existir nos espetáculos circenses, sobretudo pelo próprio Benjamim, que continuou a representar pantomimas e a ser "apenas" palhaço até pelo menos a década de 1930. Os críticos tentavam formar um "consenso", fazia-se necessário diferenciá-lo de um passado circense que não era tão admirado por eles. Além de fazer certo resumo da trajetória artística de Benjamim e de sua produção, colocando-o no centro da "moda circense", a crítica reforça que ele havia se afastado "insensivelmente" das antigas formas de palhaço, procurando negar a sua continuidade artística, bem como dos vários artistas palhaços que trabalhavam com ele.

# CIRCO SPINELLI

Um dos numeros da revista «*Tudo pega*»
Reclame da fabrica de
**Charutos Costa Ferreira**

Além de tentar construir o que era o circo antes e na sua época, o autor fez importantes observações sobre aquela revista:

> Múltiplas e quase insuperáveis são as dificuldades a vencer pelos artistas de uma companhia acrobática, muitos dos quais estranhos à formosa arte de Thalma, cuja especialidade é muito outra.
>
> A falta do *ponto*, o característico, a *marcação de cena*, o efeito da luz etc., são outros tantos obstáculos a vencer numa representação de uma peça que se divide entre o palco e o picadeiro, em um local onde *o artista não tem costas*, visto que ao entrar em cena depara com espectadores por todos os lados, o que é de um efeito horrível para quem representa, máximo se está acostumado a representar em palcos de teatros, olhando de cima para baixo, onde se acha a plateia.[174]

Como regra, a referência para uma representação teatral era o palco tipo italiano ou elisabetano, nos quais os atores raramente davam as costas para o público, como também não ficavam na mesma altura. Para o jornalista, só graças à "boa vontade, capricho e inauditos esforços por parte dos que representam no circo Spinelli, [é que se] tem conseguido vencer esses obstáculos chegando a resultados muito razoáveis". Tudo indica que esses obstáculos foram vencidos, pelo fato de ter ficado em cartaz até a década de 1920. Em entrevistas realizadas com circenses nascidos na década de 1910, foi relatado um número significativo de revistas encenadas nos circos em várias cidades brasileiras, e *Tudo pega...* foi uma delas, inclusive com seus "duetos, valsas e tercetos"[175].

Na avaliação da produção teatral de 1909, José Caetano, cronista do *Almanack dos Theatros*, de 1910[176], além de indicar as "infrutíferas" tentativas de formar companhias nacionais para ocupar o Teatro Municipal, menciona que o arrendatário do mesmo viu-se obrigado a mandar vir a Companhia D. Maria, de Lisboa, tendo, porém, de reforçá-la com "elementos nacionais". Somente assim conseguiu apresentar "originais brasileiros, escolhidos para a temporada, pela comissão da Academia Brasileira de Letras"[177]. Além disso, a Companhia Dramática Arthur Azevedo, no Teatro Recreio Dramático, encenou textos de Martins Pena, como *Os irmãos das almas*, e de Arthur Azevedo, *O dote*, consideradas peças "clássicas e sérias", e o "engraçadíssimo *vaudeville* em três atos de gênero livre *O coração... E o resto*"[178]. No Teatro Apollo, apresentou-se uma companhia de operetas, mágicas e revistas cuja regência de orquestra estava a cargo dos maestros A. Capitani e Paulino Sacramento, encenando, como o próprio nome sugere, revistas como *Pega na chaleira* e *Tim Tim por Tim Tim* e mágicas como *Gato preto*[179]. Afora isso, acrescenta ele: "A cidade pode-se dizer, esteve entregue aos cinemas. Além deles só ficou um [teatro], permanentemente, o Circo Spinelli, que dominou a parte da cidade que vai da Praça 11 de Junho para cima."[180]

O autor não relacionou as peças apresentadas pelo Spinelli, mas foi possível, através de uma minuciosa pesquisa em jornais da época, descrever as que foram produzidas e encenadas no mesmo período: *A greve n'um convento*, "opereta fantástica"; *Jupyra*, "farsa de estilo nacional"; a já mencionada *Tudo pega!...*, paródia da revista *Pega na Chaleira*; *A escrava mártir*, "drama nacional"; *Os filhos de Leandra*, "drama"; e *O testamento*, "farsa trágica"[181]; além de rea-presentações de peças produzidas em anos anteriores[182].

Parece que o Circo Spinelli fez sucesso, pois várias páginas desse *Alma-nack* foram dedicadas a ele, nas quais não havia apenas textos, mas várias fotos[183]. Apesar de desconhecer o autor, toda a reportagem se assemelha às ideias e aos textos de Tony Bolina. Inicia com a informação de que o diretor havia assentado tenda no *Boulevard* de São Cristóvão, por mais ou menos uns sete anos, e

> desde o modesto circo de pano com as primitivas pantomimas e cavali-nhos, tudo tem melhorado visivelmente até a presente data, restaurando o circo e abolindo os cavalos e pantomimas. Hoje o circo tem outra fei-ção muito diferente dos congêneres. Ali, representam-se farsas, comédias, mágicas, operetas e revistas, com esmero e critério. As representações são verdadeiramente dignas de nota por serem de memória; a entidade, ponto, não existe, nem faz falta.[184]

De novo, dados importantes sobre representação teatral nos circos. Primeiro, volta a mencionar a ausência do ponto. Segundo, a reafirmação da lista dos gêneros teatrais encenados nos palcos/picadeiros, que também faziam parte das ofertas dos palcos exclusivamente voltados para o teatro. Além do texto, duas fotos foram usadas para demonstrar as diferenças já na arquitetura entre o "velho" e o "novo" circo.

Assim, afirma-se que a antiga, de pano, estava ligada ao primitivo; a nova, diferente dos congêneres, tinha teatro, atores que interpretavam com "rara felicidade seus papéis", autores – ou seja, dramaturgia, adaptadores de

12. Circo Spinelli, em São Cristóvão, 1905.
13. Circo Spinelli, em São Cristóvão, 1910.

textos e músicas, diversos gêneros representados sob a direção de um ensaiador, sem ponto, uma "casa de diversões" na qual o público encontrava "bons espetáculos, conforto e moralidade".

A maior parte da bibliografia, escrita a partir da década de 1960, acadêmica ou de memorialistas circenses, mostra o circo-teatro como decadência, ao contrário dos intelectuais e letrados contemporâneos de Benjamim, que o veem como um "grande progresso". Para esses contemporâneos, o circo-teatro havia se tornado, inclusive na forma arquitetônica, um teatro bem mais próximo do que eles consideravam o "verdadeiro teatro". Tentam construir uma memória para diferenciar "o circo de antes" do bom espetáculo circense de 1910, que virou teatro. Os acadêmicos pós-década de 1960 dizem que, porque virou teatro, o "tradicional espetáculo circense" havia sido invadido, aniquilado, deixado de ser "puro" e "popular" – e daí a decadência.

———

O importante a registrar nessas contradições é que, primeiro, ambos tentam definir o circo a partir de uma fórmula; segundo, ambos não procuraram estudar o processo histórico das produções artísticas dos homens e das mulheres circenses. Assim, deixam de conhecer, por exemplo, o pavilhão construído em 1875, por Albano Pereira na cidade de Porto Alegre, descrito no primeiro capítulo; os muitos outros circos-teatro, como o da família François, que levava todos esses gêneros teatrais; a própria vida artística de Benjamim de Oliveira e suas inúmeras peças encenadas desde o final do século XIX; e a mescla que ele mesmo irá produzir em todos os espetáculos, a partir de 1909, que dirigiu até o fim de suas atividades circenses, muitas vezes em circos de pano, misturando pantomimas, cavalinhos, farsas, comédias, mágicas, operetas, dramas, etc., etc. e etc.

———

O ANTIGO CIRCO SPINELLI

O ACTUAL CIRCO SPINELLI

Entretanto, na produção da memória do circo-teatro ainda se manteve, para a maior parte da bibliografia, o ano de 1910, reconhecido como o principal marco na constituição do circo-teatro no Brasil, devido à estreia da opereta *A viúva alegre*, de autoria de Franz Léhar, adaptada para o palco/picadeiro do Spinelli por Benjamim de Oliveira, apoiado na tradução de Henrique de Carvalho e na parceria com o maestro Paulino Sacramento. Esse acontecimento pode ser conhecido com maior detalhamento que outros do período, pois o grau de visibilidade do circo-teatro na capital federal, seu registro e inegável importância haviam lhe dado significativa expressão.

### *A VIÚVA ALEGRE* NO BRASIL: "SEMPRE ENCHENTES! SEMPRE ENCHENTES!"

Uma breve história da opereta *A viúva alegre* e das suas várias montagens e produções, no Brasil, é importante para entender por que se construiu uma das memórias "oficiais" sobre a origem do circo-teatro a partir de sua adaptação, em 1910, por Benjamim de Oliveira no Circo Spinelli.

Nos meados do século XIX, surgiu a forma de ópera cômica chamada opereta. O termo era usado nos séculos XVII e XVIII para uma variedade de tipos de obras curtas ou menos ambiciosas que uma ópera e, no século XIX e começo do XX, para uma obra leve, com diálogos e danças. Esse tipo produziu-se a partir de 1850 na França, como ópera cômica, estilo pertencente aos trabalhos de Jacques Offenbach, como *Orphéeu aux enfers* (1858) e *La belle Hélène* (1864). Offenbach foi seguido na França por Lecocq, Planquette, Messager e outros, e seus sucessos se internacionalizaram, estimulando a criação de outras escolas nacionais de operetas. Em Viena, o monopólio de Offenbach só foi desafiado em 1871, quando J. Strauss estabeleceu um estilo individual para a opereta vienense, com mais acontecimentos exóticos e situações construídas em torno de danças, particularmente a valsa[185]. Representando uma segunda geração dessa tendência, surgiu o húngaro Franz Lehár, que fez de Viena sua cidade. No conjunto de suas criações, que tem em *A viúva alegre* sua principal referência, introduz um novo estilo para a opereta vienense, ao combinar a valsa, o cancã e alguns elementos satíricos. Essa opereta foi adaptada da comédia *L'attaché d'ambassade*, de Henri Meilhac, por Victor Leon, Leó Stein e Franz Lehár, a quem coube a parte musical[186]. Ela fez sucesso imediato com o público quando estreou em Viena, em dezembro de 1905, porque, segundo vários críticos, conseguiu reunir a nostalgia romântica a ritmos popularizados[187].

316

Nos 40 anos seguintes, *A viúva alegre* tornou-se uma das representações mais populares nos vários países para os quais foi levada[188]. A trama, dividida em três atos, é a história da jovem e bela Anna Glavary, que acabava de herdar a colossal fortuna de 20 milhões de francos pela morte de seu idoso esposo, único banqueiro do principado de Pontevedro, nos Bálcãs. Por isso, é assediada por uma multidão de caçadores de dotes. Havendo recebido instruções de seu governo para influenciá-la a empregar essa fortuna em sua terra natal, o barão Mirko Zéta, embaixador do principado em Paris, dá uma festa em honra da jovem viúva. O adido militar, conde Danilo Danilowich, recebe a ordem de engrossar o número de pretendentes de Anna para conquistar seu amor e sua fortuna com o objetivo de que esta não caísse em mãos estrangeiras, evitando assim a bancarrota do principado. Na primeira entrevista entre Anna e Danilo, descobre-se que ambos se amaram em outros tempos e que Anna se casou com o velho banqueiro por achar que seu amor não era correspondido. Como se espera de uma obra desse tipo, no terceiro ato tudo se soluciona de modo feliz para os enamorados e para a alegria do principado.

No Brasil, o libreto já era conhecido no Rio de Janeiro desde 1907, através de Álvaro Peres, com o título *O ataché da embaixada*[189]. Provavelmente, diante do sucesso na Europa, o empresário teatral José Ricardo anunciou, em 8 de abril de 1908, que havia encarregado um dos colegas da imprensa, "cujos sucessos teatrais eram muitos, de traduzir para o português" a opereta, pois tinha interesse em estreá-la no Teatro Apollo do Rio, no "nosso idioma"[190]. Algum tempo depois, Arthur Azevedo entregava a tradução no Apollo. Em outubro de 1908, morria Arthur sem que a sua tradução da peça fosse encenada. Naquele mesmo mês, J. Cateysson contratou a Companhia Alemã de Óperas e Operetas, sob direção de L. Férenczy, para o Palace-Theatre - Empresa Teatral Brasileira, na rua do Passeio, do qual era diretor. Nesse mesmo ano e teatro, apresentava-se, com essa peça, a Companhia Alemã de Operetas Augusto Papke. Essas companhias foram as primeiras que encenaram *A viúva alegre* na América Latina[191] e, segundo um cronista da época, o público "não lhe ligou grande importância, talvez por ser dada no alemão"[192], com cada companhia apresentando-a uma única vez.

Em março de 1909, estreou no Teatro Santana, uma das empresas de Paschoal Segreto, a Gran Compagnia Italiana de Operette Féerie Ettore Vitale, anunciando em sua propaganda um repertório "de operetas e *féeries* absolutamente novas para o Rio de Janeiro", que incluía *La vedova allegre*, acrescentando que esta tinha sido representada 25 vezes em São Paulo[193]. Aquele teatro havia sido adquirido por Paschoal Segreto em 1904 e era uma casa de espetáculos de arquitetura e ambiente informais, típicos de café-concerto, apresentando *vaudevilles* e operetas. Logo após a compra, o empresário realizou uma reforma, transformando-o em uma "elegante sala de espetáculos", que podia servir igualmente "a uma companhia lírica ou dramática" ou de variedades. Com o nome de Teatro Carlos Gomes[194], foi nele que estreou a representação em italiano em 12 de abril de 1909, tendo tido um forte impacto no público carioca, conforme críticos teatrais da época[195].

Não era a primeira vez que essa companhia italiana vinha ao Brasil nem ao Rio de Janeiro. Em 1908, havia apresentado diversas operetas, repetindo algumas delas em 1909[196]. Porém, só *A viúva alegre* foi encenada 17 vezes na temporada do Teatro Carlos Gomes, de 7 a 30 de abril de 1909, quando a companhia aí encerrou suas apresentações e iniciou-as no Teatro São José, também de propriedade de Segreto, onde apresentou a opereta mais 13 vezes no decorrer do mês de maio[197]. Anunciando no papel principal a "rainha das operetas", a artista Giselda Morosini, a Companhia Vitale informava também que o maestro "concertador e diretor" da orquestra era Francesco Di Gesu[198].

Ao mesmo tempo que a companhia italiana estava se apresentando no Teatro Carlos Gomes e depois no São José, no Palace-Theatre anunciava-se para 19 de abril de 1909 a estreia da Companhia Espanhola de Zarzuela e Ópera cômica Sagi-Barba. Também não era a primeira vez que essa companhia se apresentava no Brasil, mas a primeira na qual representaria *A viúva alegre*. Na propaganda, fez constar em letras garrafais que a estreia seria em espanhol e que a apresentação em Madri havia tido um "grandioso êxito", valendo-lhe triunfos dos mais "exigentes críticos de Madri, onde foi à cena no teatro Price 74 vezes consecutivas". O papel de Conde Danilo foi representado pelo próprio Sagi-Barba, e o principal papel feminino, por Luiza Vela[199].

No mesmo mês de maio de 1909, estreava no Teatro Lyrico, estabelecimento dirigido pela Sociedad Teatral Ítalo-Argentina, a Companhia Norte-Americana de Opereta Inglesa, de R. H. Morgan. A representação da opereta era anunciada dando ênfase ao "grande luxo de decorações e vestuários", à "extraordinária dança dos apaches", bailado "ainda desconhecido no Rio"[200]. Apesar dos "grandes elogios ao cenário e à companhia" pela imprensa, a opereta cantada pela atriz "miss. Alice Foltz" só foi representada cinco vezes[201].

A única referência encontrada sobre a "dança dos apaches" está no livro de Roger Avanzi e Verônica Tamaoki, *Circo Nerino*. Nele há uma foto de dois circenses dançando, com a seguinte descrição: "Bailado típico francês em que o gigolô obriga a gigolete a lhe entregar a féria. Dançando, ele a intimida.

Dançando, ela entrega-lhe o dinheiro que traz na cinta da meia. Dançando, ele bate nela. Dançando, ela apanha. E dançando, no final, ela o apunhala."[202]

Após essas estreias, retornaram ao Rio de Janeiro para outra temporada as companhias alemãs Ferenczy, para o Teatro São José, e a de Augusto Papke, para o Palace-Theatre, ambas apresentando-se em junho de 1909; tinham como Anna Glavary as artistas Anna Hansen e Mia Weber, respectivamente. Em julho desse mesmo ano, apresentou-se nove vezes, no Palace, outra companhia italiana de operetas e *féeries*, L. Lahoz, com Lina Lahoz no papel da viúva.

Tal sucesso gerou páginas e páginas nos periódicos de então, além de almanaques, revistas e publicações literárias, incluindo inúmeras colunas que historiavam as origens da opereta, traçando biografias de seus autores, atores e atrizes; e muitas outras estatísticas, além das publicadas acima. O *Almanack dos Theatros* informava que até 1909 havia sido traduzida para 13 idiomas e representada em 30 países, inclusive "China, Hindostão e Sibéria", em "nada menos que 142 palcos alemães e austríacos, 154 palcos americanos e 135 ingleses"[203]. Esses números foram publicados em mais de um periódico da época. O *Correio da Manhã*, de 13 de maio de 1909, noticiava essas informações, acrescentando que tinham sido dadas, até então, 18 mil representações; que, em Nova York, "para se assistir à mesma, foi despendido um milhão de dólares (três mil e duzentos contos, da nossa moeda)", e, ainda, que os editores europeus "venderam três milhões de exemplares" do libreto da peça.

A repercussão desse espetáculo não pode ser avaliada sem que se faça o reconhecimento dos recursos literários utilizados pelos cronistas e das formas de propaganda dos empresários. É isso que ressalta um cronista do período, cujo pseudônimo era "Zé Penetra", ao dizer "que todas as críticas, de todos os críticos, em todos os jornais" começavam com boa, regular ou pequena concorrência do público, seguidas de falas repetidas por vários dias, que em pouco ou quase nada faziam referência direta à peça, ao autor ou aos artistas que a representavam[204]. O leitor daquele período, e mesmo o de hoje, tem dificuldade em saber de fato sobre a apresentação e o seu impacto no público. Os empresários teatrais, por sua vez, nas páginas destinadas à propaganda, anunciavam o espetáculo com os dizeres: "Sempre enchentes! Sempre enchentes!" Entretanto, é possível, mesmo levando em consideração essas ressalvas, reconhecermos o quão significativa foi a presença da opereta de Franz Lehár na vida cultural da cidade.

Pode corroborar com isso o fato de o *Correio da Manhã*, em 21 de maio de 1909, ter aberto um plebiscito entre os seus leitores para saber qual era a melhor representação da viúva na opereta entre as três companhias que estavam no Rio. Apesar de esse recurso ser frequentemente usado pelos jornais, pois contribuía para aumentar as suas vendas[205], a iniciativa foi elogiada pelo cronista do jornal concorrente, *O Paiz*, em sua coluna, que aproveitou para dar a sua opinião e seu voto àquela que considerava a "melhor viúva", ou seja, "Miss Foltz", que se apresentava no Teatro Lírico com a companhia norte-americana. Segundo o autor da crônica, que não se identificou, a imprensa tinha sido "unânime em afirmar a superioridade da *mise-en-scène* e a alegria fantasista da representação" porque Miss Foltz era uma atriz completa, "a mais completa das viúvas alegres que temos ouvido", oferecendo inclusive a "dança dos apaches", um dos motivos do sucesso da *Merry Widow* representada por ela[206].

Essa não era, porém, a opinião da cronista do jornal que tomou a iniciativa da eleição, Carmem Dolores, uma vez que, em 6 de maio de 1909, afirmava não duvidar da superioridade da companhia espanhola de zarzuela e ópera-cômica do Palace-Theatre em relação à companhia italiana de operetas e *féeries* de Ettore Vitale, que já a havia "enfastiado" quando de sua estreia no Teatro Carlos Gomes e a continuava "enfastiando" no Teatro São José. Embora a peça fosse a mesma, para a cronista, a companhia espanhola teria conseguido transformá-la em algo cheio de "vida e intensidade dramática, empolgante, deliciosa, arrancando manifestações entusiásticas do auditório arrebatado, que pede bis, bis, nos trechos prediletos". Criticou também a forma como a companhia italiana teria traduzido ou adaptado a música, suprimindo pedaços[207].

Por mais que resistisse a fazer parte dos adoradores da "opereta último grito" do momento, "uma surpresa" invadia a cronista: por causa da apresentação harmoniosa, elegante e de bom gosto da companhia do Palace, ia compreendendo que gostava da "viúva" e "muito, muito, intensamente" em decorrência da atuação de Luiza Vela, cuja "discrição fidalga, uma graça que nunca excede a nota distinta, como na canção do ginete, em que a mínima escorregadura resvalaria numa ambiguidade grosseira, inaceitável numa comédia lírica", demonstrava que pertencia a uma escola de cantos que se afirmava "sempre com arte e nobreza". Bem ao contrário de Giselda Morosini, que, brejeira e provocante, fazendo "bamboleios galantes", tratava apenas de "falar aos apetites menos elevados do seu público masculino - mesmo porque lhe faltam recursos para outros sucessos mais artísticos", assim como o ator principal, Bertini, que interpretava Danilo com "brejeirice de um cançonetista de café-concerto". Reconciliada "apaixonadamente com a

*Viúva Alegre*, mas a espanhola", volta-se contra "o desaforo da salsada" que havia impingido Pachoal Segreto no seu teatro: "Perdoem-me os espíritos conciliadores e magnânimos, que querem andar bem com Deus e o diabo, mas não posso...", desabafava a autora.

Diversos jornalistas do período fizeram dessa opereta o assunto favorito de suas crônicas semanais, "manifestando simpatias e preferências por certas artistas, exaltando-lhes a beleza, a elegância das atitudes, a graciosidade dos gestos, a arte dos sorrisos e os efeitos das *toilettes*, exagerando as qualidades de umas, deprimindo o mérito de outras"[208]. Alguns, ainda que não tão envolvidos na onda do sucesso, ou não querendo fazer parte da massa de pessoas que a assistiam, também não conseguiram se manter alheios em suas crônicas.

É o caso de Gastão Togeiro, que escreveu que a opereta teria realizado um "fato único e virgem no nosso teatro: o de uma peça representada em italiano, espanhol, alemão, inglês", e que brevemente o seria em português; e tudo isso em uma só temporada teatral, em três meses apenas. Esse jornalista mostrava irritação diante, segundo ele, da falta de produção nacional no teatro. Afirmava que, mesmo que alguns profissionais ligados à dramaturgia no Brasil pudessem ser "suscetíveis de possuir talento e inspiração" para produzir também uma *Viúva alegre*, não encontrariam quem os empresariasse. Além disso, continuou, essa produção estrangeira foi, para os empresários teatrais nacionais, o que se podia chamar de "mina e passou a ser a peça de resistência, como se diz em gíria dos bastidores. Basta anunciá-la, que o teatro se enche"[209].

Apesar de todo esse sucesso reconhecido, que dividia as opiniões dos críticos, faltava ainda escutá-la em português.

———

Em 9 de julho de 1909 a Companhia Galhardo de ópera cômica, do Teatro Avenida, de Lisboa, sob a direção musical do maestro Assis Pacheco, cantava e representava, no Teatro Apollo do Rio de Janeiro, a opereta *A viúva alegre*, pela primeira vez em português no Brasil, utilizando-se da tradução de Arthur Azevedo[210].

O maestro Assis Pacheco deixou São Paulo na última década do século XIX e se estabeleceu no Rio de Janeiro. Logo que chegou à cidade, entrou em contato com o teatro musicado, "frequentando rodas boêmias, com Olavo Bilac e Arthur Azevedo, entre outros", musicando e dirigindo várias operetas e revistas do ano, principalmente deste último. Em 1908, tornou-se regente do Teatro Avenida, em Lisboa, retornando ao Brasil com essa companhia e realizando a direção musical das operetas encenadas por ela. Assim, quando dirigiu a parte musical de *A viúva alegre*, encenada pela companhia em português, tinha experiência suficiente com as operetas e os trabalhos de Arthur Azevedo[211].

Nos papéis principais estavam Cremilda de Oliveira, como a viúva, e Armando Vasconcelos, como Danilo. Destacava-se, também, o autor português Grijó, como Niegus - o Chanceler da Embaixada, o mesmo papel que representou na Companhia Galhardo de ópera cômica do Teatro Avenida, de Lisboa. No dia da estreia, o Teatro Apollo, que comportava até 1.500 pessoas[212], estava quase todo tomado. Um dos jornalistas escreveu que o murmurinho das pessoas deixava transparecer que a expectativa da estreia em português era bem grande.

> *A viúva alegre* em português. Ainda bem. É o que muitos diziam ontem, no jardim do Apollo, a regurgitar de espectadores, ali pelas 8 ½ da noite.
> - Ainda bem que vamos ouvir essa opereta em língua vernácula, após dezenas de representações em alemão, em italiano, em espanhol e em inglês,
> - diziam visivelmente contentes aqueles que não tinham a fortuna de ser poliglotas.[213]

Tal teatro, que pertencia à Empresa Theatral do Brasil, do empresário Celestino da Silva, era o escolhido das companhias de opereta portuguesas, cujas representações eram verdadeiros acontecimentos entre os espectadores portugueses, presença marcante nas peças de teatro musicado[214]. Como lembra Luiz Edmundo,

> não esquecer que isto é por um tempo em que a colônia portuguesa domiciliada no Rio de Janeiro ainda é uma verdadeira potência, respeitável força, dona de todo alto comércio desta praça, de todo varejo, com portugueses senadores e deputados na representação nacional, senhora, acrescente-se, ainda, dos melhores jornais e de outros instrumentos de prestígio em qualquer esfera da atividade nacional.[215]

Apesar de esse público já estar acostumado com as peças ali cantadas e representadas em português, isso não eliminava a presença daqueles espectadores que não acreditavam no tipo de tradução realizado, mesmo que fosse feita por Arthur Azevedo, nem na desenvoltura dos artistas em relação àquela opereta em particular, o que provocava comentários do tipo:

- Que tal correrá a representação?
- Hão de ver que a coisa não passa de uma formidável borracheira! - segredavam os *snobs*.
- Pudesse-la admitir uma versão que preste, desse extraordinário libreto!
- resmungava um habitué dos espetáculos do Palace-Theatre, no tempo da companhia Papke.[216]

A expectativa que havia em querer ouvir de forma inteligível a opereta mais cantada e cantarolada nas ruas da cidade, naquele ano de 1909, misturada com certo ar de dúvida quanto a seu sucesso, acabou por lotar o teatro naquela noite. No meio da plateia, intelectuais, jornalistas e críticos de arte posicionavam-se atentos. Os cenários eram novos e de efeito. Ao sinal do começo do espetáculo, o maestro Assis Pacheco assumiu seu posto e a orquestra "ataca a ouverture, que termina sem aplausos". Após as primeiras movimentações do salão de baile e um canto do coro, entra, "finalmente, em cena Anna Glavary (Cremilda de Oliveira)".

Desenrolam-se os alegres episódios da peça e ao cair o pano sobre o 1º ato ouvem-se aplausos prolongados, repetidos chamados à cena. O primeiro susto havia passado. Alguns dos artistas que o medo de cair em desagrado impedira de cantar, francamente, mostraram-se animados, sorridentes.[217]

Para o cronista, o público recebeu Cremilda de Oliveira com simpatia. Apesar de ter sido "alegre em extremo, trêfega, um tanto garota, talvez, e - por que não dizer? - um poucochito exagerada de vez em quando", ainda assim defendeu com "arte e graça" o seu papel e as "palmas que recebeu foram justas", tanto pela parte dramática quanto pela musical. Armando de Vasconcellos, como Danilo, teria superado as dificuldades de tamanha responsabilidade, e Grijó havia tirado bom partido no papel do Chanceler Niegus. Causando essa boa impressão, transcorreu toda a peça e, quando terminou a representação, "poucos foram aqueles que se não mostraram satisfeitos" com Assis Pacheco, que fez "prodígios" com a sua orquestra e os coros sob seu comando, e com o modo pelo qual a companhia interpretou o libreto, traduzido "com muita felicidade pelo saudoso Arthur Azevedo"[218].

A partir dessa estreia, por muitos dias, a opereta foi "assunto da moda, a nota do dia que interessava a todos"[219]. A maioria dos teatros do Rio de Janeiro, nos mais diversos gêneros, passou a apresentá-la. Essa explosão não se deu apenas no teatro, acontecia também em outro espaço que disputava a atenção do público da cidade, o cinematógrafo. Havia 18 salas de projeção em 1909[220] exibindo filmes "cantantes", que eram "musicais com a magia visual do cinema, cantados e tocados por músicos atrás da tela". Os atores diziam seus textos e cantavam de forma "perfeitamente labiada" em filmes que tinham gravadas óperas, operetas, zarzuelas, cançonetas francesas ou italianas[221]. Foi isso que fez o Cinematógrapho Rio Branco, em 16 de setembro de 1909, sob a direção musical do maestro Costa Junior, em amplos e luxuosos salões mobiliados "pela acreditada marcenaria Auler & C.", anunciando para a *soirée* o "maior sucesso da época, *A viúva alegre* - Opereta cinematográfica com solos e coros - Viúva Glavary - Ismênia Matteos; Conde Danilo - Cataldi"[222]. Na realidade, Cristóvão Guilherme Auler não era "apenas" quem cuidava da mobília, mas um empresário que saiu do negócio de móveis para fundar a Empresa William & C., dona daquele cinematógrafo, e contratava os artistas cantores e atores, entre eles muitos circenses, para a produção de vários filmes cantantes; e, sob a direção de Alberto Moreira e fotografia de Júlio Ferrez, atingiu mais de 300 exibições[223].

A fita exibida, na realidade, era uma filmagem posada da representação da opereta em português que tinha sido apresentada no Teatro Apollo, do mesmo modo que se fez no Circo Spinelli com *Os guaranis*, como já vimos, em 1908. A proliferação de "viúvas" no cinema foi tão rápida que mereceu um aviso ao público por parte dos proprietários desse cinematógrafo, que advertiam:

> AVISO AO PÚBLICO - Tendo surgido, de todos os cantos, várias Viúvas Alegres, a empresa previne ao público incauto que a única com coros, solos e grande orquestra - posada pela Cia. portuguesa que trabalha no teatro Apolo -, é a que se exibe exclusivamente no cinema Rio Branco, da qual se tirou um exemplar para este estabelecimento e outro que seguiu para Lisboa.[224]

Em novembro de 1909, esse mesmo cinema anunciava a exibição da opereta com "cópia nova e colorida pela Pathé Frères"; no mês seguinte o produtor informava sua 300ª exibição; havia vendido, até então, 147.612 entradas, "um verdadeiro recorde na época"[225].

João do Rio, ao escrever sobre as temporadas teatrais europeias no Municipal em 1909, destacando a estreia da atriz Réjane, de Paris, revelou as dificuldades de companhias que se apresentavam no Municipal[226]. Terminada a estação teatral de 1909, sua avaliação foi que a temporada tinha sido extraordinária e se "representava em todos os palcos e em todos os cantos". Apesar disso, para desespero e contrariedade do autor, aquela atriz francesa, correspondendo ao convite de um empresário, "com uma gentileza pelos brasileiros jamais feita por outra qualquer artista, trazendo o seu teatro para ocupar o decantado Municipal", teve prejuízo por causa do "contrato leonino e impagável" imposto pelo teatro como aluguel. Apesar de não mencionar o movimento de público, João do Rio relata que em 40 dias, realizando 26 espetáculos, teve uma receita menor do que os teatros Apollo, Recreio e Carlos Gomes, cheios[227]. Todas as companhias, e não só a da "grande Réjane",

> fora as de bambochata e trololó, também perderam dinheiro. Se não quisermos considerar a Giselda Morosini e o irritante Bertini gênios cômicos e vocais, e as várias edições alemãs, italianas, húngaras, turcas, suecas, árabes, russas, portuguesas da *Viúva Alegre* prodígios de cultura artística.[228]

Ao considerar que nenhuma das montagens da opereta era um "prodígio da cultura artística", o autor acaba por confirmar que de fato tiveram certo sucesso de bilheteria, mas não tanto quanto parece ter sido veiculado nos jornais, pois nem o próprio "trololó português, que, graças à excelente qualidade de patriotismo da colônia, fartamente ganha sempre, não ganhou tanto". Mas mesmo assim foi significativo diante da bilheteria do Municipal. Dos teatros do Rio, aliás, somente nesse não se apresentou ou, como escreveu um cronista da época, "não abrigou Anna Glavary, a viúva dos 20 milhões [...] apesar do seu custo se coadunar mais com tão rica forasteira"[229]. Não obstante Réjane provavelmente ter dado ao Rio de Janeiro "coisa superior", "as viúvas alegres" e suas parceiras revistas, mágicas etc. continuavam a ter êxito.

Esse sucesso entra 1910 ainda em ascensão, com a gravação da opereta em disco pelo barítono espanhol Sagi-Barba[230] e com a apresentação do palhaço-cantor Eduardo das Neves em 18 de janeiro de 1910, representando o que foi, talvez, a primeira das várias paródias brasileiras da opereta[231]. Dudu das Neves foi arranjador e ator de *A sentença da viúva alegre*, pintando seu rosto de branco, por ser negro, como fazia nos espetáculos circenses. A peça era anunciada como uma "comédia crítica em 2 atos, extraída de algumas cenas da 'Viúva Alegre', com música da mesma", e foi apresentada no Teatro Cinematográfico Sant'Anna[232].

## *A VIÚVA ALEGRE* NO CIRCO: "ESTUPENDO MILAGRE"

Ainda no *frisson* da estreia em português, não só pela Companhia Galhardo, mas também por Eduardo das Neves, que acabou por aumentar o sucesso da opereta em qualquer espaço onde tivesse sido apresentada, teatro ou cinema, o *Correio da Manhã*, de 28 de novembro de 1909, publicou:

> Circo Spinelli - *A viúva alegre*, essa opereta tão querida e apreciada do nosso público, brevemente reaparecerá entre nós, e dessa vez virá hospedar-se na companhia Affonso Spinelli. Os ensaios, sob a direção do aplaudido Benjamim de Oliveira e do maestro Paulino do Sacramento, fazem-nos crer que teremos uma boa *Viúva alegre*. Os principais papéis estão confiados aos melhores artistas da companhia, que bem podem dar cabal desempenho.

A estreia da opereta no Spinelli, porém, só se deu em 18 de março de 1910, com o espetáculo sendo anunciado em alto e bom som pelas ruas de São Cristóvão e arredores. No jornal, a propaganda era detalhada e informava que a apresentação seria dividida em duas partes: a primeira iniciava-se com exercícios de acrobacia, ginástica, contorcionismo, excentricidades, palhaçadas, cenas e entradas cômicas; na segunda, apresentava-se a opereta da seguinte maneira:

> 1ª representação (por esta companhia) da famosa opereta em três atos e quatro quadros, traduzida por Henrique de Carvalho, e adaptada à arena por Benjamim de Oliveira. Música de Franz Lehar.
>
> A Viúva Alegre
> Personagens: Conde Danilo, Bahiano; barão de Zeta, Pacheco; Niegus, Benjamim de Oliveira; Camillo de Rossillon, Sanches [ilegível]; Cascada, Pinto Filho; Raul de [ilegível], Firmino Fontes; [ilegível], Cardona; Kromond, Correia; [ilegível], Pery; [ilegível], Ivo Lima; um criado, Joaquim; Anna de

Glavari, Lili Cardona; Valentina, Leontina Vignal; Praskovia, Maria Angélica; Caricata, Ephigenia; Olga, Bernardina; Nini, Celina; [ilegível], Clotilde; Frufa, Augusta; Naná, Bernardina Fontes; Dadá, Yvonn; Loló, Conchita.

A ação em Paris - Atualidade

Marcação de Benjamim de Oliveira

Cenário do hábil artista Ângelo Lazary - Mobiliário (em parte), executada nas oficinas da Marcenaria Brasileira - Cabeleiras de Hermenegildo de Assis.

BAILADOS COM PROJEÇÕES ELÉTRICAS!

Benjamim de Oliveira chama a atenção do público para a instrumentação desta peça feita para a banda, cujas dificuldades foram completamente vencidas pelo inspirado maestro brasileiro Paulino do Sacramento, que, além de a ensaiar, tem a seu cargo a regência.

As fazendas para o guarda-roupa foram encomendadas na Europa, por intermédio da conhecida Casa Storino, sendo esta casa encarregada de confeccionar todos os [ilegível], de acordo com os figurinos do jornal "Le Theatre". O terno de casaca do personagem Danilo foi feito a capricho pelo alfaiate Nicolino Baironne.

AVISO: O diretor proprietário Sr. Affonso Spinelli, no intuito de bem servir ao público, que sempre tem afluído aos seus espetáculos, resolveu, a vista do enorme sucesso alcançado pela encantadora opereta Viúva Alegre, incluí-la no repertório oferecendo deste modo mais esta palpitante novidade, despendendo com a montagem da peça a soma de 12:000$, e tendo também aumentado consideravelmente o número de professores de música, a fim de atender às exigências da partitura.

As representações serão como de costume sem auxílio de PONTO.[233]

Dois dias depois da estreia, o cronista do jornal *O Paiz* escrevia:

Depois de perambular por todos os teatros da cidade, Anna de Glavary, a boêmia e simpática Viúva Alegre, aboletou-se no circo Spinelli, em S. Cristóvão, de onde não sairá tão cedo. E a linda [ilegível], possuidora de tão sedutores milhões, têm razão por assim proceder.

Henrique de Carvalho e Benjamim de Oliveira souberam tão bem acomodá-la ao picadeiro, que ela, por certo, se dará ali perfeitamente bem.

A empresa Spinelli montou a *Viúva Alegre* luxuosamente. Todos os vestuários são novos e os cenários de Lazary dispensam qualquer comentário.

Os artistas da *troupe* Spinelli defenderam brilhantemente a Viúva, sendo, entretanto, justo salientar a Sra. Lili Cardona, que foi uma admirável Ana de Glavary.

Enfim, tão cedo a *Viúva Alegre* não deixará o [ilegível].[234]

Foi distribuído um libreto da parte cantante da opereta entre os espectadores para que pudessem acompanhar o programa e a descrição de como se daria a encenação dentro do circo e de como a opereta tinha sido "acomodada" a esse espaço por Benjamim de Oliveira:

1º ato - A festa de embaixada; 2º ato - A retribuição e 3º ato - O noivo da Viúva. Sendo que:

1º Ato - No palco, salão da embaixada da Pontevedrina em Paris. Na arena, vestíbulo do referido salão.

2º Ato - No palco, jardim profusamente iluminado, havendo na arena pavilhão da entrevista.

3º Ato - No palco, cortina, em casa de Anna de Glavary - Segue-se mutação para jardim ornamentado em tom festivo na referida casa.[235]

Benjamim e Spinelli apostaram em uma montagem considerada ousada para o período, de alto custo, que exigia muita sofisticação em termos de cenário, vestuário, musicalidade e representação teatral. Tida por muitos como ato muito pretensioso, a encenação acabou por se consagrar, tanto pelo público, que logo conquistou, quanto pelo próprio reconhecimento da crítica.

Na estreia, o Circo Spinelli teria se transformado, segundo uma crônica do período, na primeira companhia nacional que realizou a montagem de *A viúva alegre* no Brasil[236]. Segundo Januário de Miranda, que chegou a publicar um livro biográfico sobre Lili Cardona, intérprete de Anna Glavary na produção do Spinelli, apesar de a opereta ter se transformado em um sucesso internacional, ainda não se tinha notícia de que havia sido montada em um circo. O público, segundo ele, que qualificara aquele "cometimento, porque o foi deveras, de inaudito arrojo do Sr. Affonso Spinelli", tinha afluído "em massa compacta ao grande e elegante circo da rua Coronel Figueira de Mello". Na avaliação do autor, as cadeiras encheram-se do que a sociedade carioca tinha de "mais seleto e distinto, entre senhoras e cavalheiros do nosso mundo *smart*". Já para as bancadas, Januário de Miranda não comenta se seu público era seleto ou não, apenas informando que elas "transbordavam de espectadores, que se apertavam, que se apinhavam quase uns sobre os outros". Havia um burburinho entre o público, dizia, para ver os artistas acrobatas, ginastas, trapezistas, saltadores, palhaços, mímicos, equilibristas, aramistas se transformarem em atores e atrizes, cantores e dançarinos.

> Era geral a ansiedade para ver como se sairiam os artistas de tão formidável *tour de force*!
> – Um desastre! diziam uns.
> – Uma bombachata!! afirmavam outros.
> – Um fiasco!!! garantiam os mais exigentes.[237]

Januário de Miranda continua sua descrição informando que Paulino Sacramento havia assumido a regência da banda do circo e executado a *ouverture*. Para ele, nesse momento, percebeu-se um "estupendo milagre", pelo fato de o maestro ter conseguido tocar as músicas da opereta com os "instrumentos de sopro". E, quando começou a entrada dos primeiros artistas, o público se impressionou bem, mas não se expressou de modo expansivo, pois ainda havia desconfiança e cautela, e até uma prevenção contra aquela "ousadia da companhia". Todas as atenções tinham por alvo, principalmente, quatro figuras: a artista ginasta circense Lili Cardona, no papel de Anna de Glavary; o cançonetista brasileiro Baiano, como conde Danilo; o ator teatral Pacheco, no papel do barão Mirko Zéta; e, representando Niegus, Benjamim de Oliveira, pintado de branco.

———

Conforme Januário, Lili Cardona entrou "luxuosamente vestida", trazendo uma "*toilette gris-perle*, linda e caríssima". Todos se fixavam na sua figura

> Ela fala e canta e os aplausos começam de estrugir espontâneos e merecidos, não só dos homens mas até das senhoras [...] Vencera em toda linha [...] A sua voz não é nem volumosa, nem muito forte, mas muitíssimo agradável, de excelente timbre e suficientemente afinada.[238]

Para uma parte dos frequentadores do teatro, jornalistas e literatos, a montagem da opereta em um circo não poderia deixar de ser uma ousadia. O cronista e crítico teatral do jornal *Correio da Manhã*, que fornecia alguns dados das estatísticas de apresentações da opereta no Rio de Janeiro, informava que até aquela data, 25 de julho de 1910, haviam sido apresentadas 203 vezes,

# A VIUVA ALEGRE... NO PICADEIRO

A canção montenegrina (2º acto). — A entrada de Anna Glavari, a *Viuva Alegre* (1º acto).

E' extraordinario. Não pára, não se detem o successo inegualavel da *Viuva Alegre*. Bem se lembram vocês ainda que todas as companhias extrangeiras que a levaram á scena, contaram por enchentes as suas representações. Depois a feliz opereta entrou para o dominio dos *cinemas*; foi tambem o successo a que todos assistimos e que ainda continúa no «Rio Branco». Pois bem, quando pensavamos que todas as fontes de successo já estivessem esgotadas, surge-nos agora uma nova *Viuva Alegre* no Circo Spinelli. Pois, meus caros, ainda desta vez o successo foi estrondoso e a *Viuva Alegre* apanhou mais um geito de se popularisar ainda mais.

Só lhe faltava este geito popular e, seja dito de passagem nos dominios daquelle Circo ultra-popular, não lhe foi o desempenho menos correcto, nem menos attrahente, do que os que andamos a vêr por ahi em afamadas companhias extrangeiras.

Uma cousa notavel, no Circo Spinelli, quem faz o papel de *Anna Glavari* é a artista do... *arame*, isto é, a artista que trabalha no arame.

Podemos salientar na interpretação da linda opereta a Lili Cardona, Pacheco, Bahiano e o Benjamin de Oliveira, um *Niegus* engraçadissimo... e branco como um lyrio! Orchestra e coros afinadissimos. E toda a opereta é levada sem ponto. E' caso para um ponto de admiração!

14. Divulgação feita pela *Revista Fon-Fon* da peça *A viúva alegre*, encenada no Circo Spinelli em 1910.

e Cremilda de Oliveira estava em primeiro lugar com 80 vezes, seguida de Lili Cardona, com 31. Da estatística realizada sobre as companhias, ou dos idiomas cantados, ganharam as portuguesas, que "cantaram 95 vezes, seguidas das italianas, com 53; a nacional (Spinelli), com 31; a espanhola, com 20, as alemãs com 19 e a norte-americana com 5"[239].

Assim, parece que a ousadia deu certo. Pode-se também avaliar a repercussão no público e na imprensa, por um plebiscito que o *Correio da Manhã* lançou, em julho de 1910. O periódico informava tratar-se de um "concurso popular", e que todos poderiam dar seu voto, contribuindo para que se formasse "o conjunto de opiniões, de que se resultará o parecer do povo carioca, sobre essa importante *questão teatral*: Qual a melhor Viúva alegre?"[240]. No primeiro resultado da apuração realizada, a maior parte votou "mandando um papel almaço para o jornal". Contrariando "toda a expectativa", deu preferência a Silvia Marchetti, atriz italiana, que se apresentava no Teatro São Pedro de Alcântara, pela Companhia Italiana de Operetas La Teatral, com 359 votos, e aparecia em nono lugar com 39 votos, já nessa primeira apuração, o nome de Lili Cardona.

---

Quando se encerrou o concurso, as três primeiras ganhadoras estavam dentro das "expectativas". Ganhou Cremilda de Oliveira, da Companhia Galhardo, com 2.134 votos, em segundo ficou Silvia Marchetti, com 1.688, e em terceiro Giselda Morosini, com 927 - estas eram as duas italianas que, pela primeira vez, cantaram da forma mais inteligível para o público carioca. Mas ressalta-se que, mesmo sem ganhar nesse concurso, Lili Cardona aparecia em quinto lugar, com 795 votos[241]. São significativos esses números, pois dão alguns indícios sobre o lugar do circo e dos circenses na produção cultural da época. Ocupar a segunda posição com 31 apresentações, em quatro meses, perante as companhias estrangeiras que faziam muito sucesso nas suas temporadas, em particular as duas portuguesas (que em um ano haviam se apresentado 95 vezes), além do fato de ter sido definida como a primeira "companhia nacional" a representar a opereta, bem como o reconhecido

15. Lili Cardona no papel principal de *A viúva alegre*, 1910.

sucesso que atingiu com tal produção, são indicativos de que a teatralidade circense, na sua expressão como circo-teatro, pertencia ao mundo do espetáculo no novo circuito cultural do começo do século xx.

A produção de *A viúva alegre* no Spinelli reafirma o que já venho mostrando sobre o modo de organização do espetáculo circense, que pressupunha uma relação clara entre continuidade e transformação. Nessa direção, em um olhar específico sobre a montagem dessa opereta, destaco duas situações que expressam, em si, a contemporaneidade da teatralidade circense, que sempre gerou um tenso diálogo entre tradição e inovação: a incorporação tecnológica, como os bailados com projeções elétricas, e a atuação de artistas não circenses já reconhecidos na sua época, como Ângelo Lazary e Baiano.

Não foi possível recuperar nenhum relato, nas fontes do período, que descrevesse como se deu a construção dos bailados com projeções elétricas. É de supor que não tenha sido difícil, para Benjamim, Spinelli e muitos dos artistas da companhia, circenses ou contratados da cidade (atores, autores, maestros etc.), conseguir um aparelho de projeção e uma das inúmeras "cópias novas e coloridas" da opereta produzidas desde 1909, nas quais se exibiam, em especial, as partes dançantes da opereta e o "grande final" com o baile na embaixada.

———

Tal suposição leva em consideração o fato de que já faziam parte do círculo de produções cinematográficas (lembrar da filmagem de *Os guaranys*); participavam nos filmes cantantes, analisados anteriormente, como atores e cantores postados atrás das telas dos cinematógrafos, combinando suas vozes com as imagens, inclusive nas várias produções e exibições cinematográficas da opereta.

A incorporação cinematográfica nas produções teatrais de Benjamim de Oliveira não se deu só nessa opereta. Um ano depois da encenação da milionária viúva, anunciava-se a estreia de *Os pescadores*, peça de "costumes marítimos dividida em três atos e um quadro cinematográfico", original de "C. Arniches e Fernandes Shaw, traduzida livremente", encomendada para aquele circo por Henrique de Carvalho e "acomodada à arena por Benjamim de Oliveira", partitura e instrumentação original dos maestros brasileiros Agostinho de

16. Victoria de Oliveira, como parte do elenco de *A viúva alegre*, 1910.
17. Augusta Cardoso como Naná, em *A viúva alegre*, 1910.

Gouveia e Archimedes de Oliveira, este, autor do tango-chula "Vem cá, mulata" (1902), com letra do poeta Basto Tigre, sucesso no carnaval de 1906, dedicado ao Clube dos Democráticos. Além desses dois maestros, Paulino Sacramento foi responsável pelo ensaio e pela regência das apresentações.

A peça era dividida em quatro atos, denominados:

1º ato - O mau amigo; 2º ato - A canção do náufrago; 3º ato - O morto vivo;
Quadro único (Cinematográfico) - O Desafio.
Marcação do artista Benjamim de Oliveira
Cenários devidos ao pincel do festejado artista Deodoro de Abreu.[242]

A descrição da propaganda informa que Benjamim, a quem o público carioca "tem dispensado sempre simpatia, aplaudindo-o em peças de sua lavra, e representando papéis cômicos", iria "pela primeira vez, arcar com enorme responsabilidade, encarnando-se no personagem Tio Lucas", papel de natureza dramática, o que representava, para o artista, "um esforço inaudito por sua parte, visto nunca ter sido esse o seu gênero explorado".

Não foram encontradas fontes que auxiliassem um melhor entendimento de como seria o "quadro único (cinematográfico)". Apenas uma menção, na revista *O Malho*, em uma crônica sobre a peça:

É pena que essa casa de espetáculos [Circo Spinelli] não tenha o palco mais chegado ao picadeiro e uma orquestra com instrumentos de corda. Essas duas falhas sacrificam bastante as peças que ali se representam, mormente as de feição puramente dramática, como *Os pescadores*, tradução de Henrique de Carvalho, acomodado à arena pelo inteligentíssimo Benjamim de Oliveira, com bonita música dos maestros nacionais Agostinho de Gouveia e Archimedes de Oliveira. Assistimos a primeira representação dessa peça, que nos agradou francamente, com especialidade o trabalho do popular Benjamim, digno sem dúvida de uma arena mais adequada. Assim mesmo, é notável como expressão de boa escola dramática e merece ser visto. Firmino, Lalanza, Pacheco, Herculano, Candido, Perriraz e Egochaga (magnificamente caracterizados) assim como Augusta e Ephigênia deram um excelente desempenho nos seus papéis. A peça está bem-vestida, tem bons coros e o ato cinematográfico produz muito efeito.[243]

Não há explicações mais detalhadas sobre o uso dessa tecnologia nas produções teatrais, propriamente ditas, naquele período. Entretanto, o que quero destacar é que a memória produzida sobre os primeiros espetáculos teatrais, cômicos e musicais, no Brasil, com a utilização de projeções em telões contracenando com atores, indica a década de 1980 como esse momento. Ou seja, esse é um dado a mais a ser incluído e problematizado pela historiografia do teatro e do cinema.

———

A presença de profissionais como Ângelo Lazary, que já naquele período era considerado referência entre os pintores dos telões cenográficos dos principais teatros da capital federal e do Teatro Municipal de São Paulo, foi importante não só no cenário, como no vestuário. Esses telões eram quadros que revestiam as bordas e o fundo das cenas para criar a ilusão de um ambiente tridimensional, e se tornaram peças que são vestígios da memória visual e técnica do período em que a cenografia se apoiava essencialmente na arte da pintura. Os quadros pintados e o telão de projeção elétrica foram combinados à arquitetura, às expressões artísticas da dança e do canto, à linguagem circense propriamente dita, debaixo da lona, intercalando palco e picadeiro.

Além dessa contribuição, destaco também a participação de Baiano que, após algum tempo de apresentação, seria substituído por Benjamim de Oliveira no papel de Conde Danilo. Já descrevi suas atuações como palhaço-cantor nos espetáculos circenses; entretanto, nesse momento, três palhaços-cantores negros – Eduardo das Neves, Baiano e Benjamim de Oliveira – representaram o papel principal da opereta, pintando o rosto de branco. Será que em algum dos inúmeros países nos quais foi representada, houve esse tipo de produção?[244]

Pertencer ao circuito, ser um espaço e apresentar um tipo de espetáculo que atraísse tanto o público quanto inovações tecnológicas e os muitos profissionais das várias áreas artísticas contribuíam de modo efetivo para criar grandes tensões em torno da disputa e concorrência, tanto pelo público quanto pela própria representação, do que deveria ser a produção social da arte. Nessa direção, de todos os "novos produtos e novas formas culturais" daquela *Belle Époque*, a teatralidade circense, na sua expressão no circo-teatro, era ainda um dos que geravam opiniões bem ambíguas, por parte de letrados e jornalistas, a respeito não só dos circenses, como também de seu público.

Um ano depois da estreia de *A viúva alegre*, no Spinelli, e após ter assistido a diversas outras peças produzidas e encenadas por Benjamim de Oliveira[245], Januário d'Assumpção Ozório, por exemplo, advogado, dramaturgo e um dos responsáveis pela publicação *O Theatro*, demonstrava toda uma

18. Ephigenia de Oliveira no papel de Tia Loba, na peça de "costumes marítimos" *Os pescadores*, 1911.

confusão sobre o que significava de fato aquele "novo circo", pois ao mesmo tempo que apresentava teatro falado tinha números de circo de cavalinhos.

Em uma de suas crônicas, intitulada "Um espetáculo no 'Spinelli'"[246], se o leitor parasse de lê-la no primeiro parágrafo, dificilmente teria tido vontade de ir ao circo, pois a inicia dizendo que havia quem não suportasse, "mesmo de graça e com todas as comodidades", um espetáculo num clube de amadores ou em um circo. Entretanto, continuou ele, apesar de ser tão enfadonho e de "constituir um verdadeiro sacrifício para muitos", havia no espetáculo circense um "lado pitoresco e curioso"; demonstrando, assim, dúvidas sobre o que estava assistindo:

> O Circo Spinelli já não dá grande ideia de um verdadeiro circo, pois de há muito que está transformado em circo-teatro, contudo ainda se pode avaliar por ele o que são, mais ou menos, os espetáculos em um circo de cavalinhos.

Além disso, ao mesmo tempo que reconhecia o "sucesso" do espetáculo, descrevia o público com termos bem significativos sobre "seu mau comportamento":

> [...] marinheiros, soldados do exército, réles marafonas, tresandando a água Florida e alecrim, carroceiros sobraçando ainda grossos cacetes e chicotes, com os paletós ainda por vestir, deixando a sua passagem um acre cheiro de suor azedo, mulatos e negras de carapinhas lustrosas que sobem as torrinhas ou poleiros, batendo exageradamente com os enormes saltos dos tamancos à Luiz 60 [*sic*], para chamar a atenção e propositalmente incomodar as pessoas decentes que lá estão.

De um lado, temos pessoas descritas pelo autor que vão ao circo de "propósito" somente para incomodar as pessoas "decentes", o que de certa maneira revela uma diversidade e heterogeneidade social entre os que compunham aquele público. Por outro, pode-se, até, concordar que da plateia circense não era esperado nenhum tipo de comportamento *a priori*, mas o problema é tentar hierarquizar e valorar certos tipos de divertimento e comportamento do público.

19. Edelmira Fortes no papel de Malandragem na revista *Tiro e queda!*, 1911.

Temos visto com alguns autores, como Silvia Cristina Martins de Souza e Silva e Fernando Antonio Mencarelli, como eram frágeis os argumentos que procuravam valorizar um comportamento idealizado de espectador. Diversas tentativas, no século XIX, foram dirigidas às plateias dos teatros no sentido de "conscientizá-las" para uma conduta "civilizada", e as razões eram as reclamações dos distúrbios provocados pelos espectadores das "torrinhas" e a constante conduta do público ao praticar as pateadas[247]. Esse era um dos pontos importantes de Januário A. Ozório, como o foi para Machado de Assis, Arthur Azevedo e outros intelectuais e letrados que, de modo dicotômico, em seus escritos, preocupavam-se em diferenciar os "tipos" de públicos, de artistas, de palcos, de formas de dramaturgias e, principalmente, não misturá-los; pois, só assim, era possível conceber o que deveria ser a grande arte na produção artística brasileira.

> Tudo é diferente de um teatro, desde o edifício até a denominação dos espetáculos. No teatro é récita, no circo é função ou espetáculo. Os seus anúncios não dizem, por ex.: amanhã será levada a pantomima ou farsa tal; não, limitam-se tão somente ao seguinte: Hoje ou amanhã grande função ou espetáculo da moda. Quando não há espetáculo anunciam: Amanhã - Descanso! Os aplausos são também diferentes. Uns manifestam o seu contentamento batendo palmas, outros batendo fortemente com os pés e paus nas galerias, tudo acompanhado de ensurdecedores assobios.[248]

Não apenas pelos edifícios - mesmo os circenses tendo se apresentado muitas vezes nos edifícios teatrais do período -, diferenças havia e há entre esses modos de organizar o espetáculo. Entretanto, como no caso do público, qualquer pesquisador que tenha entrado em contato com fontes jornalísticas e materiais de propaganda das casas de diversões do período (teatro, café-concerto, *music hall*, *vaudeville*, circo etc.) pode verificar que as diferenças estão longe de ser as apontadas por Januário. Apenas como exemplo, no próprio ano em que o escritor escreveu a crônica, o Circo Spinelli anunciava uma "récita em homenagem a Benjamim de Oliveira e Henrique de Carvalho", com a revista de autoria deles, *Tiro e queda!*[249].

Nessa crônica, Januário, em vários trechos, continuou sua descaracterização do público, como quando menciona que "é um pessoal de uma exigência sem limites [com relação ao horário], o que às vezes aborrece a própria autoridade que preside a função [...]"; bem como do espetáculo, em particular da primeira parte composta de exercícios acrobáticos, ginásticas e excentricidades, "tudo, porém, muito visto e revisto [...] o que não quer dizer que não seja bem feito" e não agrade bastante ao público. Após esses parágrafos, o autor começa a descrever a representação da segunda parte, com *A viúva alegre*, de maneira mais paradoxal ainda. Afirma que é a parte "mais divertida e apreciada", com outra animação, por causa dos "retardatários: cozinheiras e apreciadores das peças, os que só gozam o que é *bão* e artístico".

Se a primeira parte não lhe agradou, apesar de ter tido boa recepção de público, para a segunda o autor inicia outro momento na crítica sobre o espetáculo:

> Que [Affonso Spinelli] continue bafejado pela sorte são os nossos votos, pois o simpático artista e o seu auxiliar Benjamim de Oliveira, que se podem considerar os fundadores do teatro popular no nosso Rio de Janeiro, muito embora esta asserção irrite a muita gente boa, merecem já agora, que o público não os abandone. No seu teatrinho já representaram o nosso Machado (Careca) e muitos outros artistas nossos também festejados.

Além de tecer elogios e levantar questões cruciais, e que até hoje estão presentes nos debates circenses, dá-nos os primeiros sinais de confirmação das informações orais de Benjamim, em suas entrevistas, da contratação de diversos artistas do teatro contemporâneo, bem como uma importante descrição do significado, para ele, do que viu no espetáculo. Descreve que, quando a sineta tocou para anunciar a segunda parte:

> Uma descarga elétrica não produziria um efeito tão rápido. Não há mais cansaço, todos estão lépidos. Há uma franca predisposição para o riso.
>
> A orchestra [*sic*] agora sob direção de um maestro de verdade, dá-se também ao luxo de executar uma *ouverture*, não de farsa ou pantomima, como antigamente, no tempo em que Benjamim vinha dizer asneiras e fazer momices, mexendo com as crioulas do poleiro e chamando-as de parente, mas da opereta mais em voga: *A Viúva Alegre* - cuja *première* assistimos.

Ao fundo via-se, no palco, lindo cenário.

Entraram os convidados, o Conde Danilo, Niegus e finalmente a célebre viúva, ricamente vestida. Um oh! geral percorreu toda a assistência. Surgiram logo os comentários: Este pessoal é audacioso! O Spinelli é louco! Está bem vestida não há dúvida alguma!

Os artistas tremiam embora senhores firmes do terreno, o próprio Benjamim, vencedor nunca vencido, estava um pouco ressabiado. A ansiedade era geral.

Benjamim que fazia Niegus gostou logo da Loló - O povo riu-se, as palmas rebentaram e o Sr. Spinelli vencia mais uma vez. Falou Benjamim, o predileto do Mangue e adjacências em um português estropiado, o que é natural. Não havia ponto, o pessoal todo sabia os papéis na pontinha da língua. O sucesso era geral.

Os espectadores das torrinhas a cada piada do ex-palhaço dobravam-se em riso e colaboravam francamente com o artista: Ai nego bão, gruda a Lólo negrão.

Terminou a peça. Impressão agradável. Entraram em cena todos os artistas: brancos, pretos, mulatos e russos. Não há distinção, tudo trabalha, ouve-se um arremedo de português infamérrimo, uma misturada de russo, japonês, italiano, o diabo, uma verdadeira salada linguística, mas ninguém boia.

Há franca liberdade entre os artistas e o público, existe mesmo alguma familiaridade. [...] Um espectador exigente aparteou o popular artista: vá aprender com o Grijó. Com a maior naturalidade Benjamim respondeu logo: Grijó é estrangeiro e eu estou na minha terra. Uma prolongada salva de palmas e bravos reboou em todo o circo, coroando este troço feliz.

[...] Os artistas são reclamados pelo público delirante. Benjamim é carregado em triunfo.

Chegou a hora da saída. O aperto é horrível, sente um cheiro insuportável de bodum. Os imprudentes empurram todos e fingem ataques histéricos, ouvem-se chufas grosseiras, os bonds da Light, que estão em desvios próximos, em meio minuto, estão repletos.

É um texto que se assemelha à descrição feita, um ano antes, pelo outro Januário, quando da estreia da opereta. Muitas informações dadas por ele confirmam análises já efetuadas aqui. A participação e a relação entre artista e público (e vice-versa), a mistura das diversas nacionalidades, cores, linguagens, a demonstração do conhecimento do público sobre outras produções teatrais, em particular a menção do ator Grijó quem primeiro representou em português, e a resposta "nacionalista" de Benjamim, o bonde, o ponto etc., fazem com que o espetáculo tenha sucesso. No entender deste Januário, esse tipo de comunicação e diálogo, mesmo com "português estropiado", só era possível naquele tipo de "casa de espetáculo", um circo; porém, que não era mais circo típico, pois tinha um ex-palhaço que fazia que o público risse muito e, notava-se nas mínimas coisas, "a vontade de agradar", com "esforço palpável e digno de menção".

Independentemente da natureza dos diversos critérios de diferenciação das especificidades daqueles espaços, o que pode estar por trás dos pensamentos que os vários Januários representavam era uma compreensão dicotomizada sobre "arte e não arte" e o seu lugar e papel na sociedade, a partir do que balizavam as suas análises sobre o que "viam".

Alguns meses depois, em outro texto, essa ideia ficou bem explicitada:

> É sabido por todos que o Circo Spinelli é uma espécie de *refugium peccatorum*. Se o pessoal [do teatro] não obtém nada na cidade, corre todo para o Benjamim. Este logo abre os braços, assume inteira responsabilidade, dá até crédito ao recém-admitido, ensina o pobre-diabo o pouquíssimo que sabe e este vai cantar em outra freguesia, sem mais tirte nem guarte [*sic*].[250]

É interessante essa informação do autor, pois nas entrevistas Benjamim de Oliveira, de fato, afirmava que Arthur Azevedo tinha se tornado um amigo pessoal e, por diversas vezes, havia-lhe pedido para empregar artistas do teatro que estivessem passando por dificuldades, mas a fonte era apenas oral. Em uma das reportagens, Benjamim chegou a relatar o teor de um bilhete encaminhado por aquele autor, com os seguintes dizeres: "Amigo Sr. Benjamim, se não soubesse que o sr. tem um coração de *clown* recearia tornar-me cacete, mas não receio e venho mais uma vez pedir a sua fraternidade para dois artistas."[251] Em outra reportagem, o cronista afirma que tanto Arthur quanto João Phoca escreviam cartas a Benjamim para conseguir colocações, na "famosa casa de diversões da Cidade Nova", de intérpretes dramáticos e comediantes que estavam desempregados[252].

O próprio Januário parece ter sido um dos que também se "iniciaram" com Benjamim, pois uma nota, localizada numa Revista da SBAT, informava que sua estreia como autor teatral ocorreu em 2 de julho de 1913, com a revista *O cutuba*, em três atos, representada pela "Companhia Benjamim de Oliveira, no Circo Teatro Spinelli"[253].

Entretanto, primeiro Januário não explicita em nenhum momento que talvez fosse um dos possíveis "acolhidos" pelo "coração de *clown*" de Benjamim; e, segundo, que na realidade é complementar, há uma preocupação clara por parte do autor de que não se faça confusão do que era feito no teatro e no circo-teatro, ou mesmo, de que não houvesse confusão em torno de quem trabalhava no segundo, tanto como ator quanto como autor. Fazer parte da produção do espetáculo circense, ser autor de peças como ele e muitos outros já listados nesse trabalho, compor músicas e versos para as peças, construir cenografias e coreografias, representar como ator, tudo isso não significava confundir a imagem de profissionais ligados ao "teatro" com o que realizavam nos circos de cavalinhos ou circo-teatro, considerados "apenas" "espetaculosos", sem nenhum tipo de papel que não fosse para diversão e entretenimento. Assim, tentando "esclarecer" certa "confusão" pessoal, na medida em que também tinha coautoria com circenses, explicava:

> Não queremos dizer com isso que o Circo Spinelli seja uma Escola, nem que por lá haja Arte, como estupidamente já disseram por aí, pois nem tão longe vai o nosso amor pelo circo, mas o que é verdade é que de lá saíram elementos que hoje representam a contento [...].[254]

O autor reafirma, com suas opiniões, um dos posicionamentos predominantes, nos debates, em torno do circo e do circo-teatro sobre serem ou não "arte". Esse seu modo quase paradigmático de catalogar, hierarquizar e estudar as produções artísticas, nesse caso particular em relação aos circenses, "atravessa períodos", persistindo como forma de pensar, até hoje, a "alta cultura" no Brasil, e contribuindo, com isso, para criar uma "visão" dos circenses como não produtores culturais.

É possível, entre os muitos exemplos de críticos teatrais de hoje que consolidam o modo como se foi construindo uma seleção de memória das várias expressões artísticas e o que é ou não arte, citar o caso do crítico de cinema Inácio Araújo. Em maio de 2004, na resenha do filme *O fabuloso destino de Amelie Poulain*[255], traçando um paralelo entre passatempo e arte, pedia que esse passatempo (o filme ou o cinema) tivesse ideias "ou ao menos finja tê-las", pois ninguém deseja que o cinema seja confundido com "coisas como parte de diversões ou circo, por exemplo, o que diminuiria seu valor"[256].

Em 1932, Rego de Barros, em seu livro *30 anos de Teatro*, ao escrever suas memórias e sua própria produção na dramaturgia - foi escritor, comediógrafo, diretor, ensaiador e ponto – nas três primeiras décadas do século xx no Brasil, afirmou que "antigamente" (que entra no recorte temporal que estou tratando neste livro) se se dissesse de um ator que ele era de circo "zangava-se e sentia-se ofendido. Hoje, ao contrário, eles até gostam e talvez por isso seja que vários circos têm as suas trupes dramáticas que representam dramas e comédias, depois da parte da acrobacia"[257].

Não deixa de ser curioso esse modo de "lembrar", pois esse autor, assim como Januário, ao falar sobre o circo daquele período, não se inclui como, mesmo que esporadicamente, partícipe da produção e constituição da teatralidade circense. Rego Barros, em 1907, aparecia nas propagandas do Circo Spinelli como colaborador de peças que encenava, particularmente em uma delas, a "opereta-farsa de três quadros, com 22 números de música", regida por Irineu de Almeida, intitulada *Um príncipe por meia hora ou O pinta monos*, escrita e ensaiada pelo ator Pacheco, e "arranjada e acomodada ao picadeiro pelos inteligentes atores Pedro Augusto e o ponto Rego Barros, oferecida pelos mesmos a Benjamim de Oliveira"[258].

Conhecido como importante ponto e ensaiador teatral, Rego Barros, em seu livro de "memórias", não chegou nem a comentar um detalhe significativo para a época sobre a dispensa do uso do ponto, comentada pelo cronista do jornal que, ao falar da peça, que aquele autor havia "arranjado ou acomodado" ao picadeiro, ressaltava que os artistas que tinham realizado a representação precisavam "dar lições de memória" a "alguns dos nossos mais nomeados artistas de revistas. Essa é que é verdade, embora dura para os segundos", pois os "papéis, sem auxílio de ponto estavam sabidos na ponta da língua"[259].

Neste trabalho já discuti o fato de que pudesse estar havendo "certa" confusão entre as autorias de textos e representações de atores em palcos/picadeiros e as influências "maléficas" dos teatros de feiras nas produções teatrais, além da necessidade de sempre analisar o circo como uma produção "pitoresca e curiosa", caracterizando seu público como pessoas sem "educação", em todos os sentidos, mas, principalmente, não reconhecendo nos circenses o papel de produtores e autores de um produto cultural, e o espetáculo circense como portador de uma teatralidade própria, extremamente importante para o circuito e para a constituição cultural do período, que atendia a uma massa de pessoas heterogêneas e diversificadas.

Era preciso "tipificar" as atividades circenses como "espetaculosas" para tentar distingui-las dos tipos de expressões artísticas que deveriam estar empenhadas em contribuir para a "transformação da sociedade brasileira", rumo a um povo culto e civilizado. Acontece que, naquela década de

1910, os circenses, cada vez mais visíveis para os jornalistas e intelectuais como autores de seus textos e suas produções, continuavam, como sempre, disputando, palmo a palmo, o público dos cafés-concertos, dos teatros ditos ligeiros e dos ditos sérios.

E isso estava por trás das falas de Januário e Rego Barros, bem explicitado pelo segundo quando menciona a rivalidade existente entre circo e teatro no período. Afirma que, apesar de na capital as relações não estarem mais "tão conflituosas", no interior não era bem o que ocorria, pois ainda se mantinha a antiga disputa. O circo era "o grande inimigo do teatro", a ponto de em qualquer lugar onde uma companhia de teatro estivesse trabalhando, ao chegar um circo, aquela poderia arrumar as malas porque não faria mais nada. Diz que as populações do interior, com raras exceções, davam sempre preferência aos espetáculos de circo e após a "estreia de uma companhia deste gênero fala-se mais no palhaço do que em qualquer artista de teatro, que por ali apareça por mais notável que este seja", enfatizando o quanto o "hábito do circo" estava enraizado "nessa gente"[260].

Com o aumento das encenações baseadas no texto falado, Benjamim de Oliveira e os vários circenses autores e atores do período elaboraram, em meio a sucessivas parcerias e influências, novos arranjos na produção da teatralidade circense, sem perder, no entanto, antigas matrizes. Assim, Benjamim continuou escrevendo, trabalhando com artistas na primeira parte como acrobata, tocador de violão, palhaço de reprise, de pantomima, e, na segunda, produzindo e dirigindo estes nas peças representadas em seu palco/picadeiro até pelo menos a década de 1940.

Até meados da década de 1970, a maioria dos circos brasileiros tornou-se circo-teatro, e seus artistas continuavam a ser ginastas, acrobatas, músicos, equilibristas, mágicos, domadores de animais, dançarinos, autores, compositores, cenógrafos, coreógrafos, diretores, atrizes e atores. Uma parte da bibliografia que tratava da história do circo no Brasil continuou fazendo uma separação entre o circo que apresentava "somente" números, incluindo aí cenas cômicas, e o que consideravam como o "circo-teatro"[261].

Para além dos vários significados que as colocações possam ter, vale ressaltar que o reconhecimento pela montagem da opereta, em 1910, foi justamente por ela revelar a organização do trabalho, um modo de produção do espetáculo e um processo de formação/socialização/aprendizagem articulados às características definidoras e distintivas do grupo circense que pressupunha, entre outros, contemporaneidade do espetáculo, nomadismo, tradição oral e coletiva. O conjunto que representava os circos-teatro revelava todo um modo de organização do espetáculo; implicava que todo circense produzisse e dirigisse espetáculos de variedades, que mantivesse abertura para a contemporaneidade, percorrendo caminhos de permanências com transformações. Nessa perspectiva, conformar um espetáculo era um jeito de constituir o conjunto de expressões daquela teatralidade, que definia o circo como um espaço polissêmico e polifônico.

## E O ESPETÁCULO CONTINUA...

Este tópico corresponde ao encerramento da primeira edição deste livro e foi revisado. Apesar de esta segunda edição conter um quinto capítulo, optamos por deixá-lo, pois abarca ideias e conceitos importantes apresentados no conjunto do trabalho.

No início deste livro, procurei mostrar o processo de constituição do circo e de seus artistas, no fim do século XVIII e início do XIX, ainda na Europa. Mais do que um novo tipo de espetáculo, o que se produziu foi uma nova estrutura de organização que conformava uma oferta artística cujas características essenciais eram a diversidade, a multiplicidade de linguagens, em sintonia com as principais formas de expressões artísticas e culturais contemporâneas a ela.

Depois, vimos que os circenses constituíam um grupo que articulava, na construção de sua teatralidade, uma estrutura de núcleos fixos com redes de atualizações, adequando e produzindo seus espetáculos para um público diversificado. Através da vida artística de Benjamim de Oliveira, foi possível dar maior visibilidade a essas articulações e estudar sua conformação no Brasil, sem, no entanto, considerá-los os únicos responsáveis pelas novas formas de produção do espetáculo e da teatralidade circense no fim do século XIX e começo do XX.

A constituição do circo-teatro nesse período gerou tensões em torno da disputa pelo público e de uma representação social do que deveria ser a arte.

Nessa direção, junto com alguns novos produtos e novas formas culturais da época, a teatralidade circense, na expressão do circo-teatro, foi geradora de posicionamentos e opiniões ambíguos, por parte da crítica, sobre os circenses e seu público.

A estrutura da teatralidade circense, mesmo levando em conta as diferentes formas que se realizavam em cada circo, para cada público, tornou-se realidade em quase todos os circos no Brasil. Nas histórias do teatro, da música e nas biografias de artistas, com exceções, não são consideradas as produções teatrais e musicais realizadas pelos circenses como parte da constituição daquelas histórias.

Quem acompanhou a trajetória de Benjamim de Oliveira e seu processo de formação como circense percebeu minha insistência em mostrar o quanto a ideia de sintonia e contemporaneidade entre as diversas expressões culturais foi condição para a própria formação dos artistas e da teatralidade. Enfatizei, também, como os espetáculos constituíram um lugar polissêmico e polifônico, no qual se aliavam destreza corporal, musicalidade, comicidade, dança e representação teatral.

O motivo das insistências e das descrições foi procurar visibilizar e dialogar com certas memórias sobre as experiências vivenciadas por homens e mulheres envolvidos diretamente com as produções culturais no Brasil do final do século xix e início do xx. Essa memória, em boa parte produzida pela bibliografia que tratou da história do circo no Brasil nos anos 1970 e, mais recentemente, nos estudos sobre o teatro no país, apresenta tal história de modo a valorizar o papel exclusivo de alguns artistas na constituição do circo-teatro, olhando-os através da organização que o circo aqui adquiriu naqueles anos, relacionando-os aos processos recentes da produção de bens culturais marcados, principalmente, pela televisão.

Entretanto, este livro procurou também demonstrar que, após percorrer a trajetória artística de Benjamim de Oliveira, bem como a polifonia e a polissemia dos espetáculos circenses, fica difícil afirmar ou tipificar certa forma predominante e ideal do que é ou deveria ser o circo. Além disso, sem desmerecer a influência dos diversos produtores culturais, os circenses sempre se vincularam aos circuitos culturais estabelecendo estratégias de articulações com as mais diferentes expressões artísticas, levando-as para dentro do palco/picadeiro. O circo sempre esteve em busca do consumo de massa para seus espetáculos.

Quando, no fim do século xix, explicitou-se um processo de massificação, acelerando e potencializando a produção e o consumo cultural por uma população heterogênea e diversificada em suas origens sociais, a pesquisa apontou que, em primeiro lugar, o próprio modo de organização e produção do espetáculo circense pressupunha, também, a construção do circo como um veículo de massa, considerando o número de pessoas que assistia a ele, maior que o de qualquer outro espaço de apresentação artística, pelo menos até o advento do cinematógrafo e do rádio, além do tipo de espetáculo variado, em uma multiplicidade de linguagens artísticas que lançava mão dos principais e mais atuais inventos tecnológicos, como as luzes e as projeções elétricas, se apropriando cada vez mais de novos ritmos e danças. Segundo, que os circenses, quando não eram os próprios produtores - autores das peças, das letras e das músicas que estavam sendo vendidas em libretos, partituras e discos -, afirmavam-se como artistas importantes do período que divulgavam amplamente tais produções. E, em terceiro, que sempre fizeram uso das várias formas de divulgação dos meios de comunicação disponíveis, como imprensa, discos e cinema.

A própria trajetória de Benjamim de Oliveira - assim como os vários "Benjamins", entre os quais Albano Pereira, Polydoro, François e Eduardo das Neves - interroga concepções que veem a presença de cantores, dançarinos, artistas e autores como "estranhos" ou "aventureiros". Ela revela que o circo-teatro não pode ser limitado ao papel exclusivo de buscas de soluções de crises, pelos empresários circenses, como as econômicas, por exemplo, vividas por eles; e, muito menos, imputar àquela teatralidade a responsabilidade por uma possível decadência do circo, como apregoam vários estudos e muitos circenses em suas memórias.

Uma parte dos autores, circenses ou não, que escreveram ou escrevem sobre a história do circo tem assumido o discurso de que o espetáculo circense seria "o mais popular" de todas as ofertas culturais. Ao eleger o circo como a "manifestação da cultura popular", essa ideia remete à perspectiva de que homens e mulheres que estivessem no âmbito do que fosse o popular teriam autonomia e autenticidade, posicionando-se a partir de uma constante luta em torno dos processos de diferenciação do que seria outra cultura, ilustrada e dominante. Apesar das tensões e conflitos que essas questões trazem e que não devem ser subestimados, não há como negar a existência de trocas, acordos, cooptações, inclusive pelos próprios circenses e artistas. A análise das estratégias que os circenses estabeleciam nas cidades, dos vínculos com a população e com os outros artistas, parceiros ou não, faz com que a visão dicotômica de um "popular" homogêneo, sobrevivente, *versus* um erudito dominante não se sustente. Esse posicionamento elimina a possibilidade de compreender a dinâmica das várias práticas e os significados que podem ter para os protagonistas que compunham os diferentes processos culturais.

A discussão sempre retomada sobre a contemporaneidade do circo com outras produções culturais, que marcou em grande parte o trajeto desta pesquisa, também esteve voltada para um diálogo com o que, a partir dos anos 1980, surgiu no Brasil como um movimento que se autointitula "novo circo" e "circo contemporâneo". Formado por profissionais e artistas "performáticos", vindos de experiências teatrais, coreográficas, cenográficas, da dança, entre outras, eles desenvolvem a linguagem circense fora dos espaços dos circos de lona, participando da fundação de escolas de circo e da constituição de grupos artísticos.

Alguns artistas brasileiros, formados fora dos espaços da lona, partilham da ideia de que a experiência de criação de escolas de circo, no Brasil, seria apenas um seguimento das iniciadas por diversos países, como Austrália, França, Inglaterra e Canadá[262]. Entretanto, o modo de organização do trabalho, que pressupunha a transmissão oral dos saberes e das práticas para a geração seguinte, dentro da própria estrutura do circo-família, nos seus processos de permanências e transformações, já estava sendo debatido por alguns circenses brasileiros desde a década de 1920. Em um artigo de 1925, Leopoldo Martinelli afirmava que "há 20 anos passados" - portanto, nos primeiros anos do século - "eram os diretores de circos os primeiros a irem com os filhos, irmãos ou discípulos para o picadeiro, e ensaiavam novos números, novas dificuldades, para engrandecerem o nome do artista brasileiro". Entretanto, continua ele, "hoje [1925], qual o artista que se arrisca a ensaiar um trabalho como voos, acrobacia, jóquei e outros, que dependem do auxílio de alguns colegas?"[263].

A ideia de que deveria haver um espaço de ensino para filhos de gente de circo, que não só o da lona, esteve presente em quase todos os debates circenses desde aquele período. Mas foi somente a partir de 1975 que a proposta passou a se concretizar. Assim, simultaneamente ao movimento que estava ocorrendo naqueles países, em 1978, no Brasil, aconteceu a primeira experiência voltada para o ensino das artes circenses fora do espaço familiar e da lona, a Academia Piolin de Artes Circenses, fundada na cidade de São Paulo. É interessante notar que foi uma iniciativa dos circenses egressos do circo itinerante de lona em parceria institucional com o governo do Estado, pois foi proposta pela Associação Piolin de Artes Circenses, com apoio da Secretaria de Estado da Cultura, através da Comissão de Circo.

A movimentação circense nesse período resulta, no Rio de Janeiro, na criação da Escola Nacional do Circo, em 1982, com a participação significativa de Luiz Olimecha - pertencente à família que trabalhou com Benjamim de Oliveira na década de 1910[264]. Os argumentos para essa criação baseavam-se em pressupostos semelhantes aos de seus congêneres paulistas, ou seja, de que a "tradição" familiar não seria suficiente para garantir a perpetuação da arte circense ao longo do tempo, de que um número maior de pessoas talentosas nascidas dentro ou fora das famílias circenses deveria ter condições de aprimoramento e, por fim, de que como o processo ensino-aprendizagem era inerente à vida do circo, uma escola seria a extensão lógica dos pequenos núcleos familiares para a grande família circense, promovendo uma democratização da informação e da ampliação de oportunidades[265].

O que se pretende apontar no final de todo este trajeto de pesquisa é que as escolas de circo e os grupos, formados por elas ou não, representam algo novo para o processo de constituição da atual teatralidade circense. As pessoas envolvidas com a aprendizagem dessa linguagem não a fazem mais, necessariamente, debaixo da lona do circo, como acontecia com a maioria dos circenses até pelo menos a década de 1970. As escolas ou grupos voltados para o ensino de técnicas circenses têm projetos pedagógicos e sociais dos mais diversos tipos, a partir de iniciativas privadas ou governamentais, e isso é novo na história do circo no Brasil. Apesar de muitos mestres que ensinam nesses espaços serem circenses vindos das famílias dos circos itinerantes de lona, eles não atuam mais como antes, ou seja, ensinando as crianças que nasceram no circo ou as pessoas que a ele se incorporam.

Pode-se considerar, hoje, que uma das grandes contribuições desse movimento é a reafirmação do quanto a linguagem circense e o modo como os circenses produzem seus espetáculos estão permanentemente abertos para as articulações com as várias linguagens artísticas, demarcadas pelas suas características rizomáticas, polissêmicas e polifônicas. Com esse movimento amplia-se, em qualidade, quantidade e variedade, o número de pessoas que se envolvem e divulgam a linguagem circense. A entrada das escolas não deixa de retomar de certo modo as várias linguagens que já estavam presentes na formação do circense até a década de 1950: exercícios acrobáticos, teatro, música, dança, além da necessidade de aprender a montar e desmontar o circo, ser cenógrafo, coreógrafo, ensaiador, figurinista, instrumentista etc. Não é, contudo, apenas um retorno ao passado: com as escolas há, de fato, novos profissionais utilizando-se da linguagem circense, demonstrando o quanto ela dá e possibilitade criar, inovar e transformar os espaços culturais.

Entretanto, quando muitos dos seus componentes se referem à história do circo no Brasil, afirmam que foram eles que introduziram uma "nova mentalidade", desenvolvendo e implantando um novo circo ou uma nova forma de fazer circo que, depois deles, passou a incorporar teatro, dança, música ao vivo e espetáculos sem uso de animais[266]. Mesmo sem negar legitimidade aos circos que consideram tradicionais, dizem que o "novo circo" seria uma área de cruzamento entre disciplinas, de disseminação da dança, do teatro e das artes plásticas e da sua integração nos espetáculos circenses, que têm lugar nas pistas clássicas ou em auditórios mais íntimos.

Em um artigo para a *Revista Cultura* SP - produzida pela Secretaria Municipal de Cultura de São Paulo -, escrito por um artista que atua como palhaço, formado dentro desse movimento chamado de "novo circo" e responsável por desenvolver oficinas de formação de novos artistas, essa discussão fica bem exemplificada. Ao mesmo tempo que o autor faz um breve histórico do circo e demonstra todo o seu respeito ao "circo tradicional", analisa que, após o surgimento da televisão, exigiu-se que houvesse "uma nova evolução" no circo:

> O teatro, que havia se infiltrado também no circo, trouxe o que chamamos de "circo novo": um espetáculo mais alinhavado sobre uma direção que traz uma dramaturgia nessa linguagem com sonoplastia, maquiagem, figurino, iluminação e outros elementos que realizam esse circo do século XXI (sem dizer na abolição dos animais em cena).[267]

Sem dúvida, afirmações como essas não se sustentam a partir do que esta pesquisa procurou mostrar. Na verdade, neste trabalho, ter acompanhado a vida dos vários Benjamins possibilitou compreender a produção da linguagem circense como uma forma coletiva do fazer artístico nos sentidos político, cultural e social. Aprender a fazer circo, pensado como uma atividade cultural, artística e esportiva, fez de homens e mulheres circenses aprendizes permanentes, pois quando um jovem tornava-se muito bom em determinado número - malabares, salto, trapézio etc. - o campo de oferta na área era tão amplo que se lhe colocava um novo desafio, tornando-o aprendiz em outra área, como tocar um instrumento, representar no teatro ou mesmo ser autor das peças e músicas, participar da confecção do guarda-roupa, da cenografia, da iluminação, da própria produção do espetáculo. Todo esse campo atendia a todas as pessoas que nasciam nele ou a ele se incorporavam, independente de faixa social, cor ou credo, podendo ou não desenvolver atividades somente físicas - ou seja, qualquer um poderia ser inserido em alguma das muitas e múltiplas práticas. No circo-família não havia nenhuma criança abandonada, sem atividade, bem como nenhum adulto - jovem ou idoso - que também não tivesse o que fazer.

O processo de formação/socialização/aprendizagem, aliado ao modo de organização do espetáculo circense, pressupunha a constituição de artistas múltiplos, já que o modo de realização da linguagem circense, como método pedagógico, pressupunha a formação global da pessoa. Para se tornar um artista de circo eram necessários o aprendizado do domínio, além dos exercícios acrobáticos, das questões de segurança, tanto própria quanto dos colegas e do público; e o conhecimento de maquiagem, figurino, de seu próprio aparelho de trabalho (se possível, construí-lo), de música, de dança, de um instrumento musical, de coreografia, de cenografia, de direção artística, entre outros[268].

Assim, o discurso do novo e da contemporaneidade – aliado à falta de pesquisa[269] e, provavelmente, à necessidade de uma reserva de mercado no mundo do entretenimento – nega ou mostra desconhecer que o processo de constituição da teatralidade circense sempre esteve em sintonia com o que se produzia de mais recente.

Nos vários "breves" históricos que encontramos sobre os circenses, artistas como Benjamim de Oliveira e toda a sua extensa produção, aliando o que de mais expressivo havia em incrementos tecnológicos, artísticos e culturais na produção do processo de desenvolvimento do circo-teatro, pertenceriam a um passado sem nenhuma relação com o presente, pois eram os avanços de 1910 e não de 2005.

O interessante é que há um novo, mas que não é a produção do espetáculo nem as técnicas desenvolvidas. O fato de que se desenvolvam formas de aprendizagem diferentes das que havia "antigamente" não garante que o autor acima deixou de ser palhaço, de dar um flip flap, de administrar aulas de trapézio etc. O que há de novo é o próprio autor do artigo, ou seja, são milhares de crianças, adolescentes e adultos que estão aprendendo a fazer circo: primeiro, sem ter nascido nele; segundo, vindos dos mais diferentes lugares sociais; e, terceiro, com diversificadas expectativas e propostas do que fazer com essa aprendizagem, desde tornar-se artistas circenses ou simplesmente ter uma forma a mais de exercitar o físico.

Além disso, o próprio circo social é uma experiência nunca havida na história do circo em todo o mundo, até pelo menos a década de 1990. Com perspectiva de trabalhar junto com crianças e adolescentes vulnerabilizados, desvinculados ou não de processos educacionais, sociais e culturais, sem oportunidade de acesso a lazer e entretenimento, utiliza-se da linguagem circense como um método pedagógico na área da educação para atingir esse fim. Assim, o circo é utilizado como instrumento de aproximação/motivação dos grupos com que se deseja trabalhar, tendo em perspectiva o seu uso como ferramenta pedagógica de valorização dos diferentes saberes dos educandos como parte da sua experiência de vida. Isso é novo como recurso tecnológico do saber circense.

Por sua vez, os circenses itinerantes reagem contra as propostas das escolas de circo, dos projetos sociais e dos grupos formados por elas, alegando que esse movimento não é circo. Eles, sim, seriam o circo "puro" e os "herdeiros da tradição". Com isso, acabam negando, também, o circo constituído por seus antecedentes, como Benjamim, Albano Pereira, entre outros, ao se contraporem à mistura de teatro, dança e música nos espetáculos. Desconhecem, por exemplo, um passado recente, como afirma Alcir Lenharo, em que cantar acompanhado de um instrumento musical e representar no circo significava pisar o palco mais cobiçado pelos artistas do disco. O circo era um rico celeiro de artistas, que dos picadeiros rumavam para a revista, a chanchada, o rádio, o disco, tendo muitos passado e repassado pelo circo e feito dele sua "escola de aprendizado artístico"[270].

De seus lugares, ambos os discursos acabam atualizando, nas suas especificidades, muito dos debates que atravessaram este livro. Sem pretender aprofundá-los nem querer diminuir ou negar as diferenças entre as produções circenses do início do século xx e as deste início de xxi, este livro pretendeu partilhar, junto com vários outros, as reflexões e as análises dos distintos processos históricos que possibilitam alargar as discussões sobre as histórias das artes no Brasil.

# NOTAS

1  *O Estado de S. Paulo*, 1901 a 1905.

2  Angela Marques da Costa e Lilia Moritz Schwarcz. *1890-1914: no tempo das certezas*. São Paulo: Companhia das Letras, 2000, p. 34. (Virando Século).

3  Sobre o bairro do Brás, ver: Ernani Silva Bruno. *História e tradições da cidade de São Paulo*. Rio de Janeiro: José Olympio, 1953. v. II; Ebe Reale. *Brás, Pinheiros, Jardins: três bairros, três mundos*. São Paulo: Pioneira/Edusp, 1982. (Novo Umbrais).

4  Sobre as companhias circenses que se instalaram em São Paulo, principalmente na região central e no largo do Paissandu ao longo dos séculos XIX e XX, ver: as diversas produções arquivísticas, expográficas e bibliográficas do Centro de Memória do Circo, instituição dedicada à memória circense no Brasil e em especial na cidade de São Paulo: https://www.prefeitura.sp.gov.br/cidade/secretarias/cultura/patrimonio_historico/memoria_do_circo/.

5  *O Estado de S. Paulo*, 1º dez. 1901.

6  Como um dos vários exemplos, Leopoldo Temperani anunciava nas propagandas dos jornais que havia sido agraciado com medalha de mérito por S. M. Victor Emmanuel, rei da Itália. Ver: *Diário de Campinas*, 14 jun. 1884; Athos Damasceno, *op. cit.*, p. 206. Vale lembrar também a atuação do *sportsman*, atleta, professor de ginástica, artista e diretor circense Zeca Floriano, que se apresentava ostentando muitas medalhas recebidas como mérito por suas apresentações artísticas e esportivas e por seus feitos heroicos. Sobre Zeca Floriano, ver: D. de Carvalho Lopes *op. cit.*, 2020.

7  Cândido Domingues Grangeiro. *As artes de um negócio: a febre photographica. São Paulo 1862-1886*. Campinas: Mercado de Letras; São Paulo: Fapesp, 2000. (Coleção Fotografia: Texto e Imagem). O autor trata desse tema particularmente no capítulo I.

8  *Id., ibid.*, p. 39.

9  M. C. Pereira Cunha, *op. cit.*, p. 31. Apesar de a autora estar se referindo à imprensa carioca, a análise cabe também para São Paulo.

10  R. Horta Duarte, *op. cit.*, 2001, pp. 13 e 21.

11  Ver: Miriam Lifchitz Moreira Leite. Documentação fotográfica – potencialidades e limitações, pp. 469-90; e Ana Maria Andrade. Crônica fotográfica do Rio de Janeiro na primeira metade do século XX, pp. 491-504, ambas em: Antonio Candido *et al. A crônica: o gênero, sua fixação e suas transformações no Brasil*. Campinas: Editora da Unicamp; Rio de Janeiro: Fundação Casa de Rui Barbosa, 1992.

12  Número pressuposto segundo informação de Nelson Werneck Sodré de que, em 1896, o jornal *O Estado de S. Paulo* tinha uma tiragem de 8 mil exemplares, em *História da imprensa no Brasil*. 4 ed. atual. Rio de Janeiro: Mauad, 1999, p. 268. O jornal avulso era vendido a $100 réis. Apenas para fins de comparação, cabe apontar que o ingresso mais barato dos circos no período era de 1$000 réis, um trecho de linha de bonde custava $200 réis e um quilo de arroz variava entre $300 e $400 réis. Cf. *O Estado de S. Paulo*, 1º a 12 dez. 1901.

13  *O Estado de S. Paulo*, 1º dez. 1901.

14  *O Estado de S. Paulo*, 16 out. 1902.

15  Pierre Bost. *Le cirque et le music hall*. Paris: Au Sans Pareil, 1931, pp. 22-23.

16  Desse período à década de 1980, quem representava o personagem palhaço nos circos brasileiros eram apenas os homens. Com o surgimento das escolas de circo a partir dessa década, há o aparecimento da figura da mulher palhaça. Sobre esse tema, ver o último capítulo desta pesquisa.

17  *O Estado de S. Paulo*, 16 jan., 17 maio e 10 nov. 1902.

18  *O Paiz*, 30 abr. e 1º a 31 maio 1900.

19  José Ramos Tinhorão. *Música Popular: os sons que vêm da rua*. Rio de Janeiro: Edições Tinhorão, 1976, p. 35.

20  José Ramos Tinhorão. *Música popular: do gramofone ao rádio e TV*. São Paulo: Ática, 1981, pp. 20-21 (Ensaios, 69); Alcino Santos e outros. *Discografia brasileira 78 rpm 1902-1964*. Por Alcino Santos, Grácio Barbalho, Jairo Severiano e M.A. de Azevedo (Nirez). 5 volumes. Rio de Janeiro: Funarte, 1982. v. i, p. 31; Ary Vasconcelos. *Panorama da música popular brasileira na Belle Époque*. Rio de Janeiro: Liv. Sant'Anna, 1977, p. 19.

21  J. Ramos Tinhorão, *op. cit.*, 1976, p. 36.

22  *O Estado de S. Paulo*, maio, ago. e out. 1902. A citação refere-se ao dia 1º ago. 1902.

23  *O Comércio de São Paulo*, 5 out. 1902, *in* V. de Paula Araújo, *op. cit.*, 1981, p. 87.

24  *O Estado de S. Paulo*, 16 abr.-3 maio 1902.

25  *O Estado de S. Paulo*, 6 maio 1902.

26  *Enciclopédia da música brasileira: popular, erudita e folclórica*. 2. ed. São Paulo: Art Editora: Publifolha, 1998.

27  *O Paiz*, fev., mar., abr., jun., ago., set. 1910; ago., set., out., dez. 1912; fev. e jul. 1913.

28  *Enciclopédia da música brasileira..., op. cit.* João do Rio, em seu livro *A alma encantadora das ruas*, falou sobre Baiano como quem sabia "de cor mais de mil modinhas, e para o qual trabalham a oito mil réis por número, meia dúzia de poetas que nunca saíram nos suplementos dominicais dos jornais". A. Vasconcelos, *op. cit.*, pp. 269-70.

29  *O Paiz*, 18 ago. 1912.

30  A. Vasconcelos, *op. cit.*, p. 19; *Enciclopédia da música brasileira..., op. cit.*

31  A. Vasconcelos, *op. cit.*, p. 326.

32  Referência fornecida a Ary Vasconcelos por Alexandre Gonçalves Pinto, nascido no Rio de Janeiro por volta de 1870, cantor, tocador de cavaquinho e violão. Trabalhou ao lado de Júlio de Assunção em circos. Publicou *O choro: reminiscências dos chorões antigos*. Rio de Janeiro: Tip. Glória, 1936, *in* A. Vasconcelos, *op. cit.*, pp. 191 e 263.

33  Clóvis de Gusmão, 19 out. 1940.

34  José Ramos Tinhorão. *A música popular no romance brasileiro*. São Paulo: Ed. 34, 2000, p. 29, v. i e ii.

35  A. Vasconcelos, *op. cit.*; *Enciclopédia da música brasileira..., op. cit.*

36  Almirante. *No tempo de Noel Rosa*. 2. ed. Rio de Janeiro: Francisco Alves, 1977.

Todos os depoimentos foram escritos e assinados durante o ano de 1947, sendo que Catulo havia morrido no ano de 1946.

**37** *Id., ibid.,* s/n. de página.

**38** *Id., ibid.*

**39** *O Paiz,* 11 set. 1910, 23 nov. 1911 e 27 jan. 1912.

**40** *O Paiz,* coluna Artes e Artistas, 23 nov. 1911.

**41** Hermano Vianna. *O mistério do samba.* 3. ed. Rio de Janeiro: Jorge Zahar: Ed. UFRJ, 1995, pp. 45 e 50.

**42** A. Vasconcelos, *op. cit.,* p. 117.

**43** *O Paiz,* 16 jun. 1908.

**44** A. Vasconcelos, *op. cit.,* p. 118.

**45** Eduardo das Neves. *Trovador da malandragem.* Rio de Janeiro: Bibliotheca da Livraria Quaresma Editora, 1926. Os mesmos dizeres constam, também, em outra publicação desse mesmo autor: *Mistérios do violão.* Rio de Janeiro: Livraria do Povo: Quaresma & C. Livreiros Editores, 1905.

**46** E. das Neves, *op. cit.,* 1905.

**47** Clóvis de Gusmão, 19 out. 1940.

**48** Martha Abreu. *Mulatas, crioulos e morenas na "canção popular", Brasil, Sudeste, 1880-1910.* Rio de Janeiro: Departamento de História da Universidade Federal Fluminense, texto mimeografado.

**49** H. Vianna, *op. cit.,* pp. 34 e 41.

**50** E. das Neves, *op. cit.,* 1926, pp. 64-66.

**51** Jota Efegê (João Ferreira Gomes). *Figuras e coisas da música popular brasileira.* Rio de Janeiro: MEC/ Funarte, 1978. v. i, p.178; José Ramos Tinhorão. *Cultura popular: temas e questões.* São Paulo: Editora 23, 2001. p. 74; *História do samba.* São Paulo: Globo: BMG, 1997. cap. 8, p. 144.

**52** E. das Neves, *op. cit.,* 1926. Lugares e datas mencionados: Barra Mansa (RJ), 1899, 1901; Rio de Janeiro, capital, 1899, 1900, 1901, 1902; Nova Friburgo (RJ), 1902; Belo Horizonte (MG), 1901; Bahia (BA), 1901, 1902; Alagoas (AL), 1902; Pernambuco (PE), 1902; Guaratinguetá (SP), 1902. José Ramos Tinhorão, *op. cit.,* 1976, p. 154.

**53** *O Paiz,* 8 maio 1902; *Gazeta de Notícias,* 13 maio 1902, *in* Vicente de Paula Araújo. *A bela época do cinema brasileiro.* 2. ed. São Paulo: Perspectiva, 1976, p. 141. (Debates).

**54** *Gazeta de Notícias,* 12 jun. 1902, *in* V. de Paula Araújo, *op. cit.,* 1976, p. 142; *O Paiz,* 4 out. 1902. O Parque Fluminense foi inaugurado no largo do Machado, em 1901, e continha: "patinação, cinematógrafo, balões, cavalinhos etc.". Em 11 de janeiro de 1902, no parque, foi inaugurado o Teatro Parque Fluminense, que comportava "2.000 pessoas, tendo 28 frisas, 28 camarotes, 40 galerias nobres e 600 cadeiras". Tinha iluminação a luz elétrica de "300 lâmpadas incandescentes, 15 lâmpadas de arco da força de 10.000 velas". Em 1904, passou a se chamar Polytheama, cf. *O Paiz,* 2 ago. 1904. Além disso, tinha um "Stating Rinck para patinação de 750 metros quadrados, e uma galeria larga e arejada", *in Gazeta de Notícias,* 13 jan. 1902. Vale ressaltar que, com exceção do cinematógrafo, os anúncios do que era oferecido lembram o Teatro de Variedades de Albano Pereira, em 1875, de Porto Alegre, descrito no capítulo I.

**55** E. Furquim Werneck Lima, *op. cit.,* pp. 103 e 108-10.

**56** Todas as informações sobre as programações da Maison Moderne, Parque e Teatro Parque Fluminense e Cassino (depois de 1906 mudou o nome para Palace Teatro) foram vistas nos jornais: *O Paiz,* 1901 a 1910; *Gazeta de Notícias,* 1901 a 1908.

**57** Tiago de Melo Gomes informa que, por esse motivo, tiveram pelo menos

13 entradas registradas na polícia carioca até 1888 – *Como eles se divertem (e se entendem): teatro de revista, cultura de massas e identidades sociais no Rio de Janeiro nos anos 1920*. Tese (Doutorado) – Unicamp, Campinas, 2003. Sobre Paschoal Segreto e envolvimento com jogos, ver também: M. F. Vilela Chiaradia, *op. cit.*, particularmente o capítulo 2.

**58** *O Paíz*, 23 jan. 1902.

**59** V. de Paula Araújo, *op. cit.*, 1976, p. 142. Curioso notar que, quando Eduardo das Neves publicou suas músicas no *Trovador da malandragem*, ambas as canções também apareceram assim denominadas no índice do livro. Entretanto, no seu interior, seus títulos são, respectivamente: "A conquista do ar – ao arrojado aeronauta brasileiro Santos Dumont", *op. cit.*, p. 7, e "As águias do sul – cântico à saudosa memória do destemido aeronauta brasileiro Augusto Severo, vítima da Ciência", *id., ibid.*, p. 45. Vale ressaltar que Augusto Severo morreu na explosão em 12 de maio de 1902 e, um mês depois, Eduardo das Neves, junto com Paschoal Segreto, já fazia anunciar a música em sua homenagem, antes mesmo de o corpo chegar ao Rio de Janeiro, o que ocorreu em 17 de junho.

**60** *O Paíz*, 4 out. 1902.

**61** Seguem-se as informações de A. Vasconcelos, *op. cit.*, p. 113, e J. Ramos Tinhorão, *op. cit.*, 1976, p. 155, sobre a possível data de publicação desse livro, tendo em vista que o volume que se tem em mãos é de 1926.

**62** Essa informação consta na contracapa do folheto *Mistérios do violão*.

**63** *Trovador da malandragem*, pp. 3-4.

**64** Lima Barreto. *Triste fim de Policarpo Quaresma*. 3. ed. Rio de Janeiro: Record, 1999, p. 79.

**65** João do Rio. A musa das ruas. *Kosmos*, Rio de Janeiro, a. 2, n. 8, ago. 1905, *in A alma encantadora das ruas*. Org. Raúl Antelo. São Paulo: Companhia das Letras, 1997.

**66** *Id., ibid.*, p. 392.

**67** *Id., ibid.*, p. 393.

**68** *Id., ibid.*, p. 394.

**69** *Enciclopédia da música brasileira...*, *op. cit.*

**70** J. do Rio, *op. cit.*, 1905, pp. 386-87.

**71** *Mistérios do violão*, pp. iv-v.

**72** *Id., ibid.*

**73** Antonio Dias Paschoal. *São João de minha infância. Crônicas.* São João da Boa Vista, Um Folhetim de "O Município", 1949, pp. 14-15.

**74** M. Abreu, *op. cit.*, p. 103.

**75** V. de Paula Araújo, *op. cit.*, 1981, p. 270.

**76** Ver: *O Estado de S. Paulo*, 1901 a 1905.

**77** *O Estado de S. Paulo*, 4 ago. 1901.

**78** *O Estado de S. Paulo*, 20 ago. 1901.

**79** *O Estado de S. Paulo*, 30 ago. 1901.

**80** Ver: *O Estado de S. Paulo*, 1901 a 1905; e V. de Paula Araújo, *op. cit.*, 1981.

**81** *Folha do Brás*, 25 jun. e 2, 9 e 18 jul. 1899.

**82** *O Estado de S. Paulo*, 23 out. 1902; e *O Comércio de São Paulo*, 23 out. 1902, *in* V. de Paula Araújo, *op. cit.*, 1981, p. 88.

**83** Cf. mesmo jornal de 7 jun., 1º e 13 set. 1902.

**84** *O Estado de S. Paulo*, 10 e 11 out. 1902.

**85** Dalva Guedes Brunelli e Rômulo Brunelli, moradores de Barbacena, realizaram um levantamento em bibliotecas da cidade e concluíram que, de fato, Manoel Braga existiu, mas não encontraram registros detalhados sobre suas produções.

**86** *O Comércio de São Paulo*, 23 out. 1902, *in* V. de Paula Araújo, *op. cit.*, 1981, p. 88.

**87** *O Comércio de São Paulo*, 28 nov. 1902, *in* V. de Paula Araújo, 1981, p. 69; *O Estado de S. Paulo*, 30 nov. e 1º e 22 dez. 1901, 23 out. 1902.

**88** *O Estado de S. Paulo*, 13 set. e 23 out. 1902, 7, 15 e 16 abr. 1903.

**89** *O Estado de S. Paulo*, 27 dez. 1902.

90 *O Estado de S. Paulo*, 7 out. 1903.

91 F. A. Mencarelli, *op. cit.*, pp. 115-17.

92 *O Estado de S. Paulo*, 28 mar. 1903.

93 B. Seibel, *op. cit.*, 1993, p. 66.

94 *O Estado de S. Paulo*, 18 jan. e 7 abr. 1903.

95 *O Estado de S. Paulo*, 9 fev. e 7 abr. 1903.

96 *O Comércio de São Paulo*, 6 abr. 1903, *in* V. de Paula Araújo, 1981, pp. 93-94.

97 *O Estado de S. Paulo*, 9 jul. 1903.

98 Arruda Dantas. *Piolin*. São Paulo: Pannartz, 1980, pp. 110-11; Júlio Amaral Oliveira, 6 jun. 1964, p. 4; Paulo Noronha. *O Circo*. São Paulo: Academia de Letras de São Paulo, Cena: Brasil, 1948. v. i, pp. 57-61; Roberto Ruiz. *Hoje tem espetáculo? As origens do circo no Brasil*. Rio de Janeiro: Inacen, 1987, pp. 58-59. (Col. Memória).

99 *O Estado de S. Paulo*, 2 maio 1903. A cana-de-açúcar determinou significativamente a culinária campista, tornando os doces da cidade afamados, e o campista, conhecido como papa-goiaba, devido à fama da goiabada cascão - informações orais de domínio público.

100 Entrevistas realizadas em maio de 1985, como fonte oral para minha dissertação de mestrado. Noemia e Conceição Silva são minhas tias-avós. Ver: E. Silva, *op. cit.*, 1996.

101 F. Mencarelli, *op. cit.*, p. 130.

102 *O Estado de S. Paulo*, 11 mar. 1904.

103 *Mistérios do violão*, pp. 31-32.

104 Não resisto dizer que essa é a minha família, que mudou o nome para Silva.

105 Ver: João Romano Filho. Circo François. *Artes & Diversões. Jornal do Circo e Parques de Diversões*, São Paulo: A & D Editora Diversos, jul.-ago. 1999, p. 5; João Romano Filho. Família François. *In*: Antônio Torres, *op. cit.*, p. 132; Júlio Amaral Oliveira, 6 jun. 1964.

106 *O Paiz*, maio, jun. e ago. 1904.

107 *O Estado de S. Paulo*, 27 fev. 1905.

108 *Dicionário Houaiss de Língua Portuguesa*.

109 V. de Paula Araújo, 1981, *op. cit.*, pp. 96-97.

110 *O Estado de S. Paulo*, 21 dez. 1904.

111 *O Estado de S. Paulo*, 27 fev. e 2 abr. 1905; *O Comércio de São Paulo*, 4 abr. 1905, *in* V. de Paula Araújo, *op. cit.*, 1981, p. 32.

112 *O Estado de S. Paulo*, 2, 6 e 8 abr. 1905.

113 *Mistérios do violão*, pp. 26-27.

114 Décio de Almeida Prado. *Seres, coisas, lugares: do teatro ao futebol*. São Paulo: Companhia das Letras, 1997, p. 66.

115 *O Estado de S. Paulo*, 30 dez. 1906.

116 *A Noite Ilustrada*, 28 jun. 1938; *Diário da Noite*, 21 fev. 1940; Clóvis de Gusmão, 19 out. 1940; O Teatro no Circo - Benjamim de Oliveira e o elenco do "Spinelli" em 1910. *Revista Anuário da Casa dos Artistas*, 1949, s/nº de página; Morreu Benjamim de Oliveira. O maior palhaço brasileiro. *A Noite*, 8 jun. 1954; Sérgio Porto. Benjamim de Oliveira - o palhaço. *Revista Manchete*, seção "Um Episódio por Semana", 19 jun. 1954; B. de Abreu, *op. cit.*, pp. 77-88; Leão de Jesus. Negro Benjamim - Cristo Negro. *O Dia*, 2 e 3 abr. 1972.

117 *A Noite Ilustrada*, 22 dez. 1939.

118 M. F. Vilela Chiaradia, *op. cit.*, p. 28.

119 *A Noite Ilustrada*, 22 dez. 1939.

120 Os teatros que durante os anos de 1905 e 1906 tiveram apresentações de companhias do teatro ligeiro: Teatro São Pedro de Alcântara, Recreio Dramático, São José, Apollo, Maison Moderne, Carlos Gomes, Lucinda. Cf. *O Paiz* e *Gazeta de Notícias*.

121 *Gazeta de Notícias*, out. e nov. 1906.

122 José Ramos Tinhorão. *Música popular: Teatro e Cinema*. Rio de Janeiro: Vozes, 1972.

123 *Gazeta de Notícias*, jul. 1906.

124 Ver: E. Silva, *op. cit.*, particularmente o capítulo 2. Até pelo menos dois anos antes de os Temperani e os Pery terem sido contratados pelo Spinelli, ambos tinham seus próprios

circos. O jornal *O Estado de S. Paulo* informava que, em 24 de novembro de 1902, o Circo Temperani estava em Juiz de Fora (MG) e, em 19 de agosto de 1904, na capital paulista. Quanto ao Circo Pery, o mesmo jornal noticiava que, em 4 de novembro de 1902, estava na cidade de São Paulo, no mesmo período que o Circo Spinelli também lá se apresentava, e em 2 de março de 1903 estava no Rio de Janeiro. Quando Jean François estreou com seu Teatro-Circo no Parque Fluminense em 19 de agosto de 1904, os membros da família Pery já estavam contratados como artistas, conforme a *Gazeta de Notícias*.

**125** *A Noite Ilustrada*, 22 dez. 1939.

**126** Rosyane Trotta. O Teatro Brasileiro: décadas de 1920-30. *In: O teatro através da história. Teatro brasileiro*. Rio de Janeiro: Centro Cultural Banco do Brasil; Entourage Produções Artísticas, 1994, v. 2, p. 115.

**127** M. F. Vilela Chiaradia, *op. cit.*, pp. 43-44.

**128** *A Notícia*, 12 jan. 1906, *in* M. F. Vilela Chiaradia, *op. cit.*, p. 43.

**129** M. F. Vilela Chiaradia, *op. cit.*, p. 43. Um dos exemplos de autor e ensaiador de teatro que iniciou sua carreira como ponto foi Rego de Barros, depois escritor, comediógrafo e diretor.

**130** *A Noite Ilustrada*, 22 dez. 1939.

**131** *Gazeta de Notícias*, 12 jun. 1906.

**132** Ver os jornais: *O Paiz* e *Gazeta de Notícias* em suas páginas de propagandas. Em 16 de maio de 1908, o Circo Spinelli anunciava, em *O Paiz*, um espetáculo em comemoração da 385ª apresentação do *O diabo e o Chico*.

**133** *O negro do frade* - cópia de Renato da Silva Peixoto, constando do acervo "Benjamim de Oliveira" do Cedoc/Funarte, Rio de Janeiro.

**134** *O Paiz*, 14 mar. e 10 jul. 1907. "Título dos quadros: 1º - A segunda afronta. 2º - O orgulho abatido".

**135** M. Abreu. *Mulatas, crioulos e morenas na "canção popular"...*, *op. cit.*

**136** *A Noite Ilustrada*, 22 dez. 1939.

**137** *Gazeta de Notícias*, 27 dez. 1906; *O Paiz*, 16 mar., 16 maio, 22 jun., 9, 10 e 24 ago. 1907. Descrição e denominação dos quadros: "1º (prólogo) - A enjeitada; 2º - 20 anos depois; 3º - O reconhecimento".

**138** A. Vasconcelos, *op. cit.*, pp. 22 e 274-75; *Enciclopédia da música brasileira...*, *op. cit.*

**139** Ao longo deste trabalho serão mencionadas as peças para as quais esse músico fez os arranjos.

**140** *O Paiz*, 5 mar. 1907.

**141** *O Paiz*, 12 mar. 1907.

**142** *O Paiz*, coluna Palestra, "Tabarin", 23 fev. 1907, refere-se ao personagem do francês Antoine Girard, saltimbanco acrobata e bufão, no início do século XVIII, que se apresentava particularmente na Pont-Neuf em Paris. Improvisava longos monólogos entrecortados de pantomimas e farsas que o ajudavam a vender remédios milagrosos, fazendo piruetas, contando anedotas, explorando o gênero pornográfico. Tornou-se famoso e chegou a se apresentar à rainha Maria de França, em 1619. Ver: Alice Viveiros de Castro. *O elogio da bobagem: palhaços no Brasil e no mundo*. Rio de Janeiro: Família Bastos, 2005, p. 47; e Eliene Benício Amâncio Costa. *Saltimbancos urbanos. A influência do circo na renovação do teatro brasileiro nas décadas de 80 e 90*. Tese (Doutorado) - Escola de Comunicações e Artes, Universidade de São Paulo, São Paulo, 1999, p. 44.

**143** Secretaria Municipal de Cultura, Turismo e Esportes. Departamento Geral de Patrimônio Cultural. Departamento Geral de Documentação e Informação Cultural. *São Cristóvão: um bairro de contrastes*. Apres. Evelyn Furquim Werneck Lima.

Rio de Janeiro, 1991, pp. 79-85. (Bairros Cariocas, 4).

144 Um de seus netos, Luiz Olimecha, foi um dos fundadores e primeiro diretor da Escola Nacional de Circo, atualmente batizada de Escola Nacional de Circo Luiz Olimecha, fundada em 1982 na cidade do Rio de Janeiro. Dentre outros membros da família, vale destacar o acrobata Raul Olimecha, que na década de 1920 escreveu uma obra denominada *Pequeno Tratado de Acrobacia e Gymnastica*, publicada postumamente por seus irmãos em 1933. Sobre parte da trajetória da família Olimecha e a produção da obra de Raul Olimecha, ver: D. de Carvalho Lopes, *op. cit.*, 2020; e D. de Carvalho e E. Silva, *op. cit.*, 2022 (no prelo).

145 Arthur Azevedo. O teatro no Rio de Janeiro em 1905 (escrita em janeiro de 1906). *Almanaque d'O Theatro*, 1906--1907. Org. Adhemar Barbosa Romeo. Rio de Janeiro: Pap. Portella, ano I.

146 F. A. Mencarelli, *op. cit.*, p. 58.

147 *O Paiz*, coluna Palestra, 12 ago. 1907.

148 *O Paiz*, 2 mar. 1907.

149 *Gazeta de Notícias*, 12 jun. 1907.

150 *Gazeta de Notícias*, 22 jun. 1907.

151 Alcino Santos e outros, *op. cit.*

152 A gravação dessa música, cantada pelo próprio Benjamim de Oliveira, bem como a cópia do selo do disco foram gentilmente fornecidas por Mauro Araújo Silveira, pesquisador da música brasileira do início do século XX, no Rio de Janeiro.

153 Roberto Moura. A Bela Época (Primórdios - 1912) - Cinema Carioca (1912- 1930) - Módulo 1. *In*: Fernão Ramos (org.). *História do Cinema Brasileiro*. São Paulo: Círculo do Livro, 1987, p. 31.

154 *Id., ibid.*, p. 29.

155 *Id., ibid.*, p. 33.

156 V. de Paula Araújo, *op. cit.*, 1976, p. 264.

157 *O Paiz*, 23 jun. 1908.

158 Angelo Lazary. A cenografia antiga e a atual no teatro brasileiro. *Revista da Casa dos Artistas*, publicação em comemoração ao vigésimo aniversário, s/n de página. Sobre a inauguração do Teatro Municipal, ver: *A Notícia*, 14 jul. 1909.

159 A. Vasconcelos, *op. cit.*, p. 274; *Enciclopédia da música brasileira: popular, erudita e folclórica*, *op. cit.*

160 Entre outras: a farsa *O diabo entre as freiras*, com Henrique Escudeiro, e a ópera-cômica *À procura de uma noiva*, com Paulino Sacramento, cf. *O Paiz*, 11 set. 1910 e 23 nov. 1911, respectivamente, ambas escritas por Benjamim de Oliveira.

161 Januário Miranda. *Lili Cardona – laureada artista da companhia Affonso Spinelli – Traços Biográficos*. Rio de Janeiro: Typ. C. Industrial Americana, 1910. Sobre a família Cardona: B. de Abreu, *op. cit.*, 1963, pp. 285-89.

162 *O Paiz*, coluna Palestra, 2 jul. 1908. Para ter uma ideia do que significam 12:000$000 réis, apesar de termos dados de 1910, é possível usá-los como comparação: uma casa no Estácio de Sá, portanto nos arredores do circo, era anunciada para venda por 8:500$000 réis (oito contos e quinhentos mil réis). Cf. *O Paiz*, 3 mar. 1910.

163 *O Paiz* 12 ago. 1907. Ver também: F. A. Mencarelli, *op. cit.*, pp. 206-07.

164 *O Paiz*, 10 dez. 1908.

165 No final deste trabalho, há um catálogo das pantomimas e das peças dialogadas e cantadas que foram encenadas nos circos, encontradas nas fontes. Foi possível, também, localizar os textos de algumas delas, escritas por Benjamim de Oliveira.

166 *O Pega na Chaleira: jornal da troça e que não engrossa*, Rio de Janeiro, ano I, n. 45, 23 set. 1909.

**167** Darcy Ribeiro. *Aos trancos e barrancos: como o Brasil deu no que deu.* Rio de Janeiro: Guanabara Dois, 1985, p. 191. José Ramos Tinhorão nos revela uma estrofe da música de Costa Junior: "Iaiá me deixa subir nessa ladeira/ Que eu sou do grupo do pega na chaleira", *in História social da música popular brasileira.* São Paulo: Ed. 34, 1998, p. 238.

**168** V. de Paula Araújo, *op. cit.*, 1976, p. 289; R. Moura, *op. cit.*, p. 41.

**169** Roberto Ruiz. *Teatro de Revista no Brasil: do início à I Guerra Mundial.* Rio de Janeiro: Inacen, 1988, p. 95.

**170** *Id., ibid.*, p. 69; A. Vasconcelos, *op. cit.*; *Enciclopédia da música brasileira: popular, erudita e folclórica, op. cit.*

**171** R. Ruiz, *op. cit.*, p. 94.

**172** *O Paiz*, 7 out. 1909.

**173** *O Paiz*, 3 mar. 1910.

**174** *O Pega na Chaleira...*, 23 set. 1909. Destaques do texto.

**175** Entrevistas realizadas com Zurca Sbano em 20 set. 1999, em seu Circo- -Teatro Sbano – o moderno circo antigo que estava armado na Vila Nova Cachoeirinha, na cidade de São Paulo; e com Jaçanan Cardoso Alves, neta de Benjamim de Oliveira em 27 jan. 1999, na cidade do Rio de Janeiro.

**176** José Caetano. O ano passado. *In: Almanack dos Theatros para 1910.* Ilust. Alvarenga Fonseca. Rio de Janeiro: Typ. Villas-Boas & C., 1910, p. 4.

**177** *Id., ibid.* Os "originais brasileiros" mencionados foram: *O raio N*, de Silva Nunes; *Nó cego*, de João Luso; *Impunes*, de Oscar Lopes; *Ao declinar do dia*, de Roberto Gomes; e *Almas duplas*, de Thomas Lopes. "Esta última não chegou a ver a luz da ribalta, por haver, segundo foi informada a imprensa, o seu autor desistido da representação."

**178** *O Paiz*, 6 e 30 jan., 21 mar. 1909.

**179** *O Paiz*, 5, 12, 17 e 26 dez. 1909.

**180** José Caetano, 1910.

**181** *O Paiz*, 22 mar., 21 abr., 7 out., 13 e 30 nov. 1909, respectivamente. Lembrando que Leandra era o nome da mãe de Benjamim de Oliveira.

**182** Entre elas: *Um príncipe por meia hora ou pinta monos*, "opereta-farsa", de 1907; *A noiva do sargento*, "drama", de 1908; *A filha do campo*, "farsa cômica", de 1906. Ver descrição completa no "Catálogo de repertório teatral circense".

**183** *Almanack dos Theatros para 1910, op. cit.*, pp. 58-64.

**184** *Id., ibid.*, p. 58.

**185** *The Grouve Concise Dictionaire of Music.* London: Stanley Sadie, Macmillan, 1994.

**186** Libreto do disco *A viúva alegre* por Ernest Newman distribuído por Emi- -Odeon. O título dessa obra de Meilhac aparece às vezes como *El diplomático*, como na referência Disc 780.9436 – V 254-F, pp. 39-40, "La viúda alegre", e "Le Secretair d'ambassad", no *Almanack dos Theatros para 1909*. Ilust. Alvarenga Fonseca. Rio de Janeiro: Typ. Ao Luzeiro, p. 141. Henri Meilhac - libretista e novelista francês, da segunda metade do século XIX, que, em colaboração com Ludovic Halévy, escreveu os libretos das principais operetas de Jacques Offenbach, que também escrevia comédias satíricas sobre a vida parisiense.

**187** Libreto do disco *A viúva alegre* por Ernest Newman; Keith Spence. *O livro da música.* São Paulo: Círculo do Livro; libreto do disco *Convite à valsa – Orquestra Sinfônica de Bournemouth*. Valsa "A viúva alegre". *Brilhantíssimo*, v. XXVI. Emi-Angel, Emi-Records, 1978. Disc 780.9436 – V 254-F, pp. 39- -40. "La viúda alegre". Gerald R. Van Ham. *Franz Lehár: Músico Del Siglo XX.* Madrid: Espasa-Calpe, 1984.

**188** *Almanack dos Theatros para 1909, op. cit.*, pp. 140-41.

189 *A Noite Ilustrada*, 22 dez. 1939.

190 *Correio da Manhã*, 8 abr. 1908.

191 *Almanack dos Theatros para 1909*, *op. cit.*, e *O Paiz*, 21 maio 1909.

192 *Correio da Manhã*, 25 jul. 1910.

193 *O Paiz*, 29 mar. 1909. Além dessa opereta, na propaganda do repertório constava: *Il paese dell'oro*, *Il toreador*, *Primavera scapigliata*, *La geisha*, *Il viaggio della sposa*, *Il saltibanchi*, *Orfeo all'inferno*, *La figlia del tamburro maggiori*, *Le cumpane di Corneville*, *Coquelict*, *La figlia de Mmme. Angot*, *La mascote*, entre outras.

194 "Dias de glória teve o Carlos Gomes, cujo salão de espera poderia ser comparado, por sua forma circular, com o Cirque de l'Impératrice, muito popular na Paris do final do século XVIII. O teatro propriamente dito, com características neoclássicas, ficava ao fundo do terreno." *Guide des États-Unis du Brèsil*, 1904, p. 248, *in* E. Furquim Werneck Lima, 2000, p. 114.

195 *O Paiz*, 12 abr. 1909. Os preços dos ingressos foram: frisa - 30$000, camarotes de 1ª - 30$000, ditos de 2ª - 20$000, *fauteulli* de 1ª - 5$000, ditos de 2ª - 4$000, galeria- 2$000, entradas gerais - 1$500 - valores expressos em réis. Como comparação, o quilo do feijão variava entre $120 e 200 réis, do açúcar, $360 réis, do arroz, entre $300 e 400 réis, da carne $800 réis. Cf. *O Paiz*, 1º mar. 1910.

196 *O Paiz*, 2, 14, 16, 20, 22, 23, 24 e 30 jul. 1908.

197 *O Paiz*, 1º, 2, 6, 18, 19, 21 e 25 maio 1909.

198 *O Paiz*, 12 abr. 1909.

199 Os preços cobrados pelo Palace--Theatre durante a temporada de Sagi--Barba foram: frisa - 30$000, camarote - 25$000, poltronas - 5$000, galerias nobres - 4$000, cadeiras de 2ª - 3$000, ingressos - 2$000, valores expressos em réis. Cf. *O Paiz*, 16 e 26 abr. 1909.

200 *O Paiz*, 6 e 17 maio 1909.

201 *Correio da Manhã*, 25 jul. 1910.

202 Roger Avanzi e Verônica Tamaoki. *Circo Nerino*. São Paulo: Pindorama Circus/Códex, 2004, p. 18.

203 *Almanack dos Theatros para 1909*, *op. cit.*, p. 140.

204 *Careta*, 6 nov. 1909 - "Crítica da Crítica - O que é teatro no Brasil. - Os concertos musicais. - Os empresários enxergam longe", assina pseudônimo: Zé Penetra.

205 Cristiana Schettini Pereira. *Um gênero alegre – Imprensa e pornografia no Rio de Janeiro (1898-1916)*. Dissertação (Mestrado em História) – IFCH, Unicamp, fev. 1997. Apesar de a autora se referir aos concursos de perguntas e respostas pelos jornais considerados "pornográficos", esses recursos valem também para os demais jornais do período.

206 *O Paiz*, 21 maio 1909.

207 Carmem Dolores. Teatro e... Moscas. *Correio da Manhã*, 6 maio 1909. Nome literário de Emília Moncorvo Bandeira de Melo, jornalista, romancista, crítica literária, poetisa, dramaturga e contista. Colaborou ainda no *Correio da Manhã*, assinando Júlio de Castro; na *Tribuna*, como Leonel Sampaio; e no *Étoile du Sud*, como Célia Márcia.

208 Gastão Togeiro. A viúva alegre. *In*: *Almanack dos Theatros para 1909*, *op. cit.*, p. 15.

209 *Id., ibid.*

210 É interessante observar que *A viúva alegre* teve sua estreia em versão francesa, pela primeira vez em Paris, no Teatro Apollo daquela cidade, em 28 abr. 1909, conforme: Disc 780.9436 - V 254-F, pp. 39-40, "La viúda alegre".

211 No verbete da *Enciclopédia da música brasileira: popular, erudita e folclórica*, *op. cit.*, não é mencionada sua direção musical na opereta *A viúva alegre*.

212 E. Furquim Werneck Lima, *op. cit.*, 2000, p. 117.

213 *Correio da Manhã*, coluna Correio dos Teatros, 10 jul. 1909. O Teatro Apollo, em suas propagandas nos jornais pesquisados desse mês de estreia, não fez anunciar os preços dos ingressos.

214 Adhemar Barbosa Romêo (org.). *Almanaque d'O Theatro 1906-07*. Rio de Janeiro: Pap. Portela, s.d. s/n. de páginas.

215 L. Edmundo, *op. cit.*, p. 451.

216 *Correio da Manhã*, coluna Correio dos Teatros, 10 jul. 1909.

217 *Id., ibid.*

218 *Id., ibid.*

219 Gastão Togeiro. A viúva alegre. *In: Almanack dos Theatros para 1909, op. cit.*, p. 13.

220 Cinema-Pathé ou Pathé Cinematógrafo, Grande Cinematógrafo Parisiense, Cinematógrafo Rio Branco, Cinema-Teatro, Cinema-Palace, Cinematógrafo Paris, Cinema Ideal, Cinema Cattete, Cinema Odeon, Cine Radium, Cinema Brasil, Cinema Carioca, Cinema William Henvelius, Cinema Ouvidor, Cinema Sul-América, Cinema Soberano e Cinematógrafo Paraíso do Rio.

221 R. Moura, *op. cit.*, p. 36.

222 *O Paiz*, 16 set. 1909.

223 "Sob a direção do maestro Costa Jr., que teve um trabalhão dos diabos, reuniram-se os artistas cantores (por trás da tela) Ismênia Matheus, Mercedes Villa, Santucci e Cataldi foi um memorável sucesso", *in* Brício de Abreu. Viúva alegre. *O Cruzeiro*, Rio de Janeiro, 3 ago. 1957, *in* R. Moura, *op. cit.*, p. 37.

224 *Gazeta de Notícias*, 25 set. 1909, *in* V. de Paula Araújo, 1976, p. 308.

225 V. de Paula Araújo, *op. cit.*, 1976, p. 315.

226 João do Rio. A ilusão do elefante branco. *Gazeta de Notícias*, 27 ago. 1909, em *O percevejo. Revista de Teatro, Crítica e Estética*. Rio de Janeiro:

Departamento de Teoria do Teatro. Escola de Teatro Universidade do Rio de Janeiro (Uni-Rio), ano I, n. 1, 1993, p. 70.

227 Os preços cobrados pelo Teatro Municipal foram: "frisas e camarotes de 1ª ordem 60$000, camarotes de 2ª 35$000, *fauteuil* e balcão de 1ª fila 12$000, balcão nas outras filas 10$000, galerias na 1ª e 2ª filas 4$000, ditas nas outras filas 3$000", *O Paiz*, 18 jul. 1909. Como temos mostrado, era de fato um preço muito superior a qualquer outro espaço cultural ofertado no período. Segundo Evelyn Furquim Werneck Lima, *op. cit.*, 2000, p. 228, na realidade, a inauguração propriamente dita do palco foi realizada pela encenação da peça *Bonança*, de Coelho Neto, como resposta às críticas de intelectuais, jornalistas e teatrólogos mais nacionalistas que se opunham à ideia da contratação de uma companhia francesa para abertura de tão importante espaço. Porém, a companhia brasileira "serviu apenas para inaugurar o grandioso palco. No dia seguinte, a atriz Réjane e seu elenco assumiram o teatro".

228 J. do Rio, *op. cit.*, 1993, p. 70.

229 *Correio da Manhã*, coluna Correio dos Teatros, "A viúva alegre em foco" (sem assinatura), 25 jul. 1910.

230 *Correio da Manhã*, 20 abr. 1910.

231 Ver relação de várias paródias em B. de Abreu, *op. cit.*, 1963, p. 175.

232 J. Ramos Tinhorão, *op. cit.*, 1976, pp. 156-57; e B. de Abreu, *op. cit.*, 1963, p. 174.

233 *O Paiz*, 18 mar. 1910. Observe que o valor gasto foi o mesmo de quando se montou a peça *A princesa de cristal*, em julho de 1908. Além das informações já dadas para ter uma noção do custo, acrescenta-se que os preços cobrados pelo circo eram: "cadeiras numeradas de letras A e B 3$000, ditas idem letra C 2$000;

entrada geral 1$000", com o aviso de que não haveria "meias [*sic*] entradas. As crianças que passarem à altura do balcão que se acha à entrada do Circo pagarão 1$000", em *Almanack dos Theatros para 1910, op. cit.*, 1910. Ressaltando, como comparação, que um quilo de carne era $800 réis, de feijão, entre $120 e $200 réis, de açúcar, $360 réis e de arroz, de $300 a $400 réis.

**234** *O Paiz*, 20 mar. 1910.

**235** Parte cantante *A viúva alegre*. Rio de Janeiro: Typ. Theatral Rua do Lavradio, n. 25, 1910. No exemplar consultado desse libreto, consta uma dedicatória assinada por Henrique de Carvalho: "À heroína, estudiosa, aplicada e graciosa 'Viúva Alegre', D. Lili Cardona, como pálida recordação da minha modesta tradução, ofereço este exemplar como alta prova de justiça, de reconhecimento ao seu valor artístico. Rio, 19.03.1910."

**236** *Correio da Manhã*, 25 jul. 1910.

**237** J. Miranda, *op. cit.*, pp. 23 e 24.

**238** *Id., ibid.* Há uma passagem nos relatos de Benjamim na qual ele afirma ter trocado correspondência com Franz Lehar para esclarecer dúvidas com relação aos figurinos da opereta. Lehar teria respondido à carta, dando as informações pedidas. Segundo ele, pela primeira vez, no Brasil, "a peça foi levada com aquelas roupas". Benjamim menciona que Raul Pederneiras teria lido e comprovado a existência de tal correspondência. Ver: C. de Gusmão, *op. cit.*, e a reportagem E o palhaço o que é? *Revista da Semana*, 7 out. 1944.

**239** *Correio da Manhã*, coluna Correio dos Teatros, "A viúva alegre em foco" (sem assinatura), 25 jul. 1910. A estatística total é: Cremilda de Oliveira, 80; Lili Cardona, 31; Giseli Morosini, 30; Luisa Vela, 20; Etelvina Serra, 15; Lina Lahoz, 9; Mia Weber,

Silvia Marchetti, Bayron e Hansen, 7 cada uma; Alice Foltz, 5; Elena Merviola, 3; E. Fiebiger, 2.

**240** A "viúva alegre" em foco. *Correio da Manhã*, 19 jul. 1910. Grifos meus.

**241** A contagem final foi: em 4º Etelvina Serra, 871; 6º Weber, 683; 7º Vela, 511; 8º Merviola, 268; 9º Bayron, 109; 10º Lahoz, 43; 11º Foltz, 13.

**242** *O Paiz*, 20 jun. 1911.

**243** *O Malho*, jul. 1911.

**244** J. Ramos Tinhorão, *op. cit.*, 1976, p. 157, afirma que um dos três palhaços teria sido Mário Pinheiro; entretanto, não localizei a fonte na qual aparece esse cantor e compositor, que também era palhaço e parceiro de Benjamim. Apenas localizei que Baiano teria sido o primeiro a representar o papel de Danilo, no Circo Spinelli.

**245** Conforme propagandas no jornal *O Paiz*, entre junho de 1910 e setembro de 1911, foram representadas no Circo Spinelli as seguintes peças ou adaptações de Benjamim de Oliveira: *Cupido no Oriente, Os filhos de Leandra, O diabo entre as freiras, Os pescadores, A vingança de um operário, Tiro e queda!..., Um para três, A escrava mártir, As mulheres mandam.*

**246** Januário d'Assumpção Ozório. Um espetáculo no "Spinelli". *O Theatro*, Rio de Janeiro, ano 1, n. 6, pp. 12-14, 1º jun. 1911.

**247** S. C. Martins de Souza, *op. cit.*, particularmente o capítulo 3; F. A. Mecarelli, p. 142. É interessante que ambos os autores, trabalhando com períodos diferentes, apontam problemas com o público do Teatro Lírico, que era considerado frequentado pela elite carioca.

**248** J. d'Assumpção Ozório, *op. cit.*

**249** *O Paiz*, 18 abr. 1911.

**250** Januário d'Assumpção Ozório. É preciso um Centro Teatral. *O Theatro*, Rio de Janeiro, ano 1, n. 14, s/n de página, 21 set. 1911.

**251** C. de Gusmão, *op. cit.*

**252** O Teatro no circo – Benjamim de Oliveira e o elenco do "Spinelli" em 1910. *Revista Anuário da Casa dos Artistas*, Rio de Janeiro, s/n de página, 1949. João Phoca era o pseudônimo de Batista Coelho, jornalista e dramaturgo, cf. L. Edmundo, *op. cit.*, v. III, p. 1017.

**253** Revista da SBAT, sem data.

**254** Januário d'Assumpção Ozório, 21 set. 1911.

**255** Título original: *Le Fabuleux destin d'Amélie Poulain/Amelie from Montmartre*. Direção: Jean-Pierre Jeunet. França, 2001. (120 min). Comédia romântica na qual uma jovem do subúrbio se muda para a cidade de Paris, onde após devolver um objeto encontrado no apartamento ao seu antigo dono resolve ajudar as pessoas que a cercam através de pequenos gestos.

**256** *Folha de S. Paulo*, 15 maio 2004.

**257** Rego Barros. *30 anos de Teatro*. Rio de Janeiro: Typographia e Papelaria Coelho, 1932, p. 216.

**258** *Gazeta de Notícias*, coluna Teatros E..., 31 maio 1907; *O Paiz*, 20 e 23 ago. 1907, 7 abr., 6 maio e 1º ago. 1908, 31 mar. e 16 abr. 1909, 23 abr. 1910, 10 jan., 9 jun. e 14 ago. 1911.

**259** *Gazeta de Notícias*, coluna Teatros E..., 31 maio 1907.

**260** R. Barros, *op. cit.*, p. 216.

**261** Em particular: J. C. Barriguelli, *op. cit.*; P. Della Paschoa Jr., *op. cit.*; M. L. Aparecida Montes, *op. cit.*

**262** Para mais informações sobre a constituição das escolas de circo, ver: Rodrigo Inácio Corbisiere Matheus (2016) e Daniel de Carvalho Lopes, Erminia Silva e Marco Bortoleto (2020).

**263** Leopoldo Martineli. A decadência da arte. *Boletim Mensal da Federação Circense*, coluna Colaboração dos Associados, São Paulo, ano I, n. 7, 25 nov. 1925, p. 5.

**264** Em 2017 a Escola foi nomeada de Escola Nacional de Circo Luiz Olimecha, em homenagem a esse artista e fundador.

**265** Martha Maria Freitas da Costa. *Reabrir a Escola Nacional de Circo. Um estudo de caso*. Trabalho apresentado para a Ebap/FGV – Rio de Janeiro. Curso Processo Decisório e Informação Gerencial, Cipad 93/94, mimeo.

**266** Antonio Torres. *O circo no Brasil*. Rio de Janeiro: Funarte; São Paulo: Atração, 1998, p. 47. (História Visual, 5).

**267** Sérgio Khair. Circo sem palhaço, as origens dessa arte. *Revista Cultura SP*. São Paulo: Prefeitura da Cidade de São Paulo/Secretaria de Cultura, maio de 2005, n. 1.

**268** Para mais informações sobre os processos de socialização/formação/aprendizagem e o modo de organização do trabalho no circo itinerante de lona, ver: Erminia Silva, 2009.

**269** A partir de 2010, muitas pesquisas surgiram evidenciando o diálogo dos circenses com elementos sociais, políticos, tecnológicos e culturais dos mais diversos períodos e localidades nas quais realizaram seus espetáculos, a exemplo de Erminia Silva e Márcia Nunes (2015); Daniel de Carvalho Lopes (2015); Daniel de Carvalho Lopes e Erminia Silva (2015), e Lara Rocho (2020). No entanto, muito há ainda de se investigar e, principalmente, evidenciar as misturas e diálogos realizados pelos circenses na produção de seus espetáculos de ontem e de hoje.

**270** Alcir Lenharo. *Cantores do rádio: a trajetória de Nora Ney e Jorge Goulart e o meio artístico de seu tempo*. Campinas: Editora da Unicamp, 1995.

# 5

# DE MÃOS DADAS COM BENJAMIM: O QUE VEMOS E VIVENCIAMOS?

**ERMINIA SILVA E DANIEL DE CARVALHO LOPES**

Ao "pegarmos na mão" dos que participam dos processos de construção das artes do circo - em qualquer período histórico - e com eles acompanharmos a diversidade de produção dos movimentos da vida e dos modos que se constituem, reconhecemos a multiplicidade e a multidão que habita cada fazer artístico, cada território, sempre atravessado e transversalizado por tudo o que está acontecendo nos inúmeros encontros, inúmeras formas, narrativas, memórias e disputas.

Os atravessamentos e as afecções na diversidade de se fazer artista circense, e Benjamim de Oliveira em particular, colocam em xeque as várias tentativas de compartimentalizar toda a multiplicidade de trocas de saberes que compõem a constituição desses artistas e das diferentes maneiras de produzirem o espetáculo circense. Os corpos artísticos sempre foram rizomáticos e realizam antropofagias nos encontros com os variados processos de formação, com os artistas e com os diferentes públicos, cidades e culturas.

O processo de constituição da teatralidade circense sempre esteve em sintonia com o que se produzia de mais recente, sempre contemporâneo ao seu tempo. Atualmente vemos com mais amplitude essa permanente relação de diálogo das artes circenses com as mais diversificadas estéticas, tecnologias, militâncias artísticas/sociais e produções culturais. Se de "mãos dadas" com Benjamim de Oliveira e uma constelação de artistas da música, cinema, dança, rádio, teatro e circo acessamos os constantes entrelaçamentos do fazer circense com essa profusão de expressões e espaços de criação artística, nos dias de hoje é possível perceber como essa mistura ocorre ainda de forma tão intensa e complexa quanto na segunda metade do século XIX e início do XX.

O estudo que antecedeu este encontro tão profícuo com Benjamim gerou desdobramentos inimagináveis quando de seu processo. De fato, no começo pouco sabíamos sobre ele, a não ser o acesso a certa representação mítica de que tinha sido "o primeiro palhaço negro do Brasil", além de histórias vindas de memórias múltiplas da narrativa de circenses que, de uma forma ou de outra, foram seus contemporâneos e destacavam seus feitos no Circo Spinelli na cidade do Rio de Janeiro, nos primeiros anos dos 1900.

Mas, afirmamos, realmente pouco se sabia de sua história de vida e artística. Os registros de memórias sobre Benjamim estavam encobertos pela própria construção mítica, que sempre carrega no mínimo uma duplicidade instigante: se, por um lado, não deixa o esquecimento apagá-lo da memória coletiva; por outro, abafa a riqueza que a produção das vidas vividas carregam.

Por isso, vamos voltar um pouco no tempo, quando Erminia, uma das autoras deste capítulo, foi pela primeira vez à cidade de Pará de Minas (MG), em 2000, por saber que foi lá que Benjamim havia nascido e onde parece que "tudo começou", na Fazenda dos Guardas. Depois, tomaremos o conjunto desta produção como algo que vai gerando agenciamentos de novos processos de produção de outras criações, das mais variadas naturezas, não imaginadas anteriormente.

Erminia, ao chegar pela primeira vez na cidade de Pará de Minas, foi recebida por Júlio Melo Franco, o então proprietário da Fazenda dos Guardas, onde, na década de 1870, Leandra, escrava doméstica, e Malaquias, capitão do mato, tiveram Benjamim. Segundo um inventário sobre patrimônio cultural, a Fazenda dos Guardas era descrita da seguinte maneira:

> No entorno imediato da edificação da Capela de Santo Antônio do povoado de Guardas, no município de Para de Minas, dispõe-se a Sede da Fazenda de Guardas a sua esquerda, e a sua direita um pouco mais afastada, uma modesta casa típica de zona rural; considerando um entorno mais abrangente encontra-se a Escola Dona Neném Coutinho, as ruínas da antiga fábrica de linguiça e as Ruínas da Igreja, bem também inventariado.[1]

Logo depois, foi visitar o Museu Histórico de Pará de Minas com intenção de levantar fontes sobre a Fazenda dos Guardas, bem como entrar em contato com o que se conhecia de Benjamim de Oliveira. Pouco ou quase nada sabiam a respeito dele, apenas que havia uma rua chamada "Artista Benjamim de Oliveira". Como nos informa Terezinha Pereira, membro da Academia de Letras de Pará de Minas (ALPM) e colunista do *site* Circonteudo – portal da diversidade circense –, em 10 de fevereiro de 1958, o então vereador Walter Martins Ferreira (depois prefeito) apresentou à Câmara um projeto para dar o nome de Benjamim a uma rua, o qual foi sancionado em 24 de abril daquele ano no bairro Nossa Senhora das Graças[2]. Entretanto, quando da apresentação do projeto, sabia-se muito pouco ou quase nada sobre Benjamim.

Erminia na época conseguiu falar por telefone com o vereador, que, apesar de não ter conhecido esse artista, foi informado por um conterrâneo que morava no Rio de Janeiro sobre o falecimento havia quatro anos, 1954, de um artista muito importante nascido em Pará que ainda reverberava em todos os jornais, programas de rádio e crônicas.

Terezinha Pereira escreveu um artigo em 2010, corroborando questionamentos que Erminia Silva havia feito no ano 2000.

Por que será que as pessoas da cidade, crianças das escolas não foram devidamente informadas a respeito da importância do ser humano e artista Benjamim de Oliveira? Por que será que, para a grande maioria dos moradores de Pará de Minas, "Artista Benjamim de Oliveira" continua sendo apenas o nome escrito em uma placa de rua, lá do bairro Nossa Senhora das Graças?[3]

Outra publicação, de 2007, mesmo ano da primeira edição deste livro, trata da invisibilidade de Benjamim: o livro infantojuvenil *Benjamim, o filho da felicidade*, escrito pela professora e escritora Heloísa Pires Lima. A autora afirmou, em entrevista ao jornalista Nabor Jr., sobre os "Os parcos, ou quase nulos, registros acerca da vida e da obra do artista [que] revelam o quanto a história do negro brasileiro é desconhecida da população"[4]. A escritora Terezinha Pereira, ao comentar a obra de Lima, reforça essa ideia:

> Trata-se de um livro leve, alegre, poético, que narra a "espetacular trajetória" do palhaço negro, que a autora revela ter descoberto recentemente e por ele haver se encantado. Por outro lado, [a autora] diz-se decepcionada com amigos, educadores das tantas consultorias educacionais que nada sabiam de Benjamim – fato que ela chama de "amnésia nacional".[5]

A partir daquele ano 2000, toda pesquisa realizada pela historiadora era compartilhada com diversas pessoas da cidade, em particular o Museu da Cidade[6], que se tornou um divulgador e incentivador das histórias de Benjamim, destacando-se nesse processo o jornalista, escritor e memorialista local José Roberto Pereira.

Da publicação da primeira edição deste livro a 2009, houve uma profusão de produções nas quais Benjamim era o tema principal, produções que contribuíram com a divulgação, estudos sobre as experiências desse artista, nas várias turmas das escolas do município, quando foram iniciados diversos projetos focando a história do artista Benjamim.

Conforme narrativa de José Roberto Pereira, também membro da ALPM, dois fatos teriam sido importantes para mudar o cenário de "amnésia" em relação a Benjamim pela cidade Pará de Minas:

> O lançamento do livro *Circo-Teatro: Benjamim de Oliveira e a teatralidade circense no Brasil*, no estado de São Paulo, da pesquisadora e escritora Erminia Silva, e a apresentação da peça teatral *Circo-Teatro Benjamim*, do Núcleo

de Estudo das Performances Afro-ameríndias (NEPAA), do Rio de Janeiro. O nome de Benjamim ressurge como uma luz que se acende clareando um imenso picadeiro, anunciando uma comovente saga a ser contada. Os poucos habitantes que tiveram acesso a esses dois fatos se emocionaram com a trajetória do grande homem por trás do palhaço e se encantaram com as estripulias de palhaço desse homem notável.[7]

Da "amnésia nacional", ambos os autores, Terezinha e José Roberto Pereira, "arremedando" Heloísa Pires Lima, escreveram sobre a "amnésia municipal". Para eles, Benjamim passou a fazer parte de muitas vidas em sua terra natal, a ponto de, em junho de 2009, "uma das propostas que surgiram foi a criação do PARABENJAMIM - Festival de Palhaços de Pará de Minas", patrocinado pela prefeitura.

> A parceria da Secretaria Municipal de Cultura de Pará de Minas com a Agentz Produções, por meio das sócias-proprietárias Fernanda Vidigal e Juliana Sevaybricker, para a realização simultânea do Festival Mundial de Circo - Dez anos em Belo Horizonte e em Pará de Minas possibilitou um intercâmbio entre artistas locais, estaduais, nacionais e internacionais que fez toda diferença para atingir os objetivos do PARABENJAMIM: tornar conhecidas a vida e a obra desse artista da terra, propiciar aos pará-minenses contato com as linguagens do circo, fazer da cidade um picadeiro para apresentações do gênero e incentivar a classe artística local à pesquisa, à troca de informações e à busca de conhecimento.[8]

O "despertar" chegou inclusive aos intelectuais, tanto que na segunda edição desse Festival, no Museu Histórico, em 29 de maio de 2010, em parceria com a Academia de Letras Pará de Minas, foi realizado um encontro com a presença de Erminia Silva e Juyraçaba Santos Cardoso, neto de Benjamim, no qual foi anunciada uma nova cadeira na ALPM, cujo patrono é Benjamim de Oliveira, e a qual Erminia passou a ser a primeira a ocupar como Acadêmica Honorária[9].

Ainda na quantidade e na multiplicidade das ações em torno de Benjamim de Oliveira, sem intenção que tenhamos esgotado todas elas, em 2010 Alexandre Pinto (Xandinho), artista de Pará de Minas, esculpiu uma estátua do palhaço Benjamim, inaugurada em 2013 no Parque do Bariri por meio da Lei de Incentivo à Cultura. Atualmente, segundo a mídia local, o palhaço é lembrado como um dos principais cartões-postais de Pará de Minas.

Em contato com o Alexandre sobre sua obra, o escultor nos enviou o seguinte relato:

> Um artista completo, com talento natural e dedicação, que o fizeram ser reconhecido e respeitado muito além dos territórios circenses. Sendo natural de Pará de Minas (MG), assim como Benjamim de Oliveira, tomei a iniciativa de homenagear o grande artista com uma escultura em tamanho natural, em bronze. Acho justa homenagem a uma grande personalidade histórica do Brasil e uma contribuição à história da arte para manter sempre viva a memória de Benjamim.[10]

Mas não foi somente em Pará de Minas que observamos essa profusão de visibilidade sobre Benjamim. Simultaneamente, pelo Brasil afora, distintos grupos, produtores culturais, pesquisas acadêmicas ou não, produções literárias, teatrais e circenses, como em uma antropofagia, "comeram e deglutiram" Benjamim incorporando-o em suas vivências e experiências.

O desdobrar dos estudos realizados por Erminia, com a edição deste livro, agenciou olhares e escutas bem mais acurados para os percursos criativos do "moleque Beijo" e da teatralidade circense no Brasil; estimulou novas leituras e compreensões das produções circenses atuais.

Hoje, por meio da iniciativa do Itaú Cultural de realizar o projeto *Ocupação* dedicado a Benjamim de Oliveira e também do lançamento da segunda edição desta obra na editora WMF - Martins Fontes, fomos incentivadas/os a ver com mais abrangência e entusiasmo o cenário das artes circenses no tempo presente e lançar o seguinte questionamento: depois de 14 anos da primeira edição de *Circo-Teatro: Benjamim de Oliveira e a teatralidade circense no Brasil*, quais desdobramentos desse livro e dos percursos de Benjamim de Oliveira se observam nas produções circenses e em outras áreas da produção humana?

São várias as respostas possíveis para essas questões, e cada pessoa, do lugar de onde vê, vive e sente, poderia indicar influências dos percursos e "reinações" de Benjamim e também das análises partilhadas no livro nas realizações circenses de nossos tempos. Contudo, podemos dizer, ao olhar o circo na atualidade, que os percursos desse multiartista influenciam múltiplas criações artísticas, variados corpos e distintas lutas políticas emergentes, além de evidenciar que a polissemia e a polifonia do fazer circense constantemente salientadas aqui são as luzes da ribalta dessas produções.

Distintas pessoas têm pedaços de Benjamim em suas experiências vividas. Acreditamos que a pesquisa iniciada há 25 anos e a publicação desta obra geraram distintas visibilidades dele nos corpos multidões que voltaram a reconhecê-lo; distintas formas de memórias que o mantêm sempre atualizado. Mas nós também tivemos de nos atualizar, pois fomos/somos procurados por grupos de jovens – mulheres, homens, LGBTQIA+ – com demandas sobre Benjamim que nos fazem, a todo instante, nos revisitarmos. Assim, entramos em contato com produções e debates que o têm como referência, mesmo como ícone ou patrono, que nos fazem perceber o quanto temos, permanentemente, de nos atualizar em face de temas tão importantes e inovadores como ancestralidade, afrodescendência e gênero, que explodiram neste século XXI, muitos deles tendo Benjamim como condutor.

O aprendizado pelo qual os autores deste capítulo passaram e estão passando diante de conceitos filosóficos, políticos, culturais sobre as diferenças de corpos negros, de gênero, ainda não estava dado há 25 anos, quando da realização da pesquisa, e há 14 quando da publicação da primeira edição. Não que não existissem debates, disputas, desigualdades e ativismos, mas não apareciam tão fortalecidos e potencializados como nestas duas primeiras décadas deste século.

Nos últimos anos, variados grupos ativistas das questões étnico-raciais, eles ligados às artes ou não, inspiram-se na figura de Benjamim de Oliveira para fortalecer a militância de valorização da cultura e da afrodescendência em nosso país. Mesmo ainda prevalecendo a perspectiva de que esse artista foi o "primeiro palhaço negro do Brasil", fato contestado nesta obra, a biografia e a importância de Benjamim para as artes vêm servindo de inspiração para o fortalecimento das lutas desses grupos, mudando a tônica da História escrita pelo prisma da branquitude.

Alguns exemplos que consolidam esse movimento são dados pela militância da Confraria de Palhaços da Baixada Fluminense e da Confraria do Impossível, que em 2020 reuniu grupos de artistas negros para realizar um vídeo em celebração dos 150 anos de nascimento do artista e para compor a Semana Benjamim de Oliveira, idealizada por Wildson França (palhaço Will Will), e do Núcleo de Afrocentricidade da Rede Circo do Mundo Brasil, coletivo que promove debates, ações formativas e produções artísticas sobre questões ligadas à negritude, ao racismo, às lutas feministas e afro-indígenas.

Podemos citar também o Grupo Negra-Cor, que promoveu em 2009 "projetos culturais e educativos nas escolas referentes à Cultura Negra, à História da África e dos Negros no Brasil em Pará de Minas e outras cidades", com a intenção de tanto provocar nos alunos negros "uma disposição em assumirem sua negritude e aceitá-la sem conflitos", mas também fazer que essas experiências trouxessem aos alunos não negros "uma nova concepção sobre diversidade étnica e uma melhor aceitação do Outro que sugerisse um novo relacionamento sob um novo olhar, mais respeitoso e menos preconceituoso"[11]. Assim, optaram por adotar a história de Benjamim de Oliveira.

> Por ser um homem negro que transformou sua realidade a partir de seus sonhos mais delirantes. [...] Por sua ousadia em contrariar o que parecia destino e ter se lançado no universo das artes. Por todos os preconceitos que possam ter obstruído seu caminho, mas que não o impediu de ser sujeito de sua própria história. [...] Por ser ousado e sonhador.[12]

Outros exemplos ainda são dados pela Mostra Benjamim de Oliveira, realização da Cia. Burlantins (MG), que foi criada e idealizada por Mauricio Tizumba em 2013 e chega em 2021 à sua sexta edição com o objetivo de valorizar a cultura afro-brasileira por meio do protagonismo dos corpos negros em cena; pela produção teatral de Zeca Ligiéro (José Luiz Ligiéro Coelho), fundador do Programa de Pós-Graduação em Artes Cênicas da UniRio, que em 2009 dirigiu a peça *Palhaço negro: a história de Benjamim de Oliveira* e a apresentou no Brasil e na Colômbia; e pelo Grupo Teatro de Anônimo, que, na construção de uma poética protagonizada pelo fazer popular, coletivo e por ideais afrodiaspóricos, tomou Benjamim de Oliveira como um referencial em suas variadas produções artísticas e culturais, a exemplo do Anjos do Picadeiro – Encontro Internacional de Palhaços.

Assim, Benjamim de Oliveira tem ao longo dos anos ganhado um reconhecimento que o coloca ao lado de figuras fundamentais da cultura brasileira que debatem a negritude e a luta antirracista no Brasil como Maria Carolina de Jesus, Lélia Gonzalez, Lima Barreto, Dandara, Zumbi de Palmares, Conceição Evaristo, Abdias Nascimento, Ruth de Souza, dentre muitas e muitos outros.

Sua história, tanto quanto sua figura, tem alcançado significativa visibilidade na sociedade seja no campo das artes, seja nos movimentos sociais, e cada vez mais homenagens são mobilizadas. Escolas de samba tomaram sua vida como tema do enredo, como foi o caso, em 2009, do Grêmio Recreativo Escola de Samba São Clemente, que apresentou no carnaval carioca o enredo "O beijo moleque da São Clemente", de autoria do carnavalesco Mauro Quintaes; bem como em 2020 a Escola de Samba Acadêmicos do Salgueiro com o tema-enredo "O rei negro do picadeiro", do carnavalesco Alex de Souza; sem deixar de falar da coleção de moda "Para Benjamim", do estilista mineiro Rodrigo Fraga.

Mais especificamente no âmbito das artes circenses, artistas, coletivos, festivais e variadas produções culturais/educativas têm se inspirado na importância desse artista, resultando em homenagens a ele e em espetáculos, números, intervenções e ações culturais. Podemos citar, nesse caso, o espetáculo *4 em 1, Sete tempos, Nós Somos Benjamim de Oliveira*, da Cia. Geracirco, que conta sua história por meio de números de contorcionismo, dança, entradas cômicas, monociclo, equilibrismo, roda alemã, paradas olímpicas, malabares e teatro; o Circo Escola Benjamim de Oliveira, um projeto de Circo Social vinculado à organização não governamental do coletivo Se Essa Rua Fosse Minha, que acontece em São João do Meriti, Rio de Janeiro; o espetáculo *Universo Redondo: Os Circos de Benjamim*, da Cia. do Solo, que se utiliza de diversas linguagens como narração de histórias e manipulação de bonecos; o espetáculo *Um beijo para Benjamim*, do grupo paulistano Circo-Teatro Palombar; o espetáculo *Will Will conta Benjamim de Oliveira*, de Wildson França, ator, produtor, palhaço e coordenador da Confraria de Palhaços da Baixada Fluminense; a montagem da peça *Nego beijo*, em 2009, pelo Grupo Off-Sina, coordenado na época pelos artistas e palhaces Lilian de Moraes e Richard Righette a partir de uma pesquisa sistematizada sobre a dramaturgia do circo teatro de rua.

Em várias épocas é nítida a disputa entre criar visibilidades e apagamentos de personagens essenciais para a constituição das artes, da cultura e da produção da vida, e mesmo uma luta pelo esquecimento delas sustentada por posturas negacionistas e revisionistas, a exemplo do que tentam, hoje, fazer com o educador Paulo Freire, que neste ano completou seu centenário. Mas, no caso de Benjamim de Oliveira, vemos a emergência de sua figura que não somente vem alcançando maior visibilidade, como também vem inspirando e mobilizando ações e transformações em diversos campos artísticos, principalmente no circense.

Assim, vale reforçar que no decorrer desses 14 anos da publicação da primeira edição deste livro, muito se produziu e vastas foram as transformações nas artes circenses. O que vemos hoje das produções circenses carregam a polissemia e polifonia do fazer circense do século xix e início do xx, contudo não como expressão idêntica de outros tempos, mas sim com um diálogo intenso com esses tempos.

Muito mudou, mas também permaneceu no imperativo das transformações dessa arte. Conforme bem aponta o romancista José Saramago,

"A verdade é que vivemos numa sala de espelhos na qual tudo se reflete em tudo e é, por sua vez, reflexo de si mesmo. Quando nos pintam nada mais que uma imagem, sem ter em conta o espelho, essa imagem está incompleta"[13]. Tomando por base essa perspectiva de Saramago, o que visualizamos no tempo presente no âmbito das artes do circo é a combinação de reflexos de práticas, saberes e criações de outros momentos com transformações e reinvenções realizadas por novos sujeitos históricos que (re)criam representações e espetáculos circenses complexos e expandidos.

Esse cenário expandido e complexo das artes circenses na atualidade advém das próprias mudanças que essa arte vem sofrendo, principalmente as ocorridas no Brasil no fim da década de 1970, quando os circenses deram início a percursos, diálogos e formas de estruturação distintos do modo de organização da vida e do trabalho que vinham experimentando, e culminaram na constituição das escolas de circo para "fora da lona": como a Academia Piolin das Artes Circenses, entre 1978 e 1983, na cidade de São Paulo; e, em 1982, a Escola Nacional do Circo Luiz Olimecha (Funarte), no Rio de Janeiro.

Foi por meio da criação de escolas para além do núcleo familiar circense que a ação de ensinar a arte do circo se estendeu aos que não nasceram ou viveram no circo, contribuindo com a formação de novos artistas, novos sujeitos históricos atuantes nesse campo artístico. A grande maioria desses egressos das escolas de circo experienciou outros modos de formação artística, constituindo outras maneiras de pensar e fazer circo e conheceram um processo de aprendizagem distinto do que ocorria com as famílias circenses.

As/os alunas/os não tinham vínculos familiares como ocorria no interior dos circos itinerantes, vinham de todos os lugares urbanos, econômicos e culturais. A presença de alunas/os com orientações de gênero as mais diversas fizeram toda diferença nos modos como as artes do circo foram sendo produzidas e realizadas, fazendo com que mestras e mestres se tornassem também aprendizes desses novos sujeitos históricos circenses.

Por conseguinte, os corpos circenses foram sendo forjados nos encontros com outros corpos, absorvendo saberes e fazeres distintos de maneira ao mesmo tempo parecida e diferente dos processos de formação do circo-família. O que vemos é que, desde fins do século XVIII, os artistas circenses oriundos dos mais diversos processos de formação, ao mesmo tempo que possuem diferenças, revelam semelhanças e, portanto, tais processos carregam elementos transversais de cunho histórico, técnico e estético. Com o surgimento das escolas de circo, a linguagem circense continuou compondo diálogos em suas

Benjamim de Oliveira, 1911.

variadas formas e produções, afirmando a complexidade e a força desses distintos saberes e fazeres[14]. Nesse processo, como bem nos alerta Paulo Freire, "Não há saber mais ou saber menos: há saberes diferentes", e, como sempre ocorreu nas artes circenses, suas práticas permanecem mutáveis.

Com isso, não é por acaso que presenciamos hoje uma potente produção circense ligada ao reconhecimento e à valorização dos mais distintos corpos e da expressiva e militante atuação do movimento LGBTQIA+ nas artes circenses em geral e das mulheres no campo da comicidade, em particular. E, para nós autores deste capítulo, o que é mais desafiador e nos alimenta o tempo todo é que esses grupos de pessoas envolvidas nos movimentos ativistas, afrodescendentes, de gêneros, são nossas/os alunas/os. Isso nos produz como aprendizes permanentes, assim como deveria ser toda/o mestra/e em qualquer processo formativo.

Nos percursos históricos das artes circenses, a presença dos mais variados corpos e, portanto, pessoas sempre foi uma tônica. Contudo, sabemos que muito se explorou perversamente o que era tratado como "diferente" diante do que era considerado o "normal". Com isso, corpos gordos, magros, transgêneros, altos, baixos etc. foram expostos pela ótica do bizarro, exótico, errado e disforme. Hoje, no entanto, esses corpos se insurgem, aparecem e são protagonistas na sua potência e na luta pelo reconhecimento da diferença. Cada vez mais grupos, festivais, ativistas, encontros, seminários e espetáculos circenses entram em cena levantando a diversidade como expressão de vida e arte; afrontando uma mentalidade retrógrada e discriminatória e elegendo a diferença como potência criadora e transformadora.

Na esteira dessas transformações, desde o surgimento das escolas de circo, conquistou importante espaço nas produções circenses a atuação das mulheres, principalmente na área da comicidade. Se até o surgimento dessas escolas para fora do próprio circo itinerante de lona era praticamente impensável a atuação das mulheres como palhaças, a partir de fins dos anos 1970 e em especial nas duas últimas décadas tem ganhado força e visibilidade a produção feminina circense. São espetáculos, festivais, coletivos, eventos acadêmicos e publicações diretamente ligadas à palhaçaria feminina que avançam no terreno fértil da polissemia e da polifonia das artes circenses.

Tentar elencar a totalidade de artistas, grupos e realizações nesse campo em todo o país é praticamente impossível e, com certeza, incorreríamos no erro de esquecer de mencionar figuras e ações importantes na promoção da comicidade feminina. Contudo, não podemos deixar de citar, a título de ilustração, os eventos/coletivos Encontro de Palhaças de Brasília, Festival Palhaças do Mundo, Esse Monte de Mulher Palhaça e Rede de Palhaças do Brasil[15], bem como outras produções diversas que tratam diretamente da atuação das mulheres palhaças, como a Escola Livre de Palhaços, Palhaças e Palhaces (ESLIPA), criada pelo Grupo Off-Sina em 2012, e, a pesquisa e o videodocumentário de Maria Gabriel e sua família voltados para a visibilidade da vida e obra de sua avó, Maria Eliza Alves dos Reis, o palhaço Xamego.

Tanto a ESLIPA quanto o documentário *Minha avó era palhaço* (2016), de Mariana Gabriel, são de grande relevância para a produção circense atual e carregam consigo aproximações com Benjamim de Oliveira e, principalmente, com o protagonismo feminino no campo da comédia: a primeira, devido à influência de Benjamim tanto na produção artística do grupo Off-Sina, que resultou no espetáculo *Nego beijo*, como pelo fato de Benjamim ser uma referência para os estudos sobre "palhaçaria" desenvolvidos na ESLIPA, mas, fundamentalmente, por a Escola promover a formação de mulheres palhaças na sua grade curricular por meio dos ensinamentos de mulheres palhaças consagradas no meio circense na atualidade; e a segunda, em função da visibilidade dada à atuação de Maria Eliza como o palhaço Xamego no Circo Guarany nos anos 1940, cujas experiências circenses se cruzaram com Benjamim de Oliveira a ponto de chamá-lo de "tio", e por oxigenar o debate e a militância da comicidade feminina em todo o Brasil por meio de exibições públicas do filme e rodas de conversa sobre a história do circo, a questão do negro/negra nas artes circenses e o protagonismo feminino na "palhaçaria".

Se, primeiramente, de mãos dadas com Benjamim foi possível caminhar ao lado de homens, mulheres e crianças, artistas negros, brancos e pertencentes a distintos grupos sociais/culturais atuantes nas mais variadas expressões artísticas, quase 70 anos depois de seu falecimento iniciamos, com esta segunda edição, uma nova caminhada de mãos dadas com ele e na qual podemos identificar que hoje os percursos traçados ocorrem ao lado de uma infinidade de novos sujeitos históricos, corpos e lutas. Enfim, como cantou Gonzaguinha, "é tão bonito quando a gente entende que a gente é tanta gente onde quer que a gente vá"[16].

# NOTAS

1 Secretaria Municipal de Cultura e Comunicação Institucional. Prefeitura Municipal de Pará de Minas (MG). Inventário de Proteção do Patrimônio Cultural, ação 2019, exercício 2021, p. 71.

2 Terezinha Pereira. Benjamim de Oliveira - 140 anos. Circonteudo - Portal da diversidade circense, Colunistas. Disponível em: https://www.circonteudo.com/colunista/benjamim-de-oliveira-140-anos-de-nascimento/. Acesso em: 26 set. 2021.

3 *Id., ibid.*

4 Nabor Jr. Benjamin: o filho da amnésia nacional!. *Revista O Menelick 2º Ato*, out. 2010. O autor é jornalista com especialização em jornalismo cultural e história da arte, também atua como fotógrafo com o pseudônimo MANDELACREW.

5 T. Pereira, *cit.*

6 Agradecimento especial a Ana Maria Campo do Museu Histórico de Pará de Minas pelo imediato interesse e admiração na construção de visibilidade sobre a história de Benjamim de Oliveira.

7 José Roberto Pereira. Parabenjamim - Festival de Palhaços de Pará de Minas. Museu Histórico de Pará de Minas. Disponível em: http://muspam.com.br/index.php?option=com_content&view=article&id=98:parabenjamim-festival-de-palhacos-de-para-de-minas&catid=36:textos&Itemid=89. Acesso em: 27 set. 2021.

8 *Id., ibid.*

9 Terezinha Pereira. Saudação à dra. Erminia Silva. Circonteudo, Colunista. Disponível em: https://www.circonteudo.com/colunista/saudacao-a-doutora-erminia-silvc/. Acesso em: 26 set. 2021.

10 Infelizmente, em 3 de setembro de 2017, a estátua de Benjamim de Oliveira foi pichada com a suástica nazista, gerando forte comoção em grande parte da população com tais ações violentas, conforme noticiaram diversos jornais do estado de Minas Gerais. A estátua foi rapidamente recuperada e encontra-se atualmente para contemplação no parque Bariri, em Pará de Minas. Ver: https://grnews.com.br/04092017/radar-policial/para-de-minas-estatua-de-benjamim-de-oliveira-e-pichada-com-simbolo-nazista.

11 Grupo Negra-Cor. Afro-atitude 2009: Grupo Negra-Cor e o artista Benjamim de Oliveira. Circonteudo. Disponível em: www.circonteudo.com; https://www.circonteudo.com/afro-atitude-2009-grupo-negra-cor-e-o-artista-benjamim-de-oliveira/. Acesso em: 27 set. 2021.

12  Id., ibid.

13  Fernando Gómez Aguilera (org.).
*As palavras de Saramago*. São Paulo:
Companhia das Letras, 2010, p. 253.

14  Sobre os processos de continuidade e
transformação nas artes circenses
a partir do surgimento das escolas de
circo, ver: D. de Carvalho Lopes;
E. Silva e M. A. Coelho Bortoleto,
*op. cit.*, 2020.

15  Mesmo correndo o risco de esquecer
de companhias, artistas e produções
importantes nessa frente, vale citar
também: Teatro da Mafalda, SP;
Humatriz Teatro, PR; Seres de Luz
Teatro, SP; Na Companhia dos Anjos,
SP; Cia. Anime, PE; Teatro de Anônimo,
RJ; Gena Leão, RN; Romana Melo, PA;
Ana Luisa Cardoso, RJ; Wanderleia
Will, SC; Odília Nunes, PE; Lilian
Moraes, RJ; Circa Brasilina, DF;
Revista Palhaçaria Feminina, SC; Cia.
Fundo Mundo (Sul/Sudeste).

16  Verso da canção "Caminhos do
coração", de Gonzaguinha, gravada
em 1982.

# MEUS APLAUSOS

Realizar uma investigação, como a deste trabalho, exigiu muitos momentos nos quais o pesquisador fica aparentemente sozinho com suas visões, seus diálogos internos, suas imagens. Porém, nada mais coletivo que uma pesquisa. Não só porque o investigador porta vários saberes, produtos dos diálogos com a construção do conhecimento que a sociedade e sua história lhe ofertam, mas porque eles atravessam suas atividades, o tempo todo, uma multiplicidade de relações que lhe são fundamentais.

Nesse diálogo, tive a felicidade de ter a meu lado um parceiro como o Emerson Merhy, com quem caminho há muitos anos. Mas nossa parceria não se resume ao fato de sermos casados, o que já representa uma das coisas mais gostosas de minha vida. Foi com ele que aprendi os significados de trabalho intelectual, solidário e coletivo. Aprendi o que é ser mestre/aprendiz.

Nessa direção, sou devedora do encontro com o professor Alcir Lenharo, que me orientou na dissertação de mestrado e deu início à orientação do doutorado, que resultou neste livro. Infelizmente ele nos deixou e não me viu doutora. Mas, não tenham dúvidas, dialoguei com ele intensamente durante todo o meu trabalho e ele está em cada uma destas páginas. Com a sua lamentável perda, uma parte importante da produção acadêmica deste país ficou sem seu mestre.

A meu pai, Barry Charles Silva, circense - ator, ginasta, domador, globista, trapezista, palhaço, empresário -, que, com sua memória, sua capacidade de contar "causos" e sua relação apaixonada com o circo, acabou por agenciar em mim paixão e curiosidade sobre as histórias dos homens, mulheres e crianças circenses nas suas constituições como artistas e protagonistas das histórias da produção cultural na América Latina, e suas expressões diversificadas do circo-teatro. Minha mãe, que apesar de ser da "praça" me passou todo seu amor pelo circo. Tia Ivony e tio Ferreira sempre me foram fundamentais nisso.

A partir deles me percebi, não indivídua ou pessoa, mas coletiva, pois nas suas vivências, experiências e narratividades pude compreender a complexidade, as misturas, antropofagias, pluralidades de encontros polissêmicos e polifônicos, de cada período, sobre a constituição do espetáculo circense e, principalmente, dos seus corpos multidão artísticos.

Um dos momentos mais agradáveis durante a produção deste trabalho foi ter conhecido Jaçanan Cardoso Gonçalves e Juyraçaba Santos Cardoso, netos de Benjamim, e Jaciara Gonçalves de Andrade, bisneta de Benjamim, que desde o primeiro momento me receberam de forma muito carinhosa e me forneceram, sem restrição, materiais e informações que tinham sobre Benjamim.

Em 2006, um encontro que produziu e produz muitas afecções foi com Daniel de Carvalho Lopes. Comecei orientando seu TCC, depois mestrado e doutorado. No meio desse caminhar todo, não era (como nunca foi) uma relação de mestre e aprendiz, mas sim de parcerias em inúmeras pesquisas, artigos e na constituição do *site* Circonteudo - portal da diversidade circense (www.circonteudo.com), junto com sua companheira, Giane Daniela Carneiro. Hoje afirmo que Daniel é um dos principais pesquisadores sobre as histórias circenses latino-americanas.

Alguns amigos foram chave para a realização da minha pesquisa; com destaque, agradeço a Jefferson Cano, Silvia Cristina Martins de Souza, Claudia Denardi e Silvana Blanco. Mas quero acrescentar aqui a disponibilidade e acolhida de Silvia Hunbold Lara na orientação do meu doutorado após o falecimento de Alcir Lenharo. Suas leituras cuidadosas foram importantes.

A Mauro Araújo Silveira, pelo seu apoio e total disponibilidade de compartilhar comigo seus materiais e conhecimentos sobre a história da música no Brasil, assim como a Nirez (M. A. de Azevedo), um dos mais importantes pesquisadores da discografia brasileira, que sempre me atendeu prontamente.

Agradeço ainda aos trabalhadores do Cedoc/Funarte (RJ) e o AEL-Unicamp (SP). Em ambos fica claro o quanto é possível um serviço público ter um atendimento de qualidade, cidadão e democratizante. No Cedoc/Funarte, há uma pessoa em particular - Márcia Cláudia Figueiredo - que sempre foi e continua sendo um alicerce naquela instituição. É uma trabalhadora que mostra o tempo todo a importância da "coisa pública".

Quero registrar aqui meu agradecimento ao conjunto de pessoas que me acolheram na cidade de Pará de Minas, onde Benjamim de Oliveira nasceu, particularmente aos trabalhadores do Museu da Cidade na pessoa de Ana Maria Campos, da Academia de Letras Pará de Minas - ALPM, que mesmo depois de 14 anos da publicação da primeira edição as acolhidas, parcerias e contribuições não deixaram de acontecer.

Algumas pessoas e instituições que foram fundamentais na concretização desta segunda edição:

Ao Itaú Cultural, curadoria e a todas às equipes envolvidas na Ocupação Benjamim de Oliveira. Foi um convite incrível não só por mim e uma agradável surpresa o reconhecimento por parte de todos na Ocupação da importância de dar visibilidade tanto a este multiartista quanto à produção de homens e mulheres circenses no Brasil há mais de 200 anos.

À parceria Itaú Cultural com a Editora WMF - Martins Fontes, que resultou em mais um convite, quase único no Brasil, de publicar uma segunda edição de um livro sobre as artes do circo.

Afetivamente, aos meus parceiros eternos: minhas irmãs, Esther (Tézinha) e Shirley; meu irmão, Charles; aos meus filhos do coração, Pedro, Emília, Nathália, Isadora; e aos meus netos/netas, Carolina, Lia, Felipe, Luis Henrique, Irene e Luana, que, tenho certeza, me apoiam incondicionalmente. Às minhas primas queridas, Rosângela e Rosicleir Temperani, herdeiras de uma família circense que trabalhou com Benjamin. A Cleusa e Fábio Dieusis, fundamentais.

Às minhas parceiras Alice Viveiros de Castro e Verônica Tamaoki - apresentadas em todos os nossos encontros como "A palestra das Três Donzelas". Tudo começou a partir de 2005, quando Alice achou (entre os guardados de seu pai) um cordel, cuja gravura da capa tem esse nome. Deu-se em nós três uma "identificação" e afinidade com aquelas meninas. Nesse mesmo período brincamos com a ideia de fundar o "Comitê Pró-Criação da Associação Nacional das Pesquisadoras de Circo do Brasil"; brincadeiras à parte, nos unimos, pois sabemos da dificuldade de fazer pesquisa quando todo o mundo dizia que circo não tinha história. O Comitê nunca foi criado formalmente, mas sempre nos apresentamos como as futuras e, talvez, fundadoras.

Tem sido também fundamental trabalhar com várias/os companheiros/as/ es - circenses de lona, das escolas de circo, das frentes de pesquisas, das ruas -, que vêm militando de maneira intensa, hoje, na sociedade brasileira em torno da batalha diária para a permanente construção do circo no Brasil, em uma luta incansável de fazer com que este seja visto como patrimônio cultural.

Ambiciosamente, espero que este livro contribua com isso.

# CATÁLOGO DO REPERTÓRIO TEATRAL CIRCENSE

## NOTA INTRODUTÓRIA

Esta relação é composta das peças representadas nos circos entre 1834 e 1912, localizadas nas fontes pesquisadas pela autora. A ideia de catalogar as produções circenses desse período, que extrapola a proposta deste trabalho, tem como objetivo ampliar o leque de informações sobre as encenações, assim como possibilitar um acompanhamento do processo de constituição da teatralidade circense e sua expressão no circo-teatro.

Os dados obtidos para cada peça estão presentes nas fontes listadas na bibliografia, em particular nas propagandas dos jornais e revistas. Assim, as denominações dadas às peças, como pantomimas, farsas fantásticas, dramas ou revistas, e as descrições de peças, personagens e cenografias, entre outras, representam a forma como os circenses e os agentes, produtores e editores dos jornais compreendiam-nas e classificavam-nas.

A relação foi organizada de forma cronológica, de acordo com as primeiras apresentações das peças. Há uma lista que as classifica em ordem alfabética, com a página em que se encontram, para facilitar o acesso a elas.

Quando uma mesma peça foi encontrada em vários circos e datas, optou-se por registrá-la no grupo da primeira representação, na sua ordem cronológica. Em alguns desses casos, apesar de terem o mesmo nome com descrições diferenciadas, decidiu-se catalogá-la.

No registro dos lugares onde se apresentavam, indica-se o nome da cidade; entretanto, em alguns casos, quando há uma referência clara de que estavam se exibindo em um estabelecimento que não fosse o circo de lona ou pavilhão, como os teatros, o nome do local é apontado.

As produções teatrais circenses, a partir de 1912, foram abundantes, em particular as de autoria de Benjamim de Oliveira. Depois da década de 1930, esse leque se amplia ainda mais com o significativo aumento da presença de profissionais do teatro trabalhando nos palcos/picadeiros, consolidando esse espaço como importante referência de trabalho. A firmação do gênero melodrama nos vários meios de expressões artísticas traz não só os profissionais do teatro, como do cinema, novos grupos musicais, de shows e do rádio, alguns deles como os seresteiros e os sertanejos presentes, inclusive como proprietários circenses, até os dias de hoje. Essas parcerias, aliadas ao gênero melodrama e à comicidade circense, geraram outra gama de produção e de autorias; profissionais técnicos e de direção teatral também encontram trabalho nesse espaço que foi se consolidando como referência teatral.

Como o objetivo deste trabalho foi a discussão sobre o processo histórico do circo-teatro no Brasil, um levantamento das montagens posteriores à década de 1910 exigiria toda uma outra pesquisa. Ainda se faz necessária a realização dessa nova catalogação das peças, apesar de alguns trabalhos, acadêmicos ou não, virem realizando esse esforço.

À procura de uma noiva
Africanos, Os
Amante fingindo estátuas, O
Amor de princesa
Aquática
Arlequim enamorado, O
Aventureiros de Paris, Os
Baile de máscaras
Bandidos da Calábria, Os
Bandidos da Serra Morena ou Os salteadores, Os
Bandidos da Serra Morena, Os
Bandidos de Luigi Vampi, Os
Beduínos em Sevilha, Os
Bicho, O
Billheteiro, O
Boneca, A
Boticário enganado, O
Brigantes da Calábria, Os
Broceur Condemné
Caipira perdido, O
Capricho de mulher
Casa encantada, A
Casamento do Arlequim ou Remorso vivo, O
Cavalaria turca
Cena equestre (sem título)
Cendrillon
Chico e o diabo, O
Chula, A
Circo Universal embaixo d'água, O
Colar perdido, O
Corridas de touros
Culpa de mãe
Cupido no Oriente, O
Cypriano La Galla ou Um episódio de brigantes na Calábria

D. Antônio e os guaranis (Episódio da História do Brasil)
De olho no diabo ou A Fada e o satanás
Defensor da bandeira paulista ou Os dois irmãos feridos, O
Diabo entre as freiras, O
Doutor burlado, O
Escrava Martha, A
Escrava mártir, A
Esqueleto, O
Estátua branca, A
Estátua de carne
Família industriosa
Fausto
Filha do campo, A
Filho assassino, O
Filhos de Leandra, Os
Flauta mágica ou Um julgamento no Tribunal da Inquisição, A
Flauta mágica, A
Fra Diávolo
Fra Diavolo ou Os salteadores da Calábria
Fuzilamento de um desertor, O
Fuzilamento de um militar desertor, O
Garibaldi em Vareze
Garibaldinos, Os
Gasparony
Gilberto Morituns
Greve num convento, A
Ilha das maravilhas, A
Irmãos jogadores
Irmãos jogadores ou As seduções de satã, Os
Janjão o pasteleiro
Juca do hotel, O
Jupyra

Justiça de Deus

Ladrões surpreendidos pela polícia ou A sra.
Bubônica, Os

Leão e a polícia, O

Lição de box

Lobo da fazenda ou A filha do colono, O

Malabar encantado

Manos e gigantes

Marquês e seu criado, O

Milagres de Santo Antônio, Os

Monóculo do diabo

Moreninha do sertão

Mr. E e Mme. Cocofioleau e seus criados

Mulheres mandam, As

Musolino

Muzolino

Namoradas sem ventura

Negro do frade, O

Negro logrado, O

Nhô Bobo!

Noite terrível, A

Noiva do sargento, A

Novidade do século XIX

Novo modo de pagar as dívidas, O

Orangotango, O

Pandorguita, A

Pantomima marítima ou O casamento no
campo, A

Pescadores, Os

Pik-Nik uma festa no campo

Ponto da meia-noite ou O hotel da velhinha, O

Por baixo!...

Poriemeths, Os

Princesa de cristal, A

Punhal de ouro ou O diabo negro, O

Punhal de ouro, O

Recrutamento na aldeia, O

Remorso vivo, O

Revolução duma aldeia

Romeu e Julieta

Rosca, A

Sagrada família em Bethlém, A

Salteadores da Calábria, Os

Salteadores ou A morte do famigerado
Luigi Vampa, Os

Sapateiro de Madrid ou a Família
industriosa, O

Sargento Marcos Bombo

Scalet

Sentinela perdida, A

Serra Morena

Soldado embriagado, O

Soldado recruta, O

Terra da goiabada, A

Terrível ponto da meia-noite, O

Testamento, O

Tio Gaspar

Tio, O

Tiro e queda!...

Tomada de Canudos ou Um episódio da vida
de Antônio Conselheiro, A

Touradas, As

Tragédia de Canudos

Tudo pega!...

Um bicheiro em apuros ou O padre Virgulino
Carrapato dançando cake-walk

Um casamento campestre

Um casamento campestre ou Aventuras de
dois atorrantes com seus mil e um incidentes

Um casamento de costumes campestres

Um casamento e o Politeama embaixo d'água

Um empresário aventureiro ou cenas da vida
artística

Um episódio da guerra da Crimeia em 1866

Um episódio da vida de Napoleão I e o
fuzilamento de um sargento

Um episódio de Garibaldi em Vereze

Um marquês em palpos de aranha

Um mestre de escola

Um príncipe por meia hora ou O pinta monos

Um professor na aldeia

Uma ceia em África[sic]

Uma feira em Sevilha

Uma para três

Uma república de estudantes

Uma viagem à lua, por um balão

Urso e a sentinela, O

Vingança do operário, A

Viúva alegre, A

Voo dos passáros

## RELAÇÃO DAS PEÇAS EM ORDEM CRONOLÓGICA

### O boticário enganado
Pantomima
Circo Chiarini - 1834
Proprietário: Giuseppe Chiarini
São João del Rei
Theatrinho da Villa

### O amante fingindo estátuas
Pantomima
Circo Chiarini - 1834
Proprietário: Giuseppe Chiarini
São João del Rei
Theatrinho da Villa

### O doutor burlado
Pantomima
Circo Chiarini - 1834
Proprietário: Giuseppe Chiarini
São João del Rei
Theatrinho da Villa

### O caipira perdido
Cena equestre
Circo Olímpico - 1847
Proprietário: Archer
Rio de Janeiro

### O arlequim enamorado
Pantomima
Circo Olímpico - 1847
Proprietário: Archer
Rio de Janeiro

### O soldado embriagado
Cena equestre
Circo Olímpico - 1847
Proprietário: Archer
Rio de Janeiro

### Malabar encantado
Cena equestre
Circo Olímpico - 1847
Proprietário: Archer
Rio de Janeiro

### Cena equestre (sem título)
Pantomima
Circo Olímpico - 1847
Proprietário: Archer
Rio de Janeiro
Descrição dos papéis: Sr. Archer, sobre o seu cavalo, faz três figuras: 1º em caráter de marinheiro, 2º como jovem grego defendendo a sua bandeira de Santa Fé, 3º como o Fundador de Roma.

### O defensor da bandeira paulista ou Os dois irmãos feridos
Pantomima
Circo Casali - 1875
Proprietários: Marcos Casali & Filhos
Niterói
Descrição da peça: Combate de dois oficiais brasileiros numa emboscada paraguaia, tendo os ditos oficiais obtidos o triunfo.

### O terrível ponto da meia-noite
Pantomima
Circo Casali - 1875
Proprietários: Marcos Casali & Filhos
Niterói
Descrição da peça: Combate entre as tropas e quadrilha de ladrões. O último quadro é iluminado à luz de bengala.

### Voo dos pássaros
Pantomima
Circo Casali - 1875
Proprietário: Marcos Casali & Filhos
Rio de Janeiro
Elenco: César Casali, José Pachiotti e Venâncio.

### Os salteadores da Calábria
Pantomima
Circo Casali - 1875
Proprietários: Marcos Casali & Filhos
Rio de Janeiro

Elenco: César Casali, José Pachiotti e Venâncio
Companhia Equestre, Ginástica, Acrobática, Equilibrística, Malabarística, Mímica e Bufa – 1893
Proprietários: Albano Pereira e Cândido Ferraz
Porto Alegre
Teatro de Variedades

Circo Universal – 1887 e 1893
Proprietário: Albano Pereira
Rio de Janeiro

Frank Brown – 1894
Proprietário: o mesmo
Porto Alegre

Circo Clementino – 1902
Proprietário: o mesmo
São Paulo
Teatro São José

### Fra Diavolo ou Os salteadores da Calábria
Pantomima
Circo Casali – 1875
Proprietários: Marcos Casali & Filhos
Rio de Janeiro
Descrição da peça: Combates entre tropas e salteadores, finalizando com grande duelo de espada entre a condessa de Forjas e o chefe Fra Diavolo, que resulta na morte deste chefe dos bandidos. O último quadro é iluminado à luz de bengala.

### Os bandidos da Calábria
Pantomima
Companhia Equestre, Ginástica, Equilibrística, Acrobática e Mímica – 1887
Proprietários: Albano Pereira e Cândido Ferraz
Campinas
Teatro Rink-Campineiro
Descrição da peça: Tomam parte 83

pessoas em combate de armas brancas e de fogo.
Observações: Vestuários e adereços mandados vir, propositalmente da Europa, do Grande Teatro (Scala) de Milano e será representada no palco cênico. Nas portas do Rink distribuição grátis aos espectadores o argumento da Pantomima.

Circo Lusitano – 1892
Proprietário: Henrique Lustre
Campinas
Elenco: Rosita Lustre, Netusa Fernandes, Serafim Fernandes, Jorge Henke, Liendo e o *clown* Affonso Lustre

Circo Spinelli – 1903
Proprietário: Affonso Spinelli
São Paulo
Elenco: Benjamim de Oliveira, Ignez Cruzet e o *clown* Cruzet

### Mr. E e Mme. Cocofioleau e seus criados
Pantomima-farsa-comédia equestre
Circo Chiarini – 1876
Proprietário: José Chiarini
Rio de Janeiro
1 ato
Descrição dos papéis: Mme. Cocofioleau, marquesa que sofre dos nervos: Watson; Mr. Cocofioleau, Márquez de sua casa: Bell; Mr. Perlantimeche, criado surdo e mudo: Silvestre; Mlle. Tume-la Tume, femme de chambre da marquesa: Mr. Clark; Mr. Cronohotontologo, mestre de equitação: Mc. Haffie.

### O sapateiro de Madrid ou A família industriosa
Farsa mímica
Circo Chiarini – 1876
Proprietário: José Chiarini
São Paulo

### Cavalararia turca
Pantomima
Circo Chiarini – 1876
Proprietário: José Chiarini
Pindamonhangaba
Descrição da peça: Simulacro da gloriosa batalha campal dada pelo general-em-chefe, Ab-dul-Crachat, e registrada nos anais muçulmanos. Nesta batalha tem-se o uso só de armas brancas, omitindo-se os tiros, para não assustar as pessoas nervosas.

### Um episódio da vida de Napoleão I e o fuzilamento de um sargento
Pantomima militar
Grande Circo Inglês – 1877
Pindamonhangaba
5 quadros
Descrição dos quadros: Quadros: 1º exercício em uma praça; 2º Napoleão I visitando a sentinela; 3º Oficial achando o sentinela dormindo; 4º O fuzilamento do sargento; 5º Napoleão perdoa por ser o sargento pai de uma criança.
Observações: Finaliza com a dança Jota Aragoneza.

### Cendrillon
Pantomima
Circo Inglês – 1877
Pindamonhangaba
Descrição dos papéis: participação de 80 crianças de ambos os sexos, que representam os personagens: Imperador do Brasil, D. Luiz – Rei de Portugal, John Bull da Inglaterra, Napoleão I, Garibaldi, Cavour, Victor Manoel Rei da Itália, Guilherme da Rússia e o maestro Carlos Gomes.

Companhia Equestre, Ginástica, Acrobática, Equilibrística, Malabarística, Mímica e Bufa – 1887
Proprietários: Albano Pereira e Cândido Ferraz

Porto Alegre
Observação: Com participação de 80 crianças.

Circo Universal – 1890
Proprietário: Albano Pereira
Campinas
Teatro Rink-Campineiro
Música: Executam-se 47 mudanças; composta a propósito para este fim.
Descrição dos papéis: Imperadores, reis, príncipes, condes, marqueses, barões, ministros, generais etc. Cada um representa sua nação, sendo todos vestidos a caráter.
Observações: Os trajes dos que fazem parte são copiados do Teatro Scala de Milão (Itália). Arena coberta com um tapete feito somente para esse fim; os enfeites que ornam o salão: estátuas, serpentinas, floreiros etc. etc.

Companhia de Frank Brown – 1907
Proprietário: o mesmo
Rio de Janeiro
3 atos e 12 quadros
Observações: Desempenhada por 100 crianças artistas.

### Uma viagem à lua por um balão
Pantomima – paródia cômica, burlesca
Circo Casali – 1877 e 1878
Proprietários: Marcos Casali e Filhos
São Paulo
Descrição da peça: Um balão de ar enchido dentro do próprio circo.
Descrição dos papéis: Trabalho realizado pelo aeronauta ginasta Limido Giuseppe.

### O negro logrado
Pantomima
Circo Paulistano – 1881
Proprietário: Antonio Vieira
Porto Alegre

**A rosca**
Pantomima
Circo Paulistano - 1881
Proprietário: Antonio Vieira
Porto Alegre

**O novo modo de pagar as dívidas**
Pantomima
Circo Paulistano - 1881
Proprietário: Antonio Vieira
Porto Alegre

**Os aventureiros de Paris**
Pantomima
Circo Paulistano - 1881
Proprietário: Antonio Vieira
Porto Alegre

**O remorso vivo**
Drama fantástico lírico
Autor: Furtado Coelho
Música: Artur Napoleão
Nota: Este texto foi adaptado e
encenado pelos circenses como
pantomima.

Grande Companhia Equestre Ginástica
Luzo-Brasileira Manoel Pery - 1881
Proprietário: o mesmo
Campinas

Grande Companhia Equestre, Ginástica
e Zoológica - 1884
Proprietário: Paulo Serino
Porto Alegre
Teatro de Variedades

Companhia Equestre Ginástica e
Zoologia de Paulo Serino & Companhia
- 1884
Proprietário: o mesmo
Campinas

Circo Spinelli - 1903
Proprietário: Affonso Spinelli
São Paulo

Circo Teatro François - 1906
Proprietário: Marcos François
Cidade: São Paulo
Arranjadores: François e pelo ator M. de
Assis
2 atos, 1 prólogo, 5 quadros e 2 apoteoses
Descrição da peça: A ação passa-se em
[ilegível], cidade de Ponessia e seus
arrabaldes. O prólogo em 1850 e os dois
atos 15 anos depois.
Observações: Neste circo a pantomima
é anunciada como drama fantástico.

**O soldado recruta**
Pantomima
Grande Circo Uruguai - 1883
Proprietários: Irmãos Bozan & Valentin
Porto Alegre

**Baile de máscaras**
Pantomima
Grande Circo Uruguai - 1883
Proprietários: Irmãos Bozan & Valentin
Porto Alegre

**A chula**
Pantomima
Grande Circo Uruguai - 1883
Proprietários: Irmãos Bozan & Valentin
Porto Alegre

**A pandorguita**
Pantomima
Grande Circo Uruguai - 1883
Proprietários: Irmãos Bozan & Valentin
Porto Alegre

**O orangotango**
Pantomima japonesa
Grande Circo Uruguai - 1883
Proprietários: Irmãos Bozan & Valentin
Porto Alegre

**Cypriano La Galla ou Um episódio de
brigantes na Calábria**
Pantomima

Circo Universal – 1882
Proprietários: Borel e Casali
Campinas
Teatro Rink-Campineiro
Descrição das cenas: As cenas passam-se
nas montanhas da Calábria.
Cena 1ª Reunião dos brigantes, chegada
do chefe, ordens do mesmo; Cena 2ª
Passeio do General, morte do mesmo
pelos brigantes, roubo da filha Luiza
por Cypriano; Cena 3ª Chegada de
Arthur e suas tropas, descoberta das
bebidas envenenadas, um aviso terrível,
tudo para a vida; Cena 4ª A vingança, a
descoberta de Luiza por Arthur; Cena
5ª Ferimento de Arthur, fuzilamento de
Luiza, chegada de Arthur em socorro
dela com suas tropas, grande combate
entre os militares e os brigantes, morte
de Cypriano La Galla.
Descrição dos papéis:
Personagens dos principais papéis:
Cypriano La Galla: Hypolito Borel;
Casparino (seu ajudante): João Maria;
Arthur (oficial): Ozon; Bobo (ordenança
de Arthur): A. Borel; Um viajante:
Henrique Ozon; General governador:
Agostinho; Luiza (filha do dito): Mlle.
Burel; Maria Gala (mulher do chefe):
Maria Cândida; Estalageiro: Geovanni.
Brigantes, soldados, cavaleiros.

### Um episódio da guerra da Crimeia em 1866

Pantomima histórica
Grande Circo Anglo-Brasileiro – 1885
Proprietário: João Gomes Ribeiro
Campinas
Teatro Rink-Campineiro
Descrição da peça: Um episódio da
guerra da Crimeia, em 1866, entre
russos e franceses. Desaparecimento de
um cossaco perante o público, devorado
pelo urso.

### Um mestre de escola

Pantomima
Companhia Equestre, Ginástica,
Acrobática, Equilibrística, Malabarística,
Mímica e Bufa – 1887
Proprietários: Albano Pereira e Cândido
Ferraz
Porto Alegre
Teatro de Variedades

### Um episódio de Garibaldi em Vereze

Pantomima
Companhia Equestre, Ginástica,
Acrobática, Equilibrística, Malabarística,
Mímica e Bufa – 1887
Proprietários: Albano Pereira e Cândido
Ferraz
Porto Alegre
Teatro de Variedades

### Garibaldi em Vareze

Pantomima
Companhia Equestre, Ginástica,
Acrobática, Equilibrística, Malabarística,
Mímica e Bufa – 1887
Proprietários: Albano Pereira e Cândido
Ferraz
Campinas
Teatro Rink-Campineiro
Mise-en-scène: Albano Pereira
Descrição dos papéis: Albano Pereira no
papel de Garibaldi.

### Os bandidos de Luigi Vampi

Pantomima
Circo Pavilhão – 1889
Proprietários: Sampaio e Ferraz
São Paulo
Observações: Tomam parte 63 pessoas.

### Namoradas sem ventura

Pantomima
Circo Pavilhão – 1889
Proprietários: Sampaio e Ferraz
São Paulo

### Pik-Nik uma festa no campo
Pantomima
Circo Pavilhão - 1889
Proprietários: Sampaio e Ferraz
São Paulo

### Novidade do século XIX
Pantomima aquática
Circo Universal - 1890
Proprietário: Albano Pereira
Campinas

### Um casamento e o Politeama embaixo d'água
Pantomima aquática
Circo Politeama Empresa Cartocci & Companhia - 1892
Proprietário: E. G. Pierantoni
Rio de Janeiro
Descrição da peça: Primeira Parte: uma forja de ferreiro, a chegada do noivo; Segunda Parte: o Politeama embaixo d'água, a [ilegível] transborda em lago iluminado à luz elétrica e uma ponte que atravessa de um lado a outro pelo picadeiro, os gatunos pescando, a volta do casamento e passagem pela ponte, a polícia n'água, o banho dos noivos, grande confusão; Final.
Observações: Uma bacia de borracha, colocada no picadeiro, será enchida com 13 mil litros d'água por uma máquina a vapor que faz jorrar por seis grandes calhas, na altura das galerias e à vista do espectador.

### O esqueleto
Pantomima
Circo Universal - 1893
Proprietário: Albano Pereira
Rio de Janeiro

Cia. Albano Pereira - 1901
Proprietário: o mesmo
Rio de Janeiro
Coliseu da Cidade Nova

Música: Ornada com 15 números musicais.

### Fra Diavolo
Pantomima
Pavilhão Fernandes - 1894
Proprietário: o mesmo
Porto Alegre
Companhia Equestre Sul-Americana Anchyses Pery - 1899
Proprietário: o mesmo
Rio de Janeiro
Música: Ornada com 15 números musicais
Observações: Tomam parte 100 pessoas de ambos os sexos.

### As touradas
Pantomima
Pavilhão Fernandes - 1894
Proprietário: o mesmo
Porto Alegre

### A estátua branca
Pantomima
Pavilhão Fernandes - 1894
Proprietário: o mesmo
Porto Alegre

### Os garibaldinos
Pantomima militar
Pavilhão Fernandes - 1894
Proprietário: o mesmo
Porto Alegre

Circo Zoológico Brasileiro - 1899
Ouro Preto
Ensaiador: Benjamim de Oliveira
Música: Artur Napoleão
16 quadros
Observações: Tomam parte 60 pessoas.

Circo Spinelli - 1901
Proprietário: Affonso Spinelli
São Paulo
Observações: Tomam parte 100 pessoas.

Circo Spinelli – 1902 e 1903
Proprietário: Affonso Spinelli
São Paulo
Música: 12 quadros musicais, com
arranjos do maestro Francisco Castro da
banda da companhia.
38 quadros
Descrição da peça: Episódio da história
de Garibaldi.

### O tio
Pantomima/sainete
Pavilhão Fernandes – 1894
Proprietário: o mesmo
Porto Alegre

### O bilheteiro
Pantomima/sainete
Pavilhão Fernandes – 1894
Proprietário: o mesmo
Porto Alegre

### A noite terrível
Pantomima
Grande Companhia Equestre Frank
Brown – 1894
Rio de Janeiro
Teatro São Pedro de Alcântara

### A flauta mágica
Pantomima
Empresa Emílio Fernandes &
Companhia – 1894
Proprietário: o mesmo
Rio de Janeiro
Teatro São Pedro de Alcântara

Circo Clementino – 1902
Proprietário: o mesmo
São Paulo

### Broceur Condemné
Pantomima
Empresa Emílio Fernandes &
Companhia (associado a Frank Brown)
– 1894

Proprietário: Emílio Fernandes
Rio de Janeiro
Teatro São Pedro de Alcântara
Música: 11 trechos musicais do
professor Henrique Lustre.

### Família industriosa
Pantomima
Empresa Emílio Fernandes &
Companhia (associado a Frank Brown)
– 1894
Proprietário: Emílio Fernandes
Rio de Janeiro
Teatro São Pedro de Alcântara

### Gasparony
Pantomima
Empresa Emílio Fernandes &
Companhia (associado a Frank Brown)
– 1894
Proprietário: Emílio Fernandes
Rio de Janeiro
Teatro São Pedro de Alcântara
Música: 20 trechos de composição de
Henrique Lustre
1 apoteose
Apoteoses: morrem com dois tiros de
revólver Gasparony e o seu corcel!!
Fogos de artifício e bengala. Enterro
dos bandidos mortos e o cavalo, todos
carregados em uma padiola aos ombros
de vinte bandidos.
Observações: Toma parte nesta
Pantomima o "cavalo sensível"
Neptuno, amestrado pelo diretor
Henrique Lustre.

### A flauta mágica ou Um julgamento no Tribunal da Inquisição
Pantomima
Companhia Sampaio Equestre,
Ginástica, Mímica e Japonesa – 1896
Proprietário: Sampaio
Campinas
Teatro Rink-Campineiro
Elenco: Elrado, Polydoro, Hope,

Antoniquete, David, Olga, Philomena, Clothilde.

### Revolução duma aldeia
Pantomima
Teatro Circo Universal – 1899
Proprietário: Albano Pereira
São Paulo

### Os brigantes da Calábria
Pantomima
Teatro Circo Universal – 1899
Proprietário: Albano Pereira
São Paulo

### O Circo Universal embaixo d'água
Pantomima aquática
Teatro Circo Universal – 1899
Proprietário: Albano Pereira
São Paulo
Descrição da peça: Em poucos minutos o circo tornou-se uma lagoa e navegam por ela diversas canoas e botes. Lavadeiras e pescadores ocupados em seus misteres.

### Um casamento de costumes campestres
Pantomima aquática
Companhia Equestre Brasileira Irmãos Pery – 1899
Proprietários: Irmãos Pery
Campinas
Observações: 80 mil litros d'água entram no picadeiro em 60 segundos.

### O casamento do Arlequim ou O remorso vivo
Pantomima
Albano Pereira – 1889
Proprietário: o mesmo
Campinas
Mise-en-scène: Albano Pereira
7 quadros e 1 apoteose
Descrição dos números musicais: 1º Ouverture; 2º Grande valsa; 3º Marcha dos embaixadores; 4º Bailado das ninfas; 5º Pandeiretta; 6º Bailado de D. Fellipe; 7º Marcha fúnebre; 8º Accorde; 9º Walsa; 10º Galoppe; 11º Accorde; 12º Valsa; 13º Marcha fúnebre.
Descrição dos quadros: 1º O sono do amor; 2º A despedida de Arlequim; 3º A embaixada; 4º Grande bailado; 5º O assassinato; 6º O remorso; 7º Casamento de Arlequim; 8º Apoteose final.
Descrição dos papéis: Personagens: Paschoal, velho camponês: Fructuoso; Arlequim, cozinheiro de Paschoal, amante da Columbina: Luiz Pereira; Pierrot, filho de Paschoal: Antonio Freitas; D. Phelippi, pretendente à mão de Columbina: Albano Pereira; Columbina, filha de Paschoal e amante do Arlequim: D. Perez; O embaixador: Albano Pereira; O Esqueleto: L. Pereira. Camponeses, camponesas, povo etc.

### A pantomima marítima ou O casamento no campo
Pantomima aquática
Sul-Americano – 1899, 1900
Proprietário: Anchyses Pery
Rio de Janeiro
Teatro São Pedro de Alcântara
Mise-en-scène: Irmãos Pery
Música: 20 números musicais
Descrição da peça: 80 mil litros de água na pista em 60 segundos. Cenas novas entre as quais as do "O macaco e a italiana" e "Cachorro d'água".

### Fausto
Sem denominação
Companhia de acrobacias, danças, ginástica e tauromaquia de Jerônimo Miramontes – 1900
Proprietário: o mesmo
Rio de Janeiro
Teatro High-Life Nacional

**Os ladrões surpreendidos pela polícia ou
A sra. Bubônica**
Ato cômico
Companhia de acrobacias, danças,
ginástica e tauromaquia de Jerônimo
Miramontes – 1900
Proprietário: o mesmo
Rio de Janeiro
Teatro High-Life Nacional

**Um casamento campestre ou Aventuras
de dois atorrantes com seus mil e um
incidentes**
Pantomima aquática
Companhia Holmer Empresa M.
Ballesteros – 1900
Proprietário: Carlos Holmer Campinas

**O marquês e seu criado**
Pantomima
Companhia Equestre Holmer – 1900
Proprietário: Carlos Holmer
Rio de Janeiro
Teatro São Pedro de Alcântara

**A sentinela perdida**
Pantomima
Companhia Albano Pereira – 1901
Proprietário: o mesmo
Rio de Janeiro
Coliseu Cidade Nova

**Scalet**
Pantomima
Companhia Albano Pereira – 1901
Proprietário: o mesmo
Rio de Janeiro
Coliseu Cidade Nova

**O fuzilamento de um desertor**
Pantomima
Circo Universal – 1901
Companhia Albano Pereira
Proprietário: o mesmo
Rio de Janeiro

**Os salteadores ou A morte do famigerado
Luigi Vampa**
Pantomima
Circo Universal – 1901
Companhia Albano Pereira
Proprietário: o mesmo
Rio de Janeiro

**A terra da goiabada**
Pantomima/revista de costumes
Companhia Circo Sul-Americana – 1901
Proprietário: Anchyses Pery
São Carlos do Pinhal

Circo Cosmopolita – 1903
Proprietário: Guilherme Alves Pinto
São Paulo

Circo Americano – 1905
Proprietários: Santos & Pinto
São Paulo

**Os poriemeths**
Pantomima oriental
Circo Spinelli – 1902
Proprietário: Affonso Spinelli
São Paulo

**O recrutamento na aldeia**
Pantomima
Circo Spinelli – 1902
Proprietário: Affonso Spinelli
São Paulo

**Manos e gigantes**
Pantomima
Circo Spinelli – 1902
Proprietário: Affonso Spinelli
São Paulo

**Corridas de touros**
Pantomima
Circo Spinelli – 1902
Proprietário: Affonso Spinelli
São Paulo

### Estátua de carne
Pantomima
Circo Spinelli - 1902
Proprietário: Affonso Spinelli
São Paulo

### O urso e a sentinela
Pantomima
Circo Spinelli - 1902
Proprietário: Affonso Spinelli
São Paulo

### A casa encantada
Pantomima
Circo Clementino - 1902
Proprietário: o mesmo
São Paulo
Descrição da peça: O personagem tem a cabeça aberta a golpes de machado, os braços são amputados e as pernas são atacadas por uma metralhadora. Mesmo assim o homem resiste e continua a tocar seu trombone.

Circo Americano - 1905
Proprietários: Santos & Pinto
São Paulo

### Aquática
Pantomima aquática
Circo Clementino - 1902
Proprietário: o mesmo
São Paulo

### Romeu e Julieta
Pantomima
Circo Clementino - 1902
Proprietário: o mesmo
São Paulo

### D. Antônio e os guaranis (Episódio da História do Brasil)
Pantomima
Circo Spinelli - 1902, 1903, 1905 e 1908
Proprietário: Affonso Spinelli
São Paulo

Autor: Manoel Braga (inspirado no *O Guarani*, de José de Alencar)
Música: 22 números musicais.
Arranjo do maestro João dos Santos
*Mise-en-scène:* Benjamim de Oliveira e Cruzet
22 quadros
Descrição dos papéis: Principais personagens: D. Antônio: Theophilo; O inglês: Salinas; O criado: Vampa; Cacique: Cruzet; Ceci: Ignez; Peri: Benjamim; Mulher do Cacique: Maria da Glória; Guerreiras: Luísa, Candinha, Vitória e Aveline.

Circo-Teatro François - 1905
Proprietário: Marcos François
São Paulo
Observação: Eduardo das Neves constava como artista da companhia.

### Os bandidos da Serra Morena
Pantomima
Circo Spinelli - 1903
Proprietário: Affonso Spinelli
São Paulo

Circo-Teatro François - 1905
Proprietário: Marcos François
São Paulo
Observação: Eduardo das Neves constava como artista da companhia.

### O Juca do hotel
Farsa
Circo Spinelli - 1903
Proprietário: Affonso Spinelli
São Paulo

### Uma feira em Sevilha
Pantomima
Circo Spinelli - 1903
Proprietário: Affonso Spinelli
São Paulo

**O ponto da meia-noite ou O hotel da velhinha**
Pantomima
Circo Spinelli - 1903
Proprietário: Affonso Spinelli
São Paulo
Descrição da peça: No primeiro quadro bailado a tarantela e grande combate final.

**O fuzilamento de um militar desertor**
Pantomima
Circo Salvini - 1903
Proprietário: Fillipe Salvini
São Paulo

**Tio Gaspar**
Pantomima
Circo Spinelli - 1903
Proprietário: Affonso Spinelli
São Paulo

**Uma ceia em África**
Pantomima
Circo Salvini - 1903
Proprietário: Fillipe Salvini
São Paulo

**A tomada de Canudos ou Um episódio da vida de Antônio Conselheiro**
Pantomima histórico-dramática--cômico-militar
Circo Americano - 1905
Proprietários: Santos & Pinto
São Paulo
42 quadros e 1 apoteose
Observações: 35 artistas de ambos os sexos e banda de música composta de 12 professores.

**Sargento Marcos Bombo**
Pantomima
Circo Americano - 1905
Proprietários: Santos & Pinto
São Paulo

**Musolino**
Pantomima
Circo Americano - 1905
Proprietários: Santos & Pinto
São Paulo

**Os bandidos da Serra Morena ou Os salteadores**
Pantomima
Circo Americano - 1905
Proprietário: Santos & Pinto
São Paulo

**Moreninha do sertão**
Pantomima
Circo François - 1905
Proprietário: Marcos François
São Paulo
Música: Eduardo das Neves

**Tragédia de Canudos**
Pantomima
Circo François - 1905
Proprietário: Marcos François
São Paulo

**Um bicheiro em apuros ou O padre Virgulino Carrapato dançando cake-walk**
Pantomima cantada
Circo François - 1905
Proprietário: Marcos François
São Paulo
Autor: Eduardo das Neves
Música: 22 números musicais escritos por Eduardo das Neves

**De olho no diabo ou a Fada e o satanás**
Pantomima fantástica
Circo François - 1905
Proprietário: Marcos François
São Paulo
Autor: Eduardo das Neves

**Janjão o pasteleiro**
Pantomima
Circo François - 1905

Proprietário: Marcos François
São Paulo
Autor: Eduardo das Neves

### Nhô Bobo
Pantomima
Circo François - 1905
Proprietário: Marcos François
São Paulo
Autor: Eduardo das Neves

### Os milagres de Santo Antônio
Pantomima
Circo François - 1905
Proprietário: Marcos François
São Paulo
Observações: Montada pelo primeiro
ator da companhia, Bernardo da Silveira.

### O negro do frade
Farsa fantástica
Circo Spinelli - 1907
Proprietário: Affonso Spinelli
Rio de Janeiro
Produção de Benjamim de Oliveira
Música: 14 números musicais
2 atos, 2 quadros e 1 apoteose
Descrição dos quadros: 1º quadro: A
segunda afronta; 2º quadro: O orgulho
abatido.
Descrição dos papéis: Napoleão,
coronel, fidalgo orgulhoso; Laura, sua
filha; Quintino, criado pernóstico e
apaixonado; Tereza, criada; Zezinho,
pretendente à mão de Laura; Ezequiel,
amigo íntimo de Napoleão; Satanás,
Uriel, sua filha; Arlipe, vulgo Negro
do Frade; Violeta; Anjo Celestino; Tio
Bonifácio, negociante; Bertoldo, caipira;
Ana, sua esposa; Silvano, rapaz do povo;
Visconde e Viscondessa Beira Alta;
Marquês e Marquesa das Luminárias;
Barão e Baronesa das Queijadas;
Comendador e Comendadora Sapo-
-Boi; um oficial de justiça; um polícia;
convidados, camponeses, roceiros e

tocadores de ambos os sexos.
Observações: J Pacheco no principal
papel cômico desta farsa.

Circo Spinelli - Companhia Equestre
Nacional da Capital Federal - 1908
Proprietário: Affonso Spinelli
Rio de Janeiro
Produção: Benjamim de Oliveira
2 quadros
Observações: Em 1908, Lili Cardona
representa pela primeira vez o papel de
Laura. O principal papel cômico desta
farsa está confiado ao artista Pacheco.

### Os africanos
Pantomima tauromáquica
Circo Spinelli - 1905
Proprietário: Affonso Spinelli
Rio de Janeiro

### O Chico e o diabo
Pantomima - farsa
Teatro-Circo Spinelli - Companhia
Equestre Nacional da Capital Federal -
de 1906 a 1912
Proprietário: Affonso Spinelli
Rio de Janeiro
Nota: Aparece também com o nome
O diabo e o Chico.

### Irmãos jogadores
Pantomima
Teatro-Circo Spinelli - 1906 e 1907
Proprietário: Affonso Spinelli
Rio de Janeiro

### A filha do campo
Farsa cômica
Circo Spinelli - Companhia Equestre
Nacional da Capital Federal - 1906 e
1908
Proprietário: Affonso Spinelli
Rio de Janeiro
1 prólogo, 3 quadros e 1 apoteose

Circo Spinelli – Companhia Equestre Nacional da Capital Federal – 1910, 1911 e 1912
Proprietário: Affonso Spinelli
Rio de Janeiro
Produção: Benjamim de Oliveira e Francisco Guimarães
1 prólogo, 2 quadros e 2 apoteoses

### Monóculo do diabo
Pantomima
Circo Teatro Pavilhão Brasileiro. Companhia Equestre e de Variedades – 1906
Proprietários: Eduardo das Neves e João de Castro
São Paulo
Nota: Esta pantomima, de Eduardo da Neves, aparece também como *O olho do diabo*.

### O colar perdido
Pantomima – farsa fantástica
Circo Spinelli – 1907
Proprietário: Affonso Spinelli
Rio de Janeiro
Música: 36 números musicais, escritos pelo professor Irineu de Almeida.
*Mise-en-scène:* Benjamim de Oliveira
1 prólogo, 3 quadros e 1 apoteose
Descrição da peça: vide capítulo 4 deste livro.

Circo Spinelli – 1907
Proprietário: Affonso Spinelli
Rio de Janeiro
Música: 26 números musicais, escritos pelo professor Irineu de Almeida.
*Mise-en-scène:* Benjamim de Oliveira
1 prólogo, 3 quadros e 1 apoteose
Descrição dos quadros: Prólogo: Mau esposo, O incêndio; 1º quadro: 21 anos depois; 2º quadro: A conferência dos feiticeiros. 3º quadro: O verdadeiro colar.
Descrição dos papéis: Sacrillo: Abrahão,

ferreiro; Deolingo, o rei dos feiticeiros: J. Veiga.

Circo Spinelli – Companhia Equestre Nacional da Capital Federal – 1908, 1910, 1911 e 1912
Proprietário: Affonso Spinelli
Rio de Janeiro
Descrição dos papéis: O papel de princesa esmeralda é desempenhado pela artista Lili Cardona.

Circo América – Grande Companhia Spinelli da Capital Federal – 1909
Proprietário: Affonso Spinelli
Rio de Janeiro

### Um marquês em palpos de aranha
Farsa
Circo Spinelli – 1907
Proprietário: Affonso Spinelli
Rio de Janeiro
1 ato

### Um príncipe por meia hora ou O pinta monos
Opereta-farsa
Circo Spinelli – 1907
Proprietário: Affonso Spinelli
Rio de Janeiro
Diretor: J Pacheco
Música: Irineu de Almeida
Arranjadores: Pedro Augusto e Rego Barros
Descrição dos papéis: Herculano: príncipe Henrique; Pacheco: Marquês; Benjamim de Oliveira: um Pintor pinta monos.
Elenco: Outros atores: Antonietta, Sagrillo, Guilherme, Andrade, os irmãos Pery e outros.
Observações: Guarda-roupa confeccionado sob direção de Benjamim de Oliveira.

Circo Spinelli - 1908
Proprietário: Affonso Spinelli
Rio de Janeiro
Música: 22 números musicais, escritos
por Irineu de Almeida
Arranjadores: Pedro Augusto e Rego
Barros
3 quadros
Elenco: famílias Cardona, Thereza e D.
Frank Olimecha; Victoria de Oliveira,
Genoveva, Carolina de Carvalho,
Avelino de Carvalho, Ephigenia de
Oliveira, Annita Sagrilla, Guilhermina
de Almeida, Anna de Carvalho, Otilia
Mendes, Maria Mendes, Joaquim
Araujo, [ilegível], Pery Filho, Kaumer
Pery, Herculando de Carvalho, Adolpho
Correia, Christovão Mendes e Pacheco.
*Clowns*: Juan Cardona, Julio Paterna,
Syrio Sagrollo e Joaquim de Oliveira
Tony - Mario (vulgo bacalhau).
Cançonetista: Benjamim de Oliveira
Observações: A opereta termina com
uma marcha e com fogos de bengala.

### O filho assassino
Farsa
Circo Spinelli - 1907, 1908, 1909 e 1910
Proprietário: Affonso Spinelli
Rio de Janeiro
Música: Canções de estilo sertanejo
3 quadros e 1 apoteose

### Uma para três
Burleta
Circo Spinelli - 1907
Proprietário: Affonso Spinelli
Rio de Janeiro
Produção: Benjamim de Oliveira
Ensaiador: J. Pacheco
Música: 6 números musicais
3 atos.

Circo Spinelli - Companhia Equestre
Nacional da Capital Federal - de 1908 a
1912

Proprietário: Affonso Spinelli
Rio de Janeiro
Produção: Benjamim de Oliveira
Ensaiador: Pacheco
Música: 4 números musicais
3 quadros.
Nota: Aparece também como farsa.

### Os irmãos jogadores ou As seduções de satã
Farsa fantástica
Circo Spinelli - 1907, 1908 e 1910
Proprietário: Affonso Spinelli
Rio de Janeiro
Produção: Benjamim de Oliveira
3 quadros

### O bicho
Cena cômica
Circo Spinelli - 1907
Proprietário: Affonso Spinelli
Rio de Janeiro
Elenco: Iracema, Jocotó, Macarena e
Modesta.
Observações: Henrique de Carvalho
representa a cena cômica.

### A escrava Martha
Peça de costumes
Circo Spinelli - 1908
Proprietário: Affonso Spinelli
Rio de Janeiro
Autor: Benjamim de Oliveira
3 atos
Descrição da peça: Época da escravidão:
1865.
Descrição dos personagens: Ramiro:
Sr. de Martha; João Gomes: feitor da
fazenda; Adão: escravo velho; Francisco:
idem; José Mulatinho: idem; Miguel:
nome suposto de Manoel, pai de
Martha; Lopes: parasita; Felipe Barreto:
acadêmico: Marinho: milionário; João
Queiroz: comendador; Dr. Fernando;
Mourão: oficial de justiça; Anselmo:
criado de Queiroz; Belchior: jardineiro

de Ramiro; Mariana: esposa de Ramiro; Izabel: sua filha; Martha: nome suposto de Albertina, escrava; Zeferina: escrava; Baronesa de Palmares. Escravos, escravas, policiais e etc.

### O punhal de ouro ou O diabo negro
Farsa dramática-fantástica
Circo Spinelli - 1908 e 1911
Proprietário: Affonso Spinelli
Rio de Janeiro
Produção: Benjamim de Oliveira
Música: 14 números musicais escritos pelo professor Irineu de Almeida
4 atos
Descrição dos personagens: Grão--Duque: Fernando de Mantiot; Gabriel, irmão de criação, seu criado grave; Magno: preceptor do Grão-Duque; Adriana: esposa de Gabriel; Aurora: anjo-guia; Lucia, mais tarde Andréa; Doria, mais tarde Olinda; Olinda; Marcus; Gabriel Filho; Rei Violeto e Rainha Violeta; Lúcifer; primeiro fidalgo; segundo fidalgo; mordomo; criado.

### Uma república de estudantes
Comédia
Circo Spinelli - 1908
Proprietário: Affonso Spinelli
Rio de Janeiro
Música: 4 números musicais escritos pelo professor da banda Joaquim Góes e versos de Benjamim de Oliveira
Arranjador: J. Pacheco
1 quadro

### A princesa de cristal
Farsa dramática-fantástica
Circo Spinelli - Companhia Equestre Nacional da Capital Federal - 1908, 1909, 1910 e 1911
Proprietário: Affonso Spinelli
Rio de Janeiro
Autor: Tradução de Chrispim do Amaral

e adaptação de Benjamim de Oliveira de um conto francês do mesmo título.
*Mise-en-scène:* Benjamim de Oliveira
1 prólogo, 3 quadros e 1 apoteose
Descrição dos números musicais: 1º Ouverture; 2º Coplas de Terror e coro; 3º Surdina; 4º Andante misterioso; 5º Idem; 6º Ochottisch; 7º Valsa do tio Mathias e coro; 8º Corneta e tambor; 9º Pequena marcha; 10º Canção de Beatriz; 11º Forte; 12º Coro de Vestaes; 13º Couplets de Ernani e coro; 14º Tremulo; 15º Surdina; 16º Coro de camponeses; 17º Polka; 18º Coro de camponeses; 19º Bolero; 20º Canção de cega; 21º Coro de camponeses; 22º Surdina; 23º Idem; 24º Ma[ilegível]; 25º Entrada em coro de príncipes; 26º Grandioso; 27º Coplas dos príncipes; 28º Dueto de Ernani, Princesa e coro; 29º Saída; 30º Saída dos príncipes; 31º Surdina; 32º Idem; 33º Majestoso final (Apoteose).
Descrição dos quadros: 1º quadro: A caça dos condenados; 2º quadro: A nódoa de sangue; 3º quadro: A sentença de Terror; 4º quadro: A conciliação das fadas.
Descrição dos cenários: 1º quadro: no picadeiro, floresta; no palco: gruta de aspecto lúgubre, habitada pelas fadas e espíritos. 2º quadro: no picadeiro, praça; no palco, o fantástico palácio habitado pela Princesa Crystal e Sylphides. 3º quadro: no picadeiro, botequim do tio Mathias. 4º quadro: no palco, o Palácio Crystal; no picadeiro, salão pertencente ao mesmo palácio.
Descrição da peça: Vide capítulo 4 deste livro.

### A noiva do sargento
Drama
Circo Spinelli - Companhia Equestre Nacional da Capital Federal - de 1908 a 1911
Proprietário: Affonso Spinelli
Rio de Janeiro

Música: 12 números musicais escritos pelo professor Irineu de Almeida
Arranjadores: Juan Cardona e Benjamim de Oliveira
*Mise-en-scène:* Benjamim de Oliveira
4 quadros e 1 apoteose
Descrição dos quadros: 1º quadro: Em recompensa da audácia; 2º quadro: A vingança de Sosthenio; 3º quadro: O inocente no cárcere; 4º quadro: A sentença do sargento Miguel. O drama termina com uma apoteose.

### O punhal de ouro

Farsa dramática - fantástica
Circo Spinelli - Companhia Equestre Nacional da Capital Federal - 1908, 1910 e 1911
Proprietário: Affonso Spinelli
Rio de Janeiro

Circo América Grande Companhia Spinelli da Capital Federal - 1909
Proprietário: Affonso Spinelli
Rio de Janeiro

### Um casamento campestre

Pantomima aquática
Frank Brown - 1908
Proprietário: o mesmo
Rio de Janeiro
Teatro São Pedro de Alcântara
14 quadros e 1 apoteose
Descrição dos quadros: 1º Uma ferraria no campo; 2º O proprietário chama os trabalhadores; 3º Chegada de viajantes; 4º O proprietário oferece-lhes comida; 5º Um namorado da filha do ferreiro é despedido; 6º Chega um ricaço que o pai prefere; 7º Chegada do oficial recrutador que [ilegível] ao seu serviço o namorado; 8º Malelote, baile de marinheiros; 9º A filha do ferreiro impede a partida do namorado; 10º Os suplentes fogem. 11º O namorado salva a noiva e o pai; 12º A polícia prende os

suplentes; 13º O ferreiro consente no casamento da filha; 14º O casamento.
Observações: Na pista, em 35 segundos, 100 mil litros de água.

### Um empresário aventureiro ou Cenas da vida artística

Burleta
Circo Spinelli - 1908
Proprietário: Affonso Spinelli
Rio de Janeiro
Produção: Benjamim de Oliveira
Música: 18 números musicais escritos por Irineu de Almeida e versos de Herculano de Carvalho.
3 quadros
Observações: Termina com um samba brasileiro.

### A greve num convento

Opereta fantástica
Circo Spinelli - Companhia Equestre Nacional da Capital Federal - de 1909 a 1912
Proprietário: Affonso Spinelli
Rio de Janeiro
Autor: Benjamim de Oliveira
Música: Irineu de Almeida
Cenografia: direção de Marroig e executado por Deodoro de Abreu
1 prólogo, 4 quadros e 1 apoteose
Guarda-roupa contendo 130 vestuários confeccionados pela Casa Storino.
Calçados fornecidos por SA'.
Adereços fornecidos por Francisco Costa.
Cabeleiras do artista Hermenegildo.
Maquinismos idealizados por Herculano de Carvalho e executados pelo maquinista da Companhia Leopoldo Martins.
Descrição dos papéis: Protagonistas: Lili Cardona, Carolina Costa, Victoria de Oliveira, Benjamim e Correa.
Nota: Em 1910, tomou parte na função o cançonetista brasileiro Bahiano.

### Lição de box
Cena cômica
Circo Spinelli - 1909
Proprietários: Affonso Spinelli e
Florentino Nunes
Rio de Janeiro

### Jupyra
Farsa de estilo nacional
Circo Spinelli - Companhia Equestre
Nacional da Capital Federal - 1909
Proprietário: Affonso Spinelli
Rio de Janeiro
Produção: Benjamim de Oliveira
Música: 14 números musicais de
Joaquim Góes
4 quadros e 1 apoteose
Descrição dos quadros: 1º quadro:
A partida, em procura de Jupyra;
2º quadro: A vingança do índio Baguary;
3º quadro: Traição de um amigo; 4º quadro:
Suicídio de Jupyra (Apoteose).

### Tudo Pega!...
Revista de Costumes Nacionais
Circo Spinelli - Companhia Equestre
Nacional da Capital Federal - de 1909 a
1912
Proprietário: Affonso Spinelli
Rio de Janeiro
Autor: Benjamim de Oliveira
Música: 33 números musicais de
Paulino do Sacramento, versos de
Henrique de Carvalho.
1 ato, 1 prólogo, 1 quadro e 1 apoteose
Descrição dos papéis: Benjamim de
Oliveira: Seresta e compadre da revista;
Vieira: dr. Art Noveau; Corrêa: um
policial; Cardona e Pacheco: papéis
cômicos; Humberto: rei Chaleirão e
mangue; Pery Filho: Maxixe; Barbosa: D.
Juan e O Progresso; Lili Cardona: Café
Cantante e uma toureira; Conchita:
princesa Chaleirinha; Carmem e Vitória
de Oliveira: papéis cômicos; Ywonna:
samba; Clotilde: cana-de-açúcar.

Descrição do cenário: Arraial e Capela
de Nossa Senhora da Penha e da
Exposição Nacional.
Observações: Entrando em cena os *clubs*
carnavalescos Luz do Povo e Heróis
Brasileiros e o cordão Teimosos da
Gamboa.

Circo Spinelli - Companhia Equestre
Nacional da Capital Federal - 1911
Proprietário: Affonso Spinelli
Rio de Janeiro
1 ato, 1 prólogo, 1 quadro e 1 apoteose
Observação: Estreia de Carmen
Ordonez nos papéis de Avenida Central,
Clube Estrela De Ouro, Fado Batido e
Desprezada. O Fado Batido, cantado no
segundo ato, foi escrito e oferecido para
esta revista pelo maestro brasileiro
Agostinho de Gouveia.

### Os filhos de Leandra
Drama
Circo Spinelli - Companhia Equestre
Nacional da Capital Federal - de 1909 a
1912
Proprietário: Affonso Spinelli
Rio de Janeiro
Autor: Benjamim de Oliveira
1 prólogo e 3 quadros
Descrição dos papéis: Mattos
representando o papel de Edgard.

### A escrava mártir
Drama nacional
Circo Spinelli - Companhia Equestre
Nacional da Capital Federal - de 1909 a
1912
Proprietário: Affonso Spinelli
Rio de Janeiro
Acomodação ao picadeiro: Benjamim de
Oliveira.
Música: Professor F. [ilegível]
3 quadros e 1 apoteose
Descrição dos quadros: 1º quadro: O
mau senhor; 2º quadro: O encontro

da fugitiva; 3º quadro: A mão da
Providência.
Observações: Extraído do romance
*A escrava Isaura.*

### O testamento
Farsa trágica
Circo Spinelli – Companhia Equestre
Nacional da Capital Federal – 1909 e 1910
Proprietário: Affonso Spinelli
Rio de Janeiro
Produção: Benjamim de Oliveira
1 prólogo, 3 quadros e 1 apoteose
Descrição dos papéis: Personagens:
Barão Roberto: Correia; [ilegível]; seu
amigo: Pery filho; [ilegível], fazendeiro:
Benjamim; Maciel, jardineiro:
Pacheco; [ilegível], sua filha: Clotilde;
Firmino, filho do barão Roberto:
Barbosa; Visconde Galhardo: Caetano;
Comendador Bezerro, seu amigo:
Humer; Jonas: Victorino; Clara, sua
esposa: Ephigenia; Guarda noturno:
Oliveria; Marcilio, amigo de Firmino:
Octávio; Cláudio, camponês: Simões;
Juliana, sua esposa: Divina; Baronesa
Eliza, esposa do barão Roberto: Angélica;
Thomazia, fazendeira: Lili Barbosa;
Lopes, secreta [ilegível]: Firmino;
Romão, criado da baronesa; Eliza: Ivo;
Um médico: Oscar; Um criado: Joaquim.
Convidados, camponeses de ambos os
sexos e agentes de política.

### O diabo entre as freiras
Opereta
Circo Spinelli – Companhia Equestre
Nacional da Capital Federal – de 1910 a
1912
Proprietário: Affonso Spinelli
Rio de Janeiro
Autor: Benjamim de Oliveira
Música: Henrique Escudeiro e versos de
Catulo Cearense
4 quadros e 1 apoteose
Descrição dos quadros: 1º quadro: Os
dois amigos; 2º quadro: Pobre Jorge;
3º quadro: O diabo entre as freiras;
4º quadro: Novos amores.
Descrição da peça: Claudino consegue sob
disfarce de Mephistópheles, introduzir-
-se no convento de Santa Rita, com o
fim único de dar fuga à noviça Isabel,
quando ali internada por ordem de seus
pais, que assim procedendo, só tem em
mira a oposição de seu casamento com
o apaixonado Jorge. Claudino, ardiloso
amigo de Jorge, ao ter conhecimento
das desventuras do triste apaixonado,
propõe-se a ir ao convento e, uma vez
senhor na praça, põe todos em reboliço.
Qual não é, porém, a surpresa de
Claudino ao penetrar numa cela e
deparar com duas crianças de peito.
O assombro é de tal ordem, que ele
por mais que queira, não pode furtar-
-se ao desejo de profligar o ato pouco
moral das freiras e mostrar ao público
as referidas crianças. Estabelece-se
o escândalo e a ordem das religiosas
perde por completo o prestígio, até
então mantido. (*O Paiz*, 26 out. 1910)
Descrição dos papéis: Claudino (suposto
Mephistópheles): Benjamim de
Oliveira; Camponês Pedro: Lili Cardona.

### A viúva alegre
Opereta
Circo Spinelli – Companhia Equestre
Nacional da Capital Federal – de 1910 a
1912
Proprietário: Affonso Spinelli
Rio de Janeiro
Marcação: Benjamim de Oliveira
Tradução: Henrique de Carvalho
Adaptação ao picadeiro: Benjamim de
Oliveira
Música: Franz Lehar e adaptada para a
banda do circo por Paulino do Sacramento
Cenografia: Ângelo Lazary
Mobiliário executado nas oficinas da
Marcenaria Brasileiro.

Bailados com projeções elétricas
Guarda-roupa: encomendadas na Europa, por intermédio da Casa Storino, sendo esta casa encarregada de confeccionar todos os fartos, de acordo com os figurinos do jornal *Le Theatre*. O terno de casaca do personagem Danilo confeccionado por Nicolino Baironne. Cabeleiras de Hermenegildo de Assis.
3 atos e 4 quadros
Descrição da peça: Vide capítulo 4 deste livro.
Descrição dos papéis: Conde Danilo: Bahiano; barão de Zeta: Pacheco; Niegus: Benjamim de Oliveira; Camillo de Rossillon: Sanches [ilegível]; Cascada: Pinto Filho; Raul de [ilegível]: Firmino Fontes; [ilegível] Cardono; Kromond: Correia; [ilegível]: Pery; [ilegível]: Ivo Lima; um criado: Joaquim; Anna de Glavari: Lili Cardona; Valentina: Leontina Vignal; Praskovia: Maria Angélica; Caricata: Ephigenia; Olga: Bernardina; Nini: Celina; [ilegível] Clotilde; Frufa: Augusta; Nana: Bernardina Fontes; Dada: Yvonn; Loló: Conchita.
Observação: As representações serão como de costume sem auxílio de ponto.

### O cupido no Oriente

Opereta fantástica
Circo Spinelli - Companhia Equestre Nacional da Capital Federal - de 1910 a 1912
Proprietário: Affonso Spinelli
Rio de Janeiro
Autores: Benjamim de Oliveira e David Carlos
Música: 28 números musicais escritos pelo maestro Paulino do Sacramento.
Cenários: Deodoro de Abreu
Guarda-roupa: confeccionado no atelier da Companhia sob a direção da Sra. Francisca de Souza.
Calçados: fabricados pelo Sr. Sá e pela fábrica a vapor Primavera.

Adereços e outros assessórios da Casa Costa.
*Mise-en-scène:* Benjamim de Oliveira
3 quadros, 1 prólogo, 1 quadro e 1 apoteose
Descrição dos atos: Prólogo - A seta de cupido; 1º ato: O Passarinho Verde; 2º ato: A Gaiola do Capitão; 3º ato: A Gruta Misteriosa.
Descrição do cenário: Prólogo - No palco, habitação de Júpiter. Na arena, o espaço das Graças. 1º ato: No palco, palácio do Sultão. Na arena, salão de audiência. 2º ato: No palco, bosque do palácio. Na arena, parte do mesmo. 3º ato: 1ª quadra: Gruta da Adastréa, 2ª quadra: a mesma cena.
Descrição dos papéis: Personagens: Cupido: Lili Cardona; Momo: Benjamim; Morpaeu: Pacheco; Sultão: Bahiano; Um cabo: Cardona; Sultana Haydée: Leontina; Pyschea: Clotilde; Adastréa: Ephigenia; Zéfiro: Villar; Júpiter e Um sacerdote: Firmino; Vênus e 2ª Odalisca: Cardina; Lathia, 1ª Odalisca e Glória: Angélica; 3ª Odalisca e Flora: Ywonna; 4ª odalisca e 1ª Graça: Augusta; 5ª Odalisca e 2ª Graça: Conchita; 6ª Odalisca e 3ª Graça: Davina; 7ª Odalisca e Ceres: Genoveva; 8ª Odalisca e Mme. [ilegível]: Francisca; Thalma e 9ª Odalisca: Zul [ilegível]; [ilegível] e 10ª Odalisca: Ondina; Diana e 11ª Odalisca: Maria; 1º Conselheiro e Apollo: Kaumer; 2º Conselheiro e Saturno: Caetano; 3º Conselheiro e Mercúrio: Oscar; 4º Conselheiro e Baccho: Pinto; Capitão Medard e 1º Fidalgo: Pery Filho; Barcas e 7º Fidalgo: Perrerás; Plutão e 2º: [ilegível]; Marte e 3º Fidalgo: Ivo; Netuno e 4º Fidalgo: Mario; Eolo e 5º Fidalgo: Affonso; Vulcano e 1º Tabelião: Oliveira; Esculápio: Américo; 2º Tabelião: NN. Deuses e Deusas, Odaliscas e Fidalgos.
Nota: Em 1911, a propaganda anunciava esta peça como farsa fantástica.

### Os beduínos em Sevilha
Peça dramática
Circo Brasil – 1910
Proprietários: Eduardo das Neves e
Manoel Leôncio de Souza
Rio de Janeiro
Autor: Eduardo das Neves
*Mise-en-scène:* Adolpho Corrêa.

### A vingança do operário
Drama
Circo Spinelli – Companhia Equestre
Nacional da Capital Federal – de 1910 a
1912
Proprietário: Affonso Spinelli
Rio de Janeiro
Autor: Benjamim de Oliveira.
Marcação: Benjamim de Oliveira
Música: Paulino do Sacramento e versos
de Henrique de Carvalho.
Cenografia: Deodoro de Abreu.
Guarda-roupa: confeccionado nas
oficinas do circo, sob direção de Dona
Francisca de Souza.
Calçados: executados pela Casa
Japonesa.
Os chapéus a Mazzantini e Boinas
fornecidos pela chapelaria Queiroz.
Adereços fabricados no circo.
Maquinista: José Moreira.
3 atos e 1 quadro
Descrição dos quadros: Título dos
Quadros: 1º O bandido Braz; 2º A
emboscada; 3º O pedido de casamento;
4º A vingança de operário!
Descrição dos papéis: Mariano,
comendador: Octavio; seu filho:
Bahiano; Braz, mestre de oficinas:
Perreiraz; Aurelis: cubano; contra-
-mestre: Benjamim de Oliveira;
Bernardino, sobrinho de Mariano:
Bandeira; capitão Garcia: Pacheco;
Dr. Christiano: Candido Silva; Octavio,
operário: Mattos; Athayde, idem:
Firmino; Jonas, idem: Kaumer; Zacarias:
idem; comissários de polícia: Pery Filho;

Mr. Bré[ilegível], banqueiro: Guilherme;
Martinelli, criado de Mariano: Hilário;
Floripes, filha de Mariano: Augusta;
Thereza, estalajadeira: Maria da Glória;
Carlota, prima de Mariano: Bernardina;
Virginia, pobre e futura esposa de
Mariano: Conchita; Juanito, seu irmão:
Affonso; Florzinha, fidalga: Clothilde;
Lívia, fidalga: Olindana; Victoria, criada
de Mariano: Zulmira; Magdalena:
menina Hercilia; Jorge, criado de
Mariano: José Mar.

### Justiça de Deus
Drama cômico
Circo Clementino – 1911
Proprietário: o mesmo
Rio de Janeiro

### Gilberto Morituns
Drama cênico
Circo Clementino – 1911
Rio de Janeiro

### Muzolino
Drama cômico
Circo Clementino – 1911
Rio de Janeiro

### Serra morena
Pantomima
Circo Clementino – 1911
Proprietário: o mesmo
Rio de Janeiro
Elenco: Irmãos Pery

### Tiro e queda!...
Revista brasileira
Circo Spinelli – Companhia Equestre
Nacional da Capital Federal – 1911
Proprietário: Affonso Spinelli
Rio de Janeiro
Autores: Benjamim de Oliveira e
Henrique de Carvalho.
Marcação: Benjamim de Oliveira
Música: originais dos maestros Paulino

do Sacramento, Henrique Escudeiro, Geraldo Ribeiro, Camillo, Alvarenga, Suppé, Chueca, Valverde e Carlos Gomes.
Cenografia: Angelo Lazary
Guarda-roupa: confeccionado nas oficinas [ilegível] sob a direção de Francisca de Souza [ilegível]
Adereços confeccionados pela casa [ilegível]
Cabeleiras: Hermenegildo de Assis
Montagem: maquinista José Moreira
2 atos, 1 prólogo, 4 quadros e 2 apoteoses
Descrição dos atos e quadros: Prólogo: Profeta das dúzias; 1º ato, 1º quadro: Tipos, tipinhos e tipões! 2º quadro: Hotel Flor de S. Diogo. Apoteose: O Belo-Horrível! 2º ato, 3º quadro: A luta pela vida! 4º quadro: Ninguém escapa! Apoteose: O Sonho do Brasileiro.
Descrição do cenário: Prólogo: No palco, salão fantástico em estilo moderno em casa de um Nigromante. Na arena sala das seções do mesmo.
1º ato e 1º quadro: No palco, fachada da Estrada de Ferro Central do Brasil. Na arena, largo da mesma. 2º quadro: No palco interior de uma casa de pasto e hospedaria à mais reles na Cidade Nova. Na arena, sala das refeições do fréxe. Apoteose: o palco grandioso incêndio, o qual derrocará a referida casa de pasto. 2º ato e 3º quadro: No palco interior do Mercado Novo. Na arena, área do mesmo. 4º quadro: No palco largo de São Francisco de Paula. Apoteose: No palco, rio caudaloso, transbordando em ouro. Descrição dos papéis: [ilegível] da Sé, Terros do Povo da Lyra: Benjamim; o Nigromante [ilegível] Santa Casa, o Pão d'Água, Padre-Mestre e o Desprezado: Pacheco; Garganta, 1º Espírito, Mercado Novo, o Coió e um pequeno: Mattos; [ilegível] caixeiro, um Galinheiro, o Marido Feliz e 4º Espírito: Candido; [ilegível] Joaquim, Peixe-Espada, Lulu e o Militar: Firmino; o Guarda-Fiscal,

o [ilegível] Maciel, 1º Freguês e 6º Espírito: Ferriraz; o Bragre (peixe), 2º Desocupado, Zé-Brezundanga e Accacio, caixeiro: Bandeira; Calú, operário, [ilegível] Freguês e 3º Espírito: Octavio; 1º Desocupado, o Porteiro (3º Espírito) [ilegível] e Miguel, carroceiro: Luiz Alves; Siry, um Gatuno e 7º Espírito, [ilegível] Namorado (peixe) e 8º Espírito: Affonso; Thereza, Bernardino o [ilegível] e 9º Espírito: Guilherme; Moleque baleiro e o 2º Espírito: Mario; [ilegível] do Angu, a Goiabada, a Pescada (peixe) e a Cozinheira: Victoria; [ilegível] à Espanhola, a Lagosta, a Atriz, 1ª mulher de "entrevée", o [ilegível] e o Mosquito: Lili Cardona; D. Graciana: Anna de Carvalho; [ilegível] à Portuguesa, o Queijo e a Moça Feliz: Augusta; a Garopa (peixe): [ilegível]; a Caninha e o Pirão: Clotilde; a Carne-Seca e a Fome: Ephigenia; Cotinha e o Pirapicu (peixe): Olindina; a Ostra: Francisca.

### Os pescadores
Peça de costumes marítimos
Circo Spinelli - Companhia Equestre Nacional da Capital Federal - 1911
Proprietário: Affonso Spinelli
Rio de Janeiro
Autores: C. Arniches e Fernandez Shaw
Tradução: Henrique de Carvalho
Marcação: Benjamim de Oliveira
Música: partitura e instrumentação original dos maestros brasileiros Agostinho de Gouvea e Archimedes de Oliveira.
Regência do maestro Paulino Sacramento.
Cenografia: Deodoro de Abreu
3 atos e 1 quadro
Descrição dos atos e quadros: Ação na Costa Cantabrica - Atualidade. Título dos atos: 1º ato: O mau amigo; 2º ato: A canção do náufrago; 3º ato: O morto-vivo; Quadro único (Cinematográfico): O Desafio.

Descrição dos papéis: Tio Lucas: Benjamim; Estevão: Firmino; André: Lalanza; Tio Martins: Pacheco; Corta Mar: Herculano; Papa [ilegível]: Candido; Sardinha: Perriraz; Tempestade: Bandeira; Caranguejo: Egochaga; Marco: Salina; Um grumete: Oscar; Thomaz: Guilherme; Forquilha: Savala; Caruncha: Maia; Rosa: Augusta; Tia Loba: Ephigenia; Maria: Clotilde; 1º pescador: Affonso; 2º dito: Lopes; 3º Lili Cardona; 4º dito: Conchita; 5º dito: Genoveva; 6º dito: Olindina; 7º dito: Noemia; 1ª camponesa: Victoria; 2ª dita: Bernardina; 3ª dita: Anna de Carvalho; 4ª dita: Emérita. Pescadores e camponeses de ambos os sexos, tamborileiros e gaiateiros.

### Amor de princesa
Opereta
Circo Rio de Janeiro Grande Companhia Equestre, Ginástica, Dramas Operetas, Mágicas e Revistas - 1911
Proprietários: Matins & Garcia.
2 atos

### A boneca
Burleta
Circo Rio de Janeiro Grande Companhia Equestre, Ginástica, Dramas, Operetas, Mágicas e Revistas - 1911
Proprietários: Martins & Garcia
Rio de Janeiro
2 atos

### As mulheres mandam
Comédia
Circo Spinelli - Companhia Equestre Nacional da Capital Federal - 1911
Proprietário: Affonso Spinelli
Rio de Janeiro
Música: 5 números musicais do maestro Arquimedes de Oliveira Arranjo: Benjamim de Oliveira
2 atos

### À procura de uma noiva
Opereta
Circo Spinelli - Companhia Equestre Nacional da Capital Federal - 1911 e 1912
Proprietário: Affonso Spinelli
Rio de Janeiro
Autor: Benjamim de Oliveira
Música: 24 números musicais originais do maestro Paulino do Sacramento; versos de Catullo Cearense.
Arranjo: Benjamim de Oliveira
Mobília do aderecista Domingos Costa
Guarda-roupa: executado pela Casa Storino.
Calçado foi manufaturado pela Casa Japonesa.
Cabeleiras especialmente feitas por encomenda em Paris.
3 atos
Descrição da peça: No século de Luís XIV, o príncipe Florimurcho, com 60 anos deseja casar-se com uma inocente de 15 primaveras. Sua Alteza congrega, a princípio, em seu palácio as fidalgas da sua corte para a escolha da noiva; mas as fidalgas, vaporosas ou plantorosas, excedem dos 17 e naturalmente a corte impregnou-as de pecadilhos que lhes não permitem o acesso ao thalamo augusto. Florimurcho então empreende incógnito uma viagem à roça, à aldeia longínqua onde floresce a virtude e, aí, depois de uma série de incidentes em que, em vez de achar, quase perde uma costela, regressa ao palácio mais depressa do que saíra. Depois de prender os criminosos da quase sova que ia levando na roça, e que os havia feito condenar à morte, sabe que uma dos condenados é o rebento de um pecadilho galante com a baronesa Tarella, perdoa a todos, entroniza o referido rebento, que por sinal tinha sido a origem da quase sova que lhe iam ministrando na aldeia

e, voltando à consciência dos seus 60 e muitos janeiros, casa-se com a baronesa, senhora do mesmo número de invernos. (*O Paiz*, 23 nov. 1911.) Descrição dos papéis: Príncipe Florimurcho: Pacheco; P'ratudo: mordomo do príncipe, Candido Silva; baronesa Tarélla: Emérita; Chega--Aqui, criado: Benjamim de Oliveira; Matheus camponês e 2º ministro: Bandeira; Bento e 1º conselheiro: Freitas; Daniel: Guilherme; Um comandante e um ministro: Perriraz; Jacobus e um camponês: Herculano; Zaira, camponesa: Lili Cardona; Dinora: Noemia; Narciso, camponês: Lalanza; Rodelli, fidalgo e um camponês: Luiz Alves; Lapiól, fidalgo e um camponês: Carlos; Salamaleco, fidalgo e um camponês: Affonso; Um fidalgo e um camponês: Oscar; 2º conselheiro e um camponês: Mario; 3º conselheiro e um camponês: Luiz Salina; 4º conselheiro e um camponês: Ribeiro; 2º ministro e um camponês: Mauricio; 1ª fidalga e uma camponesa: Victória; 2ª fidalga e uma camponesa: Carmen; 3ª fidalga e uma camponesa: Augusta; 4ª fidalga e uma camponesa: Clotilde; 5ª fidalga e uma camponesa: Conchita; 6ª fidalga e uma camponesa: Genoveva; 7ª fidalga e uma camponesa: Julia, 8ª fidalga e uma camponesa: Guilhermina; 9ª fidalga e tia Feliciana: Anna de Carvalho; e 10ª fidalga e uma camponesa: Olindina.

### Por baixo!...

Revista brasileira
Circo Spinelli - Companhia Equestre Nacional da Capital Federal - 1912
Proprietário: Affonso Spinelli
Rio de Janeiro
Autor: Benjamim de Oliveira
Instalação elétrica de Leopoldo Martins.
Guarda-roupa: confeccionado no "atelier" da companhia sob a direção da

*costumière* Mlle. Francisca.
Adereços a cargo de Bandeira e Luiz Alves.
2 atos, 1 prólogo, 2 quadros e 2 apoteoses
Descrição dos atos e dos quadros:
Prólogo: No reino das estrela; 1º ato: Por baixo (Apoteose); 2º ato, 1º quadro Prisões, declarações e reclamações; 2º quadro: Jogos, serestas e festas (Apoteose).
Descrição da peça: "Tareco, moleque sarado da Saúde, bebedor incorrigível da branquinha, um belo dia, por artes do revisteiro, vai dar com os costados no reino das Estrelas. Grande escândalo entre as constelações. Tareco está mamado; resiste a quantos passes astrais; mas afinal, Júpiter, que parece ter nos dedos fluidos amoniacais, desperta-o, sabe-lhe da história e, como um deus de perdão que ele sabia ser, dá-lhe indulto, compromete-o a corrigir-se da frequência das lambadas e recâmbio-o "cá para baixo", fazendo-o cicerone da celestial Astronina. Já se vê que o moleque vem direitinho ao Rio de Janeiro, e neste ano de dois carnavais faz a princesa do reino das estrelas assistir ambos e mais a desfiladas de fatos, episódios e tipos cariocas. "[...] Por baixo!... tem no 2º ato um quadro policial que é bem copiado do natural, em recente caso de uma de nossas delegacias urbanas. Benjamim detalhou-o [...] e fez a primor o 'chefe da zona'. A apoteose final da revista, fechando o quadro das grandes sociedades carnavalescas, e apresentando o busto glorioso de Rio Branco, teve o necessário cortejo de aplausos. [...] A revista tem 26 números de música; fartura de maxixes [...] e duas valsas [...]" (*O Paiz*, 10 maio 1912).
Descrição dos papéis: Personagens: Tareco vagabundo: Benjamim; Ananias sertanejo: Correia; Agente de polícia,

Felippe e Coveiro: Pacheco; Um janota, Boiadeiro e Marçal: Bandeira; Cardoso, maníaco: Candido Silva; Chauffeur, polícia e bocks: Luiz Alves; Júpiter, açougueiro: Luiz; jogo da morra, bolina e 1º capadócio: Sensação; Pé de cabra, 1º bêbedo, um popular, Prado, fidalgo e Democráticos: Pery Filho; Corda, Seu Roque, Timotheo Limão e Fenianos: Kaumer Pery; Dr. Correia, um intérprete e 2º capadócio: Lalanza; Um mascarado, aviação e carnaval: Octavio; Maia, negociante, vagabundo e Tenentes: Guilherme; Um popular, 2º bêbado e Kamk-Bolck: Affonso; Law--Tenis: Oscar; Tiro ao alvo: Luiz Salina; Luta Romana: Salina; Gazua e pelotari: Cardona; Bolotari: N. N.; Foot-Ball: N.N.; Astronina: Clotilde; Estrela d'Alva, patinação, massagista e vagabunda: Lili Cardona; Estrela da aurora, cachaça, regatas e Fenianos: Augusta; Estrela do norte, mulata do angu, Rosa, Xandóca e Democráticos: Victoria de Oliveira; Estrela de Marte, atriz e esgrima: Guilhermina; Estrela cadente, Joanna, ciclista, 1ª chinesa, Tenentes e Cecília: Taddéa; Estrela do sul e rua do Ouvidor: Noemia; Lua Crikts: Satyra; Estrela do pastor, Quininha e 2º chinesa: Olindina; Estrela do Oriente e 3ª chinesa: Genoveva; Estrela de Vênus: Graciana; Estrela marinha, Malha e Maria: Conchita.

### *O leão e a polícia*
Pantomima
Circo Spinelli - Companhia Equestre Nacional da Capital Federal - 1912
Proprietário: Affonso Spinelli
Rio de Janeiro

### *Um professor na aldeia*
Farsa
Circo Spinelli - Companhia Equestre Nacional da Capital Federal - 1912

Proprietário: Affonso Spinelli
Cidade: Rio de Janeiro

### *Culpa de mãe*
Melodrama
Circo Spinelli - Companhia Equestre Nacional da Capital Federal - 1912
Proprietário: Affonso Spinelli
Rio de Janeiro
Autor: Benjamim de Oliveira
Música: números musicais originais da maestria Juannita Gomes.
Instrumentação do maestro Henrique Escudero.
Cenografia: Deodoro de Abreu
Cenários pintados especialmente para esta peça por Deodoro de Abreu.
Guarda-roupa: do "atelier" da companhia, a cargo de Mlle. Francisca.
Montagem dos cenários por Leopoldo Martins.
2 atos e 3 quadros
Descrição dos atos e quadros: Época - Atualidade. A ação do 1º ato e 3º em Marselha; do 1º quadro nas fronteiras da Espanha; do 2º quadro no mar das Índias; do 2º ato numa província de Espanha. Denominação dos atos: 1º ato: Culpa de mãe!; 1º quadro: Vítima de saltimbancos; 2º quadro: Tempestade na vida; 2º ato: Em defesa da honra; 3º ato: O traidor e o assassino; 3º quadro: Viagem em mar de rosas.
Descrição dos cenários: 1º ato: Salão nobre do palácio do barão Mozart; 1º quadro: Floresta da fronteira espanhola; 2º quadro: A bordo do cruzador francês "Manchester"; 2º ato: Uma feira na província da Espanha; 3º ato: Parque do palácio Mozart; 3º quadro: A mesma cena do 2º quadro.
Descrição da peça: "[...] trata-se de um pecado materno - pecado de amor - que durante dois anos é a cruz que suporta a filha dessa adúltera, para afinal, no 3º ato, obter a redenção pela morte do

infame que a jungiu [*sic*] à culpa que não teve. [...] no 2º e 3º atos [...] aparece Samlique, o assassino em defesa da honra, a cuja briosa coragem deve a família do barão Mozart a terminação do seu suplício." (*O Paiz*, 14 jun. 1912)

Descrição dos papéis: Personagens: Barão Mozart: Candido Silva; conde Nicio, capitão-tenente: Correia; visconde Cornello: Octavio; conde Felismino: Lalanza; Dr. Lucas: Pacheco; visconde Jonathas: Guilherme; Jorge, sobrinho da baronesa Mozart: Kaumer; Sambique: Benjamim; Farrante, saltimbanco: Pery Filho; Sanahú, idem: Bandeira; Vicente, idem: Oscar; Tiburcio, idem: Cardona; Canuto: Luiz Alves; Atabazio: Carlos; Mackenzie: Souza; comandante: Sensação; comissário: Agostinho; 1º tenente: Jorge; 2º dito: Lourenço; 1º guarda-marinha: Affonso; 2º dito: P. Filho; 1º marinheiro: José; 2º dito: K. Pery; 3º dito: G. Carlos; 4º dito: Baldomero Salina; baronesa Cecília, esposa do barão Mozart: Satyra; Isaura, sua filha: Lili Cardona; Francisca, criada da baronesa: Gilhermina; Ursula, saltimbanca: Taddéa; Rosita, sua filha: Clotilde; Arzila, irmã de Sambique: Victoria de Oliveira; 1ª convidada: Augusta; 2ª dita: Conchita; 3ª dita: Noemia; 4ª dita: Victoria; 5ª dita: Genoveva; 6ª dita: Olindina; 7ª dita: Leonor. Soldados, marinheiros, saltimbancos e camponeses de ambos os sexos, toureiros e cigarreiras.

### Capricho de mulher
Burleta
Circo Spinelli - Companhia Equestre Nacional da Capital Federal - 1912
Proprietário: Affonso Spinelli
Rio de Janeiro
Autor: Benjamim de Oliveira

Música: 16 números musicais do maestro Irineu de Almeida.
Cenografia: Deodoro de Abreu
Guarda-roupa: confeccionado por [ilegível] Francisca no atelier da companhia.
Calçado do artista As[ilegível].
2 atos e 2 quadros
Descrição dos atos e quadros: Época de Luiz XV. Denominação dos atos: 1º ato - 1º quadro: A caçada; 2º quadro: Feliz encontro; 2º ato: Capricho de mulher; 2º quadro: no palco: floresta, vendo-se a casa do ferrador Romualdo; 2º ato: [ilegível] barão Choucrout.
Descrição dos papéis: Choucrout: Pacheco; [ilegível] camponês: Benjamim; [ilegível] criado do barão: Kaumer Bandeira; [ilegível] La Gallette: Pery Filho; [ilegível], ferrador: Candido; [ilegível] professor de dança: Correia; [ilegível] da: Guilherme. Trompette: Octavio; [ilegível] [ilegível]: Alves; [ilegível]: Lalanza; [ilegível]: Sensação; [ilegível] do barão Choucrout: Ermilinda; Baronesa Choucrout: M. de Oliveira; [ilegível] zurunga, esposa de [ilegível]: Satyra; Julieta: Noemia; Viscondesa Galantine: Taddéa, 1ª fidalga: Victoria; 2ª dita: Guilhermina; 3ª dita: Eleonor Gomes; 4ª dita: Guilhermina; 5ª dita: Genoveva; 6ª dita: Sara [ilegível]; 7ª dita: Carolina. Caçadores, fidalgos de ambos os sexos e criados.

### A ilha das maravilhas
Farsa fantástica
Circo Spinelli - Companhia Equestre Nacional da Capital Federal - 1912
Proprietário: Affonso Spinelli
Rio de Janeiro
Autor: Benjamim de Oliveira baseado nos *Contos das mil e uma noites*
Música: 25 números musicais de Irineu de Almeida.
Cenários de Deodoro de Abreu.

Guarda-roupa: confeccionado no atelier da companhia sob a direção de Mlle. Francisca.

Maquinismos de Alfredo Bandeira e eletricidade de Leopoldo Martins.

2 atos, 1 prólogo, 7 quadros e 2 apoteoses

Descrição dos atos e quadros: Prólogo, 1º Ato e Quadro 1º: Os órfãos; Quadro 2º: Castigo de Cisnão; Quadro 3º: As vítimas de Albatroz; Quadro 4º: Proteção dos títeres; Quadro 5º: Feliz encontro. Apoteose: Gruta das Maravilhas. 2º Ato, 6º Quadro: Os espectros; 7º Quadro, A fonte da vida. Apoteose: O tempo do amor.

Descrição dos cenários: 1º ato – 1º quadro: Uma praia; 2º quadro: Uma mansão; 3º quadro: Uma ilha montanhosa; 4º quadro: Nuvens. 2º ato – 6º quadro: Cemitério lúgubre; 7º quadro: Uma fonte. Apoteose: Olimpo.

Descrição dos papéis: Personagens: Príncipe Gentil: Santos; Valentim: Souza; Albatroz Roxo: Souza; Paulino: Lili Cardona; Cisnão: P. Filho; Lustroso: Candido; Fada do Bem: Noemia; Princesa das Maravilhas: Leonor; Fada do Mar: Victória; Tia Pelicana: M. de Oliveira; Rosalina: Sara; Balbina: Ermelinda; Accacio, pescador: Kaumer; Romão, idem: Menezes; Roberto, idem: Bandeira; Thomé, idem: C. Silva; Ignácio, idem: Marinho; Messias, idem: Guilherme; João, idem: Ramos; Joaquim idem: Octavio; conselheiro Sensaboria: Pacheco; idem Economia: Marcinelli; idem comedoria: G. Carlos; idem Gastronomia: A. Marques; sábio tétrica: Alfredo; idem métrico: Candido; idem fonético: Pery; idem lépido: Carlos; ministro terrível: Antonio; idem impossível: K. Pery; idem insofrível: Lalanza; idem passível: C. Marinho. Espectros, pescadores, títeres, fidalgos de ambos os sexos e ninfas.

Observação: Trabalhos de pasta e outros acessórios da Casa do Costa.

### O lobo da fazenda ou A filha do colono

Drama

Circo Spinelli – Companhia Equestre Nacional da Capital Federal – 1912

Proprietário: Affonso Spinelli

Rio de Janeiro

Autor: Benjamim de Oliveira

Cenografia: Albino Maia

Guarda-roupa: pertencente à Companhia Spinelli sob a direção de Mlle. Francisca.

*Misé-en-scène:* Benjamim de Oliveira

1 ato e 1 prólogo

Descrição dos atos: A Ação: Nas fronteiras da Itália. Denominação dos atos: Prólogo: A vítima do lobo; 1º Ato: O comentário; 2º Ato: Entre os apaches; 3º Ato. O [ilegível]

Descrição dos papéis: Personagens: Lobato, fazendeiro: Bahiano; Romualdo, pai de Joanna: Pacheco; João, vaqueiro, mouro, esposo de Margarida: Benjamim; Tobias, lavrador, pai de Margarida: Candido Silva; Dr. Berthrand, advogado: Octavio; Correia, feitor: Sensação; Mexerico, lavrador: José; Matheus, idem: Alfredo; Octavio, idem: Carlos; Rapino, chefe dos apaches: Pery Filho; Pelego, idem: Guilherme; Paninfe, idem: Lalanza; Valladão, lavrador, esposo de Antonia: Marques; Julião, idem: Marinho; Thomé, idem: Kaumer Pery; João 2º, idem: P. Filho; mente, idem: Arthur; Domingos, tabelião: Ramos; um escrivão: N. N.; Margarida, filha de Tobias: Lili Cardona; Joanna, fazendeira, esposa de [ilegível]: Ermelinda; Therezinha, sua filha: Isabel; Bernardina, lavradora: [ilegível]; Rosa, idem: Elisa; Térpia, idem: Zilda; Antonia, idem, esposa de Valladão: [ilegível]; 1ª mulher: Pepa; 2ª dita: Maria; 3ª dita: Noemia; Zilda: Sil[ilegível]; 1º popular: Kaumer; 2º dito: Lalanza; 3º dito: Marinho; 4º dito: Arthur. Apaches, mulheres do povo, vagabundos de ambos os sexos, malfeitores, etc., etc.

***A sagrada família em Bethlém***

Peça sacra

Circo Spinelli - Companhia Equestre Nacional da Capital Federal - 1912

Proprietário: Affonso Spinelli

Rio de Janeiro

Música: Ornada com 8 números musicais originais do professor Gustavo Ferreira.

Arranjo: Benjamim de Oliveira

5 quadros e 1 apoteose

Descrição dos quadros: 1º A ira de Herodes; 2º A Estrela do Oriente; 3º A chegada em Bethlém; 4º A fuga para o Egito; 5º A degolação dos inocentes. Apoteose.

Descrição dos papéis: Rei Herodes: Pery Filho; Lusbel, anjo maldito: Américo Garrido; Anjo Gabriel: Ermelinda; Salomé: Lili Cardona; Gaspar, rei mago: Guilherme; Melchior, idem: Candido Silva; Balthazar, idem: Benjamim de Oliveira; José: Octavio; Maria: Noemia; Menino Jesus: Jasmerim; 1º oficial: Sensação; 2º oficial: Lalanza; 1º pastor: Bahiano; 2º pastor: Souza; 3º pastor: Kaumer; 4º pastor: Grillo; 5º pastor: Marcinelli; 1ª pastora: Maria de Oliveria. Soldados, pastores, etc.

Observações: Baseada na história sagrada.

# CRÉDITOS DAS ILUSTRAÇÕES

A pesquisadora procurou caracterizar as origens das fotos. Caso outras fontes se manifestem, mostrando créditos diferentes de modo comprovado, serão acatadas.

Imagem de Abertura

1. *Almanack dos Theatros.* Rio de Janeiro: 1910, p. 60.

CAPÍTULO 1

1. Henry Thétard. *La merveilleuse histoire du cirque.* Paris: Prisma, 1947. 2 t., n. 931, p. 45.

2. *Id., ibid.*

3. *Id., ibid.,* p. 144a.

4. *O Coaracy,* 23 maio 1876, p. 105. Transcrição da legenda: imagem de cima: "O que é isto?... [ilegível] horas!... e não me aparece pessoa alguma; não há [ilegível] o Chiarini monopolizou este povo!!! Ah! Chiarini!... Ah! Chiarini!..."; imagem de baixo: "O Sr. Chiarini experimentou, no espetáculo de 17 do corrente, uma completa vazante. Diz ele que [ilegível] o sr. Mirandola, de quem procura vingar-se. Sr. Mirandola acautele-se, pois aquele home com seus tigres reais, bucefalo, zebras e não sei que mais pode lhe dar cabo de todo o lirismo heroicamente."

5. *O Coaracy,* 7 abr. 1876, *apud* Carlos Eugênio Marcondes de Moura. *Notas para a história das artes do espetáculo na província de São Paulo. A temporada artística em Pindamonhangaba em 1877-1879.* São Paulo: Conselho Estadual de Artes e Ciências Humanas, 1978, p. 102. (Ensaio, 90).

6. *O Guarany,* 1875, *apud* Athos Damasceno. *Palco, salão e picadeiro em Porto Alegre no século XIX (contribuições para o estudo do processo cultural do Rio Grande do Sul).* Rio de Janeiro: Globo, 1956. p. 113.

7. Francisco Vieira. *O Theatro Lyrico: palco e picadeiro.* Rio de Janeiro: 19 Design, 2015, p. 42.

8. *Id., ibid.,* p. 18.

CAPÍTULO 3

1. *O Paiz,* Rio de Janeiro, 20 jan. 1913, p. 12.

2. *O Paiz,* Rio de Janeiro, 27 jul. 1921, p. 12.

3. Afonso Spinelli, foto gentilmente cedida por Carlos Alberto Roque, neto de Candida Leme.

4. Cedoc/Funarte - acervo do arquivo fotográfico do Cenacen - Minc. Coleção Brício de Abreu, *in* Roberto Ruiz. *Hoje tem espetáculo? As origens do circo no Brasil.* Rio de Janeiro: Inacem, 1987.

5. Acervo Erminia Silva/Família de Benjamim de Oliveira.

6. *La Revista Teatral de Buenos Aires,* 1º jul. 1907. Fonte gentilmente cedida por Beatriz Seibel, historiadora argentina e autora de duas obras listadas na bibliografia deste livro.

7. *Álbum de Recortes de Frank Brown.* Buenos Aires, jun. 1898. Fonte gentilmente cedida por Beatriz Seibel.

CAPÍTULO 4

1. *O Estado de S. Paulo*, 1º dez. 1901.

2. Acervo do Cedoc/Funarte – Rio de Janeiro. Pasta Benjamim de Oliveira.

3. *Id., ibid.*

4. *O Paiz,* Rio de Janeiro, 16 maio 1908, p. 8.

5. *O Paiz,* Rio de Janeiro, 24 abr. 1910, p. 16.

6. Foto gentilmente cedida por Carlos Alberto Roque, neto de Candida Leme.

7. *Id., ibid.*

8. Columbia Phonograph Co. Coml., n. 11595.

9. Antonio Torres. *O circo no Brasil.* Rio de Janeiro: Funarte/São Paulo: Atração, 1998, p. 183. (História Visual, 5).

10. *O Malho*, 1909. Acervo do Arquivo Fotográfico do Cedoc/Funarte – Rio de Janeiro.

11. *Careta*, 15 jan. 1909.

12. *Almanack dos Theatros para 1910.* Publicação Ilustrada de Alvarenga Fonseca. Rio de Janeiro: Typ. Villas-Boas & C., 1910, p. 59.

13. *Id., ibid.*, p. 63.

14. Revista *Fon-Fon*, Rio de Janeiro, ano IV, n. 13, 26 mar. 1910, p. 10.

15. *O Theatro.* Rio de Janeiro, 13 jul. 1911.

16. *Almanack dos Theatros para 1910, op. cit.*, p. 60.

17. *Id., ibid.*, p. 62.

18. *O Theatro*, Rio de Janeiro, 13 jul. 1911.

19. *O Theatro*, Rio de Janeiro, 25 maio 1911.

CAPÍTULO 5

1. *O Theatro*, Rio de Janeiro, 20 abr. 1911.

# FONTES E BIBLIOGRAFIA

I. FONTES IMPRESSAS

**a. Periódicos**

*Almanack dos Theatros.* Rio de Janeiro, 1906, 1909 e 1910.

*Almanaque d'O Theatro.* Rio de Janeiro, 1906 e 1907.

*A Nação*, Rio de Janeiro, 6 de agosto de 1872.

*A Noite*, Rio de Janeiro, 8 de junho de 1954.

*A Noite Ilustrada*, Rio de Janeiro, 28 de junho e 22 de dezembro de 1939.

*A Notícia*, Rio de Janeiro, 20 de dezembro de 1894; 17 e 18 de fevereiro, 14 de março, 11 de abril, 19 de setembro, 7, 14 e 28 de novembro e 26 de dezembro de 1895; 20 de fevereiro, 5 e 12 de março, 9 e 30 de abril, 10 de setembro, 24 e 27 de dezembro de 1896; 2 de fevereiro, 10 de junho, 18 de julho, 12, 19 e 25 de agosto, 2 e 23 de setembro, 11 de outubro e 25 de novembro de 1897; 6 e 27 de janeiro, 10, 17 e 24 de fevereiro, 10 de março, 21 de abril, 12 de maio, 2 e 30 de junho, 21 de julho e 15 e 29 de dezembro de 1898.

*A Província de São Paulo*, março, abril, maio, julho e agosto de 1889.

*A Reforma*, Rio de Janeiro, 3 de março de 1878.

*Careta*, Rio de Janeiro, julho, agosto e dezembro de 1908; abril a dezembro de 1909.

*Correio da Manhã*, Rio de Janeiro, 1907 a 1909; janeiro a junho de 1910, novembro de 1917.

*Correio de Campinas*, outubro de 1883; agosto a dezembro de 1885; janeiro a outubro de 1887; janeiro a junho de 1908.

*Correio Paulistano*, São Paulo, abril e maio de 1876; dezembro de 1877; janeiro, julho, novembro e dezembro de 1878; agosto, setembro e dezembro de 1888; agosto de 1889, julho de 1916.

*Diário da Noite*, Rio de Janeiro, 21 de fevereiro de 1940.

*Diário de Belo Horizonte*, 8 de abril de 1958.

*Diário de Campinas*, 1881; janeiro de 1882; maio a dezembro de 1883; 1884; maio a dezembro de 1885; janeiro a setembro de 1886; janeiro a outubro de 1887; fevereiro a dezembro de 1888; julho a dezembro de 1889; junho a novembro de 1890; maio a outubro de 1891; janeiro a outubro de 1892; janeiro a julho de 1893; fevereiro de 1894; abril a agosto de 1895; junho a dezembro de 1896; janeiro e novembro de 1897; 1898; março a julho de 1899; setembro de 1900.

*Folha do Brás*, São Paulo, 25 de junho de 1899; 2, 9 e 18 de julho de 1899; 28 de novembro de 1899.

*Gazeta da Tarde*, Rio de Janeiro, 25 de janeiro de 1884.

*Gazeta de Notícias*, Rio de Janeiro, agosto a dezembro de 1875; janeiro a junho de 1876; 1900 a 1908.

*Gazeta do Brazil*, Rio de Janeiro, 29 de setembro de 1827.

*Gazeta do Rio de Janeiro*, Rio de Janeiro, 4 de novembro de 1818.

*Jornal do Commercio*, Rio de Janeiro, outubro a dezembro de 1827; 1829; janeiro, agosto, setembro, novembro e dezembro de 1830; 22 e 26 de setembro de 1847; 1900.

*O Amigo do Povo*, São Paulo, novembro de 1902; março a dezembro de 1903; janeiro a setembro de 1904.

*O Dia*, Rio de Janeiro, junho de 1892.

*O Estado de S. Paulo*, março a setembro de 1898; março a dezembro de 1899; fevereiro de 1900; 1901 a 1906.

*O Paiz*, Rio de Janeiro, janeiro de 1892; 1893; janeiro a junho de 1894; novembro e dezembro de 1899; 1900 a 1902; janeiro a novembro de 1903; janeiro a outubro de 1904; julho a novembro de 1905; abril e junho de 1906; janeiro a agosto de 1907; abril a dezembro de 1908; 1909 a 1913.

*O Pega na Chaleira – Jornal da troça e que não engrossa*, Rio de Janeiro, 23 de outubro de 1909.

*Revista Biográfica Honra ao Mérito*, Rio de Janeiro, ed. Standard Oil Company of Brazil (atualmente Esso Brasileira de Petróleo), n. 1, p. 17, 1942.

*Revista da Semana*, Rio de Janeiro, 7 de outubro de 1944.

*Revista O Theatro*, Rio de Janeiro, 20 de abril, 4, 11, 17 e 25 de maio, 1º, 8, 22 e 29 de junho, 13 e 20 de julho, 3 de agosto, 21 e 25 de setembro, 5, 12, 19 e 26 de outubro e 2 de novembro de 1911.

*Revista: Anjos do Picadeiro*, Rio de Janeiro, n. 2, dezembro de 1998; e n. 3, dezembro de 2000.

*Revista Manchete*, Rio de Janeiro, 19 de junho de 1954.

*Suplemento Literário de Minas Gerais*, Belo Horizonte, 7 de maio de 1908.

*Última Hora-Revista*, São Paulo, 1º a 16 de junho de 1964.

### b. Peças teatrais impressas originais ou adaptações em nome de Benjamim de Oliveira

Localizadas no Acervo de Textos Teatrais do Cedoc/Funarte, em mimeografia.

*Os bandidos da rocha negra*
*O colar perdido*
*A escrava Martha*
*Gaspar o serralheiro*
*Greve n'um convento*
*A ilha das maravilhas*
*O negro do frade*
*À procura de uma noiva*
*O punhal de ouro*
*Tudo pega!...*

Localizadas no SDE – Seção de Documentos do Executivo e do Legislativo. Fundo/ Coleção: 2ª Delegacia Auxiliar da Polícia do Distrito Federal (Peças Teatrais 1) Censura Teatral:

*Mancha na Corte.* Registrada a fls. seis [ilegível], sob o n. 333, do Registro Geral de Peças Teatrais, em 23 de junho de 1920.

*O Grito Nacional! ou "A História de um voluntário".* Registrada a fls. seis [ilegível] sob o n. 338, do Registro Geral de Peças Teatrais, em 8 de julho de 1920.

*Sae Despacho.* Registrada a fls. 8 [ilegível], sob o n. 41, do Registro Geral de Peças Teatrais, em 21 de maio de 1921.

*Olho Grande.* Registrada a fls. 12 [ilegível], sob o n. 115, do Registro Geral de Peças Teatrais, em 30 de setembro de 1922.

## c. Memorialistas

Coaracy, Vivaldo. *Memórias da cidade do Rio de Janeiro.* Rio de Janeiro: José Olympio, 1965.

Edmundo, Luiz. *O Rio de Janeiro do meu tempo.* Rio de Janeiro: Imprensa Nacional, 1938.

Garcia, Antolin. *O Circo (a pitoresca turnê do circo Garcia através à África e países asiáticos).* São Paulo: DAG, 1976. Escrito em 1962.

Militello, Dirce Tangará. *Picadeiro.* São Paulo: Guarida, 1978.

Militello, Dirce Tangará. *Terceiro sinal.* São Paulo: Mercury, 1984.

Militello, Vic. *Os sonhos como herança: síndrome da paixão.* Fundação Biblioteca Nacional – Ministério da Cultura, 1997.

Miranda, Januário. *Lili Cardona – laureada artista da companhia Affonso Spinelli – Traços biográphicos.* Rio de Janeiro: Typ. C. Industrial Americana, 1910.

Morais Filho, Mello. *Festas e tradições populares no Brasil.* Belo Horizonte: Itatiaia, 1979.

Neto, Tito. *Minha vida no circo.* São Paulo: Autores Novos, 1986.

Paschoal, Antonio Dias. *São João de minha infância – Crônicas.* São João da Boa Vista: Um Folhetim de "O Município", 1949.

Portinari, Cândido. *Carta Paloninho.* Paris, set. 1958.

Seyssel, Waldemar. *Arrelia e o circo: memórias de Waldemar Seyssel.* São Paulo: Melhoramentos, 1977.

Seyssel, Waldemar. *O menino que queria ser palhaço.* São Paulo: Companhia Editora Nacional, 1992.

## d. Folcloristas

Andrade, Mário de. *Dicionário musical brasileiro.* Belo Horizonte: Itatiaia, 1989. (Coleção Reconquista do Brasil, 2 série, v. 162).

Cascudo, Luis da Câmara. *Dicionário do folclore brasileiro.* 5. ed. Belo Horizonte: Itatiaia, 1984. (Clássicos da Cultura Brasileira).

### e. Folhetos musicais e Obras literárias

Abreu, Gilda de. *Alma de palhaço*. 3. ed. São Paulo: Cupolo, 1959.

Barreto, Lima. *Triste fim de Policarpo Quaresma*. 3. ed. Rio de Janeiro: Record, 1999.

Coelho, Furtado; Serra, Joaquim. *O remorso vivo*. Música de Arthur Napoleão. 2. ed. São Paulo: Livraria de C. Teixeira, Biblioteca Dramática Popular, s/d. n. 58.

Jennings, Gary. *O circo*. Rio de Janeiro: Record, 1987.

*Libreto da parte cantante A viúva alegre*. Rio de Janeiro: Typ. Theatral Rua do Lavradio, n. 25, 1910.

*Libreto do disco A viúva alegre* por Ernest Newman distribuído por Emi-Odeon.

Neves, Eduardo das. *Mistérios do violão*. Rio de Janeiro: Livraria do Povo: Quaresma & C. Livreiros-Editores, 1905.

Neves, Eduardo das. *Trovador da malandragem*. Rio de Janeiro: Bibliotheca da Livraria Quaresma Editora, 1926.

Rio, João do. *A alma encantadora das ruas*. São Paulo: Companhia das Letras, 1997. (Retratos do Brasil).

Schmidt, Afonso. *Saltimbancos*. São Paulo: Saraiva, 1950. (Coleção Saraiva 21).

Tamaoki, Verônica. *O fantasma do circo*. São Paulo: Massao Ohno-Robson Breviglieri, 2000.

### f. Dicionários/Enciclopédias

*Dicionário contemporâneo da língua portuguesa*, feito sobre o plano de F. J. Caldas Aulete. 2. ed. atual. Lisboa: Typographia da Parceria, 1925.

*Dicionário de língua portuguesa* por Antonio de Moraes Silva. 2. ed. Lisboa: Typographia Lacerdina, 1813.

*Dicionário Folha-Webster's Inglês-Português*.

*Enciclopédia da música brasileira: popular, erudita e folclórica*. 2. ed. São Paulo: Art Editora: Publifolha, 1998.

*Encyclopédie Microsoft Encarta 99* De Luxe 1993-1998 Microsoft Corporation.

FamilySearch, Rio de Janeiro, 10ª Circunscrição, Matrimônios 1913, Dez.-1914 - Imagem 157 de 202.

*Inventário de Proteção do Patrimônio Cultural*. Secretaria Municipal de Cultura e Comunicação Institucional/Prefeitura Municipal de Pará de Minas-MG, ação 2019, exercício 2021.

*Registro Civil*. Rio de Janeiro, Brasil, Corregedor Geral da Justiça, 1829-2012.

*The grouve concise dictionaire of music*. London: Stanley Sadie, Macmillan Press, 1994.

## II. ENTREVISTAS

### a. Feitas pela autora (Erminia Silva):

Alzira Silva - em 3 e 31 de maio, 21 de junho de 1985.

Noemia da Silva - em 3 de maio de 1985.

Conceição Silva - em 3 de maio de 1985.

Antenor Alves Ferreira - em 10 de junho de 1985.

Alice Donata Silva Medeiros - em 11 de julho de 1985.

José Wilson Mariano - em 10 de outubro de 1986.

Zurka Sbano - em 11 de janeiro de 1987; 20 de março e 20 de setembro de 1999.

Barry Charles Silva - em 3 de maio de 1993; 14 de abril de 1999; 25 de maio de 2000.

Jaçanan Cardoso Gonçalves e Juyraçaba Santos Cardoso - (netos de Benjamim de Oliveira) em 27 de janeiro de 1999.

Iracema Gonzaga Carvalho - em 7 de maio de 1999.

### b. Outras:

Entrevista dada por Jorge Amado a Verônica Tamaoki, respondida e assinada por fax, em 18 de dezembro de 1994.

Entrevista realizada com Benjamim de Oliveira no programa da Rádio Nacional do Rio de Janeiro com o nome de *Honra ao Mérito*, realizado em 7 de agosto de 1942, gravado em seis discos, em poder de Jaçanan Cardoso Gonçalves e Juyraçaba Santos Cardoso (netos de Benjamim), conforme selo: McCann*Erickson - 78 RPM de 21 de dezembro de 1949 pela Standard Oil Co. of Brasil.

Luis Franco Olimecha e Edson Olimecha - Entrevistadores: Lícinio Neto, Aldomar Conrado e Roberto Cleto, em 1976. Rio de Janeiro: Cedoc/Funarte. Copidesque catalogado no Arquivo da Biblioteca do IBAC sob n. 14/76.

Romano Garcia - Entrevistadores: Carlos Marugan, Luis Franco Olimecha e Umberto Magnani, em 1978. Rio de Janeiro: Cedoc/Funarte. Sem número de catalogação.

Weisser Tihany - Entrevistadores: Clemente Karper, Ney Machado, Leo Jusi, em 1978. Rio de Janeiro: Cedoc/Funarte. Copidesque catalogado no Arquivo da Biblioteca da IBAC sob n. 8/78.

### III. BIBLIOGRAFIA

Abreu, Brício de. O maior artista negro do Brasil: Benjamim de Oliveira. *In: Esses populares tão desconhecidos.* Rio de Janeiro: E. Raposo Carneiro Editor, 1963.

Abreu, Martha. *O império do Divino: festas religiosas e cultura popular no Rio de Janeiro, 1830-1900.* Rio de Janeiro: Nova Fronteira; São Paulo: Fapesp, 1999.

Abreu, Martha. *Mulatas, crioulos e morenas na "canção popular", Brasil, Sudeste, 1880-1910.* Rio de Janeiro: Departamento de História da Universidade Federal Fluminense, texto mimeografado.

Aguilera, Fernando Gómez (org.). *As palavras de Saramago.* São Paulo: Companhia das Letras, 2010.

*Almirante: no tempo de Noel Rosa.* 2 ed. Rio de Janeiro: Francisco Alves, 1977.

Amiel, Denys. *Les spectacles à travers les ages: Théatre, cirque, music-hall, cafés-concerts, cabarets artistiques.* Paris: Cygne, 1931.

Andrade, Ana Maria. Crônica fotográfica do Rio de Janeiro na primeira metade do século XX. *In:* Antonio Candido *et al. A crônica: o gênero, sua fixação e suas transformações no Brasil.* Campinas: Editora da Unicamp; Rio de Janeiro: Fundação Casa de Rui Barbosa, 1992, pp. 491-504.

Andrade Jr., Lourival. *Mascates de sonhos (As experiências dos artistas de circo-teatro em Santa Catarina – Circo-Teatro Nh'Ana).* Dissertação (Mestrado) - Universidade Federal de Santa Catarina, Florianópolis, 2000.

Andrade, Mário. *Pequena história da música.* Belo Horizonte: Itatiaia, 1987.

Araújo, Vicente de Paula. *A bela época do cinema brasileiro.* 2. ed. São Paulo: Perspectiva, 1976. (Debates).

Araújo, Vicente de Paula. *Salões, circos e cinemas de São Paulo.* São Paulo: Perspectiva, 1981.

Assis, Machado de. *Crítica theatral.* Rio de Janeiro, São Paulo, Porto Alegre: W. M. Jackson Inc. Editores, 1942.

Auguet, Roland. *Histoire et légende du cirque.* Paris: Flammarion, 1974.

Avanzi, Roger; Tamaoki, Verônica. *Circo Nerino.* São Paulo: Pindorama Circus/ Códex, 2004.

Azevedo, Vicente de Paulo. *A vida atormentada de Fagundes Varella.* São Paulo: Martins, 1966.

Barriguelli, José Cláudio. O teatro popular rural: o circo-teatro. *Debate e Crí ticas,* São Paulo, n. 3, 1974.

Benitez, Rubén A. *Una histórica función de circo.* Buenos Aires: Universidade de Buenos Aires-Departamento Editorial, 1956.

Boll, André. *Thèâtre, spectacles et fêtes populaires dans l'histoire.* Bruxelles, Paris: Sablon, s/d.

Bolognesi, Mário Fernando. *Palhaços.* São Paulo: Editora Unesp, 2003.

Bosi, Ecléa. *Cultura de massa e cultura popular. Leituras operárias.* 2. ed. Petrópolis: Vozes, 1973.

Bost, Pierre. *Le cirque et le music hall.* Paris: Au Sans Pareil, 1931.

Bruno, Ernani Silva. *História e tradições da cidade de São Paulo (SP).* Rio de Janeiro: José Olympio, 1953. v. II.

Burke, Peter. *Cultura popular na Idade Moderna. Europa, 1500-1800.* São Paulo: Companhia das Letras, 1989.

Cafezeiro, Edwaldo; Gadelha, Carmem. *História do teatro brasileiro: um percurso de Anchieta a Nelson Rodrigues.* Rio de Janeiro: Editora UFRJ: Eduerj: Funarte, 1996.

Camargo, Robson Corrêa de. A pantomima e o teatro de feira na formação do espetáculo teatral: o texto espetacular e o palimpsesto. *Fênix – Revista de História e Estudos Culturais,* v. III, ano III, n. 4, out., nov. e dez. 2006. Disponível em: www. revistafenix.pro.br. Acesso em: mar. 2007.

Candido, Antonio *et al. A crônica: o gênero, sua fixação e suas transformações no Brasil.* Campinas: Editora da Unicamp; Rio de Janeiro: Fundação Casa de Rui Barbosa, 1992.

Cárdenas, Júlio Revolledo. *El siglo de Oro del Circo en México.* [S.l.]: Más difícil todavía, S.L., 2010.

Castagnino, Raúl H. *Centurias del circo criollo.* Buenos Aires: Perrot, 1959. (Colección Nuevo Mundo).

Castagnino, Raúl H. *El circo criollo – Datos y documentos para su historia 1757- 1924.* 2. ed. Buenos Aires: Plus Ultra, 1969. v. XVIII. (Clássicos Hispanoamericanos).

Castro, Alice Viveiros de. *O elogio da bobagem: palhaços no Brasil e no mundo.* Rio de Janeiro: Família Bastos, 2005.

Cavalheiro, Edgard. *Fagundes Varella*. [1940] 3. ed. São Paulo: Martins, 1956.

Cervelatti, Alessandro. *Questa sera grande spettacolo – storia del circo italiano*. Milano: Avanti!, 1961. (Collezione Monde Popolare).

Chalhoub, Sidney. *Cidade febril: cortiços e epidemias na Corte imperial*. São Paulo: Companhia das Letras, 1996.

Chiaradia, Maria Filomena Vilela. *A companhia de revistas e burletas do Teatro São José: a menina dos olhos de Paschoal Segreto*. Dissertação (Mestrado em Teatro) – Uni-Rio, Rio de Janeiro, 1977.

Costa, Angela Marques da; Schwarcz, Lilia Moritz. *1890-1914: no tempo das certezas*. São Paulo: Companhia das Letras, 2000. (Virando Século).

Costa, Eliene Benício Amâncio. *Saltimbancos urbanos – A influência do circo na renovação do teatro brasileiro nas décadas de 80 e 90*. Tese (Doutorado) – Departamento de Artes Cênicas, Universidade Estadual de São Paulo, São Paulo, 1999. v. I e II.

Coxe, Anthony Hippisley. No começo era o picadeiro (Reino Unido). *O Correio da Unesco*, Rio de Janeiro, ano 16, n. 3, pp. 4-7, mar. 1988.

Coxe, Anthony Hippisley. Philip Astley. *In*: *Le Grand livre du cirque*. Genève: Edito-Service, 1977. v. I. (Bibliothèque des Arts).

Cunha, José B. d'Oliveira. *Os ciganos do Brasil (subsídios históricos, ethnographicos e linguísticos)*. São Paulo: Imprensa Oficial do Estado, 1936.

Cunha, Maria Clementina Pereira. *Ecos da folia: uma história social do carnaval carioca entre 1880 e 1920*. São Paulo: Companhia das Letras, 2001.

Damasceno, Athos. *Palco, salão e picadeiro em Porto Alegre no século XIX (contribuições para o estudo do processo cultural do Rio Grande do Sul)*. Rio de Janeiro: Globo, 1956.

Dantas, Arruda. *Piolin*. São Paulo: Pannartz, 1980.

Dauven, Lucien-René. A arte do impossível. Artistas corajosos e versáteis fazem o circo sempre jovem. *O Correio da Unesco*, Rio de Janeiro, ano 16, n. 3, pp. 11-13, mar. 1988.

David, Jamieson; Davidson, Sandy. *The love of the circus*. London: Octopus Books: Mandarin, 1980.

Dias, José da Silva. *Teatros do Rio do século XVIII ao século XX*. Rio de Janeiro: Funarte, 2012.

Duarte, Regina Horta. *A imagem rebelde: a trajetória libertária de Avelino Fóscolo*. Campinas: Pontes: Editora da Unicamp, 1991.

Duarte, Regina Horta. *Noites circenses – Espetáculos de circo e teatro em Minas Gerais no século XIX*. Campinas: Editora da Unicamp, 1995.

Duarte, Regina Horta. *O circo em cartaz*. Belo Horizonte: Einthoven Científica, 2001.

Duarte, Regina Horta. *Noites circenses*. 2. ed. Belo Horizonte: Fino Traço, 2018.

Dupavillon, Christian. *Architectures du cirque – des origines à nous jours*. Paris: Moniteur, 2001.

Eco, Umberto. *Apocalípticos e integrados*. São Paulo: Perspectiva, 1990.

Efegê, Jota. *Figuras e coisas do carnaval carioca*. Rio de Janeiro: Funarte, 1982.

Faria, João Roberto. *O teatro realista no Brasil: 1855-1865*. São Paulo: Perspectiva: Editora da Universidade de São Paulo, 1993. (Estudos, 136).

Fleiuss, Max. Evolução do teatro no Brasil. *Revista Dionysos*. Órgão do Serviço Nacional de Teatro do Ministério da Educação e Cultura, ano VI, n. 5, pp. 13-50, fev. 1955.

Flury, Lázaro. *Historia de la música argentina*. Pequeño Larousse Ilustrado.

Fo, Dario. *Manual mínimo do ator*. 3. ed. São Paulo: Senac São Paulo, 2004.

Fraga, Alex Branco; Goellner, Silvana Vilodre. Antinoüs e Sandwina: encontros e desencontros na educação dos corpos brasileiros. *Revista Movimento*, Porto Alegre, v. 9, n. 3, pp. 59-82, set. 2003.

Gomes, Tiago de Melo. *Como eles se divertem (e se entendem): teatro de revista, cultura de massas e identidades sociais no Rio de Janeiro nos anos 1920*. Tese (Doutorado) - Unicamp, Campinas, 2003.

Grangeiro, Candido Domingues. *As artes de um negócio: a febre photographica. São Paulo (SP) 1862-1886*. Campinas: Mercado de Letras; São Paulo: Fapesp, 2000. (Coleção Fotografia: Texto e Imagem).

Grupo Negra-Cor. Afro-atitude 2009: Grupo Negra-Cor e o artista Benjamim de Oliveira. Circonteudo.com, Colunistas, 2010. Disponível em: www.circonteudo. com; https://www.circonteudo.com/afro-atitude-2009-grupo-negra-cor-e-o--artista-benjamim-de-oliveira/.

Guerra, Antônio. *Pequena história de teatro, circo, música e variedades em São João del Rei - 1717 a 1967*. c. 1968, s/ edit.

Gusmão, Clóvis de. As grandes reportagens exclusivas - O rei dos palhaços. *Dom Casmurro*, Rio de Janeiro, 12 e 19 out. 1940.

Gusmão, Clóvis de. Grandeza e miséria da vida de palhaço. *Comoedia - Revista Mensal de teatro, música, cinema e rádio*, Rio de Janeiro, dir. e resp. Brício de Abreu, ano II, n. 5, pp. 79-84, mar. 1947.

Guy, Jean-Michel (org.). *Avant-garde, cirque! Les arts de la piste en révolution*. Paris: Autrement, 2001.

Ham, Gerald R. van. *Franz Lehár - Músico del siglo* XX. Madrid: Espasa-Calpe, 1984.

Hauser, Arnold. *História social da arte e da literatura*. São Paulo: Martins Fontes, 1998. (Paideia).

Hugues, Hotier. *Vocabulaire du cirque et du music hall*. Paris: Maloine, 1981. (Ouvrage publié avec le concours du Centre National des Lettres). (Collection Université de Compigne).

Jesus, Leão de. Negro Benjamim - Cristo negro. *O Dia*, Rio de Janeiro, 2-3 abr. 1972.

Kasper, Kátia Maria. *Experimentações clownescas: os palhaços e a criação de possibilidades de vida*. Tese (Doutorado em Educação, Sociedade, Política e Cultura) - Faculdade de Educação, Unicamp, fev. 2004.

Khair, Sérgio. Circo sem palhaço, as origens dessa arte. *Revista Cultura SP*. São Paulo: Prefeitura da Cidade de São Paulo/Secretaria de Cultura, maio 2005. n. 1.

Klein, Teodoro. *El teatro de Florencio Sánchez. Los Podestá*. Buenos Aires: Acción, 1976.

Klein, Teodoro. *El actor en el Rio de La Plata II - de Casacuberta a los Podestá*. Buenos Aires: Ediciones Asociacion Argentina de Actores, 1994.

Kotar, S. L.; Gessler. J. E. *The Rise of the American Circus 1716-1899*. North Carolina: McFarland & Company Publishing, 2011.

Lazary, Ângelo. A cenografia antiga e atual, no teatro brasileiro. *Revista da Casa dos Artistas - vigésimo aniversário*, Rio de Janeiro, s/edit., s/p., 24 ago. 1938.

Leite, Miriam Lifchitz Moreira. Documentação fotográfica: potencialidades e limitações. *In*: Antonio Cândido *et. al. A crônica: o gênero, sua fixação e suas transformações no Brasil*. Campinas: Editora da Unicamp; Rio de Janeiro: Fundação Casa de Rui Barbosa, 1992. pp. 491-504.

Lenharo, Alcir. *Cantores do rádio: A trajetória de Nora Ney e Jorge Goulart e o meio artístico de seu tempo.* Campinas: Editora da Unicamp, 1995.

Levy, Pierre Robert. Les Clowns. *In: Le grand livre du cirque.* Genève: Edito-Service, 1977. v. I e II. (Bibliothèque des Arts).

Lima, Evelyn Furquim Werneck. *Arquitetura do espetáculo: teatros e cinemas na formação da praça Tiradentes e da Cinelândia.* Rio de Janeiro: Editora UFRJ, 2000.

Lima, M. de Oliveira. *D. João VI no Brasil.* Rio de Janeiro: Topbooks, 1908/1996.

Lopes Daniel de Carvalho. *A contemporaneidade da produção do Circo Chiarini no Brasil de 1869 a 1872.* Dissertação (Mestrado em Artes Cênicas) - Programa de Pós--graduação em Artes, Instituto de Artes, Universidade Estadual Paulista "Júlio de Mesquita Filho", São Paulo, 2015.

Lopes, Daniel de Carvalho. *Os circenses e seus saberes sobre o corpo, suas artes e sua educação: encontros e desencontros históricos entre circo e ginástica.* 196 f. Tese (Doutorado em Educação) - Faculdade de Educação da Universidade de São Paulo/USP, São Paulo, 2020.

Lopes, Daniel de Carvalho; Ehrenberg, Mônica Caldas. Entre o pódio e o picadeiro: o sportsman circense Zeca Floriano. *História da Educação*, v. 24, pp. 1-29, 2020.

Lopes, Daniel de Carvalho; Silva, Erminia. CIRCO: percursos de uma arte em transformação contínua. *Cadernos do GIPE-CIT*: Grupo interdisciplinar de Pesquisa e Extensão em Contemporaneidade, Imaginário e Teatralidade, v. 1, pp. 86-100, 2020.

Lopes, Daniel de Carvalho; Silva, Erminia. *Circos e palhaços no Rio de Janeiro: Império.* Rio de Janeiro: Grupo Off-Sina, 2015.

Lopes, Daniel de Carvalho Lopes; Silva, Erminia. Trajetórias circenses: a produção da linguagem circense por membros da família Chiarini na América Latina nos anos de 1829 a 1840. *Revista Ensaio Geral*, Belém, v. 3, n. 3, ed. esp., pp. 43-64, 2014.

Lopes, Daniel de Carvalho; Silva, Erminia; Bortoleto Marco. Antonio Coelho. Dentro e fora da lona: continuidades e transformações na transmissão de saberes a partir das escolas de circo. *Repertório: Teatro & Dança* (on-line), v. 34, pp. 142-63, 2020.

Lopes Daniel de Carvalho; Silva, Erminia. *Um Brasil de circos: a produção da linguagem circense do século XIX aos anos de 1930.* Fundação Nacional de Artes, 2022 (no prelo).

Magaldi, Sábato. *Panorama do teatro brasileiro.* 4. ed. São Paulo: Global, 1999.

Magnani, José Guilherme Cantor. *Festa no pedaço – Cultura popular e lazer na cidade.* São Paulo: Brasiliense, 1984.

Martineli, Leopoldo. A decadência da arte. *Boletim Mensal da Federação Circense.* Coluna Colaboração dos Associados, São Paulo, ano I, n. 7, 25 nov. 1925.

Matheus Rodrigo Inácio Corbisier. *As produções circenses dos ex-alunos das escolas de circo de São Paulo, na década de 1980 e a constituição do circo mínimo.* Dissertação (Mestrado em Artes) - Programa de Pós-Graduação em Artes, Instituto de Artes, Universidade Estadual Paulista "Júlio de Mesquita Filho", São Paulo, 2016.

Melo, Victor Andrade de; Peres, Fábio de Faria. *A gymnastica no tempo do Império.* Rio de Janeiro: 7 Letras, 2014.

Mencarelli, Fernando Antônio. *Cena aberta: a absolvição de um bilontra e o teatro de revista de Arthur Azevedo.* Campinas: Editora da Unicamp, Centro de Pesquisa em História Social da Cultura, 1999.

Mendonça, Joseli Maria Nunes. *Evaristo de Moraes, tribuno da República*. São Paulo: Editora da Unicamp, 2007.

Meriz, Paulo Ricardo. *O espaço cênico no circo-teatro: caminhos para a cena contemporânea*. Dissertação (Mestrado em Teatro: Estudos do Espetáculo) - Universidade do Rio de Janeiro, Rio de Janeiro, 1999. v. I e II.

Meyer, Marlyse. *Folhetim: uma história*. São Paulo: Companhia das Letras, 1996.

Montes, Maria Lúcia Aparecida. Cultura popular/Fronteiras de conhecimento: espetáculos populares, formas de teatro, dramas e danças dramáticas. Palestra proferida em 10 de julho de 1978, por ocasião da XXX Reunião da Sociedade Brasileira para o Progresso da Ciência (SBPC).

Montes, Maria Lúcia Aparecida. *Lazer e ideologia: a representação do social e do político na cultura popular*. Tese (Doutorado) - Faculdade de Filosofia, Letras e Ciências Humanas da USP, São Paulo, 1983.

Moura, Carlos Eugênio Marcondes de. *Notas para a história das artes do espetáculo na província de São Paulo (SP). A temporada artística em Pindamonhangaba em 1877-1878*. São Paulo: Conselho Estadual de Artes e Ciências Humanas, 1978. (Coleção Ensaio, 90).

Moura, Roberto. A Bela Época (Primórdios-1912) - Cinema carioca (1912-1930) - Módulo 1. *In*: Fernão Ramos (org.). *História do cinema brasileiro*. São Paulo: Círculo do Livro, 1987.

Nabor Jr. Benjamin: o filho da amnésia nacional!. *Revista O Menelick 2º Ato*, out. 2010. Disponível em: http://www.omenelick2ato.com/historia-e-memoria/benjamin--o-filho-da-amnesia-nacional.

Noronha, Paulo. *O circo*. São Paulo: Academia de Letras de São Paulo, 1948. v. I. (Cena: Brasil).

Oliveira, Aline Mendes de. *Teatro Polytheama: uma visão múltipla do teatro, do circo e do cinema em São Paulo no final do século XIX*. Dissertação (Mestrado) - USP, São Paulo, 2005.

Oliveira, Julio Amaral de. Uma história do circo. *In*: Claudia Márcia Ferreira (coord.). *Circo: tradição e arte*. Rio de Janeiro: Museu de Folclore Edison Carneiro, Funarte/ Instituto Nacional do Folclore, 1987.

Oroz, Silvia. *Melodrama: o cinema de lágrimas da América Latina*. 2. ed. ver. e ampl. Rio de Janeiro: Funarte, 1999.

Paixão, Múcio da. *O theatro no Brasil*. Rio de Janeiro: Brasília Ed., 1936.

Paschoa Jr., Pedro Della. O circo-teatro popular. *In*: *Cadernos de Lazer 3*. São Paulo: Sesc-SP/Brasiliense, 1978, pp. 18-28.

Páteo, Maria Luisa de Freitas Duarte do. *Bandas de música e cotidiano urbano*. Dissertação (Mestrado) - Universidade Estadual de Campinas, Campinas, ago. 1997.

Pereira, Cristiana Schettini. *Um gênero alegre: imprensa e pornografia no Rio de Janeiro (1898-1916)*. Dissertação (Mestrado) - Universidade Estadual de Campinas, Campinas, 1997.

Pereira, José Roberto. Parabenjamim: Festival de Palhaços de Pará de Minas. MUSPAM - Museu Histórico de Pará de Minas, 2010. Disponível em: http:// muspam.com.br/index.php option=com_content&view=article&id=98:parabenj amim-festival-de-palhacos-de-para-de-minas&catid=36:textos&Itemid=89.

Pereira, Terezinha. Benjamim de Oliveira: 140 anos de nascimento. Circonteudo.com, Colunistas, 2010. Disponível em: https://www.circonteudo.com/colunista/benjamim-de-oliveira-140-anos-de-nascimento/.

Pereira, Terezinha. Saudação à doutora Erminia Silva. Circonteudo.com, Colunistas, 2010. Disponível em: https://www.circonteudo.com/colunista/saudacao-a-doutora-erminia-silva/.

Prado, Décio de Almeida. *Teatro de Anchieta a Alencar*. São Paulo: Perspectiva, 1993.

Prado, Décio de Almeida. *Seres, coisas, lugares: do teatro ao futebol*. São Paulo: Companhia das Letras, 1997.

Propp, Vladimir. *Comicidade e riso*. São Paulo: Ática, 1992. (Moscou, em 1976.)

Rabetti, Maria de Lourdes. *Teatro e brasilidade*. São Paulo: Palestra proferida na abertura do Grupo de Trabalho do I Congresso Brasileiro de Pesquisa e Pós--graduação em Artes Ciências/Abrace, set. 1999. Coordenadora do Projeto Integrado de Pesquisa (AI) na Universidade do Rio de Janeiro.

Reale, Ebe. *Brás, Pinheiros, Jardins: três bairros, três mundos*. São Paulo: Pioneira: Editora da Universidade de São Paulo, 1982. (Novos Umbrais).

Renevey, Mônica J. Troupes ambulantes et théâtres fixes. *In*: *Le grand livre du cirque*. Genève: Edito-Service, 1977, pp. 71-83. (Bibliothèque des Arts).

Renevey, Mônica J. Banquistes et romanis. *In*: *Le grand livre du cirque*. Genève: Edito-Service, 1977, pp. 53-70. (Bibliothèque des Arts).

Ribeiro, Darcy. *Aos trancos e barrancos: como o Brasil deu no que deu*. Rio de Janeiro: Guanabara Dois, 1985.

Rio, João do. A ilusão do elefante branco. *O percevejo. Revista de teatro, crítica e estética*. Rio de Janeiro: Departamento de Teoria do Teatro. Escola de Teatro da Universidade do Rio de Janeiro (UniRio), ano I, n. 1, 1993, p. 70.

Rocho, Lara. *Para além do picadeiro... O circo universal e o uso dos espaços urbanos pela arte circense em Porto Alegre no século XIX*. Trabalho de conclusão (TCC em História) - Departamento de História da Universidade Federal do Rio Grande do Sul/UFRG, Porto Alegre, 2011.

Rocho, Lara. *Senhoras e senhores, com vocês: Albano Pereira e seus circos estáveis em Porto Alegre, 1875-1887*. Dissertação (Mestrado em História) - Instituto de Filosofia e Ciências Humanas do Programa de Pós-Graduação em História da Universidade Federal do Rio Grande do Sul/UFRG, Porto Alegre, 2018.

Rocho, Lara. *Senhoras e senhores, respeitável público: Albano Pereira, seus circos estáveis e o Magnífico Circo Praça!* Porto Alegre: Libretos, 2020.

Romão, Anna Luiza Ferreira. *Entre Escolas, clubs e Sociedades: as Gymnasticas tecidas por professores no Rio de Janeiro (1850-1900)*. Dissertação (Mestrado em Educação) - Programa de Pós-Graduação em Educação da Faculdade de Educação da Universidade Federal de Minas Gerais, Belo Horizonte, 2016.

Rosso, Renato. Apontamentos para uma pastoral dos nômades. *Revista de Cultura Vozes*, ano 79, v. LXXXIX, n. 3, pp. 5-8, abr. 1985.

Rosso, Renato. Ciganos: uma cultura milenar. *Revista de Cultura Vozes*, ano 79, v. LXXXIX, n. 3, pp. 9-42, abr. 1985.

Roubine, Jean-Jacques. *A linguagem da encenação teatral*. Rio de Janeiro: Jorge Zahar, 1998.

Ruiz, Roberto. *Hoje tem espetáculo? As origens do circo no Brasil*. Rio de Janeiro: Inacen, 1987.

Ruiz, Roberto. *Teatro de revista no Brasil: do início à I Guerra Mundial.* Rio de Janeiro: Inacen, 1988.

Sant'Ana, Maria de Lourdes B. *Os ciganos: aspectos da organização social de um grupo cigano em Campinas.* São Paulo: FFLCH/USP, 1983. (Antropologia, 4).

Santoro Jr., Antonio. *Memórias de um circo brasileiro: circo, circo-teatro, pavilhão Arethuzza.* São Paulo: Secretaria do Estado da Cultura de São Paulo, 1997. Projeto premiado no Prêmio Estímulo 96.

Santos, Alcino e outros. *Discografia brasileira 78 rpm 1902-1964.* Por Alcino Santos, Grácio Barbalho, Jairo Severiano e M.A. de Azevedo (Nirez). Rio de Janeiro: Funarte, 1982. 5 v.

Scarano, Julita. *Devoção e escravidão: a Irmandade de Nossa Senhora do Rosário dos Pretos no Distrito Diamantino no século XVIII.* São Paulo: Conselho Estadual de Cultura, 1975. (História, 19).

Scisínio, Alaôr Eduardo – *Dicionário da escravidão.* Rio de Janeiro: Léo Christiano Editorial, 1997.

Secretaria Municipal de Cultura, Turismo e Esportes. Departamento Geral de Patrimônio Cultural/Departamento Geral de Documentação e Informação Cultural. *São Cristóvão: um bairro de contrastes.* Apresentação Evelyn Furquim Werneck Lima. Rio de Janeiro, 1991. v. IV. (Bairros Cariocas).

Seibel, Beatriz. *História del circo.* Buenos Aires: Ediciones del Sol, 1993. (Biblioteca de Cultura Popular).

Seibel, Beatriz. *El teatro "barbaro" del interior. Testimonios de circo criollo y radioteatro.* Buenos Aires: La Pluma, 1985. t. I. (Teatro Popular).

Seibel, Beatriz. *Vida de circo, Rosita de La Plata: una estrella argentina en el mundo.* Buenos Aires: Corregidor, 2012.

Sevcenko, Nicolau. O prelúdio republicano, astúcias da ordem e ilusões do progresso. *In*: Fernando Novais (coord. geral da coleção). *História da vida privada.* São Paulo: Companhia das Letras, 1999. v. IV, p. 7-48.

Silva, Erminia. *O circo: sua arte e seus saberes – O circo no Brasil do final do século XIX a meados do XX.* Dissertação (Mestrado) – Unicamp, Campinas, 1996.

Silva, Erminia. *Direito e sociedade: o trabalho circense na legislação brasileira na primeira metade do século XX.* Campinas: Unicamp – Departamento de História. Trabalho apresentado ao Curso: Tópicos Avançados em História Social do Trabalho III, primeiro semestre de 1996.

Silva, Erminia. O circo era uma escola única e permanente. *Jornal Arte e Diversões*, São Paulo, n. 14, jan.-fev. 1999.

Silva, Erminia. O trabalho do circense na legislação brasileira. *Jornal Arte e Diversões*, São Paulo, três partes: n. 15, mar.-abr. 1999; n. 16, maio-jun. 1999; n. 17, jul.-ago. 1999.

Silva, Erminia. O circo e suas linguagens. *Jornal Arte e Diversões*, São Paulo, n. 18, set.-out. 1999.

Silva, Erminia. O circo brasileiro entra para a História. *Jornal O Correio*, Rio de Janeiro, 16-30 out. 1999 (editor chefe Paulo França).

Silva, Erminia. O circo e suas linguagens. *Informativo Oficina Cultural Amacio Mazzaropi*, São Paulo, ano IV, n. 17, jun.-jul. 1999.

Silva, Erminia. *Respeitável público... O circo em cena.* Rio de Janeiro: Funarte, 2009.

Silva, Erminia; Nunes, Márcia. *Dux 10 Anos (Revista)*. Rio de Janeiro: Circo Dux (produção e realização). Contemplado pelos programas: II Programa de Fomento à Cultura Carioca 2014; Prêmio Funarte Caixa Carequinha de Estímulo ao Circo, 2014; e Prêmio Funarte de Teatro Myriam Muniz 2014 e 2015.

Silva, Lúcia Helena Oliveira. *Construindo uma nova vida: migrantes paulistas afrodescendentes na cidade do Rio de Janeiro no pós-abolição (1888-1926)*. Tese (Doutorado) - Unicamp, Campinas, 2001.

Slout, William. Olympians of the Sawdust circle: a biographical Dictionary of the Nineteenth Century of American Circus. *Clipper Studies in the Theatre*, n.18, 1998.

Soares, Carmem. *Imagens da educação no corpo. Estudo a partir da ginástica francesa no século XIX*. Campinas: Autores Associados, 1998. (Coleção Educação Contemporânea).

Sodré, Nelson Werneck. *História da imprensa no Brasil*. 4. ed. atual. Rio de Janeiro: Mauad, 1999.

Souza, José Galante de. *O teatro no Brasil*. Rio de Janeiro: Instituto Nacional do Livro, 1960. t. I.

Souza, Silvia Cristina Martins de. *As noites do ginásio. Teatro e tensões culturais na Corte (1832-1868)*. Campinas: Editora da Unicamp, Cecult, 2002.

Süssekind, Flora. Crítica a vapor. Notas sobre a crónica teatral brasileira da virada de século. *In*: Antonio Candido *et al. A crônica: o gênero, sua fixação e suas transformações no Brasil*. Campinas: Editora da Unicamp; Rio de Janeiro: Fundação Casa de Rui Barbosa, 1992, pp. 355-404.

Tamaoki, Verônica (org.). *O Diário de Polydoro*. São Paulo: Centro de Memória do Circo, 2020.

Thétard, Henry. *La merveilleuse histoire du cirque*. Paris: Prisma, 1947. 2 t., n. 931.

Tinhorão, José Ramos. *Música popular: os sons que vêm da rua*. Rio de Janeiro: Edições Tinhorão, 1976.

Tinhorão, José Ramos. *Música popular: do gramofone ao rádio e TV*. São Paulo: Ática, 1981. (Ensaios, 69).

Tinhorão, José Ramos. *Música popular: um tema em debate*. 3. ed. rev. e ampl. São Paulo: Ed. 34, 1997.

Tinhorão, José Ramos. *História social da música popular brasileira*. São Paulo: Ed. 34, 1998.

Tinhorão, José Ramos. *A música popular no romance brasileiro*. v. I e II. São Paulo: Ed. 34, 2000.

Tinhorão, José Ramos. Circo brasileiro: o local no universal. *In*: Lopes, Antonio Herculano (org.). *Entre Europa e África: a invasão do carioca*. Rio de Janeiro: Fundação Casa de Rui Barbosa: Topbooks, 2000., pp. 193-214.

Tinhorão, José Ramos. *Cultura popular: temas e questões*. São Paulo: Ed. 23, 2001.

Torres, Antonio. *O circo no Brasil*. Rio de Janeiro: Funarte/São Paulo: Atração, 1998. (História Visual, 5).

Trigo, Luciano. *O viajante móvel. Machado de Assis e o Rio de Janeiro de seu tempo*. Rio de Janeiro; São Paulo: Record, 2001.

Trotta, Rosyane. O Teatro Brasileiro: décadas de 1920-30. *In*: Carlinda Fragale Patê Nuñez *et al. O teatro através da história*. Rio de Janeiro: Centro Cultural Banco do Brasil; Entourage Produções Artísticas. v. I e II, pp. 111-37.

Vasconcelos, Ary. *Panorama da música popular brasileira na Belle Époque*. Rio de Janeiro: Liv. Sant'Anna, 1977.

Vianna, Hermano. *O mistério do samba*. 3. ed. Rio de Janeiro: Jorge Zahar: Ed. UFRJ, 1995.

Vieira, Francisco. *O Theatro Lyrico: palco e picadeiro*. Rio de Janeiro: 19 Design, 2015.

Copyright © 2022, Erminia Silva.

Todos os direitos reservados. Este livro não pode ser reproduzido, no todo ou em parte, armazenado em sistemas eletrônicos recuperáveis nem transmitido por nenhuma forma ou meio eletrônico, mecânico ou outros, sem a prévia autorização por escrito do editor.

1ª edição 2022

Memória e Pesquisa | Itaú Cultural

SILVA, Erminia

Circo-Teatro: Benjamim de Oliveira e a teatralidade
  circense no Brasil / organização Itaú Cultural.
  São Paulo: Itaú Cultural;
  Editora WMF Martins Fontes, 2022.
  440 pp., 36 ils. ; 16 × 23 cm

ISBN: 978-65-88878-30-9 / ISBN: 978-85-469-0352-8

1. Benjamim de Oliveira. 2. Circo-Teatro.
3. Tecnologias circenses. 4. Teatralidade circense.
I. Instituto Itaú Cultural. II. Silva, Erminia. III. Título.
CDD 791.43

Bibliotecária Ana Luisa Constantino dos Santos
CRB-8/10076

EQUIPE ITAÚ CULTURAL

PRESIDENTE **Alfredo Setúbal**
DIRETOR **Eduardo Saron**

NÚCLEO OBSERVATÓRIO
GERENTE **Jader Rosa**
COORDENAÇÃO **Luciana Modé**
PRODUÇÃO **Andréia Briene**

EQUIPE WMF MARTINS FONTES

ACOMPANHAMENTO EDITORIAL **Fabiana Werneck**
PREPARAÇÃO **Fernanda Alvares**
REVISÕES **Marisa Rosa Teixeira, Daniel Candeias**
PROJETO GRÁFICO **Bloco Gráfico**
PRODUÇÃO GRÁFICA **Geraldo Alves**

*O Itaú Cultural (IC), em 2019, passou a integrar a Fundação Itaú para Educação e Cultura com o objetivo de garantir ainda mais perenidade e o legado de suas ações no mundo da cultura, ampliando e fortalecendo seu propósito de inspirar o poder criativo para a transformação das pessoas.*

**Todos os direitos desta edição reservados à
Editora WMF Martins Fontes Ltda.**
Rua Prof. Laerte Ramos de Carvalho, 133
01325-030 São Paulo SP Brasil
Tel. (11) 3293-8150
e-mail: info@wmfmartinsfontes.com.br
http://www.wmfmartinsfontes.com.br

FONTES **Greta Text Pro, Manuka e Wookit Solid Pro**
PAPEL **Pólen Soft 80 g/m²**
GRÁFICA **Paym**